中國通史 上

林瑞翰　著

三民書局

國家圖書館出版品預行編目資料

中國通史／林瑞翰著.－－四版二刷.－－臺北市：
三民，2010
　　冊；　公分

　　ISBN 978-957-14-4195-5　（上冊：平裝）
　　ISBN 978-957-14-4196-2　（下冊：平裝）
　　1.中國－歷史

610　　　　　　　　　　　　　　　　93023432

Ⓒ　中國通史(上)

著 作 人	林瑞翰
發 行 人	劉振強
著作財產權人	三民書局股份有限公司
發 行 所	三民書局股份有限公司
	地址　臺北市復興北路386號
	電話　(02)25006600
	郵撥帳號　0009998-5
門 市 部	(復北店)臺北市復興北路386號
	(重南店)臺北市重慶南路一段61號
出版日期	增訂二版一刷　1973年8月
	四版一刷　2008年6月
	四版二刷　2010年1月
編 　 號	S 610040

行政院新聞局登記證局版臺業字第○二○○號

有著作權‧不准侵害

ISBN　978-957-14-4195-5　（上冊：平裝）

http://www.sanmin.com.tw　三民網路書店

四版序

　　治史難，治通史尤難。我國歷史年代久遠，文化悠長，而所涵蓋者甚廣。大抵治學精而難博，博而難精，欲求其精而且博，殊為不易，此治通史之所以難也。

　　我少而有志於學，及長，頗讀史傳。民國三十七年入臺大歷史系肄業，得覽漢魏以來歷朝之筆記小說。畢業後留校任教，先師李玄伯先生受任主持資治通鑑今註，命我參與其事。是書於民國五十五年脫稿，由商務印書館發行，我所註部分，約達全書三分之一。凡此際遇，皆成為我研究史學的基礎。

　　民國五十九年，我接受三民書局劉振強經理之約，為該書局撰述中國通史。全書凡三十章，分上下二冊，上冊自史前時代至魏晉南北朝，列述史前至魏晉南北朝的史述，包括朝代的嬗遞，文化的傳承，制度的演變，學術思想的興起，疆域的開拓，民族的融合以及社會的進化等。下冊自隋唐至民國的建立，所述內容的範圍略與上冊同。初版之中國通史沒有註釋，讀者容或未明重要史事之所據，故於民國六十二年復受劉經理之約，對本書稍作增訂。增訂版與初版不同之處有三：一、增訂版對重要史事作若干註釋，列舉史料，使讀者明瞭史事的出處。二、讀者或因事務繁忙，未有時間檢閱原始史料，可就本書註釋略窺其貌。三、本書註釋的史料不限於正史。自史學的觀點而言，若干正史以外的史籍或當代的筆記小說，頗多為正史所本，其史料價值且在正史之上，讀者仔細研讀，有助於對史料來源的追尋。

　　本書惟一的缺點是近代史方面的內容稍嫌簡略。今學術分工甚細，近代史幾乎脫離通史而成為一獨立之單元。劉經理接任三民書局董事長之後，復與我約定撰寫中國史一書，加重近代史部分的內容。該書於民國八十三年脫稿，仍由三民書局出版。讀者若能以此書近代史部分的內容以補中國通史的不足，參互閱讀，庶幾可得完美的效果。

九十七年林瑞翰自序

增訂版自序

　　本書初版因撰著時間匆促，頗有錯誤，茲增訂重版。本版與初版有下列幾點不同：

一、初版對秦漢、隋唐撰述稍嫌簡略，本版酌量增加，使與其他部分略等。

二、引用古籍及採用歷來學者說法，皆註明書名及篇名，使讀者易於考查。

三、每章之後必要時酌加小註，節錄重要史料及歷來學者見解，與本書正文參證。

　　作者限於才學，書中錯誤仍所難免，祈先進時賢及讀者不吝批評指正。

六十二年正月林瑞翰自序

序

　　歷史為人事之記錄，治史之目的在研究人類社會沿革，而求其變遷進化之因果。我國史學發達，史籍豐富冠於世界各國，官設史局修史自東漢以來垂二千年，歷代史家輩出，定為正史者迄今有二十五部之多。惟其所記一朝大事不過數端，紀傳互涉，表志牽連，讀者易生雜亂重複之感。

　　司馬光病紀傳之分，合之以編年，乃有資治通鑑之問世。袁樞復以通鑑一事相隔數卷，首尾難稽，創為紀事本末。降及近代，史學日益進步，分門別類，區分篇目，始有通史之作。歷代正史為史料，所以備後代史家之取捨，包羅唯恐其不富；通史為著作，係供大眾之閱讀，選擇唯恐其不精，益知通史撰述之不易也。

　　中國歷史悠久，五千年來由一種民族建立一個國家，其文化自成系統，雖間有西方文化滲入，而基本之精神並無改變。近二千年儒家思想支配中國社會，在倫理、民主、科學之原則下，歷代施政無不以中庸和平為宗旨。中國歷史之優點異於西洋者概言之有以下數端：

　　一、中國歷代政權之轉移，雖不免發生戰爭，其規模較西洋為小，其時間較西洋為短。

　　二、中國歷代帝王雖不乏措施失當者，然遠非西洋暴君之可比。

　　三、中國歷代宗教不干涉政治，人民信仰自由，從未發生過宗教戰爭。

　　四、中國歷代之對外政策，以德服為鵠的，以懷柔為目標。

　　五、中國歷代教育與學術，係人民自由之業，非貴族所專享。

　　吾友林伯羽先生，著作等身，執教臺灣大學近二十載，講授中國通史多年，對於魏晉南北朝、宋遼金元諸斷代，尤有精邃之研究，不愧為良史之材。曩者應臺北三民書局之請，撰述中國通史一鉅部，欲享大專在學及社會青年。付梓之頃，命余為序，余覺其立論本於中國歷史之精神，取材慎重，組織謹嚴，褒貶適度，文筆雋永。當此舉國推行中華文化復興運動高潮之際，反攻大陸號角吹奏前夕，其價值至高，其意義至大，謹綴數語，聊表致敬。

民國五十八年五月汝陽李守孔謹識

自 序

　　我國歷史悠久，史料繁雜，想要撰著一部完美的通史，頗感不易，然以我國歷史的博大精深，為使國人對我國歷史有正確的認識，則通史的著作，實刻不容緩，這是我撰寫本書的動機。

　　本書分上下二冊，上冊於本年二月初脫稿，下冊預期於本年年底完成。本書在撰述方面，可能較詳於魏晉南北朝及宋遼金史部分，這是因為我對這部分歷史較有研究，有意兼為大學修習魏晉南北朝及宋遼金等斷代史的參考。近來史學界對史前史及近代史的研究日益重視，蔚成風氣，因此將史前史劃歸考古人類學，近代史也脫離一般史而出，另成一門。我對史前史及近代史都沒有深入的研究，對這二部分的撰述不免較為簡略。本書有關史前文化的資料，大半為吾友呂士朋教授所提供，呂教授執教於東海大學史學系，其道德文章，素為我所欽佩，謹於此致誠摯的謝意；有關近代史的資料，也承李守孔教授惠允協助搜集，受賜之厚，自可預卜。李教授與我同執教於臺灣大學史學系，交誼久而彌篤，謹於此向李教授先致謝忱。

伯羽林瑞翰序於泰順街寓所

中國通史 上 【目 次】

第一章　史前文化及古史傳說

一、舊石器時代及新石器時代的文化

◆ 地下遺存的價值

　　歷史是人類活動的記錄，研究歷史的目的，即在了解人類活動的情形，藉以充實經驗。人類活動情形的流傳，主要靠文字的記載，但遠在人類知道應用文字以前，已有歷史，史家稱之為史前時代。史前時代既無文字記載作為依據，惟一可供研究參考者為地下遺存。

　　史前時代人類骨骸的化石及其所使用的工具，長期埋藏地下，為後人所發掘，稱為地下遺存。此時期人類使用的工具，係以石器為主，故又稱為石器時代。從石器的精粗以判斷人類進化的先後，可分為舊石器時代及新石器時代。舊石器時代的石器較粗，新石器時代的石器較精。中國地區舊石器時代的文化，可遠溯至距今約五十萬年以前。

◆ 舊石器時代早期的遺存

　　舊石器時代早期的標準遺存為北京人。約在四十餘年前，考古學家於北平西南房山縣周口店發現許多人類牙齒及骨骸的化石，根據研究的結果，認為係介於人與猿之間的化石，稱為中國猿人 (Sinanthopus)，又因發現地點距離北平不遠，又稱為北京人。北京人為中國地區所發現最古最完整的人類頭骨化石，屬於舊石器時代早期的人類，生活於距今約五十萬年以前。是時華北地區悉為紅土所掩蓋，紅土層下為砂礫層，又其下為泥灰岩層；而紅土層上另一砂礫層及砂礫層上的黃土層則尚未形成。北京人身體矮小，前額傾斜，顴骨寬大，眉稜及嘴部前突，頭骨厚而腦容量小，惟四肢則與今人無異。與北京人同時被發掘者尚有各種粗製石器，如砍伐器、尖狀器、刮削器以及若干獸骨化石和火爐，可知北京人已知製造器具、狩獵與用火，具有最低限度的文化生活。近年來此類原始的石器在陝西省

潼關張家灣、河南省陝縣侯家坡、山西省芮城縣匼河村等處紅土層及其下的砂礫層與泥灰岩層（如匼河文化）陸續被發現，說明與北京人同時或更早的人類及文化在黃河流域有廣泛的分布。

　　近年復於山西省臨汾縣丁村發現舊石器時代的遺址，計有三枚人牙化石，被命名為丁村人，同時又發現兩千餘件石器及大批動物骨骸化石，稱為丁村文化。丁村文化的特點為石器形制較大，以摔砸法及碰砸法打成，大都未經過第二步加工。石器中最特殊者為一種三稜尖狀器，形若棗核。此種石器無論在形態或製造技術方面均與匼河文化有密切的關係，似係由匼河文化進化而成。

◆ 舊石器時代中期的遺存

　　舊石器時代中期的遺存以馬壩人、長陽人、河套人為代表。馬壩人發現於廣東省韶關馬壩鄉獅子山山洞內，為一具中年男性頭蓋骨化石，其時代約當更新統 (Pleistocene period) 中期末葉。長陽人發現於湖北省長陽縣下鍾家灣附近的龍洞內，為一塊連同兩齒左上頷骨及一顆臼齒的化石。河套人發現於內蒙古伊克昭盟烏審旗滴哨溝灣，為一塊頂骨及一段股骨的化石。馬壩人、長陽人、河套人皆生活於舊石器時代的中期，為介於猿人與真人之間的人類。此時期人類遺骸的化石被發現者雖然甚少，而河套人所使用的石器及骨器卻普遍被發現於伊克昭盟一帶，構成了考古學上所謂河套文化。這些器具埋藏於礫石層及礫石層上的黃土層中，故又被分別為礫石層文化及黃土期文化，出土的器物亦隨層別而有不同，礫石層的石器大都為圓餅形或扁圓形的刮削器，用一種硬度很高的石英岩石打製而成。黃土期的石器打製較為精細，先將石子打成兩半，然後沿破邊加以修整而成刮器。晚期的黃土期文化除刮器外，尚有尖器、砍器及彫器，帶沙的黃土層文化，其石器更為進步，大都為三角形或多邊形的刮器或彫器，尚有若干骨器。其製造技巧已接近新石器時代的初期。上述遺存最大特色為發現甚多動物的化石，如野驢、赤鹿、象、披毛犀、鬣狗等，多為今已滅絕的動物。從河套文化遺存的分布，說明河套文化的發展係經過一段漫長的歲月，從舊石器中期一直延展至舊石器時代的晚期。

◆ 舊石器時代晚期的遺存

舊石器時代晚期的遺存最先被發現者為山頂洞人。山頂洞為周口店附近的一個山洞。考古學家在洞中發現若干人類及動物骨骸化石與遺物，其文化較河套人為晚，已具有現代人的形態，生活於距今約二萬五千年以前，屬於舊石器時代晚期的人類。山頂洞人能製造骨針、骨墜、小石珠及穿孔的小礫石，並有刮磨平滑、彫刻紋飾的鹿角短棒，可推測他們已知縫綴衣服，愛好藝術及裝飾。

近年來又陸續於廣西省、四川省等地發現舊石器時代晚期的人類骨骸化石，計有柳江人、資陽人及麒麟山人。柳江人發現於廣西省柳江縣通天巖洞穴中，為一具完整的中年男性頭骨及部分體骨與肢骨的化石。資陽人發現於四川省資陽縣黃鱔溪，是一塊中年女性的頭骨及部分上頜骨與顎骨的化石。麒麟山人發現於廣西省來賓縣麒麟山，為一片老年男性顱底骨化石。以上三種骨骸均屬於舊石器時代晚期，皆具有原始蒙古人種的特徵，為正在分化及形成中的蒙古人種類型。其中柳江人生存的時代最早，約在舊石器時代晚期的初葉，為中國地區所發現最早的真人化石。

◆ 新石器時代初期的遺存

緊接舊石器時代晚期者為新石器時代早期的文化。此時期文化的特徵為石器磨製技術進步，器物較為精細，故亦稱為細石器文化。在中國地區出土的細石器文化多分布於塞外東北地區，屬於東北文化系統。此時期文化，按地區及時代先後，可分為龍江期、林西期及赤峰期。龍江期以嫩江省昂昂溪遺存為代表，出土石器有石鑽、石刀、石斧、石鏃等，均由細石片打製而成，可推知此時人類仍過著漁獵文化生活。林西期遺存發現於熱河省林西縣，出土石器有石犁及石磨，以巨大礫石磨製而成，可推知此時期人類已知農耕。赤峰期遺存發現於熱河省赤峰縣英金河南北兩岸，出土遺存中有肩石鋤及彩陶，證明此期人類亦以農業為生，且其文明下限似已接近新石器時代晚期。

二、仰韶文化

◆ 仰韶文化的特徵

仰韶文化以最先發現於河南省澠池縣仰韶村而得名，屬於新石器時代的遺存。

出土器物有大批彩陶、石器及骨器。彩陶為此一類型文化的特徵，故又稱彩陶文化。仰韶文化分布範圍至廣，以關中、晉南、豫西一帶為中心，西及洮河流域，東至河南省中部，南抵漢水中游，北達河套一帶，皆可發現其遺址。仰韶文化遺址大多分布於河流兩岸臺地，相當稠密。典型的遺存除仰韶村外，尚有河南省陝縣廟底溝、安陽縣后岡、陝西省長安縣客省莊及半坡等。彩陶文化的經濟形態多屬原始的農業，漁獵及蒐集亦占重要地位。農業主要有石斧、石鏟、石刀、陶刀、石磨及磨棒，獵具以骨鏃發現較多，漁具有石製網墜、魚鉤及魚叉，螺螄及蚌殼則為蒐集經濟的遺跡。此外，仰韶文化的居民亦知飼養豬狗等家畜。房屋多為半地穴式的建築，屋平面呈圓角方形或長方形，門道狹窄，作臺階或坡狀。房屋中間有一圓形或瓢形火坑，牆壁及居住面均以草泥土塗敷，四壁各有壁柱，屋中有四根支柱，用木椽架成四角錐形的屋頂，上鋪茅草或泥土。房屋附近有儲存物品的窖穴，作圓袋形、圓角長方形或鍋形。工藝品製造相當精緻，有石製的刀、斧、錛、鑿及盤狀器，骨製的針、錐、鑿、鏃、笄及石製或陶製的紡輪。製陶技術仍在手製階級，陶窰的規模很小，分豎穴窰及橫穴窰二種。日用陶器以細泥紅陶及夾砂紅褐陶為主，間有少數灰陶及黑陶。常見的器皿有甕、罐、瓶、盂、盤、碗、杯、器蓋及器座。細泥紅陶的表面有彩繪幾何圖案及動物紋飾，夾砂粗陶多為繩紋，小口尖底瓶則以線紋為飾。常見的裝飾品有石製或陶製的環、綠松石製的珠、墜及刮磨平滑的骨笄。

　　仰韶文化居民已有埋葬制度，成人大都葬於公共墓穴中，孩童以甕棺葬於房屋附近，或與成人埋於一起。葬式有仰身直肢葬、二次葬、俯身葬、屈肢葬等，以仰身直肢葬及二次葬最為普遍。在陝西省華縣元君廟發現一座二次葬的典型合葬墓穴，僅一具女性骨骸化石為一次葬，其餘男女骨骸化石皆為從他處遷葬的二次葬，此種現象反映以女性為中心的埋葬制度，證明其為母系社會，二次葬的合葬者可能為以一次葬女性為中心的母系家族。

◆ 仰韶文化的類型

　　根據文化內涵的差異，仰韶文化可分為半坡類型及廟底溝類型。半坡類型文化以陝西省長安縣半坡遺存為代表，餘如陝西省寶雞縣北首嶺、華縣元君廟、華陰縣橫陣村、河南省三門峽三里橋及山西省芮城縣東庄村等，皆為半坡類型文化

標準遺址。廟底溝類型文化以河南省三門峽廟底溝遺存為代表，餘如陝西省華縣泉護村、河南省洛陽縣王灣等，皆為廟底溝類型文化標準遺址。

半坡類型文化與廟底溝類型文化往往在同一地區交錯分布，從建築技術及彫塑藝術而言，半坡類型文化似較廟底溝文化原始。半坡類型文化又可分為前後二階段。早期房屋為半地穴式建築，灶坑較淺，作淺方形，窖穴體積較小，形狀不一，陶器多屬繩紋紅陶，晚期房屋出現地面建築，灶坑較深，作瓢形或圓角方形，窖穴體積較大，呈圓形袋，黑灰色陶器加多。廟底溝類型文化較半坡類型文化進步，鋤耕農業有較高的發展，打製的石刀、陶刀減少，磨製的長方形穿孔石刀增加，並普遍使用石鏟，鏟背有安柄的鑿痕。房屋有半地穴式建築及地面建築二種，面積較半坡類型為大，建築技術亦較進步，無論牆基或柱礎均較堅固，彫塑藝術精美，已發現的彫塑有壁虎、鷹隼、鳥頭及人面塑像。

◆ 彩陶文化的分期

仰韶文化的最早發現者安特生 (J. G. Anderson) 分彩陶文化為齊家、仰韶、馬廠、辛店、寺窪、沙井六期，沙井期的下限被定為西元前一七〇〇年，且數次修正各期年代。但根據近來不斷發掘研究的結果，安特生的分期已被否定，考古學家依據文化層的層序，重新劃分彩陶文化的時代為四期，即一、仰韶文化，二、馬家窯文化，三、齊家文化，四、辛店、寺窪、甲窯、沙井與諾木洪文化。

仰韶文化時代最早。馬家窯文化以甘肅省臨洮縣馬家窯遺存為代表，其文化層疊壓於仰韶文化層上，為受仰韶文化影響而發展的另一系統文化，其遺址分布於渭水中游一帶。齊家文化以甘肅省寧定縣齊家坪遺存為代表，其文化層疊壓於馬家窯文化層上，較馬家窯文化為晚，可能與中原地區的龍山文化晚期相當或稍晚。其遺址的分布，東起渭水上游，西至甘肅省武威縣及青海省東部黃河沿岸，南至漢水上游，北至寧夏省。辛店文化以甘肅省洮河縣辛店遺存為代表，其遺址分布於洮河、大夏河、湟水及黃河沿岸地區。寺窪文化以甘肅省臨洮縣寺窪山遺存為代表，其遺址分布於洮河流域及渭水上游。甲窯文化以青海省西寧縣甲窯墓地遺存為代表，其遺址以湟水中下游為中心，東起甘肅、青海二省交界黃河兩岸，西至青海境內。沙井文化以甘肅省民勤縣沙井村遺存為代表，其遺址分布於白亭河流域的民勤、永昌、古浪等縣。諾木洪文化以青海省諾木洪的里他里哈遺存為

代表，其遺址分布於柴達木盆地諾木洪、巴隆、香日德等地區。辛店、寺窪、甲窯、沙井、諾木洪文化為同時存在的各種類型彩陶文化，其時代均較齊家文化為晚，其下限且已進入青銅文化時期。

　　彩陶文化的人類，無疑為中國人的祖先。在各處遺址所發現的數百具骨骸化石，經過研究證明屬於蒙古人種，與近代各支蒙古人種比較，接近太平洋支的南亞人種系，與大陸支的中亞系相去較遠，可知在遠古時代，華北、華南皆住著我們的祖先，其後華北居民不斷與來自北方的民族融合同化，體質特徵發生變化，而南方居民則仍保持原有的特徵。

三、龍山文化

◆ 龍山文化的特徵

　　在黃河流域中下游，晚於仰韶文化而興起者為龍山文化，以山東省歷城縣龍山鎮遺存為代表，出土器物有大量黑陶、石器、蚌器及骨器。黑陶為此類型文化的特徵，故又稱為黑陶文化。龍山文化分布地區較仰韶文化更為廣泛，西起陝西省，東至海濱，南至杭州，北及遼東，包括整個黃河中游及下游區域，陸續發現龍山文化遺址達三百餘處。龍山文化遺址通常分布於靠近水源的濱河臺地，面積較仰韶文化遺址為小，且常疊壓於仰韶文化層上。從出土遺存顯示發達的鋤耕農業為龍山文化的主要經濟基礎，畜牧及漁獵為輔助性的生產。使用的工具除石器及骨器外，又大量使用磨製石器及蚌器。住屋以半地穴式建築為主，但多屬圓形，方形較少。屋頂為圓錐形，居住面普遍用白灰塗敷。房屋周圍有儲藏器物的窖穴，口小底大，作圓形袋狀。製陶技術已進入輪製階段，陶窯的構造較仰韶文化為進步，似乎已成專業化。所製陶器有鼎、鬲、斝、甗、甑、鬶、罐、豆、盆、盂、杯、盤等，陶器表面以繩紋、籃紋為飾，亦有方格紋、划紋及鏤孔，晚期又盛行素面磨光的陶面。陶器色澤以灰陶居多，黑陶次之，間亦有少數紅陶及白陶。其中以黑色的蛋殼陶最為突出，黝黑、光亮、細薄、多稜、多耳為此種陶器的特色。在典型龍山文化遺存中，普遍發現經過燒灼的卜骨及象徵祖先崇拜的男性陶製塑像，埋葬方式亦以獨葬為主，間有少數男女合葬。此種現象顯示龍山文化的居民

已有具體的宗教意識，且已脫離以女性為中心的母系社會而進入以男性為中心的父系社會，婚姻制度亦趨向正常，故無論宗教觀念或社會組織，較之仰韶文化均有很大的進步。

◆ 龍山文化的分期

依照時代先後，龍山文化可分為四期，即一、廟底溝第二期文化，二、后岡第二期文化，三、客省莊第二期文化及四、典型龍山文化。廟底溝第二期文化為疊壓於河南省陝縣廟底溝仰韶文化層上，與此同類型的文化遺址主要分布於豫西、晉南及關中一帶，屬於早期的龍山文化。此時期陶器以粗灰陶為主，黑陶僅有少量發現，陶面紋飾以籃紋居多，繩紋次之，方格紋及划紋甚少，並發現少量彩陶。后岡第二期文化疊壓於河南省安陽縣后岡仰韶文化層上，與此同類型文化遺址主要分布於河南省、山西省及河北省南部，時代較廟底溝第二期文化為晚。製陶技術較廟底溝第二期文化進步，開始採用輪製方法，黑陶數量及器形種類增加，並出現典型的蛋壳陶。客省莊第二期文化疊壓在陝西省長安縣客省莊仰韶文化層上，與此同類型的文化遺址主要分布於陝西省境內，其時代較廟底溝第二期文化略晚，出土器物則大抵相似，為西方龍山文化的代表。典型龍山文化以山東省為中心，向北沿渤海灣伸展，經河北省抵達遼東半島，南至杭州，西極山東省西境。此時期文化為龍山文化的典型時代，陶器的製造廣泛採用輪製技術，黑薄光亮的典型蛋壳陶及鬶、鼎等高級器形大量出現，素面磨光的陶面取代繩紋、籃紋等較為低級的紋飾，社會組織亦由母系社會轉變為父系社會，宗教觀念具體化，卜骨的應用使學者認為龍山文化可能為商代先公時代文化的遺存。

以往學者大多認為仰韶文化與龍山文化為東西二個不同的文化系統，自從近年在中原及關中仰韶文化層上發現龍山文化遺存以後，觀念開始轉變，進而認為中原地區的龍山文化可能由仰韶文化演進而來。

◆ 洛達廟文化

近年在河南省鄭州洛達廟發現晚期龍山文化的遺存，稱為洛達廟文化。此類型文化的遺址分布於河南省中部一帶，如鄭州上街、洛陽縣東干溝、三門峽七里舖、偃師縣二里頭等皆有發現，在地層上介於商代早期文化與河南龍山文化之間，

相當於夏代晚期，兼具商代早期及河南龍山文化若干因素。例如遺存中發現少數青銅小刀及帶灼痕的卜骨，又發現大量與龍山文化特點相似的陶器，證明洛達廟文化與商代文化以及龍山文化均有關聯。

　　由於近年來不斷發掘研究的結果，知道在商代早期文化以前，晉、豫、陝一帶普遍存在三種不同類型的遺存，即仰韶文化、龍山文化及洛達廟文化。仰韶文化處於地層的最下層，其上為龍山文化層，再上為洛達廟文化層，再上為商代早期文化層。從前學者常假定仰韶文化即夏文化的遺存，但據古史傳說，夏民族活動範圍限於河南省洛陽平原、登封、禹縣及山西省西南部汾水流域中下游一帶，帝統採取父子相承，屬於父系社會，時代緊接商代之前。仰韶文化遺址的分布遠超出傳說中夏民族的活動範圍，社會組織屬於母系，時代亦與商代不相銜接，故不可能為夏文化的遺存。河南龍山文化為新石器時代晚期的遺存，其遺址常疊壓於早期商代文化遺存之下，無論時代、社會組織或文化分布範圍，皆與夏代較為接近❶。

四、古史傳說

◆ 古史傳說的意義

　　任何一個民族的歷史，無不從傳說追記而來，必先有傳說，然後有歷史記載，而傳說中的古史，亦必然無法脫離濃厚的神話色彩。

　　戰國時代以前，我國民間已經流傳許多關於遠古帝王的傳說，但對傳說中的古史，並沒有世系相承的觀念。至戰國末期及秦漢時代，學者始陸續將古史系統化，歸納為三皇五帝。

　　三皇五帝的傳說，仍然有許多系統，我們所熟知者為儒家的說法，以燧人、

---

❶　有關我國古代地下遺存的重要論著，可參閱李濟之先生：北京人的發現與研究經過，中國史前文化；克拉克 (W. E. Le Gross Clark) 原著，楊希枚先生譯：北京猿人；石璋如先生：新石器時代的中原，中國彩陶文化的解剖；梁思永先生：昂昂溪史前遺址；張光直先生：*The Archaeology of Ancient China*，中國新石器時代文化斷代，中國境內黃土期以前的人類文化，龍山文化與仰韶文化，考古學上所見漢以前的西北。

伏羲、神農為三皇，黃帝、顓頊、帝嚳、帝堯、帝舜為五帝。三國時代，又從我國南方傳入盤古開天的神話，於是在三皇以前，又加上盤古，我國傳說中的古史，至是建立一個完整的系統，其次序最早為盤古，其次為三皇，又其次為五帝。可知古史傳說，時代愈後，愈趨向誇大。

　　盤古、三皇、五帝雖皆屬於傳說，而傳說的背景必有若干史實作為依據，決不會憑空而起。如盤古開天的傳說，代表人類想像中宇宙進化的程序，由混沌而後有天地，再有人類。三皇的傳說，代表人類進化的程序。燧人氏鑽木取火，代表古人知道用火的時代，伏羲氏畫八卦，伏犧牲，代表初創文字及畜牧時代，神農氏教民稼穡，代表發明農耕的時代。五帝的傳說，說明當時活動於我國境內的民族，已具備相當規模的政治組織。

◆ 黃帝的建國

　　黃帝是我國古帝王傳說中的神化人物，繼神農氏而興起。當時神農氏衰微，中國分裂，陷於混戰，黃帝起而平定天下，受諸侯擁戴為天子。黃帝號有熊氏，又號軒轅氏，以戎旅為生，未嘗寧居❷。其行蹤東至海，西至空桐（甘肅省平涼縣西），南至江，北會諸侯於釜山（察哈爾省懷來縣北），定都於涿鹿之阿（河北省涿鹿縣南）。

　　古人以黃帝作為我國文化的起源，古代一切偉大發明及製造，如文字、曆算、音律、衣裳、宮室、貨幣、舟車、醫術等等，無不認為直接或間接為黃帝所發明。古人又以黃帝為我民族的始祖，如顓頊、帝嚳、帝堯、帝舜、禹、商始祖契、周始祖棄，皆認為黃帝的子孫。

---

❷　薩本炎先生曰：「黃帝有熊氏，依吾人之意，『熊』乃黃帝氏族的圖騰。據歷史記載，黃帝『與炎帝戰於阪泉之野，三戰然後得其志』（史記卷一黃帝本紀）。『炎黃二帝中間凡八帝，五百餘年』（史記卷一黃帝本紀索隱）。當然不會發生兩帝交戰之事，交戰乃存在於兩個氏族之間。黃帝既與神農氏交戰，其非神農氏同一種族的人，可想而知。而由『熊』之圖騰，似可推測黃帝一族乃居住於山嶽地帶，而屬於遊牧民之一支，即與伏犧氏同一種族。黃帝既為天子（其實只是各部落之霸主）之後，雖『邑於涿鹿之阿』，而『遷徙往來無常處，以師兵為營衛』（史記卷一黃帝本紀），可以證明黃帝一族尚未放棄遊牧生活。」（中國社會政治史第一章第一節）

◆ 堯舜的治績

　　黃帝以後依次為顓頊、帝嚳、帝堯、帝舜。堯與舜為我國古史傳說中的二位賢君，亦為我國傳統政治思想中的理想君主。關於堯舜的事跡，雖然大部分屬於傳說，至少在孔子時代的人，對其存在已深信不疑。據史記五帝本紀所述，堯為黃帝玄孫，舜為黃帝八世孫，而存在於同一時代，即歷史上所謂堯舜時期。

　　堯都平陽（山西省臨汾縣南），舜都蒲阪（山西省永濟縣東南），地望相近。堯號陶唐氏，舜號有虞氏，故史稱唐堯、虞舜。氏即氏族，在原始部落社會中，以血緣為部落團結的要素，故一氏即一部落，一部落的人皆為一氏。

　　相傳堯立七十年，求賢者以自代，諸侯薦舜，堯乃妻以二女，試以政事，越二十年而令攝行天子之政，又八年而堯崩，舜守三年之喪畢，避位以讓堯子丹朱，天下之人皆歸舜而不歸丹朱，舜乃繼堯而為天子。舜少以孝聞，年三十諸侯舉之於堯，年五十攝行天子事，年五十八而堯崩，年六十一為天子，後三十九年南巡，崩於蒼梧之野，葬於九疑（湖南省零陵縣南）。舜子商均亦不肖，舜預薦禹以自代，後十七年而舜崩，禪位於禹。

　　孔子最推崇堯舜的政治，孔子曰：「大哉堯之為君也，巍巍乎唯天為大，唯堯則之，蕩蕩乎民無能名焉，巍巍乎其有成功也，煥乎其有文章。」（論語泰伯）又曰：「無為而治者其舜也與，夫何為哉，恭己正南面而已矣！」（論語衛靈公）可知傳說中的堯、舜皆為仁慈寬大的君主，其為政慈和而無為，故人民難以體會其才能與德量。然史記謂舜在位時，舉賢誅不肖，則其為政似較堯為嚴厲❸。堯舜最偉大的事跡是不以帝位為私有，而視之為天下公器，傳給當時最有才德的賢人，不傳給自己的子孫。此種傳賢不傳子的政治，史家稱為禪讓。

◆ 禹的功業

　　相傳堯舜時代，中國有洪水之患，諸侯薦鯀於堯以治水，鯀用壅塞之法，九年而無功。及舜輔政，請命於堯，誅鯀而用其子禹續治水患。禹疏濬河川，導水入川以注於海而平水患。禹治水歷時甚久，有八年之說（孟子離婁）、十三年之說

---

❸　孟子萬章：「舜流共工于幽州，放驩兜于崇山，殺三苗于三危，殛鯀于羽山，四罪而天下咸服，誅不仁也。」

（史記夏本紀）及七年之說（吳越春秋越王無余外傳）。禹治水期間，勞身焦思，親操畚耜，公而忘私，三過家門而不入，故舜預薦禹以自代，舜崩，禪位於禹。

禹在位時，薦皋陶而授之以政，皋陶賢而早卒，禹復薦益，授以政事。後十年而禹東巡，崩於會稽（浙江省紹興縣東南），遂以天下授益。益守三年之喪畢，避位以讓禹子啟。禹有大功於天下而啟賢，益佐禹日淺，故諸侯皆去益而朝啟，啟乃繼禹而即帝位。啟即位後，不復以帝位禪讓他姓而傳之子孫，建立我國史上第一個王朝，啟國號夏，史稱夏朝❹。

◆ 夏朝世系

據史記夏本紀，夏自禹至桀凡十四世十七君，其世系如下：

```
①禹 ── ②啟 ┬ ③太康
            └ ④中康 ── ⑤相 ── ⑥少康 ─ ⑦宁 ── ⑧槐 ┐
┌───────────────────────────────────────────────────┘
└ ⑨芒 ── ⑩泄 ┬ ⑪不降 ─ ⑭孔甲 ── ⑮皋 ── ⑯發 ── ⑰桀
              └ ⑫扃 ── ⑬廑
```

◆ 夏代大事

夏人的活動地區，大抵包括今山西省南部汾水流域、河南省中部以北及陝西省渭水下游一帶。夏遷都頻繁，據趙鐵寒先生考證，自禹至桀凡九易其都。禹居陽城（山西省翼城縣）、平陽（山西省臨汾縣）、晉陽（平水一曰晉水，故平陽亦曰晉陽，今山西省臨汾縣）、安邑（山西省平陸縣北五十里的虞山），太康、桀居斟鄩（河南省鞏縣），后相居帝丘（河北省濮陽縣），出居斟灌（山東省觀城縣），

---

❹　傅孟真先生曰：「禹的踪跡的傳說是無所不在的，北匈奴南百越都說是禹後，而龍門會稽禹之跡尤著名，即在古代僻居汶山（岷山）一帶不通中國的蜀人，也一般的有治水傳說。（見楊雄蜀王本紀，臧氏輯本）雖東方系之商人，也說『濬哲維商，長發其祥，洪水芒芒，禹敷下土方，』明明以禹為古之明神。不過春秋以前書中，禹但稱禹，不稱夏禹，猶之稷但稱稷，不稱夏稷或周稷，自啟以後方稱夏后。啟之一字蓋有始祖之意，漢避景帝諱改為開，足微啟字之話。其母系出於塗山氏，顯見其以上所蒙之禹若虛懸者。蓋禹是一神道，即中國之 Osiris。禹鯀之說，本中國之創世傳說 (Genisis)。雖夏后氏祀之為宗神，然其與夏后有如何之血統關係，頗不易斷。若匈奴號為夏后之裔，於越號稱少康之後，當皆是奉禹為神，於是演以為祖者。」（夷夏東西說第二章）

帝宁居原（河南省濟源縣），遷居老丘（河南省陳留縣），孔甲居西河（晉南汾水之西或豫北黃河之西）。除斟鄩、原在大河以南外，其餘皆在大河以北（趙鐵寒：夏代諸帝所居考）。

夏初第一件重要史事為舜、禹對三苗的征伐，惟戰事經過不詳。三苗活動地區約在今江淮荊湘一帶，吳起所謂左彭蠡之陂，右洞庭之水（戰國策魏策）。一說舜伐三苗，遷之於三危（甘肅省渭源縣首陽鎮西南），另一說禹征三苗，三苗因之衰微❺。大抵虞夏與三苗鬥爭歷時甚久，舜征之於前而禹征之於後，舜驅其一部分於西方，而舜亦因此崩於南荒❻，至禹始將其征服，平定長江中游一帶地方。

夏代第二件重要史事為夏與有扈之戰。一說啟即位後，有扈氏不服，啟伐之，大戰於甘（甘為有扈南郊，在今河南省洛陽縣東南），作甘誓，遂滅有扈而諸侯皆朝夏❼。一說謂伐有扈者乃禹而非啟❽，古事難明，不能詳究，惟夏初曾對有扈用兵則為一致的說法。

夏初第三件大事為夏與有窮氏的鬥爭。有窮氏屬於東夷系統的國家，其君后羿為東夷諸部共主，立國於鉏（河南省滑縣東），後遷窮石（河南省洛陽縣南窮谷），故號有窮氏。夏勢力不斷東向發展，遂與東夷系統民族發生衝突，有窮氏被征服，后羿入為夏朝卿士，乘夏主太康出獵洛表，攻占其都斟鄩，太康逃亡於外，史稱太康失國。

后羿既逐太康，以次立中康、相而自執夏政，既而相為后羿所逐，出居斟灌，后羿遂代夏為王。后羿恃其善射，佚於畋獵，為其臣寒浞所滅。寒浞繼執夏政，遣其子澆滅夏后相，夏遂亡。寒浞使二子澆處過，殪處戈。過、戈皆古地名，今

---

❺　荀子議兵、呂氏春秋召類、淮南子兵略訓、修務訓皆言舜伐三苗，墨子兼愛、非攻、戰國策魏策皆言禹征三苗。

❻　淮南子修務訓：「舜南征三苗，道死蒼梧。」國語魯語：「舜勤民事而野死。」韋昭注：「野死謂征有苗，死於蒼梧之野。」

❼　見尚書甘誓。又呂氏春秋先己：「夏后伯啟與有扈戰於甘澤而不勝，六卿請復之。夏后伯啟曰：『不可，吾地不淺，吾民不寡，戰而不勝，是吾德薄而教不善也。』於是乎處不重席，食不貳味，琴瑟不張，鐘鼓不修，子女不飭，親親長長，尊賢使能，期年而有扈氏服。」

❽　莊子人間世：「昔者堯攻叢枝、胥敖，禹攻有扈，國為虛厲，身為刑戮。」墨子兼愛引尚書甘誓作禹誓，亦云伐有扈者乃禹而非啟。

地未明。錢賓四先生謂戈即斟灌，過即斟鄩（國史大綱第一章）。寒浞既滅此二邑，使二子鎮守其地。其後相遺腹子少康起兵於有虞（河南省虞城縣），得夏遺臣伯靡之助，收集餘眾，攻滅寒氏，是為少康中興❾。

　　寒亦國名，今山東省濰縣東北五十里有故寒亭，或言即其故墟（左傳襄公四年杜預注）。從太康失國至少康中興，可看出夏民族勢力東向發展的大勢。自太康歷中康、相、少康，凡三代四主，戰事蔓延大河南北，誠為古代一大事。自此以後，夏代史事流傳者甚少，直至夏末商湯伐桀，始有較詳細的記載。

---

❾　薩本炎先生曰：「唐虞之世，王位繼承由於部落酋長決定。這大率依傳統的慣例，不是由堯作始。洪水氾濫，人民逃避水患，遷徙移動，日無寧處。環境不斷改變，各方民人須應用新的智慧，以應付新的環境，因之傳統觀念漸次失去權威。而大禹治水又有大功於人民，人類皆有一種心理，敬其父而及其子的心理，所以大禹崩後，諸侯皆朝啟曰吾君帝禹之子也（史記卷二夏本紀）。帝位由選舉變為傳子，於是又開始了中國數千年來世襲帝政之制。」「然而此時，國家組織還是很鬆懈的。所謂天子與後世的帝王不同，不過最強部落的首長，力足以壓服其他部落，各部落乃尊之為共主而已。凡權力能夠控制各部落，均是天子，權力不足控制各部落，則各部落獨立，霸權又移歸於別一個部落首長。吾人觀夏時太康『盤遊無度』，而為有窮氏后羿所篡，后羿不修政事，又為伯明氏寒浞所殺。寒浞無道，少康復即帝位（參閱尚書五子之歌，左傳襄公四年魏絳之言）。由太康至少康，中間尚有兩帝（帝仲康及帝相）嗣位（參閱史記卷二夏本紀），由此可知所謂太康『失邦』（尚書五子之歌）不過失去霸權，並未失去部落酋長之位。豈但夏代，舜代堯，禹代舜，而『堯子丹朱，舜子商均，皆有疆土』（史記卷一五帝本紀），即堯舜之後仍為部落酋長。」（中國社會政治史第一章第一節）

第二章　商與西周

一、商代興衰

◆ 商代世系

商自湯創業至帝辛為周所滅，凡十七世三十君，其世系如下：

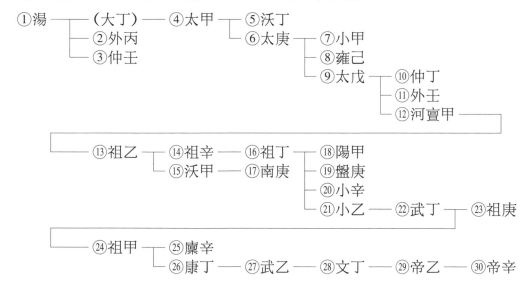

◆ 商的先世

商始祖契，相傳曾佐禹治水有功。史記殷本紀謂契母簡狄為帝嚳次妃，但缺乏古文獻的佐證。詩商頌曰：「天命玄鳥，降而生商」，亦不言契為帝嚳之子。玄鳥即燕子，可能為早期商民族的圖騰。

殷本紀載契至湯十四世：契、昭明、相土、昌若、曹圉、冥、振、上甲微、報丁、報乙、報丙、主壬、天乙，皆父子相傳。上甲微以後商代先公世系與殷墟卜辭所載相同，上甲微以前商先公名號亦屢見於卜辭中，則史記所據史料，似甚可靠。天乙即湯，商自湯以後帝統係兄終弟及，弟盡而後傳兄子或己子，祖乙以

後，長支漸取得優先繼承權，庚丁以後則為父子相承。

相土為一雄才大略君主，詩商頌云：「相土烈烈，海外有截」，則相土似曾廣拓疆宇至於海外❶。此外，商代先公事跡可考者甚少。

◆ 商湯伐桀

商即今河南省商邱縣，商以發祥於此而得名，其後逐漸向東北發展，遷徙無常，至湯而居亳（安徽省亳縣），地當商邱之南（董彥堂：卜辭中的亳與商）。商雖非夷族而撫有夷方，賴東夷文化及人力以滅夏，故商湯伐桀，仍可視為東夷與夏民族的鬥爭❷。

商湯在位，國勢甚盛，已足與夏抗衡。是時夏桀無道，諸侯多叛，商湯乘時而起，敗夏師於鳴條，放夏桀於南巢。南巢即今安徽省巢縣，在夏、商東南部，鳴條即古條國，卜辭作攸，其地當在今安徽省亳縣、巢縣之間，淮水之南。

孟子滕文公云「湯始征，自葛載，十一征而無敵於天下」，則湯伐桀似乎經過長期戰爭，並非一戰而定天下。此十一征見於史籍可考者有六，即葛、韋、顧、昆吾、密須、夏，凡為六征❸，餘五征未明。葛即今河南省寧鄉縣葛鄉，韋即今河南省滑縣韋鄉，顧即今山東省范縣顧城，昆吾即今河南省許昌縣，密須即今河南省密縣。大抵此五國皆為擁護夏朝的強國，湯既謀伐夏，故先滅之。

---

❶ 傅孟真先生曰：「詩商頌，『相土烈烈，海外有截。』試為『景員維河』之國家設想，最近之海為渤海，最近可能之海外為遼東半島或朝鮮西北境。……紂殄後，殷人以亡國之餘，猶得憑箕子以保朝鮮，朝鮮如不在其統治之內，甚難以亡國餘燼，遠建海邦。」（夷夏東西說第一章）

❷ 傅孟真先生曰：「殷人本非夷族，而撫有夷之人民土地，故呂覽曰，『商人服象，為虐于東夷。』雖到宋襄公，還是忘不了東夷，活活的犧牲了夏代的後人以取悅于東夷。殷曾部分的同化于夷，逸書曰，『紂越厥夷居而不事上帝，』似乎殷末已忽略其原有之五方帝的宗教，改從夷俗，在亡國時飛廉惡來諸夷人猶為之死。周武王滅商之後，周公之踐奄懲熊盈國，魯公成王之應付『淮夷徐戎並興，』仍全是夷夏交爭的局面，與啟益，少康羿浞間之鬥爭，同為東西之鬥爭。」（夷夏東西說第三章）

❸ 詩商頌長發：「韋、顧既伐，昆吾、夏桀。」戰國策魏策：「□□獻書秦王曰：『王不聞湯之伐桀乎，試之弱密須氏，以為武教，得密須氏而湯之服桀矣。』」韋、顧、昆吾、夏、密須、葛凡為六征。

◆ 武丁以前政治

自商湯至盤庚，凡五遷都邑❹。湯居亳，仲丁遷囂（囂一作，即今河南省榮陽縣敖倉），河亶甲遷相（河南省內黃縣東南），祖乙居庇（河南省汲縣邶城，或云山東省魚台縣費亭），南庚遷奄（山東省曲阜縣），盤庚遷殷（河南省安陽縣小屯村），自是更不遷都，故亦稱殷朝（董彥堂：卜辭中的亳與商）。

商自湯以後，國運曾經數度興衰。相傳太甲無道，宰相伊尹放之於桐，攝政以朝諸侯，太甲居桐三年而悔過，伊尹迎之復位（孟子萬章）。桐即桐宮，在商都（李玄伯師說）。一說伊尹囚太甲於桐，太甲脫獄而殺伊尹，復立為王（古本竹書紀年）。其後商朝的興衰，常繫於商王的英明或昏庸，興則諸侯歸服，衰則諸侯離叛。商以太甲為太宗，祖乙為中宗，武丁為高宗，三宗皆能行湯之政，復興殷道，為商代中興令主。史籍對祖乙事跡記載無多，對武丁則有較詳細的記錄。

商朝疆域，大抵以商、亳一帶為中心，號稱中商，東至海，號曰東土，西至陝西，號曰西土，北至山西、河北，號曰北土，南至長江，號曰南土，謂之四方，合中商為五方（董彥堂：卜辭中的亳與商）。在其領域邊境及周圍，尚有若干文化落後民族，亦以方為號，如人方❺、舌方、土方、井方、羌方、盂方、馬方、龍方等，不下數十國，其中以人方、鬼方為最強。鬼方在商朝西北，人方在商朝東南。諸此民族，最初可能服屬於商朝，至商朝晚期，轉為商朝強敵。武丁時，舌方、土方、鬼方雄據西北，數侵擾商朝邊境諸侯，武丁整頓戎旅，征服舌方、土方，又征鬼方，用兵三年而後克之，史稱武丁中興❻。

---

❹　薩本炎先生曰：「案殷商由契至湯，凡八遷（史記卷三殷本紀），自湯至盤庚又五遷。此種不斷遷徙可以發生兩種推測：一是殷商本係遊牧種族，故無城廓常處。二是代夏以後，雖由遊牧改為農耕，但當時鐵器尚未發明，在淺耕時代，地力既竭，自當率族移住，改墾新田。」（中國社會政治史第一章第一節）

❺　傅孟真先生以為人方即夷方（夷夏東西說第三章）。

❻　傅孟真先生曰：「『高宗伐鬼方，三年克之』一傳說（見易下經），證以詩經，尤可信。大雅蕩云，『文王曰咨，咨女殷商。如蜩如螗，如沸如羹，小大近喪。人尚由乎行，覃內于中國，覃及鬼方。』此雖記殷之衰亂，然衰亂時尚能波及于鬼方，強武時鬼方必為其臣屬可知。」（夷夏東西說第一章）

◆ 祖甲改制

從祖甲以後，商朝在制度上作了若干改革，祖甲是這些改革的創始者。由於祖甲的改制，使商朝分裂為擁護革新的新派與恪守先王成規的舊派。國語曰：「玄王勤商，十有四世而興，帝甲亂之，七世而殞。」（國語周語）謂祖甲紊亂商湯成法而導致商朝的滅亡，但尚書卻稱述祖甲為「能保惠於庶民」（尚書無逸）的賢君。總之，祖甲的革新誠為開明而且進步，然亦因此促成商朝的分裂。

祖甲對祀典、曆法、文字、卜事各方面皆有重要的改革，而關係最大者為祀典與卜事。

以祀典而言，舊派對祭祀日期必先卜問，以徵求祖先的同意，一次卜問不吉，還須再卜，新派則事先將日期作有計畫的安排，依照次序逐一舉行，不再卜問，舊派的祀典繁多而駁雜，祖甲不惜廢除祖宗成法，將上甲微以前先公及先臣、山川、社稷祭典一概廢除，制定彡、翌、祭、壹、旬五種祀典，其餘祭典皆合併於此五祀典之中，其後經帝乙、帝辛二朝的釐訂，制度更為完密。每年自彡至旬，依順序舉行，祭祀一週，恰足三百六十日，使祀典由極端紊亂變為井然有序。

以卜事而言，從卜辭加以統計，殷人卜事大概可分二十種，其中八種為新舊二派所共有，即：卜祭祀、卜征伐、卜田狩、卜遊觀、卜享、卜行止、卜旬、卜夕，另十二種為舊派所獨有而為祖甲所廢除，即：卜吉、卜匄、卜求年、卜日食、卜月食、卜有子、卜娩、卜夢、卜疾病、卜死亡、卜求雨、卜求啟。

從祀典及卜事的改革可以看出祖甲思想的開明進步，對祖先靈魂是否有知發生疑問，而不再凡事求卜於祖先，保守的舊派對此種改革自是無法忍受。祖甲以後，廩辛、康丁二主皆遵守新法，武乙、文丁恢復舊制，帝乙、帝辛復行新法。從新舊政治禮制的交替，不難想像當時黨派政爭的劇烈。周人蓄意翦商已久，正好利用商朝政爭，收容失意亡命的政客，探悉商朝虛實，藉以推翻商朝的統治（董彥堂：殷代禮制的新舊二派）。

◆ 帝辛的才略

帝辛為商代末主，殷本紀稱其「資辨捷疾，聞見甚敏，材力過人，手格猛獸。」按卜辭記載，帝辛不失為一位才兼文武的明王，其在位六十三年間，釐訂新法，

使之更為完美（董彥堂：殷代禮制的新舊二派）。帝辛又曾征伐人方，人方即古籍傳說中的東夷，立國於淮河以南。左傳謂「商紂為黎之狩，東夷叛之」（昭公四年），即指人方叛周而言。帝辛於即位第十年九月率兵征討，歷時十二月而後平定。按卜辭記載，帝辛出征路線，係由殷都至商，由商至亳，由亳至攸，由攸出征人方，而後由攸至齊，由齊至商，由商經河邑返殷都（董彥堂：卜辭中的亳與商）。左傳云「紂之百克而卒無後」（宣公十一年），又云「紂克東夷而殞其身」（昭公十一年），帝辛可能為一能征慣戰的君主，除遠征人方以外，必尚有多次不為後人所知的征伐，商雖每戰必勝而國力亦因之虛耗，最後終為周人所乘。

周人言帝辛極惡，故天下謂之紂，紂的意義為「殘義損善」。周人誣帝辛罪惡可歸納為三端：一、荒酒好色，二、怠先王之祀，三、信用小人，斥逐老成。徵之卜辭，皆不足信。帝辛因行新法而廢舊禮，主張復古的舊派因不得重用而怨望，為周人攻訐帝辛的唯一藉口。子貢曰：「紂之不善不如是之甚也，是以君子惡居下流，天下之惡皆歸焉。」（論語子張）然則春秋時代的人，對周人的說法已表示懷疑。

二、商代文化

◆ 政治、社會組織

商代的政治組織為封建制度，以王室及都邑為中心，統屬許多方伯及諸侯。方伯為一方大國，有時亦單稱方或單稱伯，卜辭中有「盂方伯炎」「人方伯」，周文王、周武王皆曾受命為西伯。此類方伯或為商朝境內強大的諸侯，或為異族的君長，在名義上皆受命於商朝而為商朝的屬國。諸侯有侯、子、男諸稱，或為前朝舊封，或為商朝所建，對王室負有助征、守邊、納貢、服役的義務，若王室政衰，則叛服無常，互相攻伐。

商代初期的遷徙可能與遊牧經濟有關。遷殷以後，即轉入農業經濟。在此期間，家畜的豢養主要為供給祭祀作為犧牲。商代的社會組織亦隨農業經濟的發展而變化，建立以宗法為骨幹的家族制度，宗族中有大宗、小宗之分，帝統的繼承亦由兄終弟及轉為父子相承。

◆ 宗教

　　商人的宗教色彩極為濃厚，自然界各種現象皆被神化，天地山川鬼神皆為商人崇拜的對象。商人認為人死之後，精靈依然存在，商王一切行動，包括用兵、祭祀、狩獵、起居，皆須占卜，以求祖先靈魂的指示，他們向祖先求年、求雨、求治疾病。殷墟出土甲骨文全屬卜辭，為商王將占卜結果刻在甲骨上的文學。在商人心目中，鬼神為人類命運的主宰，任何人皆不得違背其意旨。至祖甲時代，商人的宗教思想發生劃時代的變化，祖甲廢除若干遠祖及山川社稷的祀典，卜事亦減少到最低程度，顯示此時期的商人對宗教的神秘性開始採取懷疑的態度，不再盲目信從（董彥堂：殷代禮制的新舊二派）。

◆ 建築

　　由於農業社會生活的安定，商人在建築、冶金及曆算方面皆有高度的成就，以配合日益發展的農業經濟。

　　建築方面最主要者為房屋。商代房屋建築可分二類，其一為建築於地面上的王宮及宗廟，另一為半地穴式的復穴。王室及宗廟的建築，先將地面填平築實，再加版築，使成一低的平臺，然後列礎豎柱，構木為屋。此類房屋的牆壁或臺階皆以黃土築成，屋頂則以茅草覆蓋，正如古籍所云「茅茨土階」。復穴即地下室，為一般臣民所居住，其遺址大都類似圓坑，直徑及深度均約丈餘，少數略呈方形或長方形，平底直壁，出入口處有土階，構木為頂，覆以茅草。復穴附近常有圓井形或方井形的寶窖，用以儲藏穀物（董彥堂：殷代的宮室及陵墓）。此外，商人又知建造舟車，殷墟出土的遺物如銅、玉、貝、龜甲等皆非殷墟產品，而是從遠方轉輸而來，可推知商代交通已甚發達。

◆ 冶金

　　商代冶金術已進入青銅時代，能鑄造各種銅錫合金的青銅器，包括禮器、用器、兵器及裝飾品。禮器中的牛鼎，其大可容全牛，外鏤動物圖案。商人占卜時刻於甲骨上的卜辭，字劃深細，挺勁有力，甲骨甚堅，刻刀必甚鋒利。凡此種種，皆可見其冶金術的進步。

◆ 曆法

商代曆法，以建丑月為歲首，即漢代所謂「顓頊曆」。曆法的創始係以冬至之月為歲首，亦即建子月。商正建丑，證明我國曆法創始遠在商代以前。商曆以三百六十五又四分之一日為一歲，故又稱四分曆。祖甲以前，分一年為十二月，大月三十日，小月二十九日，閏月則置於十二月之後，稱十三月。紀日沿用古制，以干支紀日，自甲子至癸亥六十日為一週，周而復始。十日曰旬，如自戊辰至庚申，稱「五旬有三日庚申」；十旬曰百日，如自辛巳至丁亥，稱「五百四旬七日丁亥」，獨立紀日，自成系統，不與年月發生聯繫。紀時分白晝為七段，即：明、大采、大食、中日、昃、小食、小采，白晝稱日，黑夜稱夕，合一晝夜為一干支，如甲子包括甲子日及甲子夕。祖甲修改曆法，改稱一月為正月，以節氣所在為月建，置閏月於無節氣之月，使月建與節氣相配合。廢除干支獨立紀日法，以干支繫月，如癸亥，下注「在五月」，使日期更為明確。重分一日為八段，即：妹、兮、明、朝、中日、昃、暮、昏，以代替舊有的七段分法。商代曆法，至是更為精審（董彥堂：殷代禮制的新舊二派）。

◆ 殷墟遺存的價值

殷墟遺存的發現，使商代成為我國信史的開始，不再被視為古史傳說的一部分。經過多年對殷墟遺存不斷的整理研究，埋藏已久的商代歷史漸被還原，集其大成者則為董彥堂先生。彥堂先生綜合殷墟出土的卜辭，證以古籍的記載，運用現代天文學的方法，撰成殷曆譜，為曠世不朽名著。譜中對商代年曆的編訂，雖然尚未成定論，無疑已為後人研究商代歷史關一正確的途徑。

商代歷史最引起聚訟者有下列數端：一、商代的文化程度，二、古地名的地望，特別是亳都所在，三、武丁以後的歷史，四、帝辛時代的政治。這些問題皆以殷墟遺存的發現及彥堂先生的研究而逐漸獲得解決，可以補古籍記載的不足，並提供學者研究商代歷史應有的正確觀念。

三、西周的興亡

◆ 西周世系

西周自武王至幽王，凡十一世十二君，其世系如下：

①武王 — ②成王 — ③康王 — ④昭王 — ⑤穆王 ┬ ⑥共王 — ⑦懿王 ┐
　　　　　　　　　　　　　　　　　　　　　└ ⑧孝王　　　　　　│

└─ ⑨夷王 — ⑩厲王 — ⑪宣王 — ⑫幽王

欲探求西周總年，應先解決武王克商年代。武王克商究在何年，至今仍聚訟紛紜。董彥堂先生所著殷曆譜根據尚書武成所載月相，以現代天文學方法，推定武王克商在西元前一一一一年。武王即位翌年改元，十一祀克商，則武王即位為西元前一一二二年。依彥堂先生推算，若以武王克商為周年開始，則西周總年起自西元前一一一一年至西元前七七一年，凡三百四十一年，若以武王即位為周年開始，則為西元前一一二二年至西元前七七一年，凡三百五十二年。

◆ 周的先世

周興起於西方，其文化較夏、商為後起。自周武王上溯十五世至始祖棄，號后稷。相傳后稷居邰，播穀稷山，似為一農耕民族。邰及稷山皆在今山西省汾水流域，與夏民族發祥地相近。棄三傳至公劉，居豳，復九傳至古公亶父，徙居岐下的周原，國號周。舊說豳、岐皆在今陝西省西境。豳一作邠，邠、汾古音同，或謂即今山西省汾城，岐則在今陝西省咸陽縣東北，與豐邑相近，後世謂之岐豐。然則周人初期活動地區當在今山西省西南隅，迤西至陝西省中部以東渭水流域一帶（錢賓四：國史大綱第三章）。

自古公亶父立國於岐，始與商文化接觸，為商朝諸侯。時商朝文化已極昌盛，周則尚在草創階段。古公亶父子季歷，季歷子昌，皆曾與商畿諸侯通婚，吸收商人文化，國勢日隆。

古公亶父後為周人追尊為太王，太王卒，子季歷嗣，是為王季。王季曾受商

命為牧師，後為商王文丁所殺。季歷卒，子昌嗣，即周文王。文王在位五十年，晚年受商命為西伯，復為帝辛囚於羑里（河南省湯陰縣北），既而放歸，修政尊賢，攻滅涇渭上流諸小國。文王陰謀伐商，以商尚強，避免與商直接作戰，分向南北二方發展，滅黎（山西省長治縣西南），滅邘（河南省沁陽縣西北），滅崇（崇即嵩，立國於今陝西省鄠縣迤東至河南省大河以南嵩山一帶），伸展勢力至今山西省南部及河南省西部，疆域日廣。故孔子謂周文王時，三分天下有其二。文王既滅崇，徙都豐邑（陝西省鄠縣東），後一年而文王崩，子發嗣，是為周武王，仍受商命為西伯，紹文王基業，國勢益強。改正朔，撫諸侯，積極圖商。

詩閟宮云：「后稷之孫，實維太王，居岐之陽，實始翦商。」謂周在太王時代，已有伐商之志。此為周人歸美祖先之辭，實則周人蓄謀伐商，應始於文王時代。

◆ 武王伐紂

武王嗣位第十一年，周對商作孤注一擲的攻擊。武王以師呂望❼為將，率軍東征，會諸侯於孟津（孟津古作盟津，以武王與諸侯會盟於此而得名，在今河南省孟縣南），渡黃河，誓師於牧野（牧野為殷都南郊，在今河南省淇縣南），其誓詞即今尚書牧誓。帝辛發兵拒之，商軍倒戈，帝辛兵敗，自焚而死。

孟子謂武王伐紂，有革車三百輛，虎賁三千人（孟子盡心），兵力似不甚強。詩大明云：「殷商之旅，其會如林。」商軍似較周軍為多，以帝辛之善用兵，若非內訌，則勝負實未可知，故武王雖克商而不能滅商，不得不採取懷柔政策，立帝辛子祿父為商王，仍舊統治商畿，是為武庚。武王封弟叔鮮於管（河南省鄭縣），叔度於蔡（河南省上蔡縣），叔處於霍（山西省霍山縣），以監視武庚，號稱三監，封弟周公旦於魯（河南省魯山縣），召公奭於燕（河南省郾城縣），師呂尚於呂（河南省南陽縣西）❽，以夾輔三監。又封若干同姓之國於今山西省南部及河南省境

---

❼　傅孟真先生曰：「傳記稱齊太公為呂望，書顧命稱公為呂伋。此所謂呂者，當非氏非姓。男子不稱姓，而國君無氏。此之父子稱呂者何謂耶？準以周世稱謂見于左傳等書者之例，此父子之稱呂，必稱其封邑無疑也。然則齊太公實封於呂，其子猶嗣呂稱，後雖封于齊，當侯伋之身舊號未改也。」（大東小東說——兼論魯燕齊初封在成周東南後乃東遷）

❽　魯始封在今魯山縣，燕始封在今郾城縣，呂始封在今南陽縣西，見傅孟真先生：大東小東說——兼論魯燕齊初封在成周東南後乃東遷。

內，至於東方廣大地區，仍在商人勢力控制之下，商、周東西對峙局勢仍然未變。

◆ 二次克商

武王克殷西歸，遷都鎬京（陝西省長安縣西南），鎬京去豐邑不遠，世稱豐鎬。武王克殷後二年而崩，子成王立。武王初以周公旦賢，欲傳位於周公，不令就封，常令居中主政。迨武王崩，周公以天下未寧，嫌於自取，立成王而踐阼攝政。管叔、蔡叔疑周公終將不利於成王，煽惑霍叔、武庚聯合叛周，商朝舊有諸侯如奄（山東省曲阜縣）、徐夷、淮夷（徐夷、淮夷皆建國於淮水下游）及熊、盈諸族一時俱起。周公興兵東征，用兵三年，殺管叔、武庚，放蔡叔，囚霍叔，征服奄、徐夷、淮夷，再定殷亂，史稱二次克商。周朝勢力於是再度東向擴展，直達黃河下游及淮水流域。

周公東征後，為求對中原地區作有效控制，防止商朝勢力再起，乃重新劃分諸侯封域：徙魯國於奄故地，以公子伯禽就封；徙燕國於薊丘（河北省大興縣），封呂望子汲於營丘（山東省昌樂縣東南），國號齊 ❾，封康叔封於故殷墟（河南省淇縣），國號衛 ❿，封唐叔虞於故夏墟（山西省翼城縣南），國號唐，封蔡仲胡於故蔡國之南（河南省新蔡縣），仍國號曰蔡，封殷宗室微子啟於商丘（河南省商邱縣）以奉殷祀，國號宋。宋即商，古音同。分散商朝強族，分隸衛、齊、魯諸國，以防商舊勢力的再起。周公攝政第七年，紹述武王遺志，營建洛邑（河南省洛陽縣）為東都，號曰成周，以處殷之頑民。

周公又大封姬姜二姓為諸侯，布列中原各地。荀子效儒篇曰：「周公兼制天下，立七十一國，姬姓獨居五十三人，而天下不稱偏焉。」此五十三國，或為文王之後，或為武王子孫，或為周公之胤，其餘多屬姜姓之國，姬姜世代聯姻 ⓫，故封之以加強控制商朝的殘餘勢力，周的國勢亦隨侯國的分封而擴展。

---

❾　同上。又見錢賓四先生：國史大綱第三章。

❿　傅孟真先生曰：「殷，衣，韋，衛，沈，兗，盡由一源，只緣古今異時，成殊名耳。」（夷夏東西說第一章）

⓫　傅孟真先生曰：「詩大雅生民，『厥初生民，時維姜嫄。』詩魯頌閟宮，『赫赫姜嫄，其德不回。』周以姬姓而用姜之神話，則姬周當是姜姓的一個支族，或者是一更大之族之兩支。」（姜原）

◆ 西周的興衰

周公攝政七年，返政於成王。成王崩，康王立。成、康二世為西周全盛時代。昭王時，東夷、南夷為患，昭王東征，繼又南征，崩於漢水。穆王為一雄才大略君主，曾西征犬戎，又回師擊敗徐夷。世傳穆王西征，見西王母於崑崙之丘。漢書地理志云崑崙在臨羌（青海省西寧縣西）西北，有西王母石室，則西王母當為西戎女主，穆王西征，兵力當遠達今青海省西寧縣境。自穆王以後，歷共王、懿王、孝王而至夷王，國勢漸衰。孝王、夷王二代，諸侯或不朝，互相攻伐。孝王為共王之弟，依宗法繼承制度，懿王應傳位於子夷王而不應傳位於孝王，孝王既得位，亦應傳位於己子而不應返位於夷王，則周在懿王、孝王、夷王三朝，似曾發生王位繼承爭奪，史記謂夷王下堂以見諸侯，則夷王殆以諸侯之力而得位。厲王貪得嗜利，專制暴虐，為周人所逐，周人又欲殺厲王太子靜，太子靜匿召穆公家而得免。厲王居外十四年而崩，在此期間，王位虛懸，由周、召二公共掌朝政，號稱共和。共和元年即西元前八四一年，史記於共和以前但紀其世次而不繫年，共和以後，始繫年紀事，為我國史有明確年歷可考之始。

共和十四年（西元前八二八年），厲王崩，周、召二公共立太子靜，是為宣王。宣王即位初期，用周、召二公輔政，法文武成康之治，諸侯復朝周。周自孝王以來，因長期衰亂，四夷皆叛，侵逼王畿，宣王發兵討平獫狁、荊蠻、西戎、淮夷及徐夷。荊蠻即楚國，亦稱荊楚。以上諸戰役，見於詩采薇、出車、六月、采芑、江漢、常武諸篇。是時獫狁之勢極盛，兵鋒直達涇陽（甘肅省平涼縣境），王畿震動，宣王命尹吉甫、方叔、南仲先後三次北伐，然後平定。南仲既平獫狁，進平西戎，而召公征淮夷，宣王親征徐夷，方叔征荊蠻，亦所向克捷。詩采芑曰：「薄言采芑，于彼新田，于此菑畝，方叔涖止，其車三千，師干之試。」則方叔征荊蠻，凡出動兵車三千乘，在古代可謂大規模戰役。宣王在周朝積弱之下，居然有武功可述，故史稱中興。然未幾周政復衰，戎狄復盛。宣王即位第三十九年（西元前七八九年），西征羌戎，敗於千畝（千畝即羌戎之墟，在今山西省安澤縣），周中興以後所練之精銳盡喪於是役。

宣王傳子幽王，國勢益衰。幽王時，王畿天災頻起，災區遍及岐、鎬及涇、渭、洛三水流域。詩十月之交云：「爗爗震雷，不寧不令，百川沸騰，山冢崒崩，

高岸為谷，深谷為陵。」大雷雨及強烈地震給予周人以無比的威脅。天災之外，又有日蝕。古人認為日蝕及地震乃上天對君主失德的警告，必須及時修德，始能禳變而得到國人諒解，然幽王淫虐如故，不知儆懼，由是周人發生離心。

幽王伐褒（陝西省褒城縣東南），納其女褒姒為妃，褒姒姓，故曰褒姒。褒姒美而艷，為幽王所嬖。幽王娶申侯女為后，申姜姓，立國於今河南省南陽縣北，始封於宣王時，為王畿南方強國。申后生太子宜臼而褒姒生王子伯盤。褒姒謀奪嫡，幽王竟廢申后及太子宜臼，立褒姒為后，伯盤為太子。宜臼奔申，幽王求太子於申，申侯不與，幽王怒，謀伐申，申與繒素相結，遂與繒聯兵伐周，並引犬戎為助，攻陷鎬京，追殺幽王於驪山之麓（陝西省臨潼縣西南），時為周幽王十一年（西元前七七一年）。

繒地望未明，或云即春秋楚方城的繒關，楚方城在今河南省方城縣一帶，繒當在方城縣附近，與申接境。鄭語史伯謂鄭桓公曰：「申、繒方強，王室方騷」，則繒亦當時王畿南方強國。犬戎舊說在鎬京之西，所謂西戎，如此則犬戎為周隔絕，不得與申、繒合勢。或謂犬戎當在今豫西熊耳山以至陝西太華之陽一帶，即所謂伊洛之戎，申侯伐周，由武關入陝，取道藍田，正須經此地區，因引之與共伐周（趙鐵寒：春秋時期的戎狄地理分布及其源流）。

犬戎既陷鎬京，大掠而去，申、許、鄭、魯諸國擁立宜臼於申，是為平王，而虢公翰立王子余臣於攜（攜地望未明，史記謂晉滅攜而并河西之地，當在河西），於是周王室分裂為二。平王即位次年，東遷洛邑，史稱東周。平王即位第二十一年（西元前七五〇年），晉滅攜，兼并河西之地，國勢始強，周亦因攜的滅亡而告統一。

四、封建政治

◆ 封建制度

西周為我國封建政治的典型時代。周屬於文化後起的民族，從其活動地域而言，早期可能受夏文化的影響，後期則轉而積極吸收商朝文化，商人習俗、文字及器具形制，無一不為周人所承襲。孔子曰：「周監於二代，郁郁乎文哉！」（論語

八佾）謂周代文化，視夏、商二代為勝。然以周代文化與商代比較，周文化無疑為商文化的延續。

　　周初頗重視現實政治，太王捨長子太伯而立季歷，文王捨長子伯邑考而立武王，武王亦有意傳位於弟周公旦，皆顯示周在武王之前，尚無確定的繼承法，而商在當時已粗具宗法規模。商朝的宗法似乎僅用於家族組織方面，而未曾應用於政治，周公則匠心獨運，將宗法應用於封建政治而創立周朝的宗法封建制度。周公創立宗法封建制度的目的有二：一在利用宗法封建以擴展周王朝的政治勢力，二在確定繼承法以杜絕王位繼承的糾紛。

◆ 爵級

　　周朝的封建政治將社會分成二個階層，即貴族與農民。貴族又分為王、諸侯、大夫、士四等。王地位最高，為諸侯共主。依照戰國以來的傳統說法，周代諸侯爵級有五等，即公、侯、伯、子、男；封土有三等，公侯百里，伯七十里，子男五十里❶❷。此種說法為戰國以後史家的臆測，與西周封建制度不盡符合。傅孟真先生以為西周封建諸侯僅分二類，即侯與伯。侯為爵號，伯為宗族稱謂。侯即候，建藩於王畿之外，受命斥候守土，多由軍功而得。伯即長，別為一宗之長，係以宗法而分封。在宗法封建社會中，侯在其國中皆屬長宗，故其宗人亦稱之為伯。子為伯的對稱，長宗稱伯，庶子稱子，故庶子別封有國亦稱子，如虞始封為虞侯，其庶子別封稱吳子，繒本封稱繒侯，其庶子別封稱鄫子。卿大夫初皆諸侯庶子，故亦稱子；春秋貶抑蠻夷，謂其不得比於長宗，故亦稱子，如楚子。男為侯國附庸，亦由軍功而得，故彝文謂之「侯田（甸）男」。公為國君統稱，侯、伯、子、男皆得稱公。周代諸國，惟宋為周客而非諸侯，故宋但稱公而無他號。歷世既久，公、侯、伯、子、男皆轉為爵號，原來稱謂反不為世人所知，至戰國而有班爵五等之說（傅孟真：論所謂五等爵）。

　　諸侯從王接受封土，又將國中一部分土地分封於庶支，成為諸侯國中小封君，

---

❷ 孟子萬章：「北宮錡問曰：『周室班爵祿也如之何？』孟子曰：『其詳不可得聞也，諸侯惡其害己也而皆去其籍，然而軻也嘗聞其略也。天子一位，公一位，侯一位，伯一位，子男同一位，凡五等也。……天子之制，地方千里，公侯皆方百里，伯七十里，子男五十里，凡四等，不能五十里不達於天子，附於諸侯曰附庸。』」

稱為大夫，大夫的封區稱為采邑。

王的嫡系稱王室，庶支稱王族；諸侯嫡系稱公室，庶支稱公族；大夫嫡系稱氏室。氏為大夫的特殊標幟，亦即從「姓」繁衍分化而出的支族。

卿為諸侯國中執政的大夫，政治地位較大夫為高，平時佐國君執掌國政，戰時則為軍隊統帥。諸國列卿數目不等，視國土大小及政事繁簡而定。卿常為當代國君兄弟，新君即位則擢其兄弟為卿，舊卿則退而為大夫。在封建政治全盛時代，很少有世卿現象出現。

王室、公室及氏室皆擁有軍隊，士便是受其祿養的職業軍人。原則上士皆為封君的族人，故亦屬於貴族階級，然無封邑，僅由封君授以食田，不能世襲❶❸。周書康誥謂「邦采衛」，顧命謂「侯田男，衛」，衛即士，士得采其食田之租稅，故謂之采衛（傅孟真：論所謂五等爵）。士為封建時代武力的基礎，亦為封建貴族的中堅，必須接受嚴格的教育，培養知恥、臨難不苟、重視名譽的精神，隨時準備為國君效忠。舊說周王室置六軍，諸侯大國三軍，次國二軍，小國一軍，此亦後世史家臆測之辭，如以晉國為例，晉本大國，然晉獻公以前僅置一軍，獻公擴充為二軍，至文公始作三軍。

周王雖為諸侯共主，其直接統治土地僅限於王畿。王畿大約占地千里，孟子所謂「夏后、殷、周之盛，地未有過千里者也。」（孟子公孫丑）包括鎬京、洛邑及其附近若干城邑，形成不規則形態，而非千里見方。王畿境內又封建若干宗子之國，故周王得任意支配者僅王畿一部分，亦即周王的食邑。

封建政治為貴族共權政治，王室將土地分封於諸侯，諸侯又分封於大夫。大夫對諸侯，諸侯對王室，皆須履行朝貢、助征、助役、救難等義務，但無論諸侯或大夫，對自己封區有絕對的權力，在經濟上為地主，在政治上為世襲統治者，內政幾乎完全獨立。

---

❶❸　薩本炎先生曰：「貴族階級是治人而食於人的。他們無須為衣食之計，孜孜勤勞。『不稼不穡，胡取禾三百廛兮，不狩不獵，胡瞻爾庭有縣貆兮』。『不稼不穡，胡取禾三百億兮，不狩不獵，胡瞻爾庭有縣特兮』。『不稼不穡，胡取禾三百囷兮，不狩不獵，胡瞻爾庭有縣鶉兮』（詩經，國風，伐檀）。他們將其餘閒光陰或消遣於田獵，『既張我弓，既挾我矢，發彼小豝，殪此大兕』（詩經，小雅，吉日）。」（中國社會政治史第一章第二節）

◆ 井田

　　貴族以外另一階級為農民。貴族以田地供農民耕種，以武力保護其安全，農民則向貴族輸納租賦。舊說周將所有田地劃成井字形，每井九區，每區百畝，農民每家自耕百畝為私田，八家合耕其中百畝為公田，以公田所獲輸於貴族以代田租，是為井田制。此種說法曾有人表示懷疑，然綜合各方面史料為證，周代確曾實行井田制度，戰國時代的阡陌實即井田制度的遺跡❶。惟井田僅為田制的原則，因地制宜，可能有若干變通，並非每區整齊劃一，絲毫不變。實行井田制必須注意下列四原則：一，田地由領主支配，一經劃分，農民不得分割或兼并；二，在若干區私田之中有一區為公田，公田由各家合耕，先耕公田，後耕私田；三，農民僅助耕公田而不另納賦稅；四，必須在淺耕之農業時代。

　　井田制度之所以必須實行於淺耕農業時代，以淺耕農業，不致因用力多寡而影響收穫量的懸殊。若在精耕時代，則溝洫灌溉之利及用力多寡皆足以影響收穫的豐歉，如是私田收穫必豐而公田收穫必減。故至春秋晚期，農耕技術較進步者如魯、衛、齊諸國，井田制度隨之而破壞，代而起者為履畝而稅。西周時代，地曠人稀，都鄙原野之地，皆適於實行井田，又因耕術粗劣，田地耕種時間甚短，大部分時間任其荒蕪，作為貴族田獵場地，農民生活必甚艱苦，但因工商業尚未興起，社會經濟建立於農業基礎上，除耕作以外別無生計，農民因此無法離開田地而生存。

---

❶　薩本炎先生曰：「封建國家是以土地所有權為基礎的。全國土地屬於天子，公羊傳（桓公元年）說：『有天子在，則諸侯不得專地也』，即指此而言。天子除王畿千里外，將其土地封給諸侯，諸侯除直轄地外，將其土地封給陪臣，陪臣又將土地頒給農民耕種，其報酬則為共耕公田。詩云：『雨我公田，遂及我私。』（詩經，小雅，大田）照孟子解釋：『方里而井，井九百畝，其中為公田，八家皆私百畝，同養公田，公事畢，然後敢治私事。』（孟子，滕文公上）所謂『公事畢，然後敢治私事』，就是先耕公田，而後才耕私田之意。井田是否『方里而井』，成為方形，這與所用的犁有關，吾人苟未發掘周代所用的犁，不宜對於井田形式，隨便下以斷語。唯在人口稀少，土地過剩，而錢幣尚未發生以前，劃分土地，一部分為公田，一部分為私田，強迫人民耕作公田，而將公田的收穫，奉獻領主，以代租稅，似為一種事實，並非古人想像的事。」（中國社會政治史第一章第二節）

◆ 宗法

　　周代封建政治係與宗法相輔而行，宗法即宗族權位繼承法。在宗法社會中，子有嫡庶之分，元配之子為嫡，其餘為庶。嫡長子為法定權位繼承人，無嫡子則立庶長子。族長的嫡系為大宗，庶子別出為小宗。周將宗法應用於封建政治，以嫡子繼承王位，而分封庶子為諸侯，諸侯亦以嫡子繼位，分封庶子為大夫，大夫亦以嫡子繼位，其庶支則列為貴族。嫡系於庶支為大宗，庶支於嫡系為小宗，其關係如下表所示：

　　天子於諸侯為大宗，諸侯於天子為小宗；諸侯於大夫為大宗，大夫於諸侯為小宗。大宗永遠為小宗的宗主，宗主對宗人威權甚重，得放逐或殺戮其宗人，國家如欲放逐某人，亦必須咨詢其宗主的意見。戰時宗主為本宗的統帥，宗人必須尊敬所屬之宗，且不得背叛同宗之人。周王在政治上為諸侯的共主，在宗法上為姬姓諸侯的宗主。鎬京為周王宗廟所在，故又稱為宗周。此種將宗統與君統合而為一的宗法，為維持周代封建政治的重要支柱。

第三章　春秋戰國

一、春秋時代

◆ 春秋年歷

　　東周可分為二期，即春秋時代與戰國時代。春秋為魯國國史名稱，孔子刪春秋，始自魯隱公元年，迄魯哀公十四年，即周平王四十九年至周敬王三十九年（西元前七二二年至西元前四八一年），凡二百四十二年，史家稱為春秋時代，其世系如下：

```
┌─① 隱公
├─② 桓公 ── ③ 莊公 ── ④ 閔公 ── ⑤ 僖公 ── ⑥ 文公 ── ⑦ 宣公 ┐
┌─────────────────────────────────────────────────────────┘
└─⑧ 成公 ── ⑨ 襄公 ┬─⑩ 昭公
                   └─⑪ 定公 ── ⑫ 哀公
```

　　自平王東遷至平王四十九年（西元前七二二年），其間懸四十八年；史家又以周威烈王二十三年（西元前四〇三年）以後為戰國時代，從周敬王三十九年（西元前四八一年）至周威烈王二十三年，其間亦懸七十八年。今為研究上便利，一律以周王紀年，並以平王東遷至威烈王二十二年為春秋時代，下接戰國。

　　自平王東遷至威烈王二十二年凡三百六十六年（西元前七七〇年至西元前四〇四年），其世系如次：

```
① 平王 ── （　）──② 桓王 ──③ 莊王 ──④ 僖王 ──⑤ 惠王 ┐
┌───────────────────────────────────────────────────┘
├─⑥ 襄王 ──⑦ 頃王 ┬─⑧ 匡王
│                 └─⑨ 定王 ──⑩ 簡王 ──⑪ 靈王 ──⑫ 景王 ┬─⑬ 悼王
┌──────────────────────────────────────────────────────┘
└─⑭ 敬王 ──⑮ 元王 ──⑯ 貞定王 ──⑰ 考王 ──⑱ 威烈王
```

◆ 春秋概況

　　若以春秋時代與西周作一比較，可以看出周自東遷以後文化、政治轉變的大勢。以文化而言，東遷後文化重心自周室轉移於諸侯，故西周時代銅器多周器而列國之器少，春秋時代銅器則列國之器多而周器少。銅器的形制為文化的象徵，為文化重心自王室轉移諸侯的例證。政治方面，王室對諸侯的控制力由強轉弱，兵力由眾而寡，疆域由廣而蹙。西周王室尚有威力徵發諸侯之兵，春秋時代即無力號令諸侯，周室東遷之初，實依晉、鄭以立國。西周兵力尚強，昭王伐楚，穆王伐徐，宣王伐玁狁、荊蠻、徐夷及淮夷，春秋時代周室未嘗復征伐四夷，桓王伐鄭，大敗而歸，自是王室不敢復與諸侯為敵。西周王畿千里，西有豐鎬，東包伊洛，春秋時西則宗周之地入於秦，北則陽樊、溫原、攢茅諸邑入於晉，東與鄭國接壤，南與陸渾之戎為界。詩終南云：「終南何有，有條有梅，君子至止，錦衣狐裘。」則終南於秦初封已為秦疆，陽樊、溫原、攢茅皆在今沁南附近，陸渾之戎居今河南省嵩縣，則東周王畿，似乎西至於陝，東接鄭境，南與嵩縣為界，北抵沁水南岸，較之西周大為縮小。周惟一為諸侯所尊重者為擁有共主的虛號，諸侯即位，仍須取得周王誥封，此種現象一直繼續至戰國初期。諸侯有功於王室，周王則賜以殊禮，如周襄王賜齊桓公彤弓、大輅，諸侯亦以能得周王之賜為榮。

　　春秋時代，列國政治也發生變化。在西周及春秋初期，國君權力頗大，諸侯即位常引其兄弟為卿，如魯隱公、桓公分權於臧氏，莊公委政於三桓（孟孫氏、叔孫氏、季孫氏皆魯桓公之裔，號稱三桓）。其後君權旁落於卿大夫之手，而演變為世卿政治。以魯為例，自僖公以後，卿職常為三桓所擁有，成為魯國世卿。此種現象亦發生於其他國家，如鄭的七穆、晉的六卿、齊的田氏，皆以世卿專國政。君權旁落的另一結果為貴族出奔與客卿執政。貴族出奔係由爭奪政權而起，如魯文公時，東門襄仲欲奪季孫氏之權，敗而奔齊；魯昭公欲奪季孫氏之政，反為所逐，居外而死；魯哀公為季孫氏所攻而奔越。春秋中期以後，列國貴族常因政爭失敗而出奔，出奔的貴族常在僑居國取得崇高的政治地位，即所謂客卿。春秋中期以後，大國如齊、秦、晉、吳等國皆喜用客卿，如齊用田敬仲，秦用蹇叔、百里奚，晉用巫臣，吳用伍子胥、伯嚭皆是。任用客卿執政的風氣在春秋時代已開其端，至戰國時代以後而大盛。

　　春秋政治係以霸國為中心的政治，強大的諸侯起而代行業已衰微的王權，號稱霸主，史家謂之霸政。霸政的目標是尊王攘夷，夷兼指雜居中原的夷狄及南方的楚國。中國在春秋時代以前，地曠人稀，華夷雜處，如伊洛間有伊洛之戎、陸渾之戎，濟西有濟西之戎，渭洛間有驪戎、犬戎，豫北有北戎，晉南有姜戎、茅戎，晉中有大戎、小戎，西河、上黨、冀中有白狄、赤狄，遼西有山戎（趙鐵寒：春秋時期的戎狄地理分布及其源流）。西周盛世，諸侯候望相助，戎狄但遊牧於諸侯封域之外，及王室政衰，諸侯互相攻伐，戎狄乃乘機而起。春秋的夷夏觀念，係以文化為主，文化高者為諸夏，低者為夷狄，故驪戎、姜戎雖與姬、姜同姓，以文化落後而被認為夷狄。大抵華夏以農耕為業，夷狄則以遊牧為生，故生活方式亦彼此不同，如華夏束髮冠帶、右衽、廟祭、車戰，夷狄則披髮、左衽、野祭、步戰❶。楚國文化自成系統，不同於中原，故諸侯不以華夏視之。楚初立國於丹陽（湖北省秭歸縣東），後遷郢（湖北省江陵縣）。春秋初期，楚國勢力北向擴展，吞滅漢水以北姬姓諸小國，北侵中原，強盛無比，春秋時代的攘夷，主要在抵抗楚國的北侵。

　　霸主為霸政時代實際政治的領袖，會盟時為諸侯盟主，諸侯對霸國有助征、助役、朝貢等義務❷。舊說以齊桓公、晉文公、秦穆公、宋襄公、楚莊王為春秋

❶　錢賓四先生曰：「當時華戎分異，自生活上言，則如羌戎氏云，我諸戎飲食衣服不與華同是也。自言語上言，則如羌戎氏又稱言語不達，史記由余其先晉人，亡入戎，能晉言是也。自禮服上言，則如平王東禮，辛有適伊川見被髮而祭於野者，曰不及百年此其戎乎，其禮先亡矣。孔子曰，微管仲，吾其被髮左衽矣是也。自戰事上言，則如鄭人與北戎戰，曰彼徒我車是也。凡此諸別，言語一項似不重要。齊楚南北方言即不同。至生活禮服諸端，其重要關鍵，實在耕稼與游牧之別。故曰狄之廣漠，於晉為都。又曰，戎狄荐居，貴貨易土土可賈。惟其為耕稼的社會，故有城郭宮室宗廟社稷衣冠禮樂車馬貨賄，此則為諸夏。惟其為游牧的社會，故無上述城郭宮室諸文物，而飲食衣服種種與諸夏異，而成其為蠻夷戎狄。耕稼與游牧，只是一種經濟上文化上之區別，故曰諸夏用夷禮則夷之，夷狄用諸夏禮則夏之。」（國史大綱第四章）

❷　薩本炎先生曰：「霸須尊崇王室，而又不兼併諸侯，所以只可視為割據與統一的過渡辦法。但是列國爭霸又不是只求虛名而已。『晉主夏盟……范宣子為政，諸侯之幣重，鄭人病之』（左傳襄公二十四年），到了『趙文子為政，令薄諸侯之幣，而重其禮』（左傳襄公二十五年）。又晉與諸侯同盟於平丘之時，子產爭承（杜預注云承貢賦之次）曰：『鄭伯男也，而使從公侯之貢，懼弗給也』（左傳昭公十三年）。由此可知稱霸固有實利。」（中國社會

五霸，但春秋霸政在攘夷，攘夷主要在攘楚，而宋圖霸未成，秦勢力不及中原，此三國皆不得列為霸國，能列為春秋霸國者惟齊、晉二國而已。

◆ 春秋初期形勢

自周平王東遷至莊王十一年（西元前七七〇年至西元前六八六年）為春秋初期，在此八十餘年間，中原諸侯互相攻伐，國際局勢動盪不安，大多數戰爭皆由鄭宋二國衝突而起。春秋諸侯可考者一百七十餘國，歷史較詳國勢較強者有齊、魯、曹、衛、鄭、宋、陳、蔡、燕、晉、秦、楚、吳、越十四國（史記十四諸侯年表），其中齊、魯、曹、衛、鄭、宋、陳、蔡八國皆參與此時期的紛爭。鄭國曾經一度強蓋諸侯，鄭莊公為一傑出政治家，其在位年代約當周平王後期及桓王前期。鄭國土本小，又陷於宋、衛、陳、蔡等強國的包圍，故國勢雖強，終不能征服各國而稱霸。鄭與王畿為鄰，時與王室發生衝突，周桓王曾經糾合蔡、衛、陳諸國之軍伐鄭，與鄭軍戰於繻葛（河南省長葛縣境），周軍大敗，鄭大夫祝聃射王中肩，是為繻葛之戰，為鄭國勢極盛時代。未幾鄭莊公卒，諸公子爭立，鄭國勢亦隨之而衰微。

◆ 齊桓公霸業

自周莊王十二年至景王二十五年（西元前六八五年至西元前五二〇年）為春秋中期，為春秋霸政的典型時代。

首起建立春秋霸業者為齊桓公，其在位時間約當周莊王十二年至周襄王九年（西元前六八五年至西元前六四三年）。齊初封營丘，後徙薄姑（山東省博興縣東北），又徙臨淄（山東省臨淄縣），此三都皆在淄水流域，其後不斷東向發展，直達海濱，土地肥沃，兼擅魚鹽之利。春秋初期，齊釐公在位，國勢已甚強盛。釐公卒，子襄公立，襄公淫亂，為從弟公子無知所弑，無知自立為齊侯，齊人殺無知，齊國大亂。襄公弟公子小白避禍於莒（山東省莒縣），齊人乃迎立之，是為桓公。桓公以管仲為相，管仲有治才，齊國大治，桓公乃起而建立霸業。

齊桓公霸業可稱述者有三：北伐戎狄，南攘楚國，定襄王之位。是時山戎侵燕，狄人侵邢滅衛，楚亦屢出兵伐鄭，齊桓公北伐山戎救燕，伐狄援邢復衛，既

而於周惠王二十一年（西元前六五六年），糾合魯、宋、衛、鄭、曹、陳、許等國南伐楚，迫楚與盟於召陵（河南省郾城縣東），阻遏楚軍北侵。召陵之盟為齊桓公霸業全盛時代，此後楚雖屢次背盟出兵中原，齊亦屢合諸侯出兵禦楚，楚終不能得志於中原。

　　周惠王欲廢太子鄭而立王子帶，齊桓公於伐楚還軍時，會諸侯於首止（河南省睢縣東南），定太子鄭之位，即以後的襄王。

　　齊桓公凡九合諸侯，威服諸夏。齊桓公霸業實得力於管仲，管仲力主團結諸侯以禦夷狄，尊王室，遂佐桓公而成霸業。孔子曰：「桓公九合諸侯，不以兵車，管仲之力也。」（論語憲問）又曰：「管仲相桓公，霸諸侯，一匡天下，民到于今受其賜；微管仲，吾其被髮左衽矣！」（同上）可知管仲的功業對當時政治的影響，設無管仲，即無桓公霸業，中國亦將淪為夷狄所統治。

　　召陵之盟以後十一年（周襄王七年，西元前六四五年），管仲卒，又二年（周襄王九年，西元前六四三年）而桓公卒，諸公子爭立，齊國大亂，霸業遂衰。宋襄公糾合曹、衛、鄭等國之兵入齊定亂，立公子昭為齊侯，是為齊孝公。宋襄公謀繼齊桓公稱霸，滕、曹、邾等國不服，宋襄公以兵力征服之；鄭亦不服宋而附楚，周襄王十四年（西元前六三八年），宋襄公伐鄭，楚救鄭，與宋軍大戰於泓（泓即泓水，在今河南省柘城縣），宋軍大敗，宋襄公中箭傷足，是為泓之戰。

◆ 晉文公霸業

　　晉初封於唐（山西省翼城縣南），後徙絳（山西省翼城縣東南）。周平王時，晉文侯滅攜，略取河西，國勢始強。文侯傳子昭侯，封叔父成師於曲沃（山西省聞喜縣東），是為曲沃桓叔。昭侯四傳至小子侯，曲沃桓叔再傳至曲沃武公，曲沃武公殺小子侯而立侯緡，復滅侯緡而自立，受周僖王命為晉侯，是為晉武公。武公卒，子獻公立，獻公自以小宗篡奪而得位，猜忌公室，不復以公族為卿。晉獻公略與齊桓公同時，齊桓公稱霸，晉少與會盟，致力於拓疆，并吞鄰近諸小國。據有汾水流域大部，擴展領土至黃河南岸。晉獻公有三夫人：齊姜為齊桓公女，狐姬為大戎女，驪姬為驪戎女。齊姜生太子申生及秦穆公夫人，狐姬生公子重耳，而狐姬娣生公子夷吾；驪姬生公子奚齊，而驪姬娣生公子卓子。齊姜早卒，驪姬謀奪嫡，逼害申生，申生自殺，重耳、夷吾逃亡於外。晉獻公卒，託孤於大夫荀

息而立奚齊，晉大夫里克殺奚齊，荀息復立卓子，里克復殺卓子，並殺荀息，晉國大亂，齊桓公率諸侯與秦穆公共立夷吾為晉侯，是為晉惠公。惠公之立，曾許割晉河西之地與秦，既而悔之，惠公又以子圉為質於秦，秦妻以宗女，圉棄妻亡歸晉，秦以故恨晉。惠公卒，子圉立，是為晉懷公。

　　重耳自獻公末年逃亡於外者凡十九年，先居狄，繼周遊列國，歷衛、齊、宋、鄭、楚而入秦，秦穆公乃發兵納重耳於晉，晉懷公為政寡恩，晉人乃殺懷公而納重耳，是為晉文公。晉文公既立，乃起而圖霸。晉文公的霸業，仍承齊桓公餘緒，以攘夷尊王為志。周襄王娶后於狄，狄后無德，為襄王所廢，襄王弟叔帶引狄人伐周，周襄王出奔鄭，叔帶自立為王，襄王告急於晉，晉文公出兵伐狄，殺叔帶而迎襄王復位。

　　宋自襄公死後，力不能抗楚而附楚，陳、蔡、鄭、曹、魯、衛諸國皆附之，楚勢益盛，有兼并中原之勢，自晉文公擊敗狄人，宋即轉而親晉。楚軍伐宋，宋向晉求援，晉文公糾合齊、秦之師救宋。周襄王二十年（西元前六三二年），晉、楚大戰於城濮（河南省陳留縣境），楚軍大敗，楚帥子玉自殺，是為城濮之戰。晉文公與諸侯會盟於踐土（河南省滎澤縣西北），中原諸侯皆朝晉，遂繼齊桓公而定霸業❸。

　　晉破楚後，即西向阻止秦國東進。秦始封於周平王之世，據有王畿西部，其後逐漸拓疆至今甘肅省東境，至秦穆公，國勢益強，屢欲東向發展而輒阻於晉。晉文公雖致力敦睦秦晉邦交，然秦東出之路終為所扼。周襄王二十四年（西元前六二八年），晉文公卒，秦穆公乘機出師謀襲鄭，為晉、鄭所偵知，中途退師，晉軍邀擊之於殽（殽山在河南省洛寧縣西北六十里），秦兵大敗而歸，是為殽之戰。其後秦屢謀東侵，終不能得志。殽之戰為晉阻遏秦勢力東漸的主要戰役，秦的東進因此戰而延緩三百年之久，直至秦孝公時代，始復積極東向發展。

◆ 晉楚爭衡

---

❸　薩本炎先生曰：「晉據并州之地，其東則太行為之屏障，其西有黃河為之襟帶，於北則大漠陰山為之外蔽，於南則首陽底柱諸山濱河而錯峙，又南則孟津潼關皆其門戶。且越臨晉，泝龍門，則涇渭之間可折箠而下。出天井，下壺關，邯鄲井陘而東，亦可惟吾所向。晉文復國不久，就能稱霸諸侯，固有恃於地理形勢。」（中國社會政治史第二章第一節）

晉自文公以後，以抵禦楚國北侵為其傳統國策。從城濮之戰以後的八十餘年間，晉楚二國仍時有戰爭。楚繼續北侵，晉竭力抵禦，其中較大戰役有三，即邲之戰、鄢陵之戰及湛阪之戰。

周定王十年（西元前五九七年），楚莊王伐鄭，晉救鄭，晉軍未至而鄭已降楚，楚軍南返，晉軍渡河進逼楚軍，楚軍反薄晉軍於邲（河南省鄭縣東），晉軍不意楚軍突至，匆皇北撤，爭船渡河，自相斫殺，死者甚眾，楚遂不戰而勝，是為邲之戰。

邲之戰後未幾而晉國勢復盛，周簡王十一年（西元前五七五年），鄭叛晉附楚，晉伐鄭，楚共王救鄭，與晉軍戰於鄢陵（河南省鄢陵縣西北），楚軍敗，晉軍射楚王中肩，是為鄢陵之戰。

周靈王十五年（西元前五五七年），晉伐許（河南省許昌縣），因而伐楚，與楚軍戰於湛阪（河南省葉縣境），楚軍大敗，晉軍乘勝攻入楚境，至方城（河南省葉縣南）而還，是為湛阪之戰。

在此期間，晉的國勢有盛有衰，與楚戰爭亦互有勝負，然大致自文公以來，歷代國君都能貫徹攘楚政策，楚的勢力始終被阻遏於今河南省南部一帶，不能侵入中原。

◆ 弭兵之盟

晉楚國力相當，未能決勝，而諸侯從征則不堪其苦。是時中原諸侯在北者如曹、衛等國以近晉而常附晉，在南者如陳、蔡等國以近楚而常歸楚，宋、鄭二國介於二大之間，歸楚則晉伐之，附晉則楚伐之，故晉楚之戰常在宋、鄭國境，受害最深，因而亟望和平，積極提倡弭兵。

弭兵為春秋時代國際和平運動，首倡其議者為宋大夫華元。華元素與晉楚二國執政者相善，遊說二國彼此罷兵。周簡王七年（西元前五七九年），晉、楚一度會盟，同意互不侵犯，然未幾楚即毀約。其後三十三年，即周靈王二十六年（西元前五四六年），宋大夫向戌續倡弭兵之議，約晉、楚二國會盟於宋，相約罷兵。與盟者有晉、楚、宋、魯、衛、曹、鄭、許、陳、蔡等十國，由晉、楚共同主盟，史稱弭兵之盟。

周景王二十年（西元前五二五年），宋國發生內亂，宋君與大夫華氏、向氏爭

權，宋君求援於晉，華氏、向氏求援於楚，華氏、向氏敗而亡楚。此後晉國政權漸漸脫離公室，轉入六卿之手，致力於內部爭權，不復以霸業為重，楚亦受制於新興的吳國，無力北侵，晉楚爭衡的時代至是結束，吳越代起而爭霸。

◆ 吳越爭霸

　　自周敬王元年至威烈王二十二年（西元前五一九年至西元前四○四年）為春秋後期，此時期的前半期為吳越稱霸時期，後半期為春秋時代進入戰國時代的過渡時期。

　　吳越為春秋末期崛起於東南方的強國。吳建都於姑蘇（江蘇省吳縣），越建都於會稽（浙江省紹興縣）。吳越前期歷史不詳，直至春秋末葉，始有較詳細的記載。

　　吳為周太伯、仲雍之後，太王捨太伯、仲雍而立季歷，太伯、仲雍亡入荊蠻自立，號曰句吳。吳太伯卒，無子，傳於仲雍，是為吳仲雍。史記吳世家謂吳太伯立五世至周章而武王克殷，求仲雍之後，得周章，而周章已君吳，因以吳封周章而別封周章弟於虞（山西省平陸縣東北），是為虞仲，自周章十二世至句卑而晉獻公滅虞，句卑再傳至壽夢稱王而吳始大。吳即虞，猶宋即商，故今山西省虞城亦稱吳城，江蘇省吳山亦稱虞山。李玄伯先生謂虞仲即仲雍，太伯、虞仲實先奔虞，既封於虞，其庶支復別封於吳，此說甚是。春秋稱吳王為吳子，則吳實為虞的別封。

　　吳王壽夢之世，約當周簡王及周靈王前期。晉楚相爭，楚大夫巫臣得罪亡晉，獻聯吳制楚之策，晉遣巫臣使吳，教吳以射御戰陣之法，吳國驟強。自壽夢歷諸樊、餘祭、餘昧、僚、闔閭諸王，吳經常在江淮間攻略楚國東北境，楚地日削。吳王僚時，楚平王在位，殺其大夫伍奢及奢子尚，奢子子胥奔吳，說吳王僚伐楚，吳王僚不納。及吳王闔閭在位而楚平王卒，楚昭王立，闔閭謀伐楚，用子胥及孫武為將。周敬王十四年（西元前五○六年），吳會蔡軍伐楚，楚軍迎戰，敗於柏舉（湖北省麻城縣），吳軍乘勝追擊，五戰五勝，遂入郢，楚昭王出奔隨（湖北省隨縣南），遣使求援於秦，賴秦師以復國。後二年，吳復伐楚，敗楚舟師，楚懼，遷都於鄀（湖北省宜城縣西南）以避之，更名鄢郢。

　　當吳王闔閭在位時，越國勢漸強，開始與吳發生衝突。吳師入郢後十年，越王句踐在位，闔閭興師伐越，戰於檇李（浙江省嘉興縣南），闔閭受傷而死。闔閭

子夫差繼位，日夜勒兵謀伐越。句踐懼，先起兵伐吳，戰於夫椒（太湖椒山），越軍大敗，句踐收殘卒退保會稽，請降於吳，夫差乃轉兵北伐齊、魯，敗齊軍於艾陵（山東省泰安縣博縣故城南），召魯、衛之君盟於橐皋（安徽省巢縣西北），威震中原。周敬王三十八年（西元前四八二年），夫差北會諸侯於黃池（河南省開封縣南），自為盟主，是為吳國勢力最盛時期。

當黃池大會時，越王句踐以五萬人乘虛襲吳，攻陷吳都，夫差聞訊，匆匆南返，與越展開長期戰鬥，其後九年（周元王三年，西元前四七三年），夫差兵敗自殺，越遂滅吳。句踐乘勝北渡淮，會諸侯於徐州（山東省滕縣），致貢於周，受周元王命為伯，號稱霸王。後五年（周貞定王元年，西元前四六八年），魯哀公謀去三桓，為三桓所攻，敗而奔越。

當句踐退保會稽時，請降於吳，夫差許之，伍子胥諫不聽，其後子胥又屢請夫差乘越衰敝而滅之，夫差亦不聽。吳太宰伯嚭好利，句踐賄之使讒子胥於吳王，夫差乃賜子胥屬鏤之劍，令自殺。後三年而夫差會諸侯於黃池，又九年而越滅吳。句踐欲以百家封夫差於甬東（浙江省定海縣），夫差謝曰：「吾悔不用子胥之言，自令陷此。」（史記吳太伯世家）遂自剄而死。

自句踐死後，越即衰亂，六傳至無彊，為楚威王所滅。

◆ 三晉及田齊的崛起

從春秋時代進入戰國時代的過渡時期，政治上最顯著的變化為晉及姜齊的易統與三晉及田齊的代興。

韓、趙、魏及田氏的興起為春秋世卿政治的結果。晉自獻公、文公排除公室，任用異姓諸卿，至厲公、悼公之世，政權逐漸旁落范氏、中行氏、智氏、韓氏、趙氏、魏氏六卿之手，范氏、中行氏為智氏、韓氏、趙氏、魏氏四卿所滅，四卿之中，智氏最強。周定王十六年（西元前四五三年），韓、趙、魏三卿聯合攻滅智氏，晉國土地幾全為韓、趙、魏三卿所瓜分，晉侯僅餘少許田邑以奉宗祀。其後五十年（周威烈王二十三年，西元前四○三年），周以韓、趙、魏三卿為諸侯，史稱三晉，周安王二十六年（西元前三七六年），韓、趙、魏廢晉靖公而瓜分其僅餘田邑，晉國遂亡。

田氏的始祖即陳厲公公子完，田、陳古音同。齊桓公時，陳國內亂，陳公子

完奔齊，遂以田為氏。田氏累世仕齊為大夫，自田完六傳至田恆，翦滅齊國勢力較強的公族，獨專齊政，割取臨淄以東廣大地區為田氏封邑。田恆三傳至田和，盡收齊國土地據為己有，遷齊康公於海濱，僅留一邑以奉齊祀。周安王十六年（西元前三八六年），周封田和為齊侯，是為齊太公。齊康公卒，所餘田邑亦為田氏所併，姜齊遂亡而田齊代興。

二、戰國時代

◆ 戰國年歷

戰國時代起自周威烈王二十三年，終於秦王政二十六年（西元前四〇三年至西元前二二一年），凡一百八十二年。在此期間，周朝世系如次：

⑱威烈王 ── ⑲安王 ┬ ⑳烈王
　　　　　　　　　　└ ㉑顯王 ── ㉒慎靚王 ── ㉓赧王

周祚盡於赧王五十九年（西元前二五六年），以下接秦紀年。

晉自文公建立霸業，常為中原霸國，霸業為春秋時代象徵，三家分晉，霸業隨之中歇，故史家以周威烈王二十三年作為戰國時代的開始。

◆ 戰國時代新形勢

春秋時代小國至戰國時代被兼并殆盡，重要國家如曹、陳、蔡、鄭、越亦先後被消滅。

周敬王三十三年（西元前四八〇年），宋滅曹。

周敬王四十二年（西元前四七八年），楚滅陳。

周貞定王二十二年（西元前四四七年），楚滅蔡。

周烈王元年（西元前三七五年），韓滅鄭。

周顯王三十五年（西元前三三四年），楚滅越。

衛於周慎靚王元年（西元前三二〇年）貶號為君，實際上已不成國，至秦二世始被消滅；魯則於秦莊襄王二年（西元前二四九年）為楚所滅。衛、魯二國雖歷祚較長，但在戰國時代已不足輕重。列國兼并的結果，造成九大強國並峙的局

面，即殽函以西的秦，殽函以東的魏、韓、趙、燕、齊、楚、宋、中山，國勢強盛，皆稱王號。其後趙滅中山，齊滅宋，於是山西強國一，山東強國六，互相征伐，幾無寧歲，史稱戰國七雄。

◆ 魏國的圖強

三家分晉，魏據晉國中部，約有今山西省南部、陝西省東北部、河北省南部及河南省中部以北，形勢雄勝，地廣人稠，國勢最強。魏初都安邑，文侯遷鄴（河南省臨漳縣），武侯都魏（河北省大名縣境），周顯王四年（西元前三六五年），惠王即位的第六年，遷都大梁（河南省開封縣）（趙鐵寒：魏惠王徙都大梁年月考），故魏亦稱梁。趙據晉國北部，約有今山西省中部以北及河北省中部，初都晉陽（此晉陽即平陽，說見前，山西省臨汾縣），繼都中牟（河北省邯鄲縣附近），後都邯鄲（河北省邯鄲縣）。韓據晉國南部，約有今河南省中部以西及山西省東南隅，疆域最小，國勢亦最弱。韓初都平陽（山西省臨汾縣），繼都陽翟（河南省禹縣），滅鄭後遷都新鄭（河南省新鄭縣）。

魏既據有晉國本部，頗以繼承晉統自許，自稱曰晉，而三晉開國之君，亦以魏文侯為最賢。文侯師事卜子夏、田子方、段干木，四方賢士爭歸之。子夏弟子李克、吳起皆賢，文侯任為卿相，委以國事。李克為文侯制訂新法典，改革稅制，吳起為文侯守西河，卻秦軍，秦軍不敢東向❹。文侯卒，武侯繼立，遵文侯遺規，屬行法治，於是魏國大治，強蓋諸侯。

周烈王六年（西元前三七○年），魏惠王繼立，國勢益強。周顯王十三年（西元前三五六年），魯、衛、宋、韓之君皆朝魏。魏惠王略與齊威王及秦孝公、秦惠文王同時，齊、秦二國國勢亦開始隆盛，但魏惠王對此二國並未加注意，而集中全力以謀三晉的統一。

周顯王十五年（西元前三五四年），魏伐趙，圍趙都邯鄲，秦乘魏軍東出，攻

---

❹　史記孫子吳起列傳：「起之為將，與士卒最下者同衣食，臥不設席，行不騎乘，親裹贏糧，與士卒分勞苦。卒有病疽者，起為吮之，卒母聞而哭之。人曰：『子卒也，而將軍自吮其疽，何哭為？』母曰：『非然也，往年吳公吮其父，其父戰不旋踵，遂死於敵，吳公今又吮其子，妾不知其死所矣，是以哭之。』文侯以吳起善用兵，廉平盡能得士心，乃以為西河守以拒秦。」

魏西鄙，取魏少梁（陝西省韓城縣南）。次年，魏軍攻拔邯鄲，趙成侯求救於齊，齊威王使田忌為將，孫臏為師，出兵救趙。齊軍逕趨魏大梁，魏軍自邯鄲返救，與齊軍戰於桂陵（山東省菏澤縣東北二十里），魏軍大敗，魏勢一挫❺。後二年，魏以邯鄲歸趙，與趙成侯盟於漳水上。

　　周顯王二十八年（西元前三四一年），魏復以龐涓為將，挾趙軍以伐韓，韓告急於齊，齊威王復使田忌、孫臏將兵救韓。齊軍急趨大梁，設伏於馬陵（河北省大名縣東南），用減竈計以誘龐涓。龐涓率魏軍去韓而歸，至馬陵中伏，魏軍大潰，龐涓自殺。魏惠王聞齊軍出，大發國中兵，以太子申為將以禦齊，齊軍乘勝進擊，大破之，擄太子申，魏國勢由是大挫❻。

　　馬陵之戰為戰國初期的重要戰役。馬陵之戰以前，魏國力極盛，秦東出之路

---

❺ 史記孫子吳起列傳：「孫臏嘗與龐涓俱學兵法，龐涓既事魏，得為惠王將軍，而自以為能不及孫臏，乃陰使召孫臏。臏至，龐涓恐其賢於己，疾之，則以法刑斷其兩足而黥之，欲隱勿見。齊使者如梁，孫臏以刑徒陰見說齊使，齊使以為奇，竊載與之齊，齊將田忌善而客待之。忌數與齊諸公子馳逐重射，孫子見其馬足不甚相遠，馬有上中下輩，於是孫子謂田忌曰：『君弟重射，臣能令君勝。』田忌信然之，與王及諸公子逐射千金。及臨質，孫子曰：『今以君之下駟與彼上駟，取君上駟與彼中駟，取君中駟與彼下駟。』既馳三輩畢而田忌一不勝而再勝，卒得王千金。於是忌進孫子於威王，威王問兵法，遂以為師。其後魏伐趙，趙急，請救於齊，齊威王欲將孫臏，臏辭謝曰：『刑餘之人不可。』於是乃以田忌為將而孫子為師，居輜車中，坐為計謀。田忌欲引兵之趙，孫子曰：『夫解雜亂紛糾者不控捲，救鬥者不搏撠，批亢擣虛，形格勢禁，則自為解耳。今梁趙相攻，輕兵銳卒必竭於外，老弱疲於內，君不若引兵疾走大梁，據其街路，衝其方虛，彼必釋趙而自救，是我一舉解趙之圍而收弊於魏也。』田忌從之，魏果去邯鄲，與齊戰於桂陵，大破梁軍。」

❻ 史記孫子吳起列傳：「魏與趙攻韓，韓告急於齊，齊使田忌將而往，直走大梁。魏將龐涓聞之，去韓而歸。齊軍既已過而西矣，孫子謂田忌曰：『彼三晉之兵，素悍勇而輕齊，齊號為怯，善戰者因其勢而利導之。兵法百里而趨利者蹶上將，五十里而趨利者軍半至。』使齊軍入魏地為十萬竈，明日為五萬竈，又明日為三萬竈。龐涓行三日，大喜曰：『我固知齊軍怯，入吾地三日，士卒亡過半矣。』乃棄其步軍，與其輕銳倍日并行逐之。孫子度其行，暮當至馬陵，馬陵道狹而旁多阻隘，可伏兵，乃斫大樹，白而書之曰：『龐涓死于此樹之下』，於是令齊軍善射者萬弩夾道而伏，期曰：『暮見火舉而俱發』，龐涓果夜至斫木下，見白書，乃鑽火燭之，讀其書未畢，齊軍萬弩俱發，魏軍大亂相失。龐涓自知智窮兵敗，乃自剄，曰：『遂成豎子之名。』齊因乘勝盡破其軍，虜太子申以歸。」

輒為魏所阻，馬陵之戰，魏受重創，秦遂於次年大舉伐魏，襲破魏軍，俘魏將公子卬，迫魏獻河西之地以和，魏從此失卻大河之險，不復能禦秦。周顯王三十五年（西元前三三四年），魏惠王與齊威王會於徐州（山東省滕縣），互尊為王，此後魏國勢漸衰，齊、秦二國繼之而起。

◆ 秦孝公變法

　　秦於春秋穆公時，國勢隆盛，東納晉君，西滅西戎，闢地千里，為西方強國，惟受阨於晉，不能得志於中原。自穆公十傳至懷公，值戰國初期。自懷公歷靈公、簡公、惠公、出子，秦公室屢生內亂，國勢頓衰。時秦閉關既久，中原諸國皆比秦於夷狄，故魏惠王於經略中原時，未注意秦國勢的發展。周安王十八年（西元前三八四年），秦人殺出子而立靈公子獻公，國勢漸隆，自雍（陝西省鳳翔縣）徙都櫟陽（陝西省臨潼縣東北）。周顯王七年（西元前三六二年），獻公卒，子孝公立。孝公即位之初，即下詔求賢，用衛公孫鞅，厲行變法。鞅本衛國之庶孫，少習法術，遊仕於魏，魏相公叔痤薦於魏惠王，惠王不能用，聞秦孝公求賢，乃去魏入秦，說孝公以富國強兵之術。孝公大悅，與議國事，鞅於是佐孝公變法圖強。衛鞅變法內容可歸納為下列數項：

　　一、政治方面：厲行法治，消除宗法封建貴族的特權，以嚴刑重賞勸勵人民為國服務，創立保伍組織，實行連坐肅清姦邪，其法以五家為保，十家相連，一家有罪，諸家不舉發則與之同罪。

　　二、經濟方面：鼓勵生產以富國裕民，凡家有成丁二人不分居者加倍納稅，增產逾額者免其賦役，怠惰好閑者沒為官奴。重整土地田賦，凡土地未經開墾者許人自由占耕，計田征稅，廢除春秋時代助耕公田的制度。劃一斗桶權衡丈尺，以利工商業的發展。

　　三、武功方面：提倡軍功，禁止私鬥；有軍功可得爵賞，私鬥則以輕重受罰，於是平民可由軍功而升為貴族。依軍功爵級 ❼ 制定服飾、居室、奴隸、田地等差，

---

❼　漢書百官公卿表：「爵一級曰公士，二上造，三簪裊，四不更，五大夫，六官大夫，七公大夫，八公乘，九五大夫，十左庶長，十一右庶長，十二左更，十三中更，十四右更，十五少上造，十六大上造，十七駟車庶長，十八大庶長，十九關內侯，二十徹侯，皆秦制，以賞功勞。」

無軍功爵級者雖富不得逾制享受。

　　四、改易風俗：秦國與外族長期接近，染上戎狄習俗，故在戰國初期，中原諸國皆視秦為夷狄，衛鞅至是改易秦國風俗，務使逐漸與中原諸國相同。

　　於是秦繼魏而興起，物產豐贍，社會安定，人皆勇於公戰，國勢大盛❽。周顯王十九年（西元前三五〇年），孝公遷都咸陽（陝西省長安縣東故渭城），積極經營東方。

　　秦孝公封衛鞅於商（陝西省商縣東），號商君。周顯王二十九年（西元前三四〇年），商君乘魏新敗於馬陵，襲破魏將公子卬軍，取魏河西之地，與魏共控大河之險。

　　周顯王三十一年（西元前三三八年），秦孝公卒，子惠文王立。秦惠文王為太子時嘗犯法，商君刑其傅公子虔，黥其師公孫賈，故惠文王恨之。及即位，乃族

---

❽　薩本炎先生曰：「秦民欲得田宅奴婢，須先得爵；而欲得爵，須有軍功；欲得軍功，須有對外戰爭。商鞅說：『民之欲富貴也，共闔棺而後止，而富貴之門必出於兵，是故民聞戰而相賀也』（商君書第十七篇賞刑）。此即商鞅所謂『壹賞，利祿官爵專出於兵，無有異施也』（商君書第十七篇賞刑）。『民之所欲萬，而利之所出一，民非一則無以致欲……啟一門以致其欲』（商君書第五篇說民），人民聞戰相賀，可以說是理之當然。」「但是秦既以農立國，又採農兵制度，務外戰則農事廢，勤耕耘又無遑向外發展。然則如何調和農與戰呢？於是商君就引誘三晉的人來耕秦地，而使秦民應敵於外。即如杜佑所說：『鞅以三晉地狹人眾，秦地廣人寡，故草不盡墾，地利不盡出，於是誘三晉之人，利其田宅，復三代，無知兵事，而務本於內，而使秦人應敵於外』（通典卷一田制上）。商鞅說：『秦之所與鄰者三晉也，所欲用兵者韓魏也，彼土狹而民眾……此其土不足以生其民也，似有過秦民之不足以實其土也。意民之情，其所欲者田宅也，而晉之無有也，信秦之有餘也。必如此，而民之不西者，秦士戚而民苦也……今利其田宅，而復之三世，此必與其所欲，而不使行其所惡也，然則山東之民無不西者矣……夫秦之所患者，興兵而伐，則國家貧；安居而農，則敵得休息，此王所不能兩成也……今以故秦事敵，而使新民作本，兵雖百宿於外，境內不失須臾之時，此富強兩成之效也』（商君書第十五篇徠民）。但是三晉的人既有田宅，而又三代蠲免兵役，秦人那裡願意呢？蓋軍功之法『五甲首而隸五家』（漢書卷二十三刑法志），秦人出戰，能得著甲者五人之首，便能隸役五家。此五家當係三晉的人。秦人為武士階級，晉人則為佃戶，秦人解放於農耕之外，其地位在晉人之上。晉人解放於兵役之外，其安全在秦人之上。雙方都有所利，所以秦國採用這個政策之後，『數年之間，國富兵強，天下無敵』（通典卷一田制上）。」

誅商君，商君雖死而新法不廢，故秦得以藉商君所立規模繼續向外發展。

周顯王三十六年（西元前三三三年），魏人張儀入秦，以連衡之策干秦惠文王，秦惠文王悅之，以為客卿。周慎靚王五年（西元前三一六年），巴（四川省重慶市）、蜀（四川省成都市）二國相攻，皆求援於秦，秦惠文王用司馬錯策，起兵伐蜀，滅之，蜀素富饒，由是秦以益強。是時秦已拓疆至函谷關以東，據有陝（河南省陝縣）、曲沃（山西省聞喜縣東）及平周（山西省介休縣西）一帶之地，繼魏而成為西方的強國。

◆ 齊秦爭強

齊自太公篡立，歷傳侯剡、桓公而至威王，國勢驟強。以當時國際形勢的發展而論，齊最強，秦次之，因齊能獨力破燕，又滅強宋。秦相張儀乃用連衡政策，離間魏、楚與齊邦交以孤立齊國。魏相惠施主與齊和，而魏惠王意欲卻西顧之憂以報齊讎，乃聽從張儀而附秦。時齊、楚方睦，楚懷王惑於張儀利誘，亦折而入秦。魏雖屢敗而國勢尚強，楚自春秋以來即為南方大國，魏、楚附秦，而秦勢益盛。

齊威王卒，子宣王立，國勢益強，務欲侵略鄰國以自廣。周赧王元年（西元前三一四年），齊出兵滅燕。燕自召公始封，十四傳至繆侯，值春秋初期，復二十傳至釐公，入戰國之世，釐公三傳至易王，與齊宣王同時。易王卒，子噲立，是為王噲。王噲慕堯之為人，以國讓燕相子之。子之為王三年而國大亂，燕太子平令將軍市被糾眾攻子之，不克，市被反攻太子，構難數月，死者數萬人，齊宣王乃令將軍章子伐燕，五旬而滅之，醢子之，殺燕王噲。齊既滅燕，殘虐燕人，燕人叛齊，而諸國復謀救燕，齊乃不敢併燕，撤兵而歸❾。

是歲，齊宣王卒，子湣王立。周赧王二十九年（西元前二八六年），齊出兵滅

❾　孟子梁惠王：「齊人伐燕，取之，諸侯將謀救燕。宣王曰：『諸侯將謀伐寡人者，何以待之?』孟子對曰：『臣聞七十里為政於天下者，湯是也，未聞以千里畏人者也。……今燕虐其民，王往而征之，民以為將拯己於水火之中也，簞食壺漿以迎王師。若殺其父兄，係累其子弟，毀其宗廟，遷其重器，如之何其可也。天下固畏齊之彊也，今又倍地而不行仁政，是動天下之兵也。王速出令，反其旄倪，止其重器，謀於燕將，置君而後去之，則猶可及止也。』」

宋。春秋末，宋景公滅曹，國勢日強。宋景公六傳至宋康王，與齊湣王同時。宋康王時，有雀生鷂於城陬，史占之，以為必霸天下，康王信之，起兵滅滕伐薛，敗齊、楚、魏之軍，取齊五城、楚地三百里，益自信其必霸。乃盛血以韋囊，懸而射之，謂之射天，欲以威服鬼神，淫於酒婦人，為長夜之飲，群臣諫者輒射殺之，天下之人，謂之桀宋，齊湣王乃合楚魏之師伐之，宋康王走死溫（河南省溫縣西南），遂滅宋。

齊入燕後二年（周赧王三年，西元前三一二年），燕人立太子平為王，是為燕昭王。昭王承燕破敝之餘，弔死問孤，撫循百姓，卑身厚幣以招賢者，得魏人樂毅，以為亞卿，任以國政，陰謀伐齊。

齊湣王既滅宋而驕，復出兵侵略楚、魏、韓、趙諸國。周赧王三十一年（西元前二八四年），燕昭王以樂毅為上將軍，并將燕、秦、魏、韓、趙五國之兵以伐齊，與齊軍戰於濟水之西，齊師大敗。樂毅遣秦、韓二軍還，分魏軍以略宋地，趙軍以徇河間，自率燕軍入齊，齊人大亂，湣王出走。樂毅入臨淄，輸齊之寶物祭器於燕，乘勝長驅，齊城皆望風奔潰，六月之間，下齊七十餘城，皆以為燕之郡縣，惟莒（山東省莒縣）及即墨（山東省即墨縣）二城未下。齊湣王出奔莒，楚使淖齒將兵救齊，因留為齊相。淖齒欲與燕分齊地，因弒齊湣王，莒人共起攻殺淖齒，立湣王子法章以拒燕，是為齊襄王，齊將田單亦據即墨為齊守。

樂毅分兵圍莒、即墨二城，三年猶未下。或讒樂毅於燕昭王，謂毅智謀過人，一舉下齊七十餘城，今二城不下，非其力不能拔，但欲久仗兵威以服齊人，自立為王。昭王乃斬讒者，遣使立毅為齊王，毅惶恐不受，以死自誓，由是齊人服其義，諸侯畏其信。

周赧王三十六年（西元前二七九年），燕昭王卒，子惠王立。惠王為太子時，與樂毅有隙，田單聞之，乃縱反間，謂樂毅嘗得罪於新王，畏誅而不敢歸，以伐齊為名，實欲連兵以自王。惠王素已疑樂毅，得齊反間，乃使騎劫代將，召樂毅歸國，樂毅知惠王素不善己，棄軍奔趙，燕軍皆憤惋不平。田單復縱反間以驕燕軍，燕軍益懈。於是田單收城中千餘牛，畫以五采龍文，束兵刃於其角，灌脂束葦於其尾，鑿城數十穴，夜燃牛尾縱之以擊燕軍，燕軍出不意，大敗，齊軍殺騎劫，乘勝逐北，所過城邑，皆叛燕附齊，盡復燕所侵七十餘城，齊由是得以復國，但從此元氣大傷，僅足自保。

◆ 秦楚之爭

　　楚自春秋末年為吳所破，至戰國初年，國力漸復，自郢返都郢。周安王十五年（西元前三八七年），楚悼王在位，魏將吳起與魏武侯有隙而奔楚，悼王以起為令尹，實行變法。楚國令尹位上卿，執掌國政。起以魏國所行新法用之於楚，申明法令，練兵增產，提高君權，削弱貴族，由是楚國勢驟強。

　　楚立國於長江流域，自長江以南有廣漠無垠的荒原以待開發，故自西周以至戰國中期，楚國一直不斷向南擴展，故其疆域於列國中最為廣大，國力亦最強。周顯王三十五年（西元前三三四年），楚滅越，楚的領土北至今河南省中部稍南及山東省南部，東至海，西至陝西省南部及四川省東部，西南至貴州東北境，南至五嶺。自戰國初期至戰國中期，中原列強互相攻伐，楚國休養生息，罕預中原戰役，故國力殷富，及齊為燕所破，楚國遂成為惟一有力抗秦的強國。

　　楚在春秋時代主張侵略，故為中原諸侯所排斥，自戰國中期秦國強盛，中原諸國注意力集中於禦秦，不復以夷狄視楚，楚亦常與中原諸國聯盟以抗秦。

　　秦惠文王時，楚懷王在位，與齊交睦。周赧王二年（西元前三一三年），秦惠文王遣張儀使楚，以割商於（河南省淅川縣西）地六百里為誘，勸楚與齊絕交，楚懷王貪秦割地，與齊絕交而親秦，秦不肯割地，懷王怒，周赧王三年（西元前三一二年），發兵攻秦，秦亦發兵擊楚，與楚軍戰於丹陽，大破楚軍，斬甲士八萬人，擄其將屈匄，取楚之漢中郡（治陝西省南鄭縣）。楚懷王復傾全國之師以伐秦，與秦軍戰於藍田（陝西省藍田縣西），楚復大敗。韓、魏乘勢南伐楚，楚人聞之，急引兵歸，割兩城以請和於秦，楚國勢因而大挫。

　　周赧王四年（西元前三一一年），秦惠文王卒，子武王立。周赧王八年（西元前三〇七年），秦武王卒，異母弟昭襄王立。周赧王十六年（西元前二九九年），秦伐楚，取八城。秦昭襄王遺楚懷王書，欲與會盟於武關（陝西省商縣南），懷王恐不往而秦怒，乃入秦。秦伏兵於武關，懷王至，閉關劫之，與俱西至咸陽，朝昭襄王於章臺宮，如藩臣禮，求楚割巫（治今四川省巫山縣東故巫城）、黔中（治今湖北省沅陵縣西）二郡，懷王不許，遂客死秦國。楚懷王既不得歸，楚人乃立懷王子頃襄王，遣使報秦，秦昭襄王大怒。周赧王十七年（西元前二九八年），秦復發兵伐楚，楚軍大敗，死者五萬人，秦取楚十六城。周赧王三十七年（西元前

二七八年），秦將白起伐楚，拔楚都郢，楚兵潰，楚頃襄王遷都於陳以避之，秦置南郡於郢，封白起為武安君。周赧王三十八年（西元前二七七年），武安君復將兵伐楚，取巫、黔中二郡。此後楚日益衰微，而趙國繼起抗秦。

◆ 長平之戰

　　趙在戰國中期以前，國勢本不甚強。周赧王八年（西元前三○七年），趙武靈王在位，變胡服，習騎射，滅中山，北略胡地數千里，拓疆至今綏遠、察哈爾二省南部，國勢驟強，其後武靈王死於內亂，然風氣所尚，趙人遂以勇戰著稱於世。

　　秦昭襄王初年，以魏冉為相，封穰侯，屢出兵攻伐韓、魏，與韓軍戰於伊闕（河南省洛陽縣南），韓軍大敗，戰死者二十四萬人，又伐魏，取魏河東、河內（河南省黃河以北地區）及安邑。周赧王四十五年（西元前二七○年），秦兵伐趙，圍趙閼與（山西省和順縣西北），時趙武靈王已卒，子惠文王在位，問計於廉頗，頗云道遠險狹，難救；惠文王復問趙奢，奢云道遠險狹，譬之猶兩鼠鬥於穴中，將勇者勝。於是趙惠文王遣趙奢率軍救閼與。奢軍出邯鄲三十里而止，築壘固守凡二十八日。趙奢獲秦間諜，善待而遣之，秦將聞報，以奢為怯。奢既遣秦間諜，乃急行二日一夜，進抵距閼與五十里而軍，據其北山，縱兵奮擊，大破秦軍，遂解閼與之圍，趙惠文王封奢為馬服君。是歲，魏人范雎以遠交近攻之策干秦昭襄王，昭襄王以雎為客卿，用其策羈縻趙、楚以孤立韓、魏，韓在黃河以北的土地幾盡為秦所攻取，僅餘上黨郡突出於今山西省的東南部。昭襄王以雎為丞相，封應侯。

　　周赧王四十九年（西元前二六六年），趙惠文王卒，子孝成王立。周赧王五十三年（西元前二六二年），秦武安君伐韓，攻拔野王（河南省沁陽縣），切斷上黨與韓本國的聯絡，上黨守馮亭獻上黨於趙，趙王受之。周赧王五十五年（西元前二六○年），秦將王齕攻拔上黨，上黨民奔趙，趙孝成王遣廉頗將趙精兵四十五萬進據長平（山西省高平縣西二十里）以撫循上黨之民，王齕因伐趙，趙軍數戰不勝。廉頗以秦軍強，築壁堅守，欲曠日持久以退秦兵。秦深以廉頗為患，乃縱反間於趙，謂秦所畏者惟馬服君之子趙括為將，若廉頗則旦夕為秦所敗。趙王信之，遂以括代頗為將，藺相如諫之，以為括徒能讀其父書，不知合變，趙王不聽。秦王聞趙括為將，陰使武安君為上將軍，而王齕為裨將，令軍中有敢泄武安君代將

者斬。趙括至軍，變更廉頗所為，易置軍吏，空壁出擊秦軍，秦軍佯敗而卻，趙軍乘勝追擊，直抵秦壁，秦壁堅，不得入。秦以奇兵二萬五千人截趙軍為二，另以五千騎阻斷趙軍與趙壁間。武安君出輕兵攻擊趙軍，趙軍戰不利，各築壁堅守，以待救至。秦昭襄王聞趙軍被圍，發河內民年十五以上者悉赴長平，切斷趙軍糧道。趙軍被困凡四十六日，糧盡援絕，趙括分兵為四隊，輪番突圍，不能出，乃自率銳卒搏戰，秦軍射殺之。趙軍大潰，士卒四十萬人皆降，武安君盡坑殺之，遣其老弱者二百四十人歸趙，趙國大震。是役趙軍戰死及被坑殺者凡四十五萬人，國力大削。

趙括自少時學兵法，以為天下莫能敵，嘗與其父奢言兵事，奢不能難，然不以為善。括母問其故，奢曰：「兵死地也，而括易言之，使趙不將括則已，若必將之，破趙軍者必括也。」（史記趙奢傳）及括為將，括母上書言其不可，趙王不聽。

武安君既破趙軍，使王齕分軍攻拔趙之武安（河南省武安縣西南）、皮牢（今地未明），司馬梗徇定太原（山西省陽曲縣）。武安君方欲進圍邯鄲，應侯忌其功，請於秦昭襄王，許韓、趙割地以和，武安君由是與應侯有隙。其後秦復遣王陵將兵攻趙都邯鄲，歷久不克，昭襄王復欲以武安君為將，武安君託疾不行，昭襄王乃以王齕代陵，而武安君亦由是得罪，為秦所殺。趙孝成王遣平原君趙勝求救於楚，楚考烈王遣春申君黃歇將兵赴之，而魏安釐王亦使將軍晉鄙將十萬兵救趙。秦昭襄王遣使謂魏安釐王，秦攻趙且夕且下，有敢救趙者，俟破趙後則移兵先擊之。魏王恐，遣人止晉鄙軍，留兵壁鄴，名為救趙，實持兩端。魏公子無忌，魏安釐王異母弟，封為信陵君，而信陵君姊為趙平原君夫人。平原君望魏之救，使者相屬於魏，信陵君數請魏安釐王救晉鄙令救趙，魏王不聽。於是信陵君用門客侯嬴計，使如姬盜魏兵符，與力士朱亥馳入晉鄙軍，椎殺晉鄙，奪其軍北救趙，大破秦軍於邯鄲下，遂解邯鄲之圍。

◆ 秦滅六國

周赧王五十九年（西元前二五六年），秦又伐韓，取陽城（河南省登封縣東南）、負黍（登封縣東南），韓軍死者四萬人；又伐趙，取趙二十餘縣，趙軍戰死及被俘者九萬人，周赧王大恐。周的國勢在當時僅等於一小諸侯，畏秦之強而親秦，至是糾合諸侯聯軍以攻秦，秦軍反擊，周軍大潰，赧王入秦謝罪，盡獻其所屬三十

六邑及人民三萬口於秦，秦受其獻，歸赧王於周。是歲，赧王崩，周遂亡，時為秦昭襄王五十一年。

此時周畿內尚有二附庸，即東周與西周。周室東遷，建王城於成周之西，於是洛邑有二城。自周平王以下十二王皆以王城為都，至敬王而徙都成周。自敬王五傳至考王，封弟揭於河南（河南省洛陽縣西），都於王城，是為河南桓公，以其居成周之西，故曰西周；河南桓公再傳至河南惠公，又封其少子於鞏（河南省鞏縣），以其居成周之東，號曰東周，是為東周惠公。秦昭襄王五十二年（西元前二五五年），秦滅西周，後六年，即秦莊襄王元年（西元前二四九年），秦滅東周。

秦昭襄王在位五十六年而殂，子孝文王立，翌年而孝文王殂，子莊襄王立。莊襄王初名異人，母曰夏姬，本孝文王庶子。孝文王為太子時，異人以庶孽孫為質於趙。秦數伐趙，故異人不見禮於趙，居處甚困。陽翟大賈呂不韋至邯鄲，見之，以為奇貨可居，乃自請於異人，願助異人使得立為嫡嗣，異人大喜，傾心結納。不韋乃以五百金與異人，令結賓客，復以五百金買奇物玩好，自奉而西，因孝文王寵姬華陽夫人之姊得見於華陽夫人，具道異人仰慕夫人之忱。華陽夫人無子，乃請於孝文王，以異人為子，而請不韋傅之。邯鄲之圍，趙人欲殺異人，不韋行金賂守者，遂得亡歸秦。異人楚服以見華陽夫人，夫人本楚人，大喜，因更名異人曰楚。孝文王立，以子楚為太子。及莊襄王即位，以不韋為相國，封文信侯。莊襄王元年（西元前二四九年），秦將蒙驁伐韓，取成皋（河南省汜水故城西北）、滎陽（河南省滎澤縣西南），置為三川郡。莊襄王二年（西元前二四八年），蒙驁伐趙，取榆次（山西省榆次縣西）、狼孟（山西省陽曲縣東北）等三十七城。莊襄王三年（西元前二四七年），秦將王齕攻拔上黨諸城，置為太原郡，而蒙驁帥師伐魏，取高都（山西省晉城縣東北）、汲（河南省汲縣西南）二邑，魏軍數敗。是歲，莊襄王殂，太子政立，國事皆決於文信侯，號稱仲父。

秦王政三年（西元前二四四年），蒙驁伐韓，取十二城。秦王政五年（西元前二四二年），蒙驁伐魏，取酸棗（河南省延津縣北）、燕（河南省延津縣東）、虛（河南省延津縣境）、長平（河南省西華縣東北）、雍丘（河南省杞縣）、山陽（山東省金鄉縣西北）等二十城，置為東郡。秦王政六年（西元前二四一年），楚、趙、魏、韓、衛五國合從以攻秦，至函谷（河南省靈寶縣西南），秦出兵擊之，五國之兵皆敗走，楚畏秦，自陳徙都壽春，更名壽春曰郢。是歲，秦攻拔魏之朝歌（河南省

淇縣東北）及衛之濮陽（濮水之陽，今河南省延津、滑縣境），衛元君率其支屬退保魏之河內。秦王政九年（西元前二三八年）秦復伐魏，取垣（山西省垣曲縣西）、蒲（山西省隰縣東北）。秦王政十年（西元前二三七年），呂不韋免相，出就國，秦王政始親政，用客卿楚人李斯謀，陰遣辯士齎金玉離間山東各國君臣，其不為所動者則遣刺客刺之。

秦王政十一年（西元前二三六年），秦遣將軍王翦、桓齮伐趙，取鄴（河南省臨漳縣）、安陽（河南省安陽縣）。秦王政十三年（西元前二三四年），桓齮伐趙，敗趙軍於平陽（河南省臨漳縣西），斬首十萬，殺趙將扈輒。趙以李牧為將，復與秦戰於宜安（河北省槁城縣西南）、肥下（河北省槁城縣西南肥纍城），秦軍大敗，齮奔還，趙封牧為武安君。

李牧為趙北邊良將，居代（河北省東蔚縣東）、雁門（趙雁門郡當今山西省大同縣東部、北部之地，在代之西南）以備匈奴。李牧為將，以便宜置吏，市租皆入幕府為士卒費，日殺牛饗士，習騎射，謹烽火，多間諜，匈奴每入，輒保塞不與戰，如是數歲，亦不亡失。趙王使牧出戰，牧不戰如故，趙王以牧為怯，遣他將代之，戰數不利，多失亡，於是趙王復以牧為將，牧請得如前約束，趙王許之。牧至邊，不戰如故，匈奴數歲無所得，然終以牧為怯，不為之備。牧乃習勒士卒，縱畜牧於野，匈奴小入，佯敗不勝，匈奴單于乃率眾大入，牧縱奇兵奮擊，大破之，殺匈奴十餘萬騎，滅襜襤，破東胡，降林胡，單于奔走，其後十餘歲，不敢近趙邊。

秦王政十四年（西元前二三三年），桓齮伐趙，取宜安、平陽、武城（河南省臨漳縣境），韓王大恐，納璽獻地於秦，請為藩臣。秦王政十六年（西元前二三一年），韓獻南陽地（河南省南陽縣至湖北省襄陽縣之地）於秦。秦王政十七年（西元前二三〇年），秦遣內史勝滅韓，擄韓王安，以其地置潁川郡。時秦地極廣，與趙、魏、韓、楚接壤。趙雖挫於長平之戰，然國力尚強，且有良將李牧，而楚地廣，不易滅，韓於諸國最弱，且近秦，故秦先滅之。

秦王政十八年（西元前二二九年），秦大舉伐趙，秦將王翦出井陘（河北省井陘縣北），楊端和出河內，趙將李牧、司馬尚禦之。秦以重金行間於趙王嬖臣郭開，使開誣李牧、司馬尚謀反，趙王信之，使趙蔥及齊將顏聚代將，牧不受命，趙人捕牧殺之，廢司馬尚。秦王政十九年（西元前二二八年），王翦擊破趙軍，殺趙蔥，

顏聚亡去，秦軍克邯鄲，擄趙王遷，遂滅趙。王翦屯中山以臨燕，趙公子嘉率其宗族數百人奔代，自立為代王，趙人稍稍歸之，與燕合兵軍上谷（察哈爾省懷來縣南）。

　　燕太子丹遣衛人荊軻獻燕督亢（河北省定興、新城、固安諸縣平衍之區）地圖於秦，藏利匕首於圖中，欲以刺秦王。秦王政二十年（西元前二二七年），荊軻至咸陽，因秦王寵臣蒙嘉以求見，荊軻奉圖而進，圖窮而匕首現，因把王袖，持匕首而刺之，不中，荊軻死之。秦既滅趙，本欲伐魏，至是乃益發兵詣趙，就王翦以伐燕。秦王政二十一年（西元前二二六年），王翦攻拔燕都薊，燕王退保遼東，秦將李信迫之，燕王殺太子丹以求和。是歲，秦使李信、蒙恬將二十萬人伐楚。

　　秦王政二十二年（西元前二二五年），秦遣王賁伐魏，滅之，擄魏王假。李信攻平輿（河南省汝南縣東南），蒙恬攻寢（河南省沈丘縣東南），大破楚軍。信引兵而西與恬會於城父（安徽省亳縣東南），楚軍躡之，大敗信軍，信奔還秦。秦王復遣王翦、蒙武將六十萬人伐楚。秦王政二十三年（西元前二二四年），王翦軍至平輿，楚盡起國中兵以禦之。楚軍數挑戰，翦堅壁不出，楚求戰不得，引軍而東，翦率軍迫之，大破之於蘄（安徽省宿縣南）南，殺其將項燕，秦軍乘勝略定城邑。秦王政二十四年（西元前二二三年），王翦擄楚王負芻，遂滅楚，以其地置楚郡。

　　秦王政二十五年（西元前二二二年），王賁大舉伐遼東，擄燕王喜，遂滅燕。賁復乘勝攻代，擄王嘉，代亦亡。是歲，王翦平定荊及江南地，降百越君長，置為會稽郡。

　　秦王政二十六年（西元前二二一年），王賁自燕南攻齊，猝入臨淄，擄齊王建，遂滅齊，中國至是復歸統一。

第四章　先秦學術思想

一、儒　家

◆ 學術思想的勃興

　　在封建制度之下，學術為貴族所私有。當時所謂教育，即儒家所講六藝：禮、樂、射、御、書、數，亦即貴族生活方式，平民當然沒有權利享受。及至春秋戰國，競爭劇烈，需才孔急，國君為適應時代需要，不得不起用新人以行新政。此種趨勢雖完成於戰國時代，實則在春秋末期即已開端，其結果使列國政治從貴族共權走向君主集權，卿大夫的政權漸被剝奪，集中於君主之手，地方政制亦由采邑轉變為郡縣，君主得隨意任用有才智的平民執政，政權不復為貴族所壟斷，促成貴族階級的沒落與平民階級的勃興。

　　平民階級的崛起，與政治、經濟、軍事各方面皆有連帶關係。以政治而言，由貴族共權走向君主集權，由采邑變為郡縣；以經濟而言，由純粹的農業社會進而產生工商階級；以軍事而言，從貴族軍變為民兵。政治的改革使平民取得政權，經濟的變遷使平民取得經濟權，民兵的興起使平民取得軍權。尤其民兵的興起，平民可藉軍功逐漸晉升為貴族，階級固定的封建制度至是破壞，促進封建制度的加速崩潰及平民階級的上升。

　　貴族的沒落與平民的上升，使貴族、平民日趨接近，消弭貴族與平民的界限，昔日為貴族所私有的學術亦隨貴族的沒落而流入民間，孔子便是將貴族學術作有系統介紹到民間的第一人。到戰國時代，平民接受教育的機會大增，於是產生一個新興的士族階級，運用才智輔佐國君打擊貴族，取代昔日卿大夫的地位。此輩新興的士族階級，或因列國政治上的需要，或受個人環境的影響，創立各種不同的政治學說，即所謂百家之學。

◆ 孔子生平

　　孔子為儒家的創始人。儒本是有術藝之士的統稱，故在春秋末期，儒僅被認為嫻習術藝的階級而非學派，因當時除儒者以外，別無其他學派存在。其後墨家、法家繼儒家而起，與儒家並列，儒家始自成學派，以別於其他各家。

　　孔子名丘，字仲尼，周靈王二十一年（魯襄公二十二年，西元前五五一年）生於魯國昌平鄉的陬邑（山東省曲阜縣鄹城），為我國最偉大的學者，其學說支配中國思想界已有二千餘年。孔子之先本宋人，其遠祖弗父何，為宋湣公太子，讓國於其庶弟屬公。弗父何三傳至正考父，三受命為上卿。正考父生孔父嘉，始姓孔氏。孔父嘉事宋殤公為大司馬，為太宰華父督所殺，家道由是中衰。孔父嘉三傳至孔防叔，畏華氏之逼而奔魯，自是為魯人。防叔生伯夏，伯夏生紇，紇字叔梁，故又稱叔梁紇，即孔子之父。叔梁紇事魯大夫臧孫氏為士，嘗治陬邑。孔子生而父死，母亦早卒，家境貧困，及長，曾事魯大夫季氏為家臣❶，故自稱我少賤，多能鄙事。由於孔子的好學不倦，自少即以禮學名動公卿❷。孔子於學術有所成就以後，即以傳授知識為生，時當春秋晚期，貴族奢僭，禮制紊亂，故孔子雖以教學為生，無時不想得君行道，撥亂反正。孔子曾事魯定公為中都宰，進為司空，又進為大司寇，內則尊獎公室，外則輔佐魯君，折衝於諸侯之間。孔子以為欲尊獎公室，須抑制貴族勢力，故主張墮季孫、叔孫、孟孫三家都邑，然未獲竟其志而不為魯卿季氏所禮，乃去職而周遊列國，歷衛、曹、宋、陳、蔡、楚諸國，諸國之君皆不能用❸。周敬王三十六年（魯哀公十一年，西元前四八四年），孔子弟子冉有為魯卿季氏將兵與齊戰於郎（山東省魚臺縣東北），克之。季康子問冉有：「子之於軍旅，學之乎？性之乎？」冉有曰：「學之於孔子。」於是季康子齎幣迎孔子返魯。時孔子年六十八，自去魯至是凡十四年。魯哀公問政於孔子，孔子曰：「政在選臣。」季康子問政於孔子，孔子曰：「舉直措諸枉，則枉者直。」（以

---

❶　史記孔子世家：「孔子貧且賤，及長，嘗為季氏史，料量平，嘗為司職吏而畜蕃息。」孟子萬章：「孔子嘗為委吏矣，曰會計當而已矣；嘗為乘田矣，曰牛羊茁壯長而已矣。」

❷　史記孔子世家：「孔子年十七，魯大夫孟釐子病且死，誡其嗣懿子曰：『孔丘，聖人之後。……吾聞聖人之後雖不當世，必有達者。今孔丘年少好禮，其達者歟！吾即沒，若必師之。』及釐子卒，懿子與魯人南宮敬叔往學禮焉。」

❸　錢賓四先生曰：「孔子周遊，其抱負並不在為某一國某一家，故曰天下有道，丘不與易。孔子實已超出當時狹義的國家與民族觀念之上，而貢獻其理想於當時之所謂天下。此種遊仕精神，為後起學者所仍襲，到底造成了一個大一統的中國。」（國史大綱第六章）

上史記孔子世家）然魯君及季氏終不能用孔子，孔子亦不求仕。此後五年間，孔子從事於春秋、詩、書、禮、樂的刪定，作易繫辭及文言。周敬王四十一年（魯哀公十六年，西元前四七九年），孔子卒，享壽七十三歲。

◆ 孔子學說及其教育事業

　　孔子學說，以忠恕為其中心思想，故曾子曰：「夫子之道，忠恕而已矣。」（論語里仁）子貢嘗問孔子：「有一言而可以終身行之者乎?」孔子曰：「其恕乎！己所不欲，勿施於人。」（論語衛靈公）又中庸曰：「忠恕達道不遠，施諸己而不願，亦勿施於人。」可知忠恕實二而一，能忠於人必有恕人之心，有恕人之心必能忠於人，而仁便是忠恕的表現。仲弓問仁於孔子，孔子曰：「出門如見大賓，使民如承大祭，己所不欲，勿施於人。」（論語顏淵）孔子又以孝為仁之本，故曰：「君子篤於親則民興於仁。」（論語泰伯）有子亦曰：「孝弟也者，其為仁之本歟。」（論語學而）孔子認為人具有孝的本性，仁即孝的推廣，仁者必能行忠恕，行忠恕之道即為仁。故孔子學說，不外忠恕仁孝❹。無論政治思想抑倫理教育，皆以仁為追求的目標。仁表現於政治方面即為仁政，表現於倫理方面則為人道。

　　孔子的哲學為入世哲學，目的在鼓勵人類善用其才智以謀求人類的幸福，不應但求獨善其身，必須進而兼善天下。孔子對當時貴族的越分非禮時有批評，其目的仍不外欲矯正當時奢僭的社會風氣，以恢復盛周時代安定的社會秩序。孔子所以不斷從事政治活動，即欲藉政治力量以發展其抱負，但其政治活動終於失敗。其最大成就在於教育，將古代貴族所獨享的知識傳播於民間，使成為人類社會所共有。孔子及門弟子達三千人，其尤賢者七十人。如顏淵、閔子騫以德行稱，宰我、子貢以言語顯，冉有、子路通達政事，子游、子夏長於文學，皆為後世所熟知，孔子首先提倡「有教無類」（論語衛靈公），此種教育態度不但為後來學術平民化的開端，且啟其後以布衣為卿相的政治局面。

　　據韓非子顯學篇所云，自孔子卒後至韓非的二百餘年間，儒家分為八派，即

---

❹　錢賓四先生曰：「禮之最重最大者惟祭，孔子推原祭之心理根據曰報本反始。此即原於人類之孝弟心。孝弟心之推廣曰仁，曰忠恕。是為人與人相處最要原理，即所以維持人類社會於永久不弊者。孔子指出人類此等心理狀態，謂根於天性，如此則生死群己天人諸大問題，在孔子哲學中均已全部化成一片。」（國史大綱第六章）

子張之儒、子思之儒、顏氏之儒、孟氏之儒、漆雕氏之儒、仲良氏之儒、孫氏之儒、樂正氏之儒。子張、漆雕氏為孔子弟子，子思為曾子門人，孟氏即孟子，孫氏即荀子，樂正氏為曾子門人，而顏氏、仲良氏及荀子的師承皆不可考。子張、子思、顏氏、漆雕氏、仲良氏、樂正氏等宗派的學說後皆無傳，而孟子及荀子則為戰國時代繼孔子而起的二大儒家，孔子以後的儒學，因孟子、荀子的闡揚而益光大❺。

◆ 孟子學說

孟子名軻，字子輿，曾受業於子思的門人，略與魏惠王、襄王、齊威王、宣王同時。學成之後，遊歷宋、薛、滕、魯、魏、齊等國，闡揚孔門學說，且曾事齊宣王為卿，齊宣王不能用，乃去齊不仕。

孟學不若孔學博大精深，然其思想較孔學完密而有系統。其最大貢獻為提倡人格教育，主張性善學說。孟子告子篇曰：「乃若其情則可以為善矣，乃所謂善也，若夫為不善，非才之罪也。惻隱之心，人皆有之；羞惡之心，人皆有之；恭敬之心，人皆有之；是非之心，人皆有之。惻隱之心，仁也；羞惡之心，義也；恭敬之心，禮也；是非之心，智也。仁義禮智非由外鑠我也，我固有之也，弗思耳矣。故曰求則得之，舍則失之；或相倍蓰而無算者，不能盡其才者也。」又曰：「水信無分於東西，無分於上下。人性之善也，猶水之就下也。人無有不善，水無有不下。今夫水搏而躍之，可使過顙，激而行之，可使在山，是豈水之性哉，其勢則然也。人之可使為不善，其性亦猶是也。」

才即性。孟子之意，謂人性本善，生而具有仁義禮智的本性，人之為不善，非其本性不善，而是由於外力的影響，不能發揮其與生俱來的善性。孟子又以為人生而具有種種善端，有觸即發，不待教育。孟子公孫丑篇曰：「人皆有不忍人之心。……所以謂人皆有不忍人之心者，今人乍見孺子將入於井，皆有怵惕惻隱之心，非所以內交於孺子之父母也，非所以要譽於鄉黨朋友也，非惡其聲而然也。由是觀之，無惻隱之心非人也，無羞惡之心非人也，無辭讓之心非人也，無是非之心非人也。惻隱之心，仁之端也；羞惡之心，義之端也；辭讓之心，禮之端也；

❺　胡適之先生謂曾子、子夏、子游、有子皆孔門正傳，言必稱師，故不別立宗派，惟子張、漆雕開見解與曾子等不合，故別成學派。見胡氏著中國哲學史大綱卷上第五篇。

是非之心，智之端也。人之有是四端也，猶其有四體也；有是四端而自謂不能者，自賊者也。」故孟子以為人類但須充分發揮其本性，即能使之向善。

以性善學說為基礎，應用於政治理論，即孟子所主張的仁政，亦即將惻隱之心的精神推及於政治。此一思想系統係承襲孔子的人道哲學而加以發揚。孟子最高的政治理想在謀求大眾的幸福，故主張民貴君輕的理論，如「三代之得天下也以仁，其失天下也以不仁，國之所以廢興存亡者亦然。」（孟子離婁）「桀紂之失天下也，失其民也；失其民者，失其心也。得天下有道，得其民，斯得天下矣；得其民有道，得其心，斯得民矣。」（同上）「民之歸仁也猶水之就下，獸之走壙也，故為淵敺魚者獺也，為叢敺爵者鸇也，為湯武敺民者桀與紂也。今天下之君有好仁者，則諸侯皆為之敺矣，雖欲無王，不可得矣。」（同上）「不仁而得國者有之矣，不仁而得天下未之有也。」（孟子盡心）「民為貴，社稷次之，君為輕。是故得乎丘民而為天子，得乎天子為諸侯，得乎諸侯為大夫。」（同上）孟子所謂君輕與道家的無君不同，並不否認君主存在的價值，僅認為君主臨國治民，旨在保障人民的利益，並無絕對威權，亦不得恣為暴虐。此種政治見解，為前此儒家思想所未有。

在孟子的時代，楊朱及墨家學說極為盛行，故孟子曰：「楊墨之道不息，孔子之道不著。」（孟子滕文公）又曰：「楊朱、墨翟之言盈天下，天下之言不歸楊則歸墨。」（同上）墨子之道兼愛，託言於天志；楊朱之道為我，拔一毛而利天下不為，與儒家仁孝尊君的思想適相反，故孟子以拒楊墨自任。孟子曰：「楊氏為我，是無君也；墨氏兼愛，是無父也；無父無君，是禽獸也。」（孟子滕文公）無論孟子的批評是否合理，對儒學的衛道確有極大的貢獻。

◆ 荀子學說

荀子名況，趙國人。時人相尊，號為荀卿，漢世避宣帝諱，亦謂之孫卿 ❻。荀子生於戰國晚期，遊學於齊，嘗事齊為大夫，其後入秦，見秦昭襄王及應侯；遊趙，見趙孝成王；遊楚，為楚蘭陵令，死於蘭陵。

荀子思想精密而有系統，其思想與孟子雖皆淵源於孔子而基本觀念則大異。孟子主張性善，荀子主張性惡。荀子性惡篇曰：「今人之性，生而有好利焉，順是故爭奪生而辭讓亡焉；生而有疾惡焉，順是故殘賊生而忠信亡焉；生而有耳目之

---

❻　漢宣帝諱詢，詢荀音同。

欲，有好聲色焉，順是故淫亂生而禮義文理亡焉。然則從人之性，順人之情，必出於爭奪，合於犯分亂理而歸於暴，故必將有師法之化、禮義之道，然後出於辭讓，合於文理而歸於治。用此觀之，然則人之性惡明矣，其善者偽也。」又曰：「故枸木必將待檃栝烝矯然後直，鈍金必將待礱厲然後利，今人之性惡，必將待師法然後正，得禮義然後治。」「故性善則去聖王息禮義矣，性惡則興聖王貴禮義矣。故檃栝之生為枸木也，繩墨之起為不直也，立君上明禮義為性惡也。」

荀子所謂「其善者偽也」的「偽」，並非真偽的偽，而是指受人為的影響而言。荀子解釋「性」與「偽」曰：「不可學不可事而在人者謂之性，可學而能可事而成之在人者謂之偽。」（荀子性惡篇）又曰：「生之所以然者謂之性，性之和所生，精合感應，不事而自然謂之性，性之好惡喜怒哀樂謂之情，情然而心為之擇謂之慮，心慮而能為之動謂之偽；慮積焉，能習焉而後成謂之偽。」（荀子正名篇）

荀子以為人生而具有種種情欲，若任其發展，不加節制，勢必犯分亂理，可見人性本惡，故必須藉師法之化，禮義之道，以矯正人的性情，然後可以導之為善。此種理論與孟子性善論正好相反，為戰國時代儒家哲學思想的一大轉變。

以性惡論應用於政治，荀子主張為政應重人事，不倡言天道。荀子曰：「唯聖人為不求知天。」（荀子天論篇）「故君子敬其在己者而不慕其在天者，小人錯其在己者而慕其在天者。君子敬其在己者而不慕其在天者，是以日進也，小人錯其在己者而慕其在天者，是以日退也。」（同上）又曰：「道者，非天之道，非地之道，人之所以道也，君子之所道也。」（荀子儒效篇）「天行有常，不為堯存，不為桀亡。應之以治則吉，應之以亂則凶。彊本而節用則天不能貧，養備而動時則天不能病，脩道而不貳則天不能禍。故水旱不能使之饑渴，寒暑不能使之疾，祆怪不能使之凶。」（荀子天論篇）此種「敬其在己」以征服天道的政治哲學，與藉後天修養以矯正人性哲學思想正相呼應。

荀子的學說乃融會前代若干思想家的法學思想而成，轉而成為戰國末期法家思想的另一淵源。換句話說，戰國末期的法家吸收荀子的理論而使其學說更加充實。荀子弟子韓非便是集法家大成的偉大學者，佐秦始皇帝推行法治的李斯亦為荀子的弟子。

二、墨家、道家、法家及其他諸子

◆ 墨家學說及其流派

墨子名翟，魯人，時代略晚於孔子。淮南子要略曰：「墨子學儒者之業，受孔子之術，以為其禮煩擾而不說，厚葬靡財而貧民，（久）服傷生而害事，故背周道而用夏政。」故自創家派，反對貴族社會的生活方式，主張節儉刻苦的生活。墨子居魯時，數與儒家相辯難，然其學說不為魯人所喜，乃去魯而仕宋。其足跡所及，則北至齊，西入衛，南遊楚，以消弭國際戰爭為己任。墨子身世無可考，故其出身可能極為貧賤，而非貴族後裔❼。

墨子以為一切事物制度，均應為大眾的福利而設，不應僅在維護少數人的權益。儒家為封建社會貴族的衛道者，故墨子對儒家攻擊不遺餘力。墨子公孟篇曰：「儒之道足以喪天下者四政焉。儒以天為不明，以鬼為不神，天鬼不說，此足以喪天下；又厚葬久喪，重為棺槨，多為衣衾，送死若徙，三年哭泣，扶後起，杖後行，耳無聞，目無見，此足以喪天下；又弦歌鼓舞，習為聲樂，此足以喪天下；又以命為有，貧富壽夭治亂安危有極矣，不可損益也，為上者行之，必不聽治矣，為下者行之，必不從事矣，此足以喪天下。」以儒家不信鬼，故墨家提倡明鬼，以儒家厚葬久喪，故墨家提倡節用、節葬，以儒家講求禮樂，故墨家非禮樂，以儒家深信天命，故墨家提倡非命，以儒家尚仁，故墨家提倡兼愛。

兼愛為墨家的中心思想。墨子曰：「聖人以治天下為事者也，不可不察亂之所自起。當察亂何自起，起不相愛。臣子之不孝君父，所謂亂也。子自愛，不愛父，故虧父而自利；弟自愛，不愛兄，故虧兄而自利；臣自愛，不愛君，故虧君而自利，此所謂亂也。雖父之不慈子，兄之不慈弟，君之不慈臣，此亦天下之所謂亂也。父自愛也，不愛子，故虧子而自利；兄自愛也，不愛弟，故虧弟而自利；君自愛也，不愛臣，故虧臣而自利。是何也？皆起不相愛。雖至天下之為盜賊者亦

---

❼ 錢賓四先生曰：「墨子家世不可考，似乎是一勞工。古代往往以刑徒為工人，墨是五刑最輕之第一種，俘虜與罪人作工役者必受墨刑。墨子蓋以墨徒而唱新義，故曰墨家。墨為家派之稱，非墨子之姓氏。」（國史大綱第六章）

然，盜愛其室，不愛其異室，故竊異室以利其室；賊愛其身，不愛人，故賊人以利其身；此何也？皆起不相愛。雖至大夫之相亂家、諸侯之相攻國者亦然，大夫各愛其家，不愛異家，故亂異家以利其家；諸侯各愛其國，不愛異國，故攻異國以利其國；天下之亂物，具此而已矣。察此何自起，皆起不相愛。若使天下兼相愛，愛人若愛其身，猶有不孝者乎？視父兄與君若其身，惡施不孝？猶有不慈者乎？視弟子與臣若其身，惡施不慈？故不孝不慈亡有。猶有盜賊乎？視人之室若其室，誰竊？視人之身若其身，誰賊？故盜賊亡有。猶有大夫之相亂家、諸侯之相攻國者乎？視人家若其家，誰亂？視人國若其國，誰攻？故大夫之相亂家、諸侯之相攻國者亡有。若使天下兼相愛，國與國不相攻，家與家不相亂，盜賊亡有，君臣父子皆能孝慈，若此則天下治。故聖人以治天下為事者惡得不禁惡而勸愛？故天下兼相愛則治，交相惡則亂。」（墨子兼愛上）

兼愛與仁不同，仁重親親之殺，兼愛則無人我之分。仁以人性為根據，兼愛則以天志為根據，謂人類兼愛乃根據天的意志。墨子曰：「天必欲人之相愛相利而不欲人之相惡相賊也。」（墨子法儀篇）「順天意者兼相愛交相利必得賞，反天意者別相惡交相賊必得罰。」（墨子天志上）又曰：「順天之意何若？曰，兼愛天下之人。何以知兼愛天下之人也？以兼而食之也。何以知其兼而食之也？自古及今，無有遠靈孤夷之國，皆犓豢其牛羊犬彘，絜為粢盛酒醴，以敬祀上帝山川鬼神，以此知兼而食之也。苟兼而食焉，必兼而愛之。……今天兼天下而食焉，我以此知其兼愛天下之人也。」（墨子天志下）墨子以為人類應本天志而相愛，不應相攻，故又提倡非攻。

孟子曰：「墨子兼愛，摩頂放踵利天下為之。」（孟子盡心）可知墨子具有高度宗教熱誠及刻苦的精神，注重實踐，胡適之先生謂「墨子是一個實行的宗教家。」（中國哲學史大綱卷上第六篇第一章）墨子為欲實現其主張，將墨家組成一個嚴密的團體，信徒稱墨者，開門授徒，學行純篤者稱為鉅子。鉅子對墨者有絕對的威權，令行禁止，決不寬縱。

墨家學說在戰國時代盛極一時，與儒家並稱顯學。韓非子顯學篇曰：「世之顯學，儒、墨也。儒之所至，孔丘也；墨之所至，墨翟也。」淮南子俶真訓亦曰：「周室衰而王道廢，儒、墨乃始列道而議，分徒而訟。於是博學以疑聖，華誣以脅眾。」孟子亦云當時天下之言不歸楊則歸墨。墨子死後，墨家分為三派，即相里氏之墨、

相夫氏之墨、鄧陵氏之墨（韓非子顯學篇），是為三墨。墨家尚辯，墨子經上曰：「辯爭彼也，辯勝當也。」❽又經說下曰：「辯也者，謂之是，或謂之非，當者勝也。」墨家深信辯論可以定是非，而創出許多辯論的方法，為我國古代名學放一異彩。

墨家的哲學觀念與儒家有很大差別，儒家講理想而不講方法，講目的而不講功用，墨家則注重方法與功用。墨子對此有很好的舉例。墨子耕柱篇曰：「葉公子高問政於仲尼曰：『善為政者若之何？』仲尼對曰：『善為政者遠者近之而舊者新之。』子墨子聞之曰：『葉公子高未得其問也，仲尼亦未得其所以對也。葉公子高豈不知善為政者之遠者近之而舊者新之哉，問所以為之若之何也。不以人之所不知告人，以所知告之，故葉公子高未得其問也，仲尼亦未得其所以對也。』」墨子以為葉公子高所欲問及孔子所答都應該屬於如何達到為政理想的方法，即「所以為之」之道，而二人皆未提及，故墨子譏之。

又墨子公孟篇曰：「子墨子問於儒者曰：『何故為樂？』曰：『樂以為樂也。』子墨子曰：『子未我應也。今我問曰，何故為室？曰冬避寒焉，夏避暑焉，室以為男女之別也，則子告我為室之故矣！今我問曰何故為樂，曰樂以為樂也，是猶曰何故為室，曰室以為室也。』」墨子所問是為樂的功用，而儒者答以為樂的目的，是仍未得其所對，故墨子譏之。

從這二段史料，可見出墨家哲學觀念與儒家不同的所在，也可看出墨家辯論方法的精密❾。

◆ 道家學說

道家學說屬於消極的避世思想，與儒、墨二家積極的入世思想不同。道家尊奉老子為始祖，至莊子而發揚光大。

---

❽　胡適之先生曰：「『爭彼』的『彼』字，當是『佊』字之誤。佊字，廣雅釋詁二云：『衺也』，王念孫疏證云：『廣韻引埤蒼云，佊，邪也；又引論語子西佊哉。今論語作彼。』據此可見佊誤為彼的例。佊字與『詖』通。說文『詖，辯論也。古文以為頗字。從言，皮聲。』詖、頗、佊皆同聲相假借。後人不知佊字，故又寫作『駁』字。現在的『辯駁』，就是古文的『爭佊』。」（中國哲學史大綱卷上第八篇第三章）

❾　參閱胡適之先生：中國哲學史大綱卷上第六篇第二章。

　　老子姓李名耳，字聃❿，楚國苦縣厲鄉曲仁里（河南省鹿邑縣東）人，嘗為周柱下史，與孔子同時而年稍長。孔子周遊列國，適周，曾問禮於老子⓫。其後老子見周道衰，即辭官隱去，不知所終。老子的哲學思想，見於老子一書。此書旨在解釋何者為道，何者為德，進而演繹其政治哲學，故亦稱道德經。

　　老子謂道即無，為天地萬物之所自出；德，道之用也，道生萬物，物各有德，故德即性。老子以萬物皆出於無，（老子曰：「天下萬物生於有，有生於無。」）故主張世間一切事物，包括人生、政治、社會、宗教皆應順其自然，不宜妄加干涉。此種不干涉政策，便是無為。老子曰：「道常無為而無不為，侯王若能守之，萬物將自化。」又曰：「為學日益，為道日損。損之又損，以至於無為，無為而無不為！」以名相而言，萬物作用皆出於己，故曰道常無為，然萬物皆出於道，故曰而無不為；以政治而言，天道君道無為，人道臣道有為，不為物先，故曰無為，因物之所為，故曰無不為。老子曰：「聖人處無為之事，行不言之教，萬物作焉而不辭，生而不有，為而不恃，功成而弗居。」「不尚賢，使民不爭；不貴難得之貨，使民不為盜；不見可欲，使心不亂。是以聖人之治，虛其心，實其腹，弱其志，彊其骨，常使無知無欲。」「古之善為道者，非以明民，將以愚之。民之難治，以其智多，故以智治國，國之賊；不以智治國，國之福。」「小國寡民，使有什伯之器而不用，使民重死而不遠徙，雖有舟輿，無所乘之，雖有甲兵，無所陳之，使人復結繩而用之。甘其食，美其服，安其民，樂其俗，鄰國相望，雞犬之音相聞，民至老死不相往來。」此即道家的政治理想。

　　老子一書有許多激烈的言論，如「天下多忌諱而民彌貧；民多利器，國家滋昏；人多伎巧，奇物滋起；法令滋彰，盜賊多有。」「民不畏死，奈何以死懼之？」「民之饑，以其上食稅之多，是以饑；民之難治，以其上之有為，是以難治；民

---

❿　史記正義曰：「聃，耳漫無輪也。神仙傳云，外字曰聃，按字號也。疑老子耳漫無輪，故世號曰聃。」

⓫　史記老子列傳：「孔子適周，將問禮於老子。老子曰：『子所言者，其人與骨皆已朽矣，獨其言在耳！且君子得其時則駕，不得其時則蓬累而行。吾聞之，良賈深藏若虛，君子盛德，容貌若愚。去子之驕氣與多欲，態色與淫志，是皆無益於子之身。吾所以告子，若是而已。』孔子去，謂弟子曰：『鳥吾知其能飛，魚吾知其能遊，獸吾知其能走。走者可以為网，遊者可以為綸，飛者可以為矰。至於龍，吾不能知其乘風雲而上天，吾今日見老子，其猶龍邪！』」

之輕死，以其上求生之厚，是以輕死。」「天之道損有餘而補不足，人之道則不然，損不足以奉有餘。」以上言論頗適合戰國時代的社會，故此書被認為戰國時代服膺老子學說的學者所偽託，而非李耼所作。然其學說，則無疑係承襲老子而來。

　　莊子名周，宋國蒙（安徽省蒙城縣）人，略與孟子同時。莊子的哲學思想見於莊子一書，此書分內篇、外篇、雜篇，內篇七篇大致可信，外篇、雜篇多為後人所偽作❷。莊子為學無所不闚，然其要本歸於老子之言，主張忘我，與物無對。莊子齊物論曰：「天地一指也，萬物一馬也。可乎可，不可乎不可，道行之而成，物謂之而然。惡乎然？然於然；惡乎不然？不然於不然。物固有所然，物固有所可，無物不然，無物不可。」又曰：「天下莫大於秋毫之末而太山為小，莫壽於殤子而彭祖為夭，天地與我並生而萬物與我為一。」又曰：「昔者莊周夢為胡蝶，栩栩然胡蝶也，自喻適志與，不知周也。俄然覺，則蘧蘧然周也。不知周之夢胡蝶與？胡蝶之夢為周與？」莊子此說，蓋欲從宇宙萬殊之中尋出一同，以達到心境兩空，物我雙幻的境界，如是則能無牽無礙，而獲得最大的安適。

◆ 法家學說

　　法家思想的主要發源地有二：一為齊國，一為三晉。齊國的法家思想著重理財致富，三晉的法家思想著重提高君權。其代表人物春秋時代有管仲及晏嬰，戰國初期有李克、慎到，中期有申不害、商鞅，晚期有尹文、韓非。

　　法家的法治觀念，可引慎到的見解以見之。慎子威德篇曰：「法雖不善，猶愈於無法，所以一人心也。夫投鉤以分財，投策以分馬，非鉤策為均也，使得美者不知所以德，使得惡者不知所以怨，此所以塞願望也。故蓍龜所以立公識也，權衡所以立公正也，書契所以立公信也，度量所以立公審也，法制禮籍所以立公義也，凡立公所以棄私也。」又君人篇：「君人者，舍法而以身治，則誅賞予奪從君心出矣！然則受賞者雖當，望多無窮，受罰者雖當，望輕無已。君舍法而以心裁輕重，則同功殊賞，同罪殊罰矣，怨之所由生也。是以分馬者之用策，分田者之用鉤，非以鉤策為過於人智也，所以去私塞怨也。故曰，大君任法而弗躬，則事

---

❷　莊子外篇十五篇，雜篇十一篇，惟秋水、庚桑楚、寓言三篇較多可靠材料，餘多為後人偽作，見胡適之先生著中國哲學史大綱卷上第九篇第一章。按莊子內篇七篇：逍遙遊第一，齊物論第二，養生主第三，人間世第四，德充符第五，大宗師第六，應帝王第七。

斷於法矣。法之所加，各以其分，蒙其賞罰而無望於君也，是以怨不生而上下和矣。」又君臣篇：「為人君者不多聽，據法倚數以觀得失。無法之言，不聽於耳；無法之勞，不圖於功；無勞之親，不任於官。官不私親，法不遺愛，上下無事，唯法所在。」以上論法之為用至為透徹，利用法治，可以避免心裁不均之弊，可以塞願望而不生怨，不失於平允弭亂之道。

　　戰國以來法家可分為三派，即重勢派、重術派、重法派，而韓非則集三派之大成。

　　慎到講求威勢以御下，為重勢派的代表法家。慎子威德篇曰：「騰蛇遊霧，飛龍乘雲，雲罷霧霽，與蚯蚓同，則失其所乘也。故賢而屈於不肖者，權輕也；不肖而服於賢者，位尊也。堯為匹夫，不能使其鄰家；至南面而王，則令行禁止。由此觀之，賢不足以服不肖，而勢位足以屈賢矣！故無名而斷者，權重也；弩弱而矰高者，乘於風也；身不肖而令行者，得助於眾也。」

　　申不害講求權術以御下，為重術派的代表法家，商鞅講究刑賞以御下，為重法派的法家。韓非子定法篇曰：「問者曰：『申不害、公孫鞅，此二家之言孰急於國？』應之曰：『是不可程也。人不食十日則死，大寒之隆不衣亦死，謂之衣食孰急於人，則是不可一無也，皆養生之具也。今申不害言術而公孫鞅為法，術者因任而授官，循名而責實，操殺生之柄，課群臣之能者也，此人主之所執也；法者憲令著於官府，刑罰必於民心，賞存乎慎法而罰加乎姦令者也，此臣之所師也。君無術則弊於上，臣無法則亂於下，此不可一無，皆帝王之具也。』」又曰：「問者曰：『徒術而無法，徒法而無術，其不可何哉？』對曰：『申不害，韓昭侯之佐也；韓者，晉之別國也。晉之故法未息而韓之新法又生，先君之令未收而後君之令又下，申不害不擅其法，不一其憲令，則姦多；故利在故法前令則道之，利在新法後令則道之，故新相反，前後相悖，則申不害雖十使昭侯用術而姦臣猶有所譎其辭矣。故託萬乘之勁韓，七十年而不至於霸王者，雖用術於上，法不勤飾於官之患也。公孫鞅之治秦也，設告相坐而責其實，連什伍而同其罪，賞厚而信，刑重而必，是以其民用力勞而不休，逐敵危而不卻，故其國富而兵強，然而無術以知姦，則以其富強也資人臣而已矣！』」是明言申不害善於用術，商鞅明於用法，而韓非則以為宜術法並重，不可偏廢。

　　韓非本韓國之諸公子，喜刑名法術之學，與李斯俱受業於荀子，斯自以為不

及。韓非見韓國日以削弱，數以書干韓王，韓王不能用，於是著書立說，講求明法執勢富國強兵之術。秦王見其書而喜，欲得非，因急攻韓，韓王乃遣非使秦，秦王未及信用而李斯忌其能，譖非於王，王下非於獄，死於獄中。

韓非的政治哲學見於韓非子一書，尤以難勢、問辯、定法、詭使、六反、五蠹、顯學諸篇為其法家思想精華所在。難勢篇論徒知用勢易以濟亂，問辯篇論欲國治在使民無辯，定法篇論徒術無法則姦多，徒法無術則主弱，詭使篇論國亂在民之所欲與治道相詭，六反篇論民之害世者六而世譽之，民之有益於世者六而世毀之，世不治者以此，五蠹篇論學者、言談者、帶劍者、患御者、工商之民之亂國害俗，顯學篇論儒墨二家學說之難與為治。

韓非子顯學篇曰：「夫嚴家無悍虜而慈母有敗子，吾以此知威勢之可以禁暴，而德厚之不足以止亂也。夫聖人之治國，不恃人之為吾善也，而用其不得為非也。恃人之為吾善也，境內不什數，用人不得為非，一國可使齊。為治者用眾而舍寡，故不務德而務法。夫必恃自直之箭，百世無矢，恃自圜之木，千世無輪矣！自直之箭，自圜之木，百世無有一，然而世皆乘車射禽者何也，隱栝之道用也。雖有不恃隱栝而有自直之箭、自圜之木，良工弗貴也，何則？乘者非一人，射者非一發也。不恃賞罰而恃自善之民，明主弗貴也，何則？國法不可失，而所治非一人也。故有術之君，不隨適然之善，而行必然之道。」又曰：「今上急耕田墾草，以厚民產也，而以上為酷；修刑重罰，以為禁邪也，而以上為嚴；徵賦錢粟，以實倉庫，且以救饑饉備軍旅也，而以上為貪；境內必知介而無私解，并力疾鬥，所以禽虜也，而以上為暴。此四者所以治安也，而民不知悅也。夫求聖通之士者，為民知之不足師用。昔禹決江濬河而民聚瓦石，子產開畝樹桑，鄭人謗訾。禹利天下，子產存鄭，皆以受謗，夫民智之不足用亦明矣。故舉士而求賢智，為政而期適民，皆亂之端，未可與為治也。」此種政治思想，無疑深受荀子性惡論及韓非以前各派法家政治思想的影響。

◆ 其他諸子

除儒、墨、道、法四家以外，其他重要諸子尚有陰陽家、名家及縱橫家。陰陽家根據自然界的現象以解釋實際政治，創立「五德終始」的政治理論，認為王統更易無常，猶五德相生相剋。德即性，五德即金木水火土五種物性，亦稱五行。

其代表人物為齊人鄒衍，衍曾為燕昭王師，又嘗為趙公子平原君的門客，其時代約當戰國晚期。陰陽家的學說實淵源於儒家，故倡言仁義，主張尊君抑下，注重實際政治生活，為入世的政治哲學。陰陽家與儒家的不同，是儒家注重人道而陰陽家注重天道，儒家以人事解釋政治，而陰陽家以天道解釋政治。此派學說至漢而大盛，漢代政治深受其影響。

　　名家源出於墨家，以辯論名實為務，倡同異堅白之說，以惠施、公孫龍為其代表。公孫龍堅白論乃源自墨家的白馬論，墨謂「白馬馬也」「馬非白馬」，公孫龍演繹其說，倡言「白馬非馬」，其辯流於詭譎 ❸。縱橫家主遊談以取富貴，蘇秦、張儀為其代表人物。蘇秦主合六國以攻秦，是為合縱，張儀用間離六國以附秦，是為連橫。

---

❸　參見胡適之：中國哲學史大綱卷上第八篇第四章、第五章。

第五章　秦漢的統一

一、秦始皇帝對秦帝國的經營

◆ 秦朝世系

　　①始皇帝 ——┬—— （　） ———— ③王子嬰
　　　　　　　　└—— ②二世皇帝

　　秦自統一中國稱帝至王子嬰降漢，凡三君，歷十五年（西元前二二一年至西元前二〇七年）而亡，為我國第一個統一政權。在此之前，三代僅是象徵性的統治，實則列國並立，即以周代而言，對諸侯的控制較夏、商二代為強，但除了諸侯對周室履行若干象徵性的義務以外，周王對諸侯國的內政並無權過問，直到秦朝統一，朝廷的政令始能直接到達全國各地，我國的疆域和政治制度，也大致奠定於此時。

　　秦王初併天下，自以為德兼三皇，功高五帝，乃更號曰皇帝，命為制，令為詔❶，自稱曰朕。周制，天子死後，視其生前行之優劣以為諡，秦王以為如是則是子議父，臣議君，乃除諡法，自定尊號為始皇帝，以次二世三世至於萬世，傳之無窮。始皇帝又採用陰陽家五德終始論，以周為火德，秦代周為水德，改正朔，以建亥之月為歲首（即夏曆十月），衣服旄旌節旗皆尚黑。

　　秦滅六國後，即面臨若干急待解決的難題，如地方制度、財政、運輸、邊防及法制的統一。始皇帝為求秦帝國的強盛安定，實施下列各項措施，這些措施，對後世都發生了重大的影響。

◆ 郡縣制度

　　郡縣的建置始於春秋時代而其制度則確立於秦的統一❷。封建、郡縣二政體

---

❶　制謂天子所頒制度之命，詔謂天子布告臣民之令。

❷　薩本炎先生曰：「郡縣制度乃開始於春秋時代，其來源可分兩種：一是滅別國以為縣，如

的孰廢孰行，在當時曾經引起爭論。丞相王綰言燕、齊、荊地遠，不為置王無以鎮之，請封建諸子分王上列諸地。始皇帝下其議，廷尉李斯以為封建宗室，及其後屬疏遠，則互相攻擊，欲使海內安寧，無過於廢封建，行郡縣。始皇帝曰：「天下共苦戰鬥不休，以有王侯，賴宗廟，天下初定，又復立國，是樹兵也，而求其寧息，豈不難哉！」（史記秦始皇帝本紀）從李斯議，於二十六年（西元前二二一年）下令廢封建，分全國為三十六郡。

關於秦三十六郡問題，歷來史家討論者甚多，然迄未有定論❸。按勞貞一師

楚子伐陳，遂入陳，因縣陳（左傳宣公十一年），二是分采邑以為縣，如晉分祁氏田為七縣，羊舌氏田為三縣（左傳昭公二十八年），即其目的均在於破壞封土制度，而謀建設中央集權的國家。但是春秋時代縣大而郡小，故趙簡子說：『克敵者，上大夫受縣，下大夫受郡』（左傳哀公二年）。戰國時代郡大而縣小，故甘茂說：『宜陽大縣也，名曰縣，其實郡也』（史記卷七十一甘茂傳）。」（中國社會政治史第一章第六節）

❸　勞貞一先生曰：「秦郡問題不能解決的基本原因是由史記和漢書的記載不同，史記在秦本紀中說明了『二十六年，分天下為三十六郡，郡置守、尉、監。』而置桂林、象郡、南海三郡則在三十三年，其在西北斥逐匈奴，以為三十四縣，亦在三十三年，此三十四縣成為九原郡，亦當在三十三年至三十五年間（因為三十五年初見九原二字）。這裏表現著純依史記，秦的三十六郡是始皇二十六年的事，二十六年以後方才又有幾郡，至於三十六郡全部的名稱，在史記中是找不到的。在漢書地理志中可以找到一些舊有的名稱，可是班固在地理志中卻說：『秦京師為內史，分天下為三十六郡，漢興以其郡太大，稍後開置，又立諸侯王國，武帝開廣三邊，故自高祖增二十六，文景各六，武帝二十八，昭帝一，迄於孝平，凡郡國一百三，縣邑千三百一十四，道三十二，侯國二百四十一。』班固所說的數目中，三十六加二十六、加六、加六、加二十八、加一，共為一百零三。所以班固顯然的認秦郡始終只有三十六，並非如史記所說始皇二十六年為三十六郡，二十七年以後又可能增加若干郡。」又曰：「秦郡之所以成為糾紛的原因，漢書地理志體例不純，要負最大的責任，其中如東海郡，就是一個顯例。史記陳涉世家：『圍東海守於郯』，可以證明秦代確有一個東海郡，雖然錢穆先生認為東海置郡應在始皇三十五年以後，與二十六年的三十六郡無關。可是到秦亡時尚有此郡，則此郡無論如何應當為最後三十六郡中的一郡，但班固卻標明為『高帝置』，這就與史實不符，假如是班固地理志中有錯落的地方，那就表示今本地理志不可全信，假若由於班氏原來就發現了秦代前後所置的郡不僅只有三十六，因而隨便把幾個秦郡算做『高帝置』，來湊足『三十六』之數，那就更表示地理志對於秦郡問題的不可依據。對於秦郡問題的解決，因為漢書和史記衝突，史記資料不全，漢書又有錯謬，在新材料未發現以前，應當承認為不可能。為著解釋史文的

之說，三十六郡郡名應如下列：

1. 隴西郡 2. 蜀郡 3. 巴郡 4. 北地郡，此四郡為滅六國前故秦地。

5. 上郡 6. 河東郡 7. 河內郡 8. 東郡 9. 碭郡，此五郡因魏地而置。

10. 三川郡 11. 潁川郡 12. 上黨郡，此三郡因韓地而置。

13. 太原郡 14. 雲中郡 15. 邯鄲郡 16. 河間郡 17. 鉅鹿郡 18. 代郡 19. 雁門郡，此七郡因趙地而置。

20. 漢中郡 21. 南郡 22. 東海郡 23. 黔中郡 24. 南陽郡 25. 長沙郡 26. 九江郡 27. 泗水郡 28. 薛郡 29. 楚郡 30. 會稽郡，此十一郡因楚地而置。

31. 齊郡 32. 琅邪郡此二郡因齊地而置。

33. 漁陽郡 34. 上谷郡 35. 右北平郡 36. 遼東郡 37. 遼西郡，此五郡因燕地而置。

以上共三十七郡，其中河內、東海二郡，一郡為二十六年建置，另一郡則為以後分置，至於何郡為二十六年建置，何郡為二十六年以後分置，目前尚不可能斷定；始皇帝三十三年，南平百越，增置南海、桂林、象郡等三郡，閩中郡亦可能於此時建置，而九原郡則當置於三十三年至三十五年之間（詳見勞貞一先生：秦郡的建置及其與漢郡的比較，又參閱❸），合為四十一郡。

錢賓四先生以為秦三十六郡有廣陽、閩中二郡而無東海（或河內）與河間（說見錢賓四先生：國史大綱第七章），貞一先生則以為秦先取燕地置廣陽郡，及滅燕，則併入漁陽郡，此為二氏觀點分歧所在，其餘各郡意見大抵相同。

◆ 中央官制

秦朝官制，以丞相、太尉、御史大夫為中央最高官員。丞相掌丞天子，助理萬機，太尉掌武事，御史大夫掌副丞相，兼為御史之率，彈劾百僚❹。丞相、太

方便，任何一家的假定，大致都可以引用的，所要注意的，就是引用任何一家之說，都不是定論。」（秦郡問題的討論）

❹ 薩本炎先生曰：「世人多謂丞相掌政事，太尉掌軍事，御史大夫掌監察，即採用三權分立之制。固然分權制度可以實行於民主國，也可以實行於專制國。民主國的分權乃預防政府的專制，而保護人民的自由；專制國的分權則預防大臣的跋扈，而維護君主的權威。但是我國古代分權乃與今日分權不同，今日分權是將一事項的管轄權分為數種：例如租稅，制定租稅法者為立法機關；徵收租稅者為行政機關；而審判有關租稅事項之案件者則為司法機關。反之，吾國古代的分權不是權力的分立，而是事項的分配，猶如今日行

尉皆金印紫綬，品秩相等，御史大夫位上卿，在列卿之上，丞相、太尉之下。太尉雖為最高武職官員，仍須受丞相節制，而御史大夫又為丞相副貳，故丞相實總綰文武大政。然文事有御史大夫分其權，武事有太尉分其權，仍不失分權制度的精神。

　　僅次於丞相、太尉、御史大夫的高級官員為九卿，在丞相、御史大夫指揮下分掌庶政，據勞貞一先生考證，其官稱及職掌如下：

　　奉常：掌宗廟禮儀。

　　衛尉：掌宮門衛屯兵。

　　太僕：掌輿馬。

　　廷尉：掌刑辟。

　　典客：掌諸歸義蠻夷。

　　宗正：掌親屬。

　　少府：掌山川池澤之稅以供天子私費。

　　內史：掌治京師。

　　中尉：掌徼循京師。（勞貞一先生：秦漢九卿考）

　　秦雖廢除封建時代的貴族政治，仍保留貴族政體的集議制度，如始皇帝議帝號，議廢封建，議刻石頌功德，議封禪，二世皇帝議尊始皇帝廟，皆集朝臣議論，非由皇帝一人獨斷。此種制度，即漢代的廷議與朝議。

◆ 地方官制

政權分為內政外交財務國防等等。何況吾人讀史記一書，太尉之官似不常設，秦昭王時，白起為國尉，正義，『言太尉』（史記卷七十三白起傳）。始皇十年以尉繚為秦國尉，正義，『若漢太尉之比』（史記卷六秦始皇本紀）。除此兩人之外，國尉之官固未嘗見。始皇『盡并天下，王氏蒙氏功為大』（史記卷七十三王翦傳），而王氏父子（王翦王賁）蒙氏祖孫（蒙驁蒙恬）均未曾做過國尉。始皇統一天下之後，更未見國尉之官，是則國尉是否常設，頗有問題。至於御史大夫，漢書百官公卿表既云『掌副丞相』，而國家大事例如議帝號之類，御史大夫又得預議（參閱史記卷六秦始皇本紀二十六年），則御史大夫固不能視為純粹的監察官，縱有糾舉非法之權，亦不過掌副丞相，彈擊官邪，而維持官紀而已。準此而觀，丞相一職固是助理萬機，……即萬般政策均由丞相決定。」（中國社會政治史第一章第六節）

秦制，地方最高行政單位為郡，郡下設縣。郡有守，有尉，有監御史。郡守為郡的最高長官，掌其郡，下置丞，掌佐守理郡政，尉掌佐守典武職甲卒，下亦置丞，監御史掌監郡。薩本炎先生以為秦郡守尉似不並置，蓋大郡置守，小郡置尉❺。勞貞一先生以為自秦迄漢武帝初，邊郡或但置都尉，不置守（勞貞一先生：秦郡的建置及其與漢郡的比較）。依貞一先生之意，不置守但置都尉的郡僅限於邊郡，若內郡則守尉仍然並置。

縣有令長，萬戶以上為令，不及萬戶為長，掌治其縣。令長下有丞有尉，丞掌佐令長理縣政，尉掌巡徼縣境，徵集正卒送郡。

縣以下有鄉，鄉有三老、有秩、嗇夫、遊徼，鄉不滿五千戶者不置有秩；三老掌教化，嗇夫掌聽訟，收賦稅，遊徼掌循禁盜賊，有秩掌同嗇夫❻。鄉下有亭，有亭長，以禁盜賊❼。亭下有里，有里魁，掌察里民善惡；里下有什伍，什主十

---

❺ 薩本炎先生曰：「守與尉之關係如何？馬端臨說：『按自秦置三十六郡，而郡官有守有尉有丞，然考之西漢百官表，稱郡守掌治郡，秩二千石，有丞，秩六百石，郡尉掌佐守典武職，秩比二千石，有丞，秩亦六百石，是守尉皆二千石，而俱有丞以佐之，尉之尊蓋與守等，非丞掾以下可擬也（文獻通考卷六十三郡尉）。』守二千石，尉比二千石，就官秩說，尉固降守一級，不宜視為『尉之尊蓋與守等』。尉之尊果與守等，則守尉應該各得獨立行使職權。換言之，守治民，尉主兵，秦之制度應是軍民分治，然而漢書既云：『郡尉掌佐守』，則郡尉主兵，不過輔佐郡守管理兵事而已。何況秦既每郡均置守尉，倘若軍民分治，則郡守不宜有將兵之事。而據歷史所載，不但守可將兵，而監在必要時亦得將兵。例如：『沛公還守豐，秦泗川監平（文穎曰秦時御史監郡，平名也）將兵圍豐，二日出與戰破之。命雍齒守豐，引兵之薛，泗川守壯（如淳曰壯名也）敗於薛，走至戚，沛公左司馬得泗川守壯殺之（史記卷八高祖紀）。』在泗川郡之內有守有監，守監均曾將兵，而尉卻不之見，這值得吾人注意。『秦始皇既并天下，分為三十六郡，郡置材官，聚天下兵器於咸陽，鑄為鍾鐻，講武之禮罷為角觝』（文獻通考卷一百四十九兵制），則尉之職掌為何，頗有問題。南海有尉任囂，吾人觀其病且死，召龍川令趙佗，告以南海東西數千里，可以立國，而使佗行南海尉事，權力之大，似南海有尉而無守，索隱引十三州記云：『大郡曰守，小郡曰尉』（史記卷一百十三南越尉佗傳）。當時郡之大小乃以戶口為標準，南海幅員雖廣，而戶口甚稀。泗川郡主兵者不見尉，南海郡主政者不見守，十三州記所言似有根據。」（中國社會政治史第二章第六節）按秦三十六郡無泗川郡，泗川為泗水之誤。

❻ 漢書百官公卿表不言有秩所掌，而續漢志曰：「有秩，郡所署，秩百石，掌一鄉人，其鄉小者縣置嗇夫一人，皆主知民善惡，為役先後，知民貧富，為賦多少，平其差品。」

家，伍主五家，以相檢察❽。

◆ 統一法制

戰國時代，列國法制不一，田疇異畝，車塗異軌，律令異法，衣冠異制，言語異聲，文字異形，及秦兼天下，李斯乃奏同之，於是貨幣、度量衡、車軌、文字皆歸劃一。統一後的幣制，分為二等，上幣黃金，以鎰為單位，下幣銅錢，以枚為單位；錢圓形方孔，象天圓地方，枚皆半兩。

◆ 安內

戰國時代，列國各於邊境建築長城、隄防，以相防遏，凡此皆足以阻礙帝國的統一，造成隔閡的觀念。及始皇帝兼并天下，乃墮城郭，決川防，夷險阻，收天下兵，聚之咸陽，銷以為鍾鐻及十二金人，重各千石，示天下不復用兵❾；徙關東豪富十二萬戶於咸陽以實關中，又焚書坑儒，禁民非議。

始皇帝祿養博士七十人以備顧問，諸家並列，初並未排斥儒家思想，然儒生好議論，往往非議朝政。始皇帝三十四年（西元前二一三年），丞相李斯以儒生挾其私學誹謗時政，請盡焚列國史記及民間一切有關政治性的藏書，包括儒家詩書及百家之言，獨留醫藥、卜筮、種樹之書，有敢偶語詩書者棄市，以古非今者族滅，吏見知不舉者與同罪，如有欲學者，以吏為師，制可。於是民間儒家及百家

---

❼　薩本炎先生曰：「鄉尚有行政區之性質，亭有亭長，以禁盜賊，則亭當為警察區。」（中國社會政治史第一章第二節）

❽　漢書百官公卿表未言鄉亭以下組織，而續漢志則云亭下有里，里有里魁，民有什伍，善惡以告。本注曰：「里魁掌一里，什主十家，伍主五家，以相檢察，民有善事惡事以告監官。」按什伍之制本商君所創，而秦漢制度相因，視此則秦制略可知矣。

❾　薩本炎先生曰：「『收天下兵』是收官家兵器，民間私有的兵器似未曾收；否則韓信何能『好帶刀劍』（史記卷九十二淮陰侯傳）。陳勝吳廣率九百人往戍漁陽，失期而作亂，賈誼謂其『斬木為兵』（賈子新書卷一過秦上），而史記（陳涉世家）漢書（陳勝傳）均無『斬木為兵』之語。這樣，不但民間，就是內地軍隊也有兵器，即秦所收者只限於六國兵器。漢書（卷六十四下）嚴安傳，言秦『壞諸侯之城，銷其兵，鑄以為鍾鐻，示不復用』，所謂『銷其兵』，即銷六國的兵器。賈誼之言如其可信，則秦大約為了預防兵卒叛變，凡未到戍所以前，不以兵器授之。」（中國社會政治史第一章第三節）

藏書悉被焚毀。

　　始皇帝好神仙，嘗遣方士入海求神仙及不死藥，久而不至。燕人盧生，亦方術之士，始皇帝使求神仙及不死藥，尊賜之甚厚。盧生說始皇帝當時為微行以避惡鬼，惡鬼避則真人至，又謂人主所居不可為人知，然後不死之藥可得。始皇帝信之，自稱真人，於咸陽二百里內築宮觀二百七十所，復道甬道相連，移徙行幸其間，群臣莫知其所在。始皇帝性剛戾，果於刑殺。始皇帝三十五年（西元前二一一年），盧生與另一方士侯生懼不死藥終不可得，相與譏議始皇帝而後亡去，咸陽諸生頗附其說，始皇帝聞之大怒，遣御史案問，牽引四百六十餘人，皆坑之，欲以懲後❿。

　　始皇帝又興築馳道，以咸陽為中心，東窮燕、齊，南極吳、楚，欲以控制關東，並為巡幸之用。「道廣五十步，三丈而樹，厚築其外，隱以金椎，樹以青松。」（漢書賈山傳賈山語）秦制一步六尺（史記秦始皇帝本紀），其寬可見。

◆ 攘外

　　始皇帝又南開百越，北攘匈奴。匈奴一稱曰胡，與秦、趙、燕三國接境。戰國時代，此三國常與匈奴發生戰爭，秦築長城於隴西、北地、上郡三郡以禦之，趙長城自代循陰山西至高闕（高闕，山名，在綏遠省鄂爾多斯右翼騰格里湖東北），燕長城則自造陽（察哈爾省懷來縣北）東至襄平（遼寧省遼陽縣北）。戰國末年，燕、趙致力於禦秦，秦亦致力於滅六國，均無力顧及攘胡，由是匈奴勢力復盛。趙武靈王北逐胡，取得河套以南地，及秦滅六國，河南地復為匈奴所占有。始皇帝三十二年（西元前二一五年），盧生自海上求仙人及不死之藥還，因奏錄圖書曰

---

❿ 康有為新學偽經考卷一秦焚六經未嘗亡缺考：「按焚書之令但燒民間之書，若博士所職，則詩書百家自存。夫政斯焚書之意但欲愚民而自智，非欲自愚，若并秘府所藏博士所職而盡焚之，而僅存醫藥、卜筮、種樹之書，是秦並自愚也，何以為國？史記別白而言之曰，非博士所職，藏者悉燒，則博士所職，保守珍重，未嘗焚燒，文至明也。又云若有欲學，以吏為師，吏即博士也。」又曰：「按秦雖不尚儒術，然博士之員尚七十人，可謂多矣！且召文學甚眾，盧生等尊賜甚厚，不為薄也。阬僅咸陽諸生四百六十餘人，証為妖言，傳相告引，且多方士，非盡儒者。伏生、叔孫通即秦時博士，張蒼即秦時御史。自兩生外，魯諸生隨叔孫通議禮者三十餘人，皆秦諸生，皆未嘗被阬者，其人皆懷蘊六藝，學通詩書，逮漢猶存也，然則以阬儒為絕儒術者亦妄言也。」

「亡秦者胡也」，始皇帝乃使蒙恬發兵三十萬人北擊胡，略取河南地。始皇帝三十三年（西元前二一四年），蒙恬北逐匈奴，拓疆至河套以北，既而以其地置九原郡，築長城以禦胡。秦長城係連貫燕、趙及秦舊有邊城加以修葺而成，東起遼東郡的碣石（在朝鮮境），經今熱河、察哈爾中部，循陰山與胡為界，經綏遠至寧夏，沿河而南，至隴西郡的臨洮（甘肅省岷縣境），並命蒙恬統兵鎮戍北方❶。始皇帝三十五年（西元前二一二年），秦復自九原郡築道，塹山堙谷，直達雲陽（陝西省淳化縣西北），作為北方戍軍的糧道。

　　始皇帝三十三年（西元前二一四年），復大發兵攻取嶺南地，置桂林、象郡、南海三郡，又擊滅南越，置閩中郡，遣大軍五十萬戍五嶺（大庾、騎田、都龐、萌諸、越嶺）以鎮南疆。

二、秦朝的覆亡

◆ 統一帝國下的民生

　　秦朝的統一，對我國歷史無疑有偉大的貢獻，然而建設太多，用民力過濫，自易引起人民的怨恨。秦徵發力役，首發罪人、贅婿，次發賈人，又次發其先世有市籍者，不足則發閭里居民。以力役而言，馳道、長城皆為極艱鉅的工程，都足以困弊生民。始皇帝兼并六國，每滅一國，輒倣其宮室制度築離宮於咸陽北阪，殿屋相望，復道相連。既而復於渭南上林苑作朝宮，其前殿阿房，東西五百步，

---

❶　今長城非秦舊觀，大部為明長城遺址，較秦時南移約數百里，漢長城則沿秦之舊，惟自金城西折至玉門而非南達臨洮。明長城在北京附近者係以磚石建造，西部為版築（土垣），秦漢長城則大部為版築，間或阻巨木大石為障塞，故漢書匈奴傳元帝時侯應曰：「起塞以來，百有餘年，（通鑑胡三省注謂自武帝起塞數之至是百有餘年）非皆以土垣也，或因山巖石，木柴僵落，谿谷水門，稍稍平之，卒徒築治，功費久遠，不可勝計。」漢書補注引顧炎武云：「昌平山水記，潮河川至牛闌山與白河合，其寬處可一二里，昔人斫大樹倒著川中，狹處僅二三丈，以巨木為柵，其外縱橫布石以限戎馬，此漢中郎侯應所謂木柴僵落、谿谷石門者。然水性湍急，大雨則諸崖之水奔騰而下，漂木走石，當歲歲修治，又所云功費久遠，不可勝計也。」故秦長城僅可認為一連貫之防禦工程，而非盡為城垣狀之連貫長垣。（此說蓋自勞貞一師啟之）

南北五十丈，上可以坐萬人，下可以建五丈旗，周馳為閣道，自殿下直抵南山；自阿房為復道渡渭以達咸陽。始皇帝復築陵於驪山，下錮三泉，以水銀為百川、江河、大海，轉相灌輸，上具天文，下具地理，號曰驪陵，單是阿房之役即用刑徒七十餘萬人，築長城時，夫役死者相屬，其濫用民力可知。以兵戍而言，戍五嶺用兵五十萬，戍長城用兵三十萬，合南北二戍凡用兵八十萬，戍者多死於戍所，行者愁怨，民力大困。

始皇帝三十六年（西元前二一一年），東郡有隕石，有人刻其石曰「始皇死而地分」，始皇聞之，遣御史按問，莫有服者，因盡誅石旁居民而燔其石。可知秦雖以武力威服中國而民心未附，惟懾於始皇帝威望，不敢謀反。若以秦與戰國時代相比較，秦以力役、兵戍過甚，民生遠較戰國時代為苦，故民心未附❷。

◆ 陳勝起義

始皇帝性忮忍，為政嚴酷。事無大小，皆親決之。晝斷獄，夜理書，至以衡石量牘奏，日夜皆有程期，自丞相以下諸大臣，皆受成事，倚辦於上。群臣畏罪持祿，莫敢盡言，惟以諛欺取容。

自始皇帝二十七年（西元前二二○年）至三十七年（西元前二一○年）的十年間，始皇帝凡五出巡狩。二十七年巡隴西、北地，出雞頭山（陝西省高平縣西北），過回中（甘肅省固原縣境）。二十八年（西元前二一九年）東行郡縣，上鄒嶧山（山東省鄒縣東南），封泰山（山東省泰安縣北），禪梁父（梁父，山名，在山東省泰安縣南），南登琅邪（琅邪山在今山東省諸城縣東南），還過彭城（江蘇省銅山縣），西南渡淮至南郡，浮江自武關（陝西省商縣東）入。二十九年（西元前二一八年），復東巡，登之罘（之罘山在今山東省福山縣東北），還之琅邪（山

---

❷　錢賓四先生曰：「秦人以耕戰立國，全國民眾皆充兵役，名曰黔首。惟在戰國兵爭時代，以軍功代貴族，秦民力戰於外，歸猶得覬功賞，及天下統一，秦之政治亦漸上文治軌轍，而一面仍恣意役使民眾，如五嶺戍五十萬，長城戍三十萬，阿房役七十萬，此等皆為苦役，與以前軍功得封爵不同。古代封建小國，四境農民行程相距最遠不出三四日，每冬農隙，為貴族封君服力役三日，去返不過旬日，其事是勝。秦得天下，尚沿舊制，如以會稽戍漁陽，民間遂為一大苦事。」又曰：「開拓邊境，防禦外寇，此皆為完成大一統的新局面所應有之努力。大體言之，秦代政治的後面，實有一個高遠的理想，秦政不失為順著時代的要求與趨勢而為一種進步的政治。」（國史大綱第七章）

東省諸城縣），道上黨入。三十二年（西元前二一五年），東北至碣石，巡行北邊，從上郡入。三十七年，始皇帝第五次出巡，至雲夢（雲夢澤在今湖北省境大江南北）浮江下過丹陽（安徽省當塗縣東），至錢塘（浙江省杭縣），上會稽（會稽山在今浙江省紹興縣東南），還至江乘（江蘇省句容縣北），並海北上，至琅邪、之罘，西次平原津（山東省平原縣南）而病，行至沙邱（河北省平鄉縣北）而崩。

　　始皇帝長子扶蘇，性仁厚，始皇帝阬儒時，扶蘇切諫，以為諸生皆誦法孔子，今以重法繩之，恐天下不安。始皇帝怒，遣扶蘇至上郡監蒙恬軍。始皇帝迷信神仙，惡言死，群臣莫敢言死事。及至沙邱病篤，乃書詔詔扶蘇會葬咸陽，遂即帝位。詔已封未發而始皇帝崩。時始皇帝少子胡亥及丞相李斯、宦者中車府令趙高皆從行，斯以始皇帝崩於外，恐諸公子及天下有變，秘不發喪，載棺於輼涼車中，使宦者參乘，所至上食，百官奏事如故，獨胡亥、趙高及宦者五六人知之。趙高敏於吏事，始皇帝使高教胡亥決獄，以是得幸於胡亥。始皇帝寵任蒙恬、蒙毅兄弟，恬任外事而毅常為內謀，名為忠信，貴盛無比。趙高嘗有大罪，毅以法按之，罪當死，除其官籍，始皇帝赦之，復其官爵，故趙高與蒙恬兄弟有隙。始皇帝道病，使蒙毅還禱山川，趙高乃說李斯矯詔立胡亥為太子，斯亦以蒙恬功高且賢，一旦扶蘇得立，則將用恬以代己，遂與趙高共矯詔賜扶蘇死，囚蒙恬兄弟，立胡亥為二世皇帝。

　　二世既即位，殺蒙恬兄弟及諸公子十餘人，以趙高為郎中令，常侍中用事。趙高多殺私怨，恐大臣入朝奏事毀惡之，說二世謂天子之所以為貴，當令群臣但聞其聲，莫得見其面。二世信之，乃深居禁中，不見大臣，大臣上事，皆決於高。其後高復譖李斯怨望，誣以謀反，二世下斯於獄，令高案治。高治斯獄，肆其慘毒，斯不勝痛楚，遂自誣服。二世殺斯，夷其三族，以高為丞相，於是秦朝大權盡歸之。高導二世縱情聲色，以嚴刑御下，朝政大亂。

　　二世元年（西元前二〇九年）七月，發閭左戍漁陽 ❸，有戍卒九百人屯大澤

❸　史記索隱曰：「閭左謂居閭里之左也。秦時復除者居閭左，今力役凡在閭左者盡發之也。又云，凡居以富強為右，貧弱為左，秦役戍多富者，役盡兼取貧弱者而發之者也。」漢書顏師古注引應劭曰：「秦時以適發之名適戍，先發吏有過及贅壻、賈人，後以嘗有市籍者發，又後以大父母、父母嘗有市籍者，戍者曹輩盡，復入閭取其左發之，未及取右而秦亡。」師古曰：「閭，里門也，言居在閭門之左者一切發之，此閭左之釋，應最得之，諸

鄉（安徽省宿縣南），會天大雨，道不通，度已失期。秦法失期當斬，屯長陳勝、吳廣謀因民怨舉事，以丹書帛，曰「陳勝王」，置人所罾魚腹中，卒買魚烹食，得書，皆以為怪，勝又令廣夜於所次近旁叢祠中篝火為狐鳴，呼曰：「大楚興，陳勝王。」（史記陳涉世家）卒皆夜驚，及旦，往往指目勝、廣。勝、廣素愛人，士卒多為用，乘尉醉，以語激怒之，尉拔劍欲殺廣，廣起奪劍殺尉，號令其眾，眾從之。勝自立為將軍，廣為都尉，攻拔大澤鄉，取蘄（安徽省宿縣南），徇定數縣，略地至陳（河南省淮陽縣），有兵車六七百乘，騎千餘，卒數萬人，勝乃自立為王，國號張楚，張楚即大楚。當是時，諸郡縣苦秦吏苛暴，皆殺其長吏以應勝，勝乃立廣為假王，監諸將西擊滎陽（河南省滎陽縣東），遣其將武臣、張耳、陳餘北徇趙地，周市徇魏地，鄧宗徇九江郡，皆下之，兵勢大振。

　　陳勝字涉，陽城（河南省登封縣南）人；吳廣字叔，陽夏（河南省太康縣）人。勝少嘗與人傭耕，輟耕憩壟上，謂傭者曰：「苟富貴，無相忘。」傭者皆笑之，勝太息曰：「燕雀安知鴻鵠之志哉！」（史記陳涉世家）勝既得志，以陳人周文為將，使將兵西擊秦，比至函谷關，有兵車千乘，卒數十萬，破關進軍至戲（陝西省臨潼縣東），秦廷大震。時秦兵北戍長城，南戍五嶺，關中空虛，少府章邯乃請赦輸作驪山刑徒以擊之，二世乃悉發驪山徒及奴隸，使邯將之以擊楚軍，大破之，周文敗走。

　　武臣北徇趙地，至邯鄲，聞周文敗走，而諸將徇地還者多以讒毀得罪，乃自立為趙王，以陳餘為將，張耳、邵騷為相，遣使報楚王勝，勝使使者賀趙，因使引兵西擊秦。趙王武臣用陳餘計，不西擊秦而遣韓廣將兵北略燕地。廣既定燕，燕人立廣為燕王。周市徇定魏地，復東擊齊，而齊故王族田儋已自立為齊王，發兵擊市，平定齊地。市引軍還，訪故魏王室之後魏咎於楚，欲立為魏王，楚王勝乃遣咎之魏，立為魏王，以市為魏相。

　　秦二世二年（西元前二○八年）十一月（此用夏曆，即秦之二月，以下類此），趙將李良略定常山（秦邯鄲郡地），還報趙王，趙王武臣復使良略太原。良軍至石邑（河北省獲鹿縣東南），秦兵塞井陘（井陘山在河北省井陘縣東北，接獲鹿縣，其上有關曰井陘關，亦曰土門關，又稱井陘口），良軍不得進。秦將詐為二世書招良降，良陰欲反趙，意未決，引兵還邯鄲請益兵，未至，道遇趙王武臣姊，良以

家之義煩穢舛錯，故無所取也。」

為趙王，伏謁道旁，趙王姊飲醉，不為禮，良慚怒，殺趙王姊，因將兵襲邯鄲，殺趙王武臣及其相邵騷，張耳、陳餘亡得脫。

　　周文既敗走出關，止屯曹陽（河南省靈寶縣南），章邯擊追之，文戰復敗，走澠池（河南省澠池縣），邯進擊，大破之，文自刎死，楚軍遂潰。時吳廣圍滎陽未下，楚將田臧以廣驕而不知兵，與諸將共矯楚王勝命殺之，獻其首於勝。楚王勝遣使就軍中賜臧楚令尹印，擢為上將，臧乃使諸將李歸等圍滎陽，自將精兵西迎秦軍於敖倉（河南省滎陽縣西北敖山上，古徂曰敖，秦於其地置倉，因名敖倉），與戰，楚軍大敗，田臧戰死。章邯進擊李歸等於滎陽，復破之，殺歸，遂解滎陽之圍，乘勝攻陳，楚王勝自出督戰，邯擊破楚將張賀軍於陳西。十二月，楚王勝走汝陰（安徽省阜陽縣），還攻城父（安徽省亳縣東南之城父村），克之，其御者莊賈殺之以降秦。

　　張耳、陳餘收趙兵數萬人擊李良，良敗，走歸章邯。正月，張耳、陳餘訪求趙故王室之後趙歇，立為趙王，居信都（河北省冀縣東北）。

◆ 鉅鹿之戰

　　在風起雲湧的反秦運動中，另有二支反秦勢力，其一為下相（江蘇省宿遷縣西）人項梁及梁兄子籍，另一為沛（江蘇省沛縣東）人劉邦，皆以二世元年九月起兵。

　　項梁為楚將項燕之子，秦王政二十三年（西元前二二四年），秦將王翦伐楚，燕與戰於蘄南，為翦所殺。項氏世為楚將，封於項（河南省項城縣），故姓項氏。楚亡後，梁徙居下相，遂為下相人。梁嘗殺人，與籍避仇於會稽，會稽賢士大夫皆傾心下之。籍少時學書不成，去而學劍，又不成，項梁怒之，籍曰：「書足以記姓名而已，劍一人敵，不足學，學萬人敵。」（史記項羽本紀）於是項梁乃教籍兵法，籍大喜，略知其意，然亦不肯竟學。籍字羽，身長八尺餘，力能扛鼎，才氣過人。二世元年（西元前二〇九年）七月，陳勝、吳廣起於大澤鄉，九月，會稽守殷通召梁，謀欲舉兵以應之，梁偽許之，使羽擊殺通，並殺吏卒不服者數十百人，府中慴伏。梁使人收兵下縣，得精兵八千人。梁自立為會稽守，以羽為裨將，徇定江東。楚王勝敗走汝陰，楚將召平攻廣陵（江蘇省江都縣）未下，矯楚王勝命拜項梁為上柱國，命急引兵西擊秦。二世二年（西元前二〇八年）三月，梁率

精兵八千人渡江而西，東陽（安徽省天長縣北）令史陳嬰亦起兵於東陽，有眾二萬，以項氏世世將家，有名於楚，以兵屬梁。梁渡淮，沿途收兵，比至下邳（江蘇省邳縣東），眾至六七萬人。

劉邦字季，初為泗水亭長（續漢郡國志，沛有泗水亭），為人豁達大度，不事生產。邦嘗為縣送刑徒輸作驪山，徒多道亡。至豐（江蘇省豐縣）西之澤中亭，邦自度比至關中，則徒亡殆盡，乃盡縱之。有壯士十餘人願隨邦，邦與共亡命於芒（河南省永城縣東北）、碭（江蘇省碭山縣南）二縣間。及陳勝起，沛令欲舉兵應之，縣吏蕭何、曹參說沛令召邦以益眾，令然之，遣樊噲召邦，邦既至而令後悔，閉城拒守，且欲誅蕭、曹，蕭、曹恐，踰城投邦，邦乃書帛射城上，為沛父老陳利害，沛人乃共起殺沛令，開門迎邦，立為沛公，收兵得三千人。張良者，其祖開、父平，自韓昭侯歷宣惠王、襄哀王、釐王、悼惠王，凡五世為韓相，韓亡，良散千金之產，求欲為韓報仇。秦始皇帝二十九年（西元前二一八年），良求得力士操鐵椎狙擊始皇帝於陽武（河南省陽武縣東南）博浪沙中，誤中副車，良亡去。秦二世二年（西元前二〇八年）十月，劉邦與秦泗水監平戰於豐，破之，留其將雍齒守豐，齒素不欲屬邦，以豐降魏，邦攻之不克，而張良聚少年百餘人往依邦。邦以良為廄將，良數以兵法干邦，邦善之，常從其計，而良為他人言，人皆不曉，故良以邦為英主，傾心事之。二月，邦攻碭，拔之，三月，攻下邑（江蘇省碭山縣東），又拔之，還擊豐，不克，邦從百餘騎往見項梁求援，梁遣兵五千助邦攻拔豐，邦因以軍屬項梁。

楚王勝既死，項梁會諸將計事於薛（山東省滕縣東南），居鄛（安徽省巢縣東北）人范增往說項梁，勸梁求楚王室之後而立之，以號召楚人。項梁從其計，求得楚懷王孫名心者於民間，立為楚懷王，以從民望，都於盱眙（安徽省盱眙縣東北）。增時年七十，好奇計，至是遂為梁謀主，梁自號武信君。張良復說梁求立韓後為韓王以自樹黨，梁然之，使良求得韓公子成，立以為韓王，以良為韓司徒，與韓王成將千餘人西略韓地，得數城，輒復為秦所取，良與韓王成常將其眾往來潁川為遊兵。

章邯既破殺陳勝，進兵擊魏王咎於臨濟（河南省長垣縣西南），魏王咎使周市請救於齊、楚，齊王儋及楚將項它皆將兵隨市救魏，章邯大破之，殺齊王儋及市，魏王咎自殺。咎弟豹亡走楚，楚懷王予豹數千兵，復徇魏地，而齊王儋弟榮收齊

餘兵走保東阿（山東省陽穀縣東北），章邯追圍之。齊人聞田儋死，立故齊王建弟假為王。其秋，項梁自率兵救東阿，擊章邯軍，大破之，邯西走濮陽（河南省濮陽縣），收散卒阻水以自固。項梁既解東阿之圍，田榮引兵歸齊，擊逐齊王假，假亡走楚。榮立儋子市為齊王，自為相，以田橫為將，再定齊地。項梁數使使徵齊兵共擊秦，榮遣使報梁使殺田假乃出兵，梁不許，榮怒，不肯發兵，由是與楚有隙。

項梁已破章邯於東阿，引兵西北至定陶（山東省定陶縣西北），再破秦軍，益輕秦，有驕色。秦二世悉起兵益章邯擊楚軍，大破之於定陶，殺項梁。時項羽、劉邦別將兵攻外黃（河南省杞縣東），不克，轉攻陳留（河南省陳留縣），聞項梁死，乃收兵奉楚懷王徙都彭城（江蘇省銅山縣），羽軍彭城西，邦軍碭，而魏豹攻下魏二十餘城，楚懷王乃立豹為魏王，封邦為武安侯，將碭郡兵，封羽為長安侯，號為魯公。

章邯既破殺項梁，以為楚地兵不足憂，乃渡河北擊趙，大破之。張耳與趙王歇走保鉅鹿（河北省平鄉縣），秦將王離圍之，章邯軍於棘原（河北省平鄉縣南），築甬道以餉王離軍。陳餘北收常山兵，得數萬人，軍鉅鹿北。趙數請救於楚，楚懷王以宋義為上將軍，項羽為次將，范增為末將，率兵救趙。另遣劉邦收陳勝、項梁散卒取道武關西伐秦。

二世三年（西元前二〇七年）十月，宋義進軍至安陽（山東省曹縣東），留四十六日不進，日但置酒高會，欲以俟秦趙之敝。項羽怨秦殺其叔父梁，數請義渡河以擊秦軍，義不納。十一月，羽因於晨朝，即帳中斬義，諸將皆懾伏，共立羽為假上將軍，遣使報命於楚懷王，懷王因以羽為上將軍。時王離圍鉅鹿急，張耳數使人求援於陳餘，餘度兵少，不能敵秦軍，未敢赴援。張耳復令其將張黶、陳澤往要餘，欲與俱赴敵死，餘不從，使黶、澤將五千人往擊秦軍，皆沒於陣，張耳由是怨餘。時耳子敖亦收代北兵萬餘人來，與諸侯軍救趙者皆壁於陳餘旁，未敢擊秦。

項羽既殺宋義，威震楚國，遣將率軍二萬渡河救鉅鹿，斷秦甬道，王離軍乏食。陳餘復請兵於羽，羽乃悉引兵渡河，破釜沈舟，持三日糧，示無還心。楚軍既渡河，與秦軍遇，九戰，大破之，章邯引軍卻，諸侯軍乃敢擊秦軍，擄王離，遂解鉅鹿之圍。當是時，諸侯救鉅鹿者十餘壁，莫敢先進，但從壁上觀，楚軍無

不以一當十。及羽已破秦軍，諸侯大震，皆以兵屬羽。羽復進兵與章邯相持於棘原。七月，羽復與秦軍戰於漳南，破之，復大破之於汙水上（河南省臨漳縣西南，汙水所經）。章邯內見疑於趙高，又數為楚軍所敗，遂降於羽，羽立邯為雍王，置於軍中，以秦長史司馬欣為將，將秦軍為前行西入秦。

◆ 劉邦入秦

　　楚懷王初與諸將約，先入定關中者王之。時秦兵強，諸將莫敢先入關，獨項羽請與劉邦同將兵而西，楚諸老將皆以為羽為人殘暴而邦寬大長者，故懷王遣羽北救趙而命邦西伐秦。時秦軍精銳皆在趙境，關中空虛，故劉邦軍得長驅而入。邦軍自碭出成陽（山東省濮縣南）。二世三年（西元前二〇七年）十月，破秦軍於成武（山東省成武縣），二月，擊昌邑（山東省金鄉縣西北），不克，引兵西過高陽（河南省杞縣）。三月，過開封（河南省開封縣南），與秦軍戰於白馬（河南省滑縣東），又戰於曲遇（河南省中牟縣）東，大破之。四月，與秦軍戰於洛陽東，不利，南出轘轅（轘轅山在河南省偃師縣東南，上有轘轅關），張良引兵從邦，邦令韓王成留守陽翟，與良俱南略南陽郡，攻宛（河南省南陽縣）。七月，秦南陽守齮以宛降邦，邦西克丹水（河南省淅川縣西），八月，進克武關。秦相趙高聞楚兵至，懼為二世所誅，遂弒二世於望夷宮而立二世兄子公子嬰，貶帝號，但稱秦王。九月，秦王子嬰殺趙高於齋宮，遣將將兵扼嶢關（陝西省藍田縣東南嶢山上）以拒劉邦，邦縱兵擊之，大破秦軍。漢元年（西元前二〇六年）十月，劉邦長驅至霸上（即今白鹿原，在今陝西省長安縣東，接藍田縣界，霸水所經，故稱霸上），秦王子嬰自縛出降，秦朝遂亡。

　　秦祚盡於二世三年（西元前二〇七年）九月，次月（漢元年十月）秦亡，自是至漢五年（西元前二〇二年）十二月為楚漢之際。秦正建亥，夏正建寅，秦曆正月即夏曆十月。漢初沿用秦正，至武帝太初以後改用夏正，追改曆法，故史記、漢書自秦至漢武帝太初以前，其紀年繫月，皆始自十月，以次至於九月。

三、楚漢之際

◆ 項羽的霸業

劉邦西入咸陽，諸將爭取金帛財物，獨蕭何入收秦丞相府圖籍，由是得知天下阨塞及戶口多少強弱之處。張良勸邦封秦府庫，還軍霸上以待諸侯。邦自以先入定關中，依懷王約，當王關中，因與秦民約法三章，殺人者死，傷人及盜依輕重抵罪，其餘苛法悉除去，秦民大悅。

漢元年（西元前二〇六年）十一月，項羽率諸侯兵西至新安（河南省澠池縣東）。章邯既以秦軍降諸侯，諸侯吏卒多奴役折辱之，秦兵多怨，陰有叛意，諸將微聞其計，以告項羽，羽以秦兵尚眾，恐其為變，夜使楚軍阬殺秦降卒二十餘萬人於新安城南，獨與章邯、長史欣、都尉董翳入秦。劉邦聞羽已封章邯為雍王，急遣兵守函谷關，羽至關，關門閉，聞劉邦已定關中，大怒，破關而入。時羽兵四十萬，號百萬，軍於鴻門（陝西省臨潼縣東之鴻門坂），而劉邦兵十萬，號二十萬，軍於霸上，距羽軍四十里。羽期以明旦擊劉邦軍。羽季父項伯素與張良善，夜馳入邦軍，私見張良，欲呼與俱去。良俱以其事告邦，邦大驚，旦從百餘騎往見項羽於鴻門，卑辭謝罪，范增勸羽於席間殺之，羽不忍，邦偽起如廁，間行馳歸，留張良使謝羽，於是羽引兵西屠咸陽，殺秦降王子嬰，燒秦宮室，火三月不滅。

項羽既滅秦，威震天下，欲分封諸侯，而不欲使劉邦王關中，使人致命於楚懷王，懷王報曰如約，羽怒，顧諸將謂懷王乃吾家所立，非有功伐，何以得專主約。正月，羽陽尊懷王為義帝，國於湘水上游，都郴（湖南省郴縣），謂古之帝者必居上游以制諸侯，實則處以荒僻之地。二月，羽分天下以王諸將。或謂羽關中阻山河四塞，地肥饒，可都以霸，羽見秦宮室皆已燒殘，又懷思東歸，乃自立為西楚霸王，王梁楚九郡，都彭城。時諸侯及從羽入秦諸將受羽封者凡十八國，號十八王：

漢王劉邦，都南鄭（陝西省南鄭縣），王漢中、巴、蜀。邦依楚懷王約本應王關中，羽疑之，又惡負約，恐諸侯叛己，謂巴蜀亦關中地，因立為漢王。

雍王章邯，都廢丘（陝西省興平縣東南），王咸陽以西故秦地。

塞王司馬欣，都櫟陽（陝西省臨潼縣東北），王咸陽以東至河故秦地。欣故為櫟陽獄掾，項梁嘗坐事繫櫟陽獄，以欣故得赦，羽以欣有德於梁，故立為塞王。

翟王董翳，都高奴（陝西省膚施縣東），王上郡。翳本章邯都尉，棘原之戰，翳勸邯降楚，故羽立為翟王。

雍、塞、翟三分秦地，號曰三秦，羽封之使阻阨漢王東出之路。

西魏王魏豹（原為魏王），都平陽（山西省臨汾縣），王河東。

河南王申陽，都洛陽（河南省洛陽縣），王河南。申陽本張耳嬖臣，先下河南，引兵從羽入關，故立為河南王。

韓王韓成，都陽翟（河南省禹縣），王故韓地。

殷王司馬卬，都朝歌（河南省淇縣東北），王河內。卬本趙將，定河內，數有功，故立卬為殷王。

代王趙歇（故趙王），都代（察哈爾省蔚縣），王代郡。

常山王張耳，都襄國（河北省邢臺縣西南），王故趙地。耳本趙相，素賢，又從入關，故羽立為常山王。

九江王英布，都六（安徽省六安縣北），王故楚地一部。布本黥徒，輸作驪山，亡為群盜，項梁起會稽，西渡淮，布以其眾屬梁，為楚將，每戰常冠軍，故羽立以為九江王。

衡山王吳芮，都邾（湖北省黃岡縣），王故楚地一部。芮初為鄱令，天下叛秦，芮率百越之眾佐諸侯，又從入關，故立芮為衡山王。

臨江王共敖，都江陵（湖北省江陵縣），王故楚地一部。敖為義帝柱國，將兵擊南郡，功多，因立敖為臨江王。

遼東王韓廣（故燕王），都無終（河北省薊縣），王遼東。

燕王臧荼，都薊（河北省大興縣西南），王故燕地大部。荼本燕將，從楚救趙，因從入關，故羽立荼為燕王。

膠東王田市（故齊王），都即墨（山東省即墨縣），王故齊地一部。

齊王田都，都臨菑（山東省臨淄縣），王故齊地一部。都本齊將，齊相田榮以田假故數負項梁，又不肯將兵從楚擊秦，都叛榮，助楚救趙，又從入關，故羽立為齊王。

濟北王田安，都博陽（山東省泰安縣東南），王故齊地一部。安乃故齊王建孫，項羽渡河救趙，安徇下濟北數城，以兵降羽，故羽立安為濟北王。

膠東、齊、濟北三分齊地，號稱三齊。

項羽既分封諸侯，實際上等於天下共主，是為項羽霸業極盛時代。然項羽的分封，並未能使諸侯盡饜所望。其一、漢王依約應王關中，而羽改封之於漢中；其二、諸侯多徙封僻地而諸侯將相反受封善地，如故齊王田市徙封膠東，故燕王韓廣徙封遼東，故趙王歇徙封代，故魏王豹徙封西魏，而齊將田都受封為齊王，燕將臧荼受封為燕王，趙相張耳受封為常山王，趙將司馬卬受封為殷王，張耳嬖臣申陽受封為河南王，皆據有齊、燕、趙、魏諸國精萃之地；其三、齊相田榮實握齊國大權，羽分封三齊而不及榮，趙將陳餘功與張耳略等，鉅鹿之圍，張耳怨餘，餘怒，解將印授耳而獨與麾下所善數百人漁獵於川澤之間，未從羽入關，以故羽僅封以環南皮（河北省南皮縣）三縣而無王號，壯士彭越常將遊兵出沒於楚魏之間，對楚構成極大威脅，亦未受封。以上三種勢力不久即結合成為反楚集團。羽既分封不平，復不知據關中形勝以制御諸侯，建都彭城，彭城四戰之地，易於受敵，故其霸業並不能維持長久。

◆ 楚漢紛爭

漢元年（西元前二〇六年）四月，諸侯各就國，張良送漢王至褒中（陝西省褒城縣東南），漢王遣良歸韓，良因說漢王燒絕所過棧道以備諸侯，且示項羽無東出之意，漢王從之。項羽以張良輔漢王，韓王成又無功，故不遣就國，與俱至彭城，廢為穰侯（穰故城在今河南省鄧縣境），既而殺之，張良乃盡心輔漢以抗楚。

五月，田榮反於齊地，發兵拒擊田都，都亡走楚。榮留齊王市，不令就封膠東，市畏項羽，亡走就國。六月，榮追擊殺市於即墨，自立為齊王。時彭越在鉅野（山東省鉅野縣南），有眾萬餘人，無所屬，榮以越為將，使擊濟北。七月，越擊殺濟北王安，榮遂并王三齊。陳餘聞項羽封張耳於常山而徙趙王歇王代，陰使其將張同、夏說請兵於齊王榮與共擊常山，齊王許之。

八月，漢王東出陳倉（陝西省寶雞縣東）以襲雍，雍王章邯聞漢兵出，引軍迎擊，敗走好時（陝西省乾縣之好時村），再戰又敗，遂走廢丘。漢王引兵圍雍王於廢丘，遣諸將略定雍地，東至咸陽，塞王欣、翟王翳皆降，項羽以故吳令（吳

即今江蘇省吳縣）鄭昌為韓王以拒漢。

　　是歲，燕王韓廣不肯就封遼東，臧荼擊殺之而併其地。

　　漢二年（西元前二○五年）十月，義帝就國，項羽密使九江王英布、衡山王吳芮、臨江王共敖擊殺之於江中。

　　陳餘悉起三縣兵，與齊兵共襲常山，常山王張耳敗走漢，漢王厚遇之。陳餘迎代王歇於代，復立為趙王。趙王立餘為代王，餘以趙國弱，留輔趙而以夏說為代相守代。於是漢王出關擊降河南王申陽，遣韓襄王孫信將兵徇韓地，信與韓王鄭昌戰於陽城（河南省登封縣境），昌降。十一月，漢王立信為韓王，常將兵從漢王，漢王自漢中徙都櫟陽。

　　正月，項羽將兵北伐齊，齊王榮與楚軍會戰於城陽（山東省濮縣東南），榮敗，走平原（山東省平原縣南），齊人殺榮降楚，羽復立田假為齊王。羽恨齊人首叛楚，阬齊降卒，燒其城郭室屋，所過屠滅，齊人大懼，復相聚叛羽。三月，漢王自臨晉（陝西省大荔縣）渡河，擊降西魏王豹，擄殷王司馬卬，自平陰津（河南省孟津縣東）渡河，至新成（河南省洛陽縣南），為義帝發喪，遣使告諸侯使共伐楚。漢王使者至趙，陳餘請漢殺張耳，漢王求人類耳者殺之以遺餘，餘乃發兵助漢。四月，田榮弟橫收散卒得數萬人，立榮子廣為齊王，與羽相拒於城陽（山東省莒縣），羽攻之未能克。羽欲俟破齊而後擊漢，漢王以故得乘隙率諸侯兵凡五十六萬人東伐楚。到外黃（河南省杞縣東），彭越將其兵三萬餘人歸漢，漢王以越為魏相國，使將其兵略定梁地，漢王遂入彭城，收其寶貨，日置酒高會。項羽聞彭城陷，留諸將擊齊，自將精兵三萬人南從魯（山東省曲阜縣）出胡陵（山東省魚臺縣東南），至蕭（江蘇省蕭縣北），晨擊漢軍而東至彭城，日中，大破之，漢軍為楚軍所蹙，相隨入穀、泗水，死者十餘萬人。楚軍追擊，漢軍南走，至靈壁（安徽省靈壁縣）東睢水上，楚軍復大破之，漢軍擠入睢水者復十餘萬人，水為之不流。楚軍圍漢王三匝，會大風起，揚沙石，晝晦冥，漢王乃得與數十騎遁去。田橫乘楚軍反擊漢，復略定三齊，田假敗走楚，楚殺之。

　　五月，漢王至滎陽，諸敗軍皆會，漢相蕭何悉發關中兵東出關以益漢王，漢王軍復振，固守滎陽，取敖倉之粟為軍食。六月，漢兵破廢丘，雍王章邯自殺，雍地悉平，自是蕭何常留守關中，計其戶口，轉漕調兵以給軍，未嘗乏絕。

　　自彭城之敗，諸侯如西魏、趙、齊等國皆背漢與楚，於是漢王遣大將韓信將

兵擊之。信，淮陰（江蘇省淮陰縣東南）人，少貧無行，不能治生業，常依人為生，人多厭之。信為人長大，好帶刀劍，淮陰少年有侮信者嘗眾辱之，謂信雖好帶刀劍，中情實怯，能死刺我，不能死出我袴下。於是信熟視之，俯首出其袴下，眾人皆笑信以為怯。及項梁舉兵渡淮，信仗劍從之，梁死，又屬項羽，羽以為郎中，數以策干羽，羽不能用。漢王入蜀，信自楚亡歸漢，漢以為連敖（楚官名），未知名。嘗坐法當斬，漢王將夏侯嬰奇其狀貌，釋之，薦於漢王，漢王以信為治粟都尉。信數與蕭何語，何大奇之，屢言於漢王。信度何已數言於漢王，而漢王不我用，即亡去。何聞信亡，不及白漢王，自追之。或謂何亦亡去，漢王大怒，如失左右手。既而何歸，漢王責之，何云臣何敢亡，臣追亡者，漢王問追者誰，何對曰韓信，因說漢王，諸將易得，至如韓信，國士無雙，必欲長王漢中，無所用信，必欲爭天下，非信無足與計事。於是漢王拜韓信為大將，用信計，出陳倉，定三秦，舉兵出關，會合諸侯之兵以擊楚。彭城之戰，漢兵敗散，信復收兵與漢王會於滎陽，屢破楚兵於滎陽南，以故楚軍不能過滎陽而西。

　　八月，韓信將兵擊西魏，西魏王豹盛兵蒲坂（山西省永濟縣西南）以塞臨晉，信張疑兵，陽欲渡臨晉而陰自夏陽（陝西省韓城縣南）渡軍以襲安邑（山西省夏縣北），豹大驚，引兵迎信。九月，信擊豹，敗之，擄豹，傳送滎陽，遂定魏地。後九月（秦曆置閏於歲末，漢初用秦曆，起十月，終九月，故稱後九月），信北擊代，與戰於閼與，大破之，擒代相夏說。韓信既下魏破代，漢王輒遣人收其精兵詣滎陽以拒楚。

　　漢三年（西元前二〇四年）十月，韓信將兵數萬東擊趙，趙王歇及陳餘聚兵塞井陘口以拒之，信與趙軍戰於泜水（泜水即井陘水，世謂之鹿泉水，有陳餘故壘，在今河北省元氏縣境）上，韓信背水為陣，軍皆殊死戰，趙軍大敗，臨陣斬餘，擒趙王歇，平定趙地。信復用趙謀士李左車計，遣辯士說燕，燕亦降，於是漢王復以張耳為趙王。

　　十一月，漢使隨何至九江，說九江王英布降漢，布許之。適楚使亦至，責英布發兵，何教布殺楚使，因起兵攻楚。項羽大怒，使其將項聲、龍且擊破九江軍，布乃間行與隨何俱歸漢，布使人收兵得數千人，漢王復以兵益之，與俱屯成皋（河南省氾水縣西北）。自項羽分封諸侯，諸侯常視楚勢消長，叛服無常，獨英布未叛，羽因得無後顧之憂。布於諸侯之中最驍勇，每戰常冠軍，至是降漢，楚勢大削。

漢王復用謀臣陳平計，以重金縱反間於楚軍，謂楚將鍾離眛、龍且等功多，然終不得為王，欲與漢合以滅項氏而分王其地，項羽果疑鍾離眛等。四月，項羽圍漢王於滎陽，城且夕且下，漢王請和，割滎陽以西屬漢，以東屬楚。范增勸羽急攻滎陽，漢王患之。羽遣使至漢，陳平佯以楚使為范增使，待以殊禮，既而偽覺其為羽使，更待以常禮以間之。楚使歸，具以報羽，羽由是疑增與漢通謀，增怒而辭歸，未至彭城而疽發背薨。

五月，羽急攻滎陽，漢將紀信詐為漢王出降，楚軍信之，以故漢王得與數十騎從西門遁去。既而楚覺其詐，殺紀信。漢王令韓王信與周苛、魏豹等守滎陽，苛等以豹反覆，因殺豹。

漢王出滎陽，至成皋，入關收兵，與英布南出宛、葉（河南省葉縣南）間，項羽聞漢王在宛，自滎陽引兵南至宛，漢王堅壁不戰，而彭越為漢擊楚，絕其糧道，羽乃自將東擊越，漢王復引兵北軍成皋。

六月，項羽擊破彭越軍，聞漢王軍成皋，乃西擊滎陽，拔之，殺周苛，擄韓王信，遂圍成皋。漢王棄軍北走趙，令韓信將兵東伐齊，漢軍在成皋者皆出，北入趙從漢王，羽遂拔成皋，而彭越復攻取睢陽（河南省商邱縣南）、外黃等十七城。九月，羽留其大司馬曹咎守成皋，自引兵東擊越，越走，復定梁地。

漢王欲棄成皋以東，屯鞏（河南省鞏縣西南）、洛以拒楚，酈生說漢王宜據敖倉之粟，塞成皋、太行（太行徑在今河南省沁陽縣西北）、飛狐（飛狐徑亦曰飛狐口，在今河北省淶源縣與察哈爾省蔚縣之間）、白馬（白馬津在今河南省滑縣北）諸險，示天下以形制之勢，則諸侯知所歸，漢王從之，乃謀復取敖倉。

酈生名食其，陳留高陽（高陽屬陳留圉縣，在河南省杞縣西）人，好讀書，家貧落魄，嘗為里監門吏。漢王起沛，略地至陳留，酈生往從之，而酈生弟商復為漢王將，從漢王征伐，酈生常為漢王作說客，遊說諸侯。於是酈生復說漢王，請得奉使齊，說齊王廣降漢，為漢東藩。漢王乃遣酈生東說齊王廣，齊王廣許之。齊初聞韓信將兵伐齊，屯重兵於歷下（山東省歷城縣西）以拒漢，及納酈生之說，遣使與漢約和，罷歷下守備，齊王廣日與酈生宴飲為樂。韓信聞齊已叛楚與漢，欲罷軍，辯士蒯徹說信宜因擊之，齊既懈而無備，可以得志，信然之，遂進兵。

漢四年（西元前二○三年）十月，韓信襲破齊歷下軍，遂入臨菑。齊王廣怒酈生賣己，殺之，引兵東走高密（山東省高密縣東南），遣使求救於楚。

　　項羽既東擊彭越，漢軍復攻成皋，大破楚軍於汜水上，楚大司馬曹咎自殺。漢王復取成皋，軍廣武（河南省汜水縣東北），就敖倉粟以為軍食。項羽聞成皋破，乃引兵還，漢軍方圍楚將鍾離昧於滎陽東，聞羽至，盡走險阻。於是羽復與漢王相持於成皋、廣武間。羽數挑戰，漢王不出。羽嘗與漢王臨廣武澗而語，漢王遙數羽十罪，羽大怒，伏弩射中漢王，漢王創甚，因馳入成皋。

　　韓信已定臨菑，東追齊王，項羽遣大將龍且將兵號二十萬以救齊，與齊王合軍於高密。十一月，韓信與龍且戰於高密西濰水上。信先使人壅濰水上游，引兵半渡擊龍且，佯敗還走，龍且引兵追之，信乘其半渡決壅還擊楚軍，楚軍大潰，殺龍且，追擒齊王廣於城陽。田橫在博陽，自立為齊王，漢軍與戰於嬴下（山東省萊蕪縣西北），橫敗，亡歸彭越，信遂略定齊地，遣使詣漢王，求立為假王。漢王用張良、陳平計，立信為齊王，徵其兵擊楚。項羽遣辯士武涉往說齊王信，欲與連和，三分天下。蒯徹知天下之權在韓信，勸信獨立，不與楚，亦不與漢。信以漢王待己厚，終不忍背之，至是諸侯皆叛楚為漢。七月，漢王更立英布為淮南王，八月，齊王信進兵擊楚。項羽食盡援絕，且不能克漢，乃與漢約，中分天下，割鴻溝（鴻溝為古汴水支流，在河南省廣武、滎陽二縣之間）為界，鴻溝以東屬楚，以西屬漢。九月，羽引兵東歸，張良、陳平說漢王宜乘其弊而擊，漢王從之。

　　漢五年（西元前二〇二年）十月，漢王追項羽至固陵（河南省淮陽縣西北），與齊王信、魏相國彭越期會共擊楚，信、越不至。楚擊漢軍，大破之，漢王復堅壁自守。漢王問計於張良，良謂齊王信之立，非漢王意，而彭越本定梁地，亦望為王，誠能割睢陽以北至穀城（山東省東阿縣東）以王彭越，捐陳以東至海與齊王信，使各自為戰，則楚可破。漢王從之，於是信、越皆引兵至。

　　十二月，信、越各引兵會漢軍追項羽至垓下（安徽省靈壁縣東南），羽與戰，不勝，入壁，漢軍及諸侯兵圍之數重。羽夜聞漢軍四面皆楚歌，大驚，以為漢已盡得楚地。羽兵少食盡，乃乘夜潰圍南走，麾下壯士騎從者八百餘人，平明，漢軍乃覺，令騎將灌嬰將五千騎追之。羽渡淮至陰陵（安徽省定遠縣西北），迷失道，陷大澤中，故漢軍追及之。羽復引兵而東，至東城（安徽省定遠縣東南），餘二十八騎，漢軍圍之數重。羽分騎為四隊，四面馳擊漢軍，漢軍皆披靡。於是羽復率騎東走，欲東渡烏江（安徽省和縣東北），而漢軍尋亦追及。羽自度不得脫，與從騎皆下馬步戰，獨羽所殺漢軍數百人，力盡自刎，從騎皆戰死。

是年正月，漢王更立齊王信為楚王，王淮北，都下邳（江蘇省邳縣東），封彭越為梁王，王魏故地，都定陶（山東省定陶縣西北）。二月，漢王受諸侯擁立，即皇帝位於定陶氾水之陽，都洛陽，五月，遷都咸陽，更名長安，國號漢，是為漢高帝。

四、漢初政治

◆ 西漢世系

漢自高帝創業至平帝，凡十世十一君，二百十一年（西元前二○六年至西元四年）。

◆ 漢初封建

高帝初即位，置酒於洛陽南宮，令群臣言漢之所以得天下，項羽之所以失天下。王陵對曰：「陛下慢而侮人，項羽仁而愛人，然陛下使人攻城略地，所降下者因以予之，與天下同利也；項羽妒賢嫉能，有功者害之，賢者疑之，戰勝而不予人功，得地而不與人利，此所以失天下也。」高帝曰：「公知其一，未知其二。夫運籌策帷帳之中，決勝於千里之外，吾不如子房，鎮國家，撫百姓，給饋饟，不絕糧道，吾不如蕭何，連百萬之軍，戰必勝，攻必取，吾不如韓信。此三人皆人傑也，吾能用之，此吾所以取天下也，項羽有一范增而不能用，此其所以為我擒也。」（史記高祖本紀）

從王陵、高帝所言及前所述史事，可歸納項羽失敗原因如下：其一，羽吝於功賞，英豪賢才不為所用；其二，羽分封諸侯不平，諸侯叛之；其三，羽棄關中而都彭城，遂令漢王得還定三秦，據形勝之地以伐楚，此所謂倒持太阿，授人以柄；其四，羽性疑而忌賢，且拘於小仁，無高帝的豁達大度，不能用范增之策，坐失致勝之機；其五，彭越數絕楚糧道，楚常患乏食，不能持久❶。反之，漢王

---

❶ 薩本炎先生曰：「兩軍相戰，進至相持不決之際，最重要者乃是軍糧。楚漢相拒於滎陽成皋之間約有三年之久。這個時候蕭何留守關中，不斷的轉漕給軍……接濟劉邦軍糧，劉邦以逸待勞，這是項羽在戰略上不如劉邦之處。何況秦始皇兼併六國，各地均置倉庾，

能與天下共其利，英豪諸侯皆附之，廣納善謀，不絕漕運，深溝高壘以待楚軍之弊，故終能制勝。

　　高帝即位以後，表面上中國又歸統一，實則仍處於分裂狀態。秦朝民生的困弊，使人民不滿於一統政權，而嚮往於列國並立的時代，故秦末之亂，六國之後一時俱起❶。高帝既定天下，為適應當時思潮，一面沿襲秦代郡縣制度，一面又恢復封建政體，分封功臣，大者為王，小者為侯。王國裂土授民，無異周代諸侯，侯國封戶受租，略同戰國封君。侯國依封戶多寡，分縣侯、鄉侯、亭侯三等，受封者凡一百四十餘國。王國凡七國，其國號及封區如下：

　　燕王臧荼，都薊，王故燕地。

　　韓王信（韓襄王孫），都陽翟，王故韓地。

　　趙王張耳，都襄國，王故趙地。高帝五年（西元前二〇二年），耳薨，子敖嗣立。

　　淮南王英布，都六，王故九江國地。

　　楚王韓信，都下邳，王淮北。

　　梁王彭越，都定陶，王故魏地。

　　長沙王吳芮，王臨湘（湖南省長沙縣南）二萬五千戶。芮故封衡山王，項羽侵奪其地，降號番君，漢滅羽，更封芮為長沙王。高帝五年（西元前二〇二年）七月，芮薨，子臣嗣立。

　　高帝五年（西元前二〇二年）七月，燕王臧荼反，高帝自將擊之，九月，擄臧荼，立太尉盧綰為燕王。綰與高帝同鄉里，同月生，及長又相愛，故高帝立之。此七國除長沙國小勢弱外，餘六國割據漢朝東部及北部的廣大地區，對漢朝構成

　　　其中貯糧最多者乃是滎陽鄰近的敖倉。……而敖倉之粟到了漢代，尚為兵家必爭之物。英布反時，薛公曾謂：『據敖倉之粟，塞成皋之口，勝敗之數未可知也』（史記卷九十一黥布傳）。七國作亂，桓將軍亦勸吳王，『疾西，據雒陽武庫，食敖倉粟，阻山河之險，以令諸侯，雖無入關，天下固已定矣』（漢書卷三十五吳王濞傳）。項羽拔滎陽，既不能堅守敖倉，又不能焚毀敖倉，而乃拱手以讓劉邦。劉邦得到敖倉，既可以解決軍糧問題，又可以減少關中人民的負擔，劉邦經濟上已經得到勝利。」（中國社會政治史第二章第一節）

❶　楚懷王與諸將約先入定關中者王之，項羽分封諸侯，漢高帝擊滅燕王臧荼而更立盧綰為燕王，皆是受恢復列國並立思想的影響。

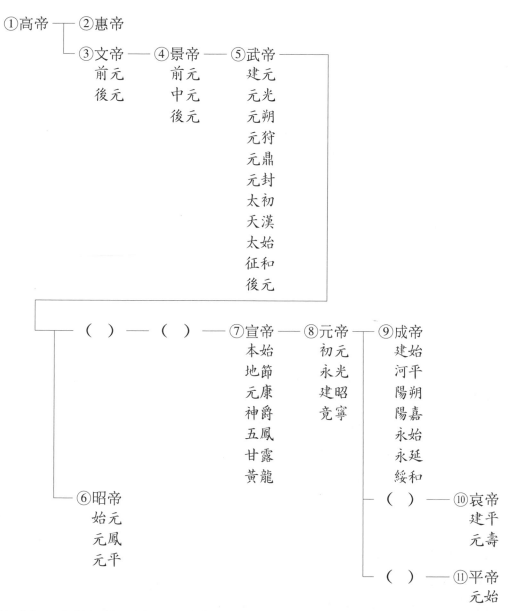

無比的威脅，尤其是韓、楚、梁、淮南諸國，使高帝常有芒刺在背之感。高帝之遷都長安，即欲據關中形勢以控制關東諸國❶。

---

❶　史記留侯世家曰：「劉敬說高帝曰都關中，上疑之。左右大臣皆山東人，多勸上都洛陽，洛陽東有成皋，西有殽黽，倍河向伊洛，其固亦足恃。留侯曰：『洛陽雖有此固，其中小，不過數百里，田地薄，四面受敵，此非用武之國也。夫關中左殽函，右隴蜀，沃野千里，

　　高帝六年（西元前二〇一年）十月，有人上書告楚王信反，高帝欲伐之，自度漢兵不如楚精，而諸將用兵不能過韓信，乃用陳平計，偽遊雲夢，會諸侯於陳。十二月，楚王信往謁高帝，帝械繫之以歸，廢為淮陰侯，居長安，不令就國。正月，漢分楚王信地為荊、楚二國，立從兄賈為荊王，王淮東，立弟交為楚王，王淮西，又立子肥為齊王，王故齊地。

　　高帝以韓王信材武，其封地北包鞏、洛，南至宛、葉，東有淮陽，皆天下勁兵處，乃以太原郡以北至雁門三十一縣為韓國，徙信王之，使北禦胡，都晉陽。信上書言匈奴屢寇邊而晉陽去塞遠，請治馬邑（山西省朔縣），高帝許之。其秋，匈奴圍信於馬邑，信數遣使匈奴求和解，漢以信私通匈奴，遣使責之，信懼。九月，以馬邑降匈奴。

　　高帝七年（西元前二〇〇年）十月，高帝自將擊韓王信，破其軍於銅鞮（山西省沁縣南），殺其將王喜，信亡入匈奴，國除，更立兄喜（劉仲）為代王。匈奴萬餘騎入塞攻漢，至晉陽，漢軍擊走之，輒復屯聚。於是高帝將三十二萬眾北逐匈奴，至平城（山西省大同縣）而還。十二月，高帝南過趙，遇趙王敖無禮，趙相貫高怒，謀殺帝，趙王敖止之。是月，匈奴攻代，代王喜棄國歸，高帝更立皇子如意為代王。

　　高帝八年（西元前一九九年）冬，高帝東擊韓王信餘寇於東垣（河北省正定縣南），過柏人（河北省唐山縣西），貫高置人於複壁中，欲以襲擊高帝，高帝欲入宿，問知縣名為柏人，謂柏者迫也，遂不宿而去。九年（西元前一九八年），貫高謀泄，高帝遣使捕案高及諸同謀者，廢趙王敖為宣平侯，徙代王如意為趙王。

　　高帝十年（西元前一九七年）九月，趙相國陳豨反，自立為代王，劫略趙、代。高帝素信幸豨，故以為代相，使監趙、代邊兵。及如意徙王趙，就遷豨為趙相國，仍監兵守邊，而以周昌為趙丞相行相事。豨過辭淮陰侯韓信，信謂豨乃帝之愛將，而趙代兵精，若據趙代反，帝必怒而自將，吾自中起應之，天下可圖也。豨素知其能，從之。豨至代，盛養賓客，趙相周昌恐豨為變，入言於帝。高帝令人覆案豨客諸不法事，多連引豨，豨恐，遂反，高帝果自將擊之，欲與淮陰侯俱

　　　　南有巴蜀之饒，北有胡苑之利，阻三面而守，獨以一面專制諸侯。諸侯安定，河渭漕輓天下西給京師，諸侯有變，順流而下，足以委輸，此所謂金城千里，天府之國也，劉敬說是也。』於是高帝即日駕西都關中。」

往，信稱病不從，陰使人至豨所與通謀。高帝十一年（西元前一九六年）冬，高帝擊破豨軍，而韓信謀與家臣夜矯詔赦諸官徒及官奴襲呂后、太子，部署已定，待豨報，信舍人得罪於信，信囚欲殺之。正月，舍人弟上變，告信謀反，呂后用相國蕭何計，詐謂使者從趙來，言陳豨已死，紿信入賀。信既入，呂后使武士縛信，斬之於長樂宮之鍾室，夷其三族。是月，高帝留絳侯周勃擊豨，還洛陽，立子恆為代王。

高帝之擊陳豨，徵兵於梁，梁王彭越稱病，遣將將兵助征，不自往。高帝怒，遣使責之，梁王恐，欲自往謝，其將扈輒勸梁王發兵反，梁王不聽。梁太僕得罪懼誅，亡走漢，告梁王與扈輒謀反，高帝遣使掩捕梁王，囚之洛陽，尋廢為庶人，徙居蜀。呂后謂梁王壯士，今徙之蜀，是自遺患，乃令其舍人告彭越復謀反。三月，殺越，夷其三族，更立皇子恢為梁王，皇子友為淮陽王。

高帝既誅彭越，醢其肉以賜諸侯，淮南王英布見醢大恐，陰令人部聚兵眾。布所幸姬病就醫，布中大夫賁赫嘗從姬過飲於醫家，布疑赫與姬淫亂，欲捕之，赫乃亡走長安上變。高帝以問蕭何，何疑赫以仇怨誣布，請囚繫赫，遣使微驗其事。七月，漢使至淮南，頗有所驗，布恐事發，且度淮陰侯韓信、梁王彭越皆已死，漢諸將無有能敵己者，遂發兵反。布兵精甚，東擊荊，荊王賈走死富陵（安徽省盱眙縣東北），布盡劫其兵將之，渡淮擊楚，大破之，遂引兵而西。高帝時有疾，聞布起兵，乃更立皇子長為淮南王，留太子守關中，強自將兵東擊布。

高帝十二年（西元前一九五年）十月，高帝與淮南兵遇於蘄（安徽省宿縣南）西，望布軍置陳如項羽軍，心惡之。及戰，布大敗，渡淮復戰，又不利，走死江南。高帝亦為流矢所中，由是疾篤。高帝還過沛，置酒沛宮，悉召故人、父老、子弟佐酒，酒酣，自為歌曰：

大風起兮雲飛揚，威加海內兮歸故鄉，安得猛士兮守四方。

乃起舞，忼慨傷懷。高帝以荊王賈無後，更以荊為吳國，立兄喜子濞為吳王。是月，周勃平定代地，斬陳豨於當城（察哈爾省蔚縣東）。

陳豨之反，燕王盧綰發兵助漢擊之，綰將張勝說綰緩擊豨，令與漢連兵勿決，挾以自重，綰然之，陰遣使與豨通。及豨滅，豨裨將降漢，發其事，高帝遣使召綰，綰稱病不行，又遣使驗問綰左右，頗得其情。高帝使樊噲將兵擊綰，更立皇子建為燕王。高帝病甚，或有毀樊噲者，云噲黨於呂氏，即一旦帝崩，欲以兵誅

趙王如意之屬❶。高帝大怒，詔絳侯周勃馳傳代將，將兵定燕。四月，高帝崩。綰初聞漢兵出，將數千人居塞下，期帝疾瘉自入謝，及聞帝崩，遂亡入匈奴。

於是漢初所封異姓諸王，除長沙以國小勢弱得以倖存外，餘六國均先後為漢所滅。漢每滅其國，輒另封建宗室為王。至高帝十二年（西元前一九五年），宗室受封為王者凡九國：

楚王交，高帝弟，王薛、東海、彭城等郡三十六縣，都彭城，高帝六年分楚王韓信地封。

齊王肥，高帝子，王膠東、膠西、臨菑、濟北、博陽、城陽等郡七十三縣，都臨菑，高帝六年封。

趙王如意，高帝子，王故趙王張敖地，都邯鄲。高帝九年，廢敖為宣平侯，徙封代王如意為趙王。

代王恆，高帝子，王雲中、雁門、代等郡五十三縣，都代。高帝六年，封兄喜為代王，七年，匈奴圍代，喜棄國歸，更封子如意為代王，九年，如意徙封趙，十年，代相陳豨反，十一年，誅豨，封恆為代王。

梁王恢，高帝子，王故梁王彭越地一部，復罷東郡以益之，都睢陽，高帝十一年誅彭越封。

淮陽王友，高帝子，王故梁王彭越地一部，復罷潁川郡以益之，都陳，高帝十一年誅彭越封。

淮南王長，高帝子，王故淮南王英布地，都壽春（安徽省壽縣），高帝十一年誅英布封。

吳王濞，高帝兄喜之子，王東陽、鄣、吳等郡五十三縣，都廣陵（江蘇省江都縣東北）。高帝六年，分楚王韓信地封從兄賈為荊王，高帝十一年，賈為英布所殺，高帝更荊為吳國以封濞。

燕王建，高帝子，王故燕王盧綰地，都薊，高帝十二年奪盧綰地封。

高帝末年，又刑白馬為盟，非劉氏而王者，天下共擊之，而長沙王吳芮四傳至吳差，於文帝後七年（西元前一五七年）薨，無子，國除。漢初異姓諸王之權至是轉移劉氏諸王之手。

---

❶　趙王如意母戚夫人，有寵於帝，而樊噲為呂后妹之夫，故毀者謂噲黨於呂氏，欲以兵誅趙王如意及戚夫人等。

◆ 無為政治

漢初除了削平諸王國而用兵，內政方面則崇尚無為。這種政治方式係承受道家的無為政治哲學思想而來。道家的無為政治哲學為平民社會對政治的要求，而漢初君臣多起自平民，兼以漢初承秦末大亂，社會經濟破產[18]，人民厭亂，亟需休息，故能接受此種哲學思想，應用之於政治。

高帝為漢王，以蕭何為丞相，高帝十一年（西元前一九六年），拜相國，位益尊。高帝自為漢王時，將兵在外，何常留守關中，鎮撫百姓。何長於治國，其政務為清靜利民，漢初立國規模，多出其手。高帝崩，子惠帝盈立，惠帝二年（西元前一九三年）七月，何薨，以齊相曹參為相國。參相齊九年，以道家清靜之術治國，齊民安集，號稱賢相。參微時，與蕭何俱為沛吏，相友善，及為將相，有隙[19]，至何且死，所推賢唯參。參既代何為漢相，凡事一遵何約束，無所變更，任用木訥厚重之吏，日夜惟飲醇酒，人有細故，輒掩匿覆蓋之。惠帝怪參不治事，使參子中大夫窋歸私問參，參入謝，問陛下聖武孰與高帝？上曰不及，復問臣賢孰與蕭何？上亦曰不及。參曰：「陛下之言是也，且高帝與蕭何定天下，法令既明，今陛下垂拱，參等守職，遵而勿失，不亦可乎！」（史記曹相國世家）惠帝五年（西元前一九〇年）八月，參薨。惠帝六年（西元前一八九年）十月，以王陵為右丞相，陳平為左丞相。參為相三年，無所興作，吏治清平，百姓歌之曰：「蕭何為法，顜若畫一，曹參代之，守而勿失，載其清淨，民以寧一。」（史記曹相國世家）

---

[18] 漢書食貨志上：「漢興，接秦之敝，諸侯並起，民失作業而大饑饉，凡米石五千，人相食，死者過半，高祖乃令民得賣子，就食蜀漢。天下既定，民亡蓋藏，自天子不能具醇駟，而將相或乘牛車。」

[19] 史記蕭相國世家：「列侯畢已受封，及奏位次，皆曰平陽侯曹參身被七十創，攻城略地，功最多，宜第一。上已撓功臣多封蕭何，至位次未有以復難之，然心欲何第一。關內侯鄂君進曰：『群臣議皆誤，夫曹參雖有野戰略地之功，此特一時之事。夫上與楚相距五歲，常失軍亡眾，逃身遁者數矣，然蕭何常從關中遣軍補其處，非上所詔令召而數萬眾會；上之乏絕者數矣，夫漢與楚相守滎陽數年，軍無見糧，蕭何轉漕關中，給食不乏。陛下雖數亡山東，蕭何常全關中以待陛下，此萬世之功也。今雖亡曹參等百數，何缺於漢，漢得之不必待以全，奈何欲以一旦之功而加萬世之功哉！蕭何第一，曹參次之。』高祖曰：『善。』於是乃令蕭何賜帶劍履上殿，入朝不趨。」參與何有隙，殆以此也。

　　惠帝性仁弱，母后呂氏擅政。高帝寵趙王如意母戚夫人，呂后嫉之。高帝崩，呂后囚戚夫人於永巷（宮中幽禁有罪宮女之所），遣使召趙王如意入長安。惠帝知呂后欲殺如意，自迎之於霸上，挾與起居飲食。惠帝元年（西元前一九四年）十二月，惠帝晨出射，如意年少，不能早起，呂后使人酖之。黎明，惠帝還，如意已死。於是呂后斷戚夫人手足，抉其眼，熏其耳，飲以瘖藥，使居廁中，謂之人彘，召惠帝往觀。惠帝問知其為戚夫人，大哭，臥病歲餘不起，自是日飲酒為淫樂，不聽政。呂后徙淮陽王友為趙王。惠帝二年（西元前一九三年），齊王肥懼禍，獻城陽郡為魯元公主湯沐邑。

　　惠帝六年（西元前一八九年），齊王肥薨，子襄嗣。惠帝娶故趙王張敖女為后，而敖后即惠帝姊魯元公主。張后無子，呂后命取惠帝後宮美人子恭為子而殺其母。惠帝七年（西元前一八八年）八月，惠帝崩，恭立，是為少帝恭。恭年幼，呂后臨朝稱制。

　　呂后元年（西元前一八七年），右丞相王陵罷，以左丞相陳平為右丞相，辟陽侯審食其為左丞相。食其故得幸於呂后，以故不令掌丞相職事，令監宮中如郎中令。是歲，魯元公主薨，封其子張偃為魯王，以城陽郡為魯國。呂后欲立諸呂為王，乃先立所名惠帝子彊為淮陽王，不疑為恆山王，割趙之恆山郡為其國，既而諷大臣請立呂后兄子台為呂王，割齊之濟南郡為呂國，而淮陽王彊、恆山王不疑實皆呂氏之子。呂后二年（西元前一八六年），呂王台薨，子嘉嗣。恆山王不疑亦薨，復立所名惠帝子山為恆山王，更名義。

　　少帝恭漸長，自知非張后子，出怨言，呂后廢之，立恆山王義為帝，更名弘，是為少帝弘，更立所名惠帝子軹為恆山王。呂后五年（西元前一八三年），淮陽王彊薨，立所名惠帝子武為淮陽王。呂后六年（西元前一八二年），呂后以呂王嘉居處驕恣，廢之，更立呂台弟產為呂王。

　　趙王友娶諸呂女為后，趙王不愛諸呂女而愛他姬，諸呂女怒而去，讒趙王於呂后。呂后七年（西元前一八一年），呂后召趙王友，置趙邸，令衛士圍守，不與食，遂餓死。徙梁王恢為趙王，呂王產為梁王，又立所名惠帝子太為呂王，更名呂曰濟川，封高帝從祖昆弟澤為琅邪王，割齊之琅邪郡為琅邪國。少帝弘、恆山王軹、淮陽王武、濟川王太亦皆諸呂之子而詐名為惠帝後。

　　趙王恢徙趙，心懷不樂，呂后以呂產女為王后，王后從官皆諸呂，擅權，陰

伺趙王起居，趙王舉止不得自由。趙王有所愛姬，王后使人酖殺之，趙王悲憤自殺，呂后怒趙王恢以婦人故棄國，廢其嗣而立兄子呂祿為趙王。是年九月，燕王建薨。建後宮美人有子，呂后使人殺之，明年（呂后八年，西元前一八〇年）十月，更立呂台子通為燕王。於是諸呂勢力大盛，幾至傾覆漢室。然呂后為政，仍以無為為本，與民休息，故雖「制政不出房闥而天下晏然，刑罰罕用，民務稼穡，衣食滋殖。」（漢書高后紀贊）

其秋七月，呂后崩，遺詔以梁王呂產為相國。呂后臨崩，以諸呂之王，背高帝約，恐己崩之後，大臣為變，乃令趙王呂祿將北軍，梁王呂產將南軍 **❷⓿**，誡產、祿我即崩，必據兵衛宮，慎勿送喪，為人所制。

齊王襄弟朱虛侯章娶趙王呂祿女為婦，微聞諸呂謀為亂，陰使人告齊王令舉兵，己與弟東牟侯興居為內應，既誅諸呂，立齊王為帝。齊王乃發兵擊濟南，檄諸侯舉兵誅諸呂。梁王呂產遣潁陰侯灌嬰將兵擊齊，嬰至滎陽，遣使與齊及諸侯連和，以待呂氏為變共誅之。

時呂產、呂祿分將南北軍，絳侯周勃為太尉，無兵權。勃與右丞相陳平謀奪其兵，使曲周侯酈商子寄說祿以兵屬太尉，令產納相國印，與大臣盟而就國，可保全呂氏，否則禍且起。祿與寄素親善，信之，以兵授勃。勃馳入北軍，令軍中為呂氏右袒，為劉氏左袒，軍中皆左袒。勃遂將北軍，令平陽侯曹窋馳告衛尉，勿使呂產入殿門。產入未央宮，至殿門，不得入，勃復令朱虛侯章將千餘人入擊產，殺之於郎中府吏廁中，還報勃，勃乃部署其眾，悉誅諸呂，趙王呂祿、呂后妹呂嬃及燕王呂通皆死，廢魯王張偃，徙濟川王太為梁王，遣朱虛侯章告齊王及諸侯罷兵。

陳平、周勃與諸大臣議，以少帝弘及梁王太、淮陽王武、恆山王軌皆非真惠帝子，而代王恆仁厚，於高帝諸子見在者為最長，且太后家薄氏良謹，乃廢少帝

---

❷⓿　胡三省曰：「班表，中壘校尉掌北軍壘門內；又有中尉掌徼循京師，屬官有中壘、寺互等令。至後漢始置北軍中候，掌監五營。劉昭注曰：『舊有中壘校尉，領北軍營壘之事，中興，省中壘，但置中候以監五營。』又據班表，中壘以下八校尉皆武帝置。意者武帝以前，北軍屬中尉，故領中壘令、丞等官；南軍蓋衛尉所統。班表，衛尉掌宮門衛屯兵。周勃之入北軍也，尚有南軍，乃先使曹窋告衛尉毋入呂產殿門，然後使朱虛侯逐產，殺之未央宮郎府吏廁中，以此知南軍屬衛尉也。」（通鑑卷十三漢紀注）

而迎立代王恆為帝，誅梁王、淮陽王、恆山王及少帝於其邸。代王恆即位，是為文帝。

文帝徙琅邪王澤為燕王，封趙幽王友子遂為趙王，凡諸侯故地為諸呂所奪者皆復與之。陳平以周勃功高，讓位於勃，文帝以勃為右丞相，徙平為左丞相，以灌嬰為太尉。

周勃、陳平為相，頗能遵循蕭、曹遺規，以清靜無為為本。文帝嘗問周勃，天下一歲決獄幾何？勃素木訥，愧謝不知，文帝復問一歲錢穀出入幾何？勃又謝不知。文帝以問陳平，平曰：「各有主者。」文帝曰：「主者為誰？」平曰：「陛下即問決獄責廷尉，問錢穀責治粟內史。」文帝曰：「苟各有主者，而君所主何事也？」平曰：「宰相者上佐天子理陰陽、順四時，下遂萬物之宜，外鎮撫四夷、諸侯，內親附百姓，使卿大夫各得任其職也。」（漢書陳平傳）文帝稱善。從陳平應對，可看出漢初質樸無為的政風，而文帝亦能一本道家思想，以仁慈恭儉治天下。文帝十三年（西元前一六七年），齊太倉令淳于意有罪當刑，詔獄逮繫長安，其少女緹縈傷泣，乃隨其父至長安，上書願沒入為官婢以贖父刑罪，文帝悲其意，為除肉刑。文帝在位二十三年，宮室苑囿，車騎服御，無所增益，有不便者輒弛以利民。文帝嘗欲作露臺，召匠計之，值百金。文帝曰：「百金，中人十家之產也，吾奉先帝宮室，常恐羞之，何以臺為？」（漢書文帝紀）又勸民力田，免其租稅，旌揚孝弟，收恤孤寡，專務以德化民，是以吏安其職，民樂其業，蓄積歲增，戶口滋息，斷獄歲僅數百，有刑措之風。文帝後七年（西元前一五七年），帝崩，子景帝啟立。景帝母竇太后好道家之言，景帝深受其影響。景帝在位十六年（西元前一五六年至一四一年），恪守文帝遺業，蔚成我國史上少有的盛世，史稱「文景之治」。

文景之治為漢初實行無為政治的成果，使秦末以來歷經戰亂的社會重新繁榮。廩庾充實，公私富足，民間食餘粱肉，阡陌牧馬成群，為武帝奠定揚威異域，開拓疆宇的基礎。

◆ 七國之亂

景帝時代另一大事為七國之亂。文帝二年（西元前一七八年），分齊之城陽、濟北，立朱虛侯章為城陽王，東牟侯興居為濟北王，分代為代、太原二國，立皇子武為代王，參為太原王，又立皇子揖為梁王。漢誅諸呂，朱虛侯章功尤大，大

臣許事定之後，以章盡王趙地，章弟東牟侯興居盡王梁地，及文帝立，聞章、興居初欲立齊王，故抑其功，僅割齊二郡以王之。文帝三年（西元前一七七年），濟北王興居以漢奪其功，發兵反，文帝以棘蒲侯柴武為大將軍，將四將軍凡十萬眾擊之，興居兵敗自殺，國除。文帝五年（西元前一七五年），徙代王武為淮陽王，併太原國於代，徙太原王參為代王，盡有故代國之地。

時高帝諸子惟文帝及淮南王長在，淮南王長自以於漢為最親，驕蹇不奉法，逐漢所置相及二千石（王國列卿、內史皆秩二千石），請得自辟除，又擅刑殺不辜，賜人爵至關內侯（關內侯下徹侯一等，諸王不得專封賜）。文帝令帝舅薄昭與淮南王長書，引濟北王興居事以為儆戒，淮南王長不悅，令人南使閩越，北使匈奴，陰欲謀反。文帝六年（西元前一七四年），事覺，召淮南王長至長安，令有司案治，廢徙蜀。淮南王長素驕貴，暴遭摧折，憤恚不食而死，民有歌之者曰：「一尺布，尚可縫，一斗粟，尚可舂，兄弟二人不相容。」❷❶文帝聞而病之。

是時諸王國強大，而文帝子封者惟梁、淮陽、代三國，梁太傅賈誼乃上疏，言欲天下之治安，莫若眾建諸侯而少其力❷❷。文帝十一年（西元前一六九年），梁王揖薨，無子，誼復上疏言今陛下與皇太子所恃者惟淮陽、代二國，淮陽國小而

❷❶ 淮南子高誘敘云：「時民歌之曰：『一尺繒，好童童，一升粟，飽蓬蓬，兄弟二人，不能相容。』」此據史記淮南厲王列傳。按此本民謠，故所傳不免有異辭，然其辭義則同。

❷❷ 賈誼疏云：「臣竊跡前事，大抵彊者先反，……長沙迺在二萬五千戶耳，功少而最完，勢疏而最忠，非獨性異人也，亦形勢然也。曩令樊、酈、絳、灌據數十城而王，今雖以殘亡可也，令信、越之倫列為徹侯而居，雖至今存可也。然則天下之大計可知已，欲諸王之皆忠附，則莫若令如長沙王，欲臣子之勿菹醢，則莫若令如樊、酈等，欲天下之治安，莫若眾建諸侯而少其力。力少則易使以義，國小則亡邪心，今海內之勢，如身之使臂，臂之使指，莫不制從；諸侯之君不敢有異心，輻湊並進而歸命天子，雖在細民，且知其安，故天下咸知陛下之明。割地定制，令齊、趙、楚各為若干國，使悼惠王（齊悼惠王肥）、幽王（趙幽王友）、元王（楚元王交）之子孫畢以次各受祖之分地，地盡而止，及燕、梁他國皆然。其分地眾而子孫少者，建以為國，空而置之，須其子孫生者舉使君之。……一寸之地，一人之眾，天子亡所利焉，誠以定治而已，故天下咸知陛下之廉。地制一定，宗室子孫莫慮不王，下無倍畔之心，上無誅伐之志，故天下咸知陛下之仁。法立而不犯，令行而不逆，……細民鄉善，大臣致順，故天下咸知陛下之義。臥赤子天下之上而安植遺腹，朝委裘而天下不亂，當時大治，後世誦聖，一動而五美附，陛下誰憚而久不為此？」（漢書賈誼傳）

代北邊匈奴，俱難自完，可徙代王王梁，畫新郪（安徽省太和縣北）以北至河為梁國，自陳而南至江屬淮陽，以扞蔽山東。於是文帝從誼計，徙淮陽王武為梁王，其國北界泰山，西至高陽，得大縣四十餘城。文帝十六年（西元前一六四年），復分齊為齊、濟北、菑川、膠東、膠西、濟南，合城陽為七國，分淮南為淮南、衡山、廬江三國，立齊悼惠王肥及淮南厲王長諸子為王，以削弱諸王勢力，然吳、楚、趙仍為泱然大國，而吳尤富強。吳國東濱海，而丹陽有銅山，吳王濞招納天下亡命即山鑄錢，煮海水為鹽，以故百姓無賦，國用饒足。景帝為太子時，吳太子入見，侍景帝飲博，吳太子素驕悍，不恭，景帝引博局擲殺之，吳王濞由是怨漢，益招納亡命，賞賜閭里，陰謀不軌。太子家令鼂錯數上書文帝，言吳可削，文帝方務玄默，曲為優容。

　　鼂錯，潁川人，少學申商刑名之術，為人峭直刻深，以文學為太常掌故，遣受尚書於伏生，還為太子舍人，遷博士，拜太子家令，以其辯得幸於太子，太子家號為智囊。時匈奴數為邊患，錯上書言兵事，請募民徙邊以實塞下。文帝十五年（西元前一六五年），詔有司舉賢良文學士，錯在選中，以對策高第擢為中大夫。及景帝即位，以錯為內史，所言輒聽，寵幸無比。景帝二年（西元前一五五年），以錯為御史大夫。錯料諸王國終必反，倉卒而反則禍小，從容而反則禍大，勸景帝伺諸王罪過削其支郡以激其變。景帝三年（西元前一五四年），詔削楚東海郡、趙常山郡及膠西六縣，方議削吳，吳王濞恐削地無已，因遣使說膠西王卬謀舉兵，卬許之，發使約齊王將閭、菑川王賢、膠東王雄渠、濟南王辟光，皆許諾。既而漢詔削吳會稽、豫章二郡，吳王濞遂先起兵，膠西、膠東、菑川、濟南、楚、趙等國並反，齊王後悔，背約城守，膠西、膠東、菑川、濟南四國合兵共攻齊，圍臨菑，趙王遂發兵屯其西界，遣使匈奴與連兵，欲待吳、楚之兵俱進，史稱七國之亂。

　　吳兵初起，吳大將軍田祿伯請別將五萬人為奇兵，由淮南、長沙入武關與大軍會，吳王濞不從，自將吳兵二十餘萬眾西渡淮，因并楚兵，遣使傳檄諸侯，以誅鼂錯為名。吳、楚共攻梁，破棘壁（河南省寧陵縣西），殺梁軍數萬人，乘勝而前，軍鋒銳甚。梁王武遣將軍將兵擊之，吳復破其二軍，梁軍皆還走，梁王武固守睢陽（河南省商邱縣南），景帝殺錯以求和，吳王濞不許。

　　景帝以中尉周亞夫為太尉，將三十六將軍往擊吳、楚，遣曲周侯酈寄擊趙，

將軍欒布擊齊，大將軍竇嬰屯滎陽。亞夫為絳侯周勃之子，有將略，文帝臨崩，戒景帝即有緩急當以亞夫為將。亞夫至滎陽，引兵東北據昌邑（山東省金鄉縣西北），遣輕騎出淮泗口絕吳楚餉道。吳楚兵急攻睢陽，睢陽固守不能下，轉攻亞夫軍，亞夫堅壁不戰，吳楚糧絕，士卒多饑死，因叛散引退，亞夫出精兵追擊，大破之，楚王戊自殺，吳王濞夜與壯士數千人棄軍亡走丹徒（江蘇省鎮江縣東南），欲保據東越，東越王紿吳王濞出勞軍擊殺之。自吳、楚反至是凡三月，皆破滅，而膠西、膠東、菑川、濟南、趙等國亦為漢軍所平。

　　七國之亂為漢代政權統一的關鍵。在此以前，諸王權力極大，王國官制略如朝廷，以丞相統眾官，中尉掌武職，內史治民，又有御史大夫及諸卿。大國兼統數郡，除丞相、二千石由漢朝任命外，諸王對國中有財政、治民、統軍及除吏之權，其勢足與朝廷抗衡。及七國之亂平，漢朝乘勢抑損諸王權力，令諸王不得復治國，但食其國之租稅，朝廷為置吏。又改王國丞相曰相，省御史大夫、廷尉、少府、宗正、博士等官，餘如大夫、謁者、郎等員額亦皆有減損，以示與漢有別。景帝分趙為六國，梁為五國，武帝用主父偃議，令諸王子弟得推恩分其國邑❷❸，從此王國領土日削，大國不過十餘城，不復兼領支郡。成帝省王國內史，令相治民如郡太守，中尉如郡都尉，名為封國，實與郡同，漢朝政權至是始歸於統一。

五、武昭宣三朝的治績

◆ 文治思想的興起

　　景帝栗姬生長子榮，王夫人生子徹，景帝初立榮為太子而長公主嫖欲以女嫁太子，栗姬以後宮諸美人皆因長公主得幸於帝，怒而不許，長公主欲以嫁王夫人子徹，王夫人許之，由是長公主日讒栗姬而譽徹之美，景帝亦以徹為賢，遂廢榮，

---

❷❸　漢書主父偃傳：「偃說上曰：『古者諸侯，地不過百里，彊弱之形易制。今諸侯或連城數十，地方千里，緩則驕奢易為淫亂，急則阻其彊而合從以逆京師，今以法割削則逆節萌起，前日鼂錯是也。今諸侯子弟或十數而適嗣代立，餘雖骨肉，無尺地之封，則仁孝之道不宣，願陛下令諸侯得推恩，分子弟，以地侯之，彼人人喜得所願。上以德施，實分其國，必稍自銷弱矣。』於是上從其計。」

更立徹為太子。景帝後三年（西元前一四一年），帝崩，太子徹立，是為武帝。武帝有雄才大略，外開疆域，內興文治，放棄漢初以來玄默無為的放任政策，提倡儒學，兼採法治，確立我國此後二千餘年的政治形式。

　　社會的繁榮促成道家政治思想的衰替，儒家及法家的政治思想代之而興。漢代首先啟發儒家政治思想者為文帝時代的賈誼。誼，洛陽人，年十八，以能誦詩書屬文稱於郡中。文帝初立，河南守吳公以治平徵為廷尉，薦誼於上，文帝召以為博士。時誼年二十餘，而博學多識為同儕冠，文帝悅之，一歲中超遷至太中大夫。文帝方議以誼為公卿，而大臣忌其能，多毀短之，由是出為長沙王太傅，遷為梁懷王揖太傅。文帝六年（西元前一七四年），淮南厲王長以謀反徙蜀，死於道中，誼以天下初定，制度疏闊，思欲有所匡建，乃上疏陳政事，主張修禮義，興文教，使人人皆知廉恥，重節操，以矯正自秦以來厲行法治所養成的偏激的民俗[24]。賈誼有幾句精闢的警語，分別禮與法的功用不同所在，賈誼曰：「凡人之智，能見已然，不能見將然。夫禮者禁於將然之前而法者禁於已然之後，是故法之所為用易見而禮之所為生難知也。若夫慶賞以勸善，刑罰以懲惡，先王執此之政，堅如金石，行此之令，信如四時，據此之公，無私如天地耳，豈顧不用哉，然而曰禮云禮云者，貴絕惡於未萌而起教於微眇，使民日遷善遠皋而不自知也。」（漢書賈誼傳）誼以為欲求國家長治久安，當首重教育，而太子尤宜早日施教，使習與正人君子相處，作為日後為君的準備。賈誼曰：「夫習與正人居之，不能毋正，猶生長於齊，不能不齊言也；習與不正人居之，不能毋不正，猶生長於楚之地，不能不楚言也。……天下之命，懸於太子，太子之善在於早諭教與選左右。夫心未濫而先諭教則化易成也，開於道術智誼之指則教之力也，若其服習積貫則左右而已。……夫教得而左右正則太子正矣，太子正而天下定矣！」（漢書賈誼傳）誼又以為天子對大臣宜加優禮，不宜橫加戮辱，君遇臣以禮，臣事君以忠，君明臣賢而國大治。賈誼曰：「人主之尊譬如堂，群臣如陛，眾庶如地，故陛九級上，廉遠地則

---

[24]　賈誼陳政事疏：「商君遺禮義，棄仁恩，并心於進取，行之二歲，秦俗日敗，故秦人家富子壯則出分，家貧子壯則出贅，借父耰鉏，慮有德色，母取箕帚，立而誶語，抱哺其子，與公併倨，婦姑不相說，則反脣而相稽，其慈子耆利不同禽獸者亡幾耳。……曩之為秦者，今轉而為漢矣，然其遺風餘俗，猶尚未改，……逐利不耳，慮非顧行也。」（漢書賈誼傳）

堂高，陛亡級，廉近地則堂卑，高者難攀，卑者易陵，理勢然也。……廉恥節禮
以治君子，故有賜死而亡戮辱，是以黥劓之罪不及大夫，以其離主上不遠也。……
遇之有禮，故群臣自憙，嬰以廉恥，故人矜節行。上設廉恥禮義以遇其臣而臣不
以節行報其上者，則非人類也。故化成俗定，則為人臣者，主耳忘身，國耳忘家，
公耳忘私，利不苟就，害不苟去，……顧行而忘利，守節而仗義。」（漢書賈誼傳）
文帝深嘉誼言，然文帝方事玄默，未遑改革。

◆ 武帝的功業

　　武帝建元元年（西元前一四〇年），以太皇太后從父兄子竇嬰為丞相，皇太后
同母弟田蚡為太尉。武帝雅尚儒術，而嬰、蚡亦俱好儒，嬰、蚡薦名儒趙綰為御
史大夫，王臧為郎中令。臧與綰少並受詩於魯申公，景帝時，臧官至太子少傅，
後免去，武帝初即位，上書求宿衛，至是用嬰、蚡薦為郎中令。綰、臧言其師申
公於武帝，武帝遣使者安車蒲輪束帛加璧徵之，咨以治道，以為太一大夫。太皇
竇太后好老子言，不悅儒術，綰請武帝勿奏事於太后宮，竇太后大怒。建元二年
（西元前一三九年），竇太后陰求綰、臧過失，下綰、臧於獄，皆自殺，申公亦以
疾免歸。建元六年（西元前一三五年），竇太后崩，武帝乃得實現其政治改革，黜
百家之學，獨尊儒術，儒家從此取得正統文化的地位。

　　協助武帝作政治改革最重要的人物為董仲舒。仲舒少治春秋，景帝時為博士，
進退容止，非禮不行，學者皆師尊之。元光元年（西元前一三四年）武帝詔舉賢
良文學之士，仲舒以賢良對策，其略曰：「夫萬民之從利也，如水之走下，不以教
化隄防之，不能止也。是故教化立而姦邪皆止者，其隄防完也，教化廢而姦邪並
出，刑罰不能勝者，其隄防壞也。古之王者明於此，是故南面而治天下，莫不以
教化為大務。」又曰：「養士之大者莫大虖太學，太學者賢士之所關也，教化之本
原也。……臣願陛下興太學，置明師，以養天下之士，數考問以盡其材，則英俊
宜可得矣。」又曰：「夫長吏多出於郎中、中郎、吏二千石子弟，選郎吏又以富訾，
未必賢也。且古所謂功者，以任官稱職為差，非所謂積日絫久也，故小材雖絫日
不離於小官，賢才雖未久不害為輔佐，是以有司竭力盡知，務治其業而以赴功。
今則不然，累日以取貴，積久以致官，是以廉恥貿亂，賢不肖渾殽，未得其真。
臣愚以為使諸列侯、郡守、二千石各擇其吏民之賢者，歲貢各二人以給宿衛，且

以觀大臣之能。所貢賢者有賞，所貢不肖者有罰。夫如是諸侯、吏二千石皆盡心
於求賢，天下之士可得而官使也。……毋以日月為功，實試賢能為上，量材而授
官，錄德而定位，則廉恥殊路，賢不肖異處矣。」又曰：「夫天亦有所分予，予之
齒者去其角，傅其翼者兩其足，是所受大者不得取小也。古之所予祿者不食於力，
不動於末，是亦受大者不得取小，與天同意者也。夫已受大，又取小，天不能足，
而況人乎，此民之所以囂囂苦不足也。身寵而載高位，家溫而食厚祿，因乘富貴
之資力，以與民爭利於下，民安能如之哉！是故……民日削月朘，寖以大窮。富
者奢侈羨溢，貧者窮急愁苦，窮急愁苦而上不救則民不樂生，民不樂生尚不避死，
安能避罪，此刑罰之所以蕃而姦邪不可勝者也。故受祿之家，食祿而已，不與民
爭業，然後利可均布而民可家足。」又曰：「春秋大一統者，天地之常經，古今之
通誼也。今師異道，人異論，百家殊方，指意不同，是以上亡以持一統，法制數
變，下不知所守。臣愚以為諸不在六藝之科、孔子之術者，皆絕其道，勿使並進，
邪辟之說滅息，然後統紀可一而法度可明，民知所從矣！」（漢書董仲舒傳）於是
武帝用董仲舒議作以下各種重要的政治改革：

一、設立五經博士，罷黜其他各家博士，使儒家取得正統的學術地位。其後
復用丞相公孫弘議，為博士置弟子員，定額五十人，一歲輒課，通一經以上得補
郡國吏，高第者為郎。前此為郎者皆由貲選與蔭任，至是儒生亦得由文學以入仕
途。

二、創立郡國守相察舉屬吏制度，吏績優者得察為郎。博士弟子既得以考試
中第補郡國吏，復由察舉為郎，自是儒生入仕朝廷之數漸增，而造成士人政治的
局面。

三、禁止官吏營商，並以政治力量裁抑兼并，平衡社會貧富不均的現象，提
高士人及農民的地位，使人民知所勸勉。

武帝最重要的政治改革，是打破自漢初以來以軍功封侯，封侯而後拜相的慣
例，自是丞相職位不復為軍人階級所獨占（武帝以前，侯爵必須由軍功取得，僅
少數外戚得以恩澤封侯，然恩澤侯未有為相者）。武帝為了尊崇儒術，於元朔五年
（西元前一二四年），首以儒生公孫弘為丞相，封平津侯，其後凡非列侯為相者皆
封侯，而儒生遂得以儒術廁身貴族階級而掌握最高政權，為漢朝政治制度一大轉
變。此後，漢初以列侯為相的政治漸為儒生所取代，至元帝、成帝、哀帝三朝，

為相者幾皆為一代大儒，武帝此一措施，奠定了我國文治政府的基礎。

武帝的尊獎儒術雖然改變漢朝的政治形態，提高儒生的政治地位，而實際政權仍舊操於法吏之手，如趙禹（元光六年為中尉，元朔五年為少府）、張湯（元朔三年為廷尉，元狩三年為御史大夫）、杜周（元封二年為廷尉，天漢二年為執金吾，天漢三年為御史大夫）、桑弘羊（天漢元年為大司農，後元元年為御史大夫）皆以法家為武帝所信任，掌握大權，務求刻深，故武帝時代的政治，是藉尊獎儒術以文飾太平，屬行法治以收富強之效，其為政看似崇文尚德，實則酷烈而嚴屬。

武帝在其他方面亦有若干改革，如鑄五銖錢（在元狩四年）以統一通貨，榷鹽鐵酒酤（元狩三年榷鹽鐵，天漢三年榷酒酤）以增加稅收，置均輸平準之官（元鼎二年置均輸，元封元年置平準）以受天下委輸，創建年號（元鼎三年，追立建元、元光、元朔、元狩年號，皆盡於六年，元鼎四年，復立元鼎年號以續元狩）❷❺，皆為後世所取法。武帝又於太初元年（西元前一〇四年）五月，頒太初曆，廢秦正而用夏正，以建寅月為歲首，即今通行的陰曆。

武帝好大喜功，於其在位期間，傾舉國之力，北逐匈奴，南討百越，東征朝鮮，西通異域，漢朝國威由是遠播，然民生亦由是疲困，國內動盪不安。武帝又迷信神仙，招延方士，廣建神祠，欲以祈求不死之藥，晚年信奉益篤，方士、神巫多聚京師，率皆以左道惑眾，而女巫往來宮中，教後宮美人埋木人於屋中祭祀為度厄之術。征和二年（西元前九一年），後宮美人因妒忌更相告訐，謂埋木人以祝詛武帝，武帝大怒，後宮美人及大臣為所牽連被誅者數百人。

武帝既心懷疑懼，嘗晝寢夢木人數千持杖向己襲擊，驚寤，由是有疾。水衡都尉江充有寵於武帝，武帝嘗以充為直指繡衣使者，使督察貴戚近臣踰侈者，充用法深刻，不避權貴，嘗從武帝於甘泉（甘泉宮一曰雲陽宮，在今陝西省淳化縣西北甘泉山上），太子據遣家使詣甘泉，乘車馬行馳道中（馳道即御道），充以屬吏，太子使人謝充，請原之，充不聽，由是武帝以充為忠直，大見信用，威震京師。至是充見武帝年老，自以得罪太子，恐武帝一旦晏駕，為太子所誅，陰欲構陷太子，因謂武帝疾在巫蠱。武帝命充案治，充率胡巫掘地求木人，民轉相誣告，吏輒劾以大逆不道，坐是而死者前後數萬人。充掘蠱至太子宮，得木人甚多，太子知為充所陷而無以自明，乃殺充，發兵反，武帝命丞相劉屈氂發畿輔兵以平亂，

❷❺　吳仁傑：兩漢刊誤補遺卷二年號條。

與太子兵戰於長安城中，死者數萬人，太子兵敗，亡匿湖縣（河南省閿鄉縣東）泉鳩里民舍，吏覺之，圍捕太子，太子自度不得脫，自經而死，太子母衛皇后自殺。既而吏民以巫蠱相告者案驗多不實，武帝由是頗悟江充之姦。

征和三年（西元前九〇年），高廟寢郎（郎官衛寢廟者）田千秋上急變訟太子冤，武帝益感動，拜千秋為大鴻臚，族滅江充家。武帝憐太子無辜，乃作思子宮、歸來望思之臺於湖縣。歸來望思者，言己望而思之，庶其魂來歸，天下之人，聞而悲之。征和四年（西元前八九年），武帝納千秋議，悉罷諸方士，不復信仙人，擢千秋為丞相，封富民侯，詔罷西域輪臺（新疆省輪臺縣）屯戍，以示不務遠略，與民休息。武帝的覺悟，挽救了漢朝瀕臨崩潰的厄運。

◆ 昭宣治績

太始三年（西元前九四年），武帝生少子弗陵，弗陵母曰趙倢伃，居鉤弋宮，號鉤弋夫人。弗陵年數歲，體壯多智，武帝愛之，欲立為太子，察群臣惟奉車都尉光祿大夫霍光忠厚可任大事，又思自古國家多因主少母壯，母后驕蹇致亂，乃使畫工畫周公負成王朝諸侯以賜光，下鉤弋夫人於掖庭獄，尋賜死。後元二年（西元前八七年）二月，武帝病篤，詔立弗陵為皇太子，以霍光為大司馬大將軍，駙馬都尉光祿大夫金日磾為車騎將軍，太僕上官桀為左將軍，俱受遺詔輔少主。是月，武帝崩，太子即位，是為昭帝。

霍光為漢伐匈奴名將霍去病之異母弟，父中孺，河東平陽人，以縣吏給事平陽侯家，與侍者衛少兒私通而生去病。中孺吏事畢，歸而娶婦生光，與去病不相聞，其後少兒妹子夫得幸於武帝，立為皇后，去病以后姊子貴幸，及長，乃自知父為霍中孺。去病為驃騎將軍擊匈奴，道出河東，為中孺買田宅奴婢而去，及還，將光西至長安，任光為郎，稍遷諸曹侍中。光為人沈靜詳審，端正無私，去病薨，光為奉車都尉光祿大夫，出則奉車，入侍左右，出入禁闥二十餘年，小心謹慎，未嘗有過。金日磾本匈奴休屠王太子，元狩二年（西元前一二一年），匈奴昆邪王殺休屠王，并將其眾降漢，日磾與母閼氏、弟倫俱沒入官，輸黃門養馬。武帝遊宴閱馬，後宮滿側，日磾等數十人牽馬過殿下，莫不竊視宮人，至日磾，獨不敢。日磾形體碩長，容貌甚嚴，所養馬又特肥好，武帝器之，擢為馬監，遷侍中、駙馬都尉、光祿大夫，出則驂乘，入侍左右，未嘗有過失，武帝以休屠王作金人為

神以祭，故賜姓金氏。上官桀少為羽林、期門郎，以材力得幸，為未央廐令。武帝嘗有疾，及瘉，見馬多瘦，欲下桀於吏，桀頓首泣謝，謂聞聖體不安，日夜憂懼，意誠不在馬，武帝以為愛己，由是親近，擢為侍中，稍遷至太僕。此三人皆武帝所愛信，故特舉之授以後事。

昭帝以霍光、金日磾、上官桀共領尚書事，光為首輔，政自己出，丞相反成其僚屬，為漢朝政治開一特例。始元元年（西元前八六年），日磾薨。光初與桀相親善，光每出休沐，桀輒入代光決事。光女為桀子安妻，生女，安欲光納之宮中以配帝，光以為尚幼，不聽。時昭帝年稚，帝長姊鄂邑蓋長公主（食邑於鄂，嫁為蓋侯王充夫人）居宮中撫視，蓋長公主嬖於其子賓客丁外人，安因外人請於蓋長公主，蓋長公主以為然，詔以安女為倢伃，安為騎都尉。始安四年（西元前八三年），立安女為皇后，安以后父封侯，遷車騎將軍。桀父子既益尊顯，感長公主德，欲為外人求封侯，光不許。安又欲為外人求光祿大夫，使得召見，而御史大夫桑弘羊亦自伐其功為國興利，欲為子弟求官，光又皆抑而不許，於是蓋長公主、桀、安、弘羊皆怨之。

元鳳元年（西元前八〇年），桀等詐為燕王旦（昭帝兄）上書，奏光專權自恣，請廢之。昭帝覺其詐，由是讒間不行。桀等益懼，與燕王旦通謀，欲令蓋長公主置酒請光，伏兵殺之，因廢昭帝，迎立燕王旦為天子。事覺，詔丞相田千秋發兵捕桀、安、弘羊及外人等，盡誅其宗族，蓋長公主及燕王旦皆自殺，於是光獨縮大政。霍光為政，頗能本武帝遺志，輕徭薄賦，寧邊息民，漢朝民生由是日漸富庶，武帝時代耗用幾盡的國力至是亦迅速恢復。

元平元年（西元前七四年），昭帝崩，無子，霍光定策迎立武帝孫昌邑王賀為帝，賀父即武帝子昌邑哀王髆。賀在位僅二十七日，以荒淫昏亂為光所廢。光求得武帝曾孫病己於民間，立以為帝，是為宣帝。

宣帝祖父即衛太子據，太子史良娣生子進，號史皇孫，皇孫王夫人生子病己，號皇曾孫。皇曾孫生方數月而遭巫蠱事，衛太子妻妾子女皆遇害，皇曾孫獨得脫，養於祖母史氏家，至是霍光立以為帝。本始元年（西元前七三年），光請歸政，宣帝謙讓不受，凡諸政事皆先關白光然後奏御。自昭帝時，光子禹及兄孫雲皆為中郎將，雲弟山為奉車都尉，領胡騎、越騎，光女婿范明友為未央宮衛尉，鄧廣漢為長樂宮衛尉，掌南軍；其餘昆弟、諸婿、外孫皆據要津。及光廢昌邑王而立宣

帝，權勢益重，每朝見，宣帝虛己斂容禮下之。

地節二年（西元前六八年），霍光薨，宣帝始親政事，而光夫人顯及禹、雲、山等皆驕佚恣縱，宣帝用御史大夫魏相言，稍奪霍氏之權。地節三年（西元前六七年），徙光女婿未央衛尉范明友為光祿勳，長樂衛尉鄧廣漢為少府，中郎將羽林監任勝出為安定太守，群孫婿中郎將王漢出為武威太守。宣帝先以禹為右將軍，至是以禹為大司馬，但與官名，無印綬，罷其屯兵官屬，其餘握兵要者皆更代之，於是霍氏兵權盡為所奪。時霍山領尚書事，宣帝令吏民得奏封事，不關尚書，於是樞機之柄亦失。地節四年（西元前六六年），顯、禹、雲、山等謀廢宣帝而立禹為天子，事覺，霍氏及諸婿家皆伏誅，與霍氏相連坐誅滅者數千家。

宣帝生長民間，知民疾苦及吏治得失，及親政，勵精為治，信用賢臣，務使久於其任，不輕改易，尤重親民之官，每拜刺史、守相，輒召問，觀其所由，退而考察所行，以質其言。嘗曰：「庶民所以安其田里而亡歎息愁恨之心者，政平訟理也，與我共此者，其唯良二千石乎！」（漢書循吏傳）以為太守吏民之本，數變易則下不安，民知其久任不可欺罔，乃服其教化，故守相治理有績效者，輒以璽書勉勵，增秩賜金，或賜爵至關內侯，公卿缺則以次擢用，是以漢代名臣良吏，以宣帝時為多。丞相如韋賢（本始三年為相，地節三年免）、魏相（地節三年代韋賢為相，神爵三年薨）、丙吉（神爵三年代魏相為相，五鳳三年薨）、于定國（甘露三年代黃霸為相，元帝永光元年免），御史大夫如蕭望之（神爵三年為御史大夫，五鳳二年貶為太子太傅），郡國守相如趙廣漢（守潁川，入為京兆尹）、尹翁歸（守東海，入為右扶風）、韓延壽（守淮陽、潁川、東郡，入為左馮翊）、張敞（守山陽，徙相膠東，入為京兆尹，出守太原）、黃霸（守潁川，入守京兆尹，出守潁川）❷❻，皆有聲於時。宣帝好申韓之術❷❼，所任用多文法之吏，如魏相出身郡卒吏，丙吉、

---

❷❻　五鳳二年（西元前五六年），霸以治郡績優遷御史大夫，翌年，代丙吉為丞相。「霸材長於治民，及為丞相，總綱紀號令，風采不及丙、魏、于定國（言前不及丙吉、魏相，後不及于定國），功名損於治郡時」（漢書黃霸傳）。

❷❼　漢書元帝紀：「八歲，立為太子，壯大，柔仁好儒，見宣帝所用多文法吏，以刑名繩下，……嘗侍燕，從容言陛下持刑太深，宜用儒生。宣帝作色曰：『漢家自有制度，本以霸王道雜之，奈何純任德教，用周政乎！且俗儒不達時宜，好是古非今，使人眩於名實，不知所守，何足委任？』」

于定國、尹翁歸出身獄吏，趙廣漢出身郡吏，張敞出身有秩，而黃霸「少學律令，喜為吏」（漢書黃霸傳），然亦兼用儒術以濟其偏，如韋賢、蕭望之、韓延壽皆以儒學起，而張敞「本治春秋，以經術自輔，其政頗雜儒雅，往往表賢顯善，不醇用誅罰。」（漢書張敞傳）故宣帝時代政治，既不迂緩，亦不慘酷，為漢朝政治最好的時代。當時匈奴因天災內亂而分裂，甘露三年（西元前五一年），匈奴呼韓邪單于入朝，漢朝國勢的隆盛，至是達於極峰。

第六章　漢業的式微、中興及其衰亡

一、漢業的式微

◆ 外戚王氏的得政

黃龍元年（西元前四九年），宣帝崩，太子奭立，是為元帝，以外戚樂陵侯史高（宣帝祖母史良娣兄恭之子）為大司馬車騎將軍領尚書事，太子太傅蕭望之為前將軍光祿勳，太子少傅周堪為光祿大夫，並受遺詔輔政。

元帝少好儒學，而望之、周堪皆當世名儒，以師傅舊恩為元帝所信任，數宴見言治亂，引宗室劉向、侍中金敞參預謀議，欲有所匡正，元帝信望之，史高備位而已，由是與望之有隙。中書令弘恭、僕射石顯，自宣帝時以宦者典樞機，明習吏法，亦為元帝所信任，高乃與恭、顯相結，凡有議論，常獨持故事，不從望之等，望之請罷中書宦官，由是與恭、顯等忤。恭、顯使人上書告望之陰欲罷車騎將軍史高，疏退外戚，自專權勢，元帝以問恭、顯，恭、顯請召致廷尉，元帝初即位，不知召致廷尉即下獄，遂可其奏，及知望之繫獄，大驚，急赦之，恭、顯因使史高言既已下之於獄，宜因而罷之，元帝乃罷望之前將軍光祿勳，周堪、劉向皆免為庶人。既而元帝復以望之為給事中，朝朔望。元帝器重望之不已，方欲倚以為相，會望之子上書訟望之前下獄事，恭、顯譖望之教子上書，失大臣體，請下之於獄，元帝可其奏。恭、顯因令太常發執金吾車騎馳圍望之第，望之性素剛，不肯就吏，遂飲鴆自殺。望之雖死，儒家政治地位並未遭受打擊。終元帝之世，丞相如韋玄成（永光元年為御史大夫，二年為相，建昭三年薨）、匡衡（建昭二年為御史大夫，三年繼韋玄成為相，成帝始元三年免），御史大夫如貢禹（初元五年六月為御史大夫，是年十二月薨）、薛廣德（初元五年十二月繼貢禹為御史大夫，永光元年免），皆以明經碩儒位至三公，其後成帝之世，丞相如張禹（河平四年為相，鴻嘉元年免）、翟方進（永始二年為相，綏和二年薨）、孔光（綏和二年為相，哀帝建平二年免），御史大夫如張忠（建始四年為御史大夫，陽朔二年薨）、

于永（陽朔三年為御史大夫，鴻嘉元年薨）、何武（綏和元年為御史大夫，是年四月改大司空，二年免），皆以經學起家，儒家思想由是大盛。

竟寧元年（西元前三三年），元帝崩，太子驚立，是為成帝。成帝以元舅王鳳為大司馬大將軍輔政，王氏之興自鳳始。

王鳳即成帝母孝元王皇后父禁的嫡子。元帝世，禁以后父封陽平侯，永光二年（西元前四二年）薨，鳳嗣侯。建始元年（西元前三二年），成帝封鳳同母弟崇為安成侯，庶弟譚、商、立、根、逢時皆賜爵關內侯。河平二年（西元前二七年），成帝悉封諸舅譚為平阿侯，商為成都侯，立為紅陽侯，根為曲陽侯，逢時為高平侯，五人同日封，故世謂之五侯。王氏子弟皆為卿、大夫、侍中、諸曹，分據勢要。成帝自幼親倚鳳，政無大小，悉以委之，無所自專，於是郡國守相、刺史皆出其門。陽朔二年（西元前二三年），復以鳳從弟音為御史大夫。

五侯兄弟競為奢侈，四方賂遺珍寶無算，後庭姬妾各數十人，僮奴以千百計，又皆盛養賓客，傾財施予以相高。宗室劉向以為王氏之勢日盛，其漸必危劉氏，乃上書極諫，謂宜抑黜外戚，毋授以政，俾社稷得以長安，成帝雖善其言而不能用。

陽朔三年（西元前二二年），王鳳疾篤，成帝數自臨省疾，問以後事。鳳以五侯奢僭，不如從弟音謹飭，力薦音以自代。鳳薨，音乃越親代鳳為大司馬車騎將軍輔政，鴻嘉元年（西元前二〇年），封安陽侯。永始二年（西元前一五年），音薨，以成都侯商為大司馬衛將軍輔政，四年（西元前一三年），商以病免。元延元年（西元前一二年），復以商為大司馬衛將軍，是年十二月，商疾亟，進位大將軍，尋薨，以曲陽侯根為大司馬驃騎將軍輔政。綏和元年（西元前八年），根以久病，上疏薦姪莽以自代，成帝以莽為大司馬，繼根輔政。

莽父曼，早死，不及封侯。莽群兄弟皆將軍五侯子，乘時侈靡，莽因折節為恭儉，勤身博學，被服如儒生，外交英俊，內敕私行。陽朔中，伯父大將軍鳳病，莽侍疾，親嘗藥，亂首垢面，不解衣帶者連月。鳳臨薨，以莽託元后及成帝，當世名士如長樂少府戴崇、侍中金涉、胡騎校尉箕閎、上谷都尉陽並、中郎陳湯等並皆為之延譽，由是名聲隆洽，傾其諸父。永始元年（西元前一六年），封莽為新都侯，及大司馬根病困，薦莽自代，遂代根輔政。至是元后之族，凡九侯五大司馬，外家之盛，罕有其比。

成帝無子，以元帝庶孫定陶王欣為嗣，欣即成帝弟定陶恭王康之子，母曰定陶丁姬。綏和二年（西元前七年），成帝崩，欣立，是為哀帝，元后詔王莽就第以避哀帝外家。建平元年（西元前六年），哀帝以祖母定陶傅太后從父弟傅喜為大司馬輔政。時哀帝外家丁、傅宗族皆驕奢，惟喜行義修潔，為朝望所歸，然亦為丁、傅宗族所嫉。傅太后欲求稱尊號，與元后等尊，喜與丞相孔光、大司空師丹共執正議以為不可，傅太后大怒，哀帝不得已，策免師丹以感動喜，喜執議不移。建平二年（西元前五年），詔喜以侯就第，以定陶丁姬兄丁明為大司馬衛將軍輔政，元壽元年（西元前二年），進位大司馬驃騎將軍。然哀帝於丁、傅二族，不甚假以權勢，貴盛不如王氏在成帝時。是歲，丁明免，以駙馬都尉侍中董賢為大司馬衛將軍，元壽二年（西元前一年）五月，正三公官，更以賢為大司馬。成帝時，賢父恭為御史，哀帝在儲位，賢以父任為太子舍人，哀帝立，賢以太子官屬為郎。賢為人美姿容，性復柔和便辟，哀帝悅其儀貌，以為黃門郎，遷駙馬都尉、侍中，出則參乘，入侍左右，旬月間賞賜累鉅萬，貴震朝廷。賢常與哀帝同臥起，嘗晝寢，藉哀帝袖，哀帝欲起，賢寢未覺，恐驚動賢，乃斷袖而起，其見愛如此。

是年六月，哀帝崩，元后詔大司馬董賢年少不合眾心，收其印綬，賢即日自殺，元后復以新都侯王莽為大司馬，領尚書事。哀帝無子，元后與莽迎元帝庶孫中山王箕子為嗣，箕子父即成帝弟中山孝王興。九月，中山王即皇帝位，是為平帝。平帝年方九歲，元后以太皇太后臨朝，莽以大司馬輔政，諸丁、傅之族皆免官爵。元始元年（西元元年），莽進位太傅、安漢公。莽使公卿奏言太后年高，不宜親省小事。元后乃詔自今政事皆安漢公專決，惟封爵乃以聞。於是莽循問百官，密致恩意，其不合於己者，則顯奏免之，權侔人主。

王氏自王鳳以來累世輔政，「尚書九卿、州牧郡守，皆出其門。」（漢書劉向傳）故莽得資以為憑藉。當時工商業已甚發達，貴勢之家及商賈操縱社會經濟，因其富厚以兼并農民，土地財富集中少數人之手，富者田連阡陌，貧者無立錐之地，富者犬馬餘菽粟，貧者不厭糟糠❶。貧者既無以為生，多賣身於富家為奴婢，故

---

❶　鼂錯曰：「今農夫五口之家，其服役者不下二人，其能耕者不過百晦，百晦之收不過百石，春耕夏耘，秋穫冬臧，伐薪樵，治官府，給徭役，春不得避風塵，夏不得避暑熱，秋不得避陰雨，冬不得避寒凍，四時之間，亡日休息，又私自送往迎來，弔死問疾，養孤長幼在其中。勤苦如此，尚復被水旱之災，急政暴虐，賦斂不時，朝令而暮改，當具有者

漢代蓄奴之風甚盛 ❷。自漢初以來，名臣如賈誼、鼂錯、董仲舒等皆主張改變民間經濟觀念，以調和貧富不均的現象 ❸，然皆未見成效。故自武帝以後，漢儒轉而主張讓賢變法以實現儒家的政治理想。此派儒家，根據陰陽家五德終始論，倡

半賈而賣，亡者取倍稱之息，於是有賣田宅鬻子孫以償責者矣！而商賈大者積貯倍息，小者坐列販賣，操其奇贏，日游都市，乘上之急，所賣必倍，故其男不耕耘，女不蠶織，衣必文采，食必粱肉，亡農夫之苦，有仟佰之得。因其富厚，交通王侯，力過吏勢，以利相傾，千里遊敖，冠蓋相望，乘堅策肥，履絲曳縞，此商人所以兼并農人，農人所以流亡者也。」（漢書食貨志）董仲舒曰：「（秦）用商鞅之法，改帝王之制，除井田，民得賣買，富者田連仟佰，貧者亡立錐之地。……又加月為更卒，已復為正一歲，屯戍一歲，力役三十倍於古，田租、口賦、鹽鐵之利二十倍於古，或耕豪民之田，見稅什五。故貧民常衣牛馬之衣而食犬彘之食，重以貪暴之吏，刑戮妄加，民愁亡聊，亡逃山林，轉為盜賊，赭衣半道，斷獄歲以千萬數。漢興，循而未改。」（同上）又王莽曰：「漢氏減輕田租，三十而稅一，常有更賦，罷癃咸出，而豪民侵陵，分田劫假，厥名三十稅一，實什稅五也。父子夫婦終年耕芸，所得不足以自存，故富者犬馬餘菽粟，驕而為邪，貧者不厭糟糠，窮而為姦。」（漢書王莽傳）

❷ 董仲舒對策曰：「身寵而載高位，家溫而食厚祿，因乘富貴之資力以與民爭利於下，民安能如之哉！是故眾其奴婢，多其牛羊，廣其田宅，博其產業，畜其積委，務此而已。」（漢書董仲舒傳）又王莽曰：「秦為無道，……置奴婢之市，與牛馬同蘭，制於民臣，顓斷其命，姦虐之人，因緣為利，至略賣人妻子，逆天心，詩人倫，繆於天地之性人為貴之義。書曰『予則奴戮女』，唯不用命者然後被此辜矣。……今更名天下田曰王田，奴婢曰私屬，皆不得賣買。」（漢書王莽傳）

❸ 賈誼、鼂錯、董仲舒皆主張貴農賤商，輕徭薄斂，務民於農桑。賈誼說文帝曰：「今民而歸之農，皆著於本，使天下各食其力，末技游食之民轉而緣南畝，則畜積足而人樂其所矣！」（漢書食貨志）鼂錯說文帝曰：「夫珠玉金銀，飢不可食，寒不可衣，然而眾貴之者，以上用之故也。其為物輕微易藏，在於把握，可以周海內而亡飢寒之患，此令臣輕背其主而民易去其鄉，盜賊有所勸，亡逃者得輕資也。粟米布帛生於地，長於時，聚於力，非可一日成也。數石之重，中人弗勝，不為姦邪所利，一日弗得而飢寒至，是故明君貴五穀而賤金玉。……今法律賤商人，商人已富貴矣，尊農夫，農夫已貧賤矣！故俗之所貴，主之所賤也；吏之所卑，法之所尊也；上下相反，好惡乖迕，而欲國富法立，不可得也。方今之務，莫若使民務農而已矣；欲民務農，在於貴粟，貴粟之道，在於使民以粟為賞罰。」（同上）董仲舒說武帝曰：「古井田法雖難卒行，宜少近古，限民名田以澹不足，塞并兼之路，鹽鐵皆歸於民，去奴婢，除專殺之威，薄賦斂，省繇役，以寬民力，然後可善治也。」（同上）

天命去就，不私一姓之說，謂天命唯去無德而就有德，眭弘、蓋寬饒、谷永、劉向皆為此派儒家代表。昭帝時，弘為符節令，上書言「漢家堯後，有傳國之運，漢帝宜誰差天下，求索賢人，禪以帝位，而退自封百里如殷周二王後，以承順天命。」（漢書眭弘傳）宣帝時，蓋寬饒為司隸校尉，上封事言「五帝官天下，三王家天下，家以傳子，官以傳賢，若四時之運。功成者去，不得其人則不居其位。」（漢書蓋寬饒傳）成帝時，谷永為北地太守，上言「天生蒸民，不能相治，為立王者以統理之。方制海內，非為天子，列土封疆，非為諸侯，皆以為民也。垂三統，列三正，去無道，開有德，不私一姓，明天下迺天下之天下，非一人之天下也。」（漢書谷永傳）而光祿大夫劉向亦上疏言「王者必通三統，明天命所授者博，非獨一姓也。」（漢書劉向傳）王莽有濃厚的復古思想，正迎合當時政治思潮，其治禮、務恭儉，又深得儒生的擁戴，為漢儒理想中讓賢變法的最佳人選。

　　元始二年（西元二年），王莽納其女為平帝皇后。莽陰謀篡漢，以紅陽侯王立於己為尊屬，而平阿侯王仁性素剛直，元始三年（西元三年），莽以元后詔遣使迫令立、仁自殺。元始四年（西元四年），詔加莽為宰衡，位上公，以召陵（河南省郾城縣東）、新息（河南省息縣東）二縣及黃郵聚、新野田（皆在河南省新野縣境）益封其國，賜莽母號曰顯功君，封莽子安為襃新侯，臨為賞都侯。莽獨受母號，餘並讓不受。於是莽奏起明堂、辟雍、靈臺，為學者築舍萬區，制度甚盛，徵天下通一藝及知逸禮、古書、天文、圖讖、律令、月令、兵法、史篇文字之意者，令皆詣公車，網羅天下異能之士，前後至者千數。元始五年（西元五年），王公列侯宗室及吏民以莽不受號位戶邑上書頌莽功德宜加賞者前後四十八萬七千五百餘人，詔加莽九錫。其年十二月，莽因臘日上椒酒置毒弒平帝，平帝崩。莽黨偽造符命，奏武功長孟通浚井得白石，上有丹書，文曰「告安漢公莽為皇帝」，元后心知其詐而不能沮，乃詔令莽居攝踐阼，如周公故事，祝祭自贊曰假皇帝，臣民謂之攝皇帝。翌年，稱居攝元年（西元六年），立宣帝玄孫嬰為皇太子，號曰孺子。孺子父廣戚侯顯，顯父廣戚煬侯勳，勳即宣帝子楚孝王囂之子。

　　居攝二年（西元七年），東郡太守翟義起兵討莽，立宗室嚴鄉侯劉信為帝，義自號大司馬柱天大將軍，移檄郡國，遠近大震。義比至山陽（河南省修武縣西北），眾十餘萬。莽以其親黨孫建、王邑、劉宏、王駿、王況、王昌、竇況等七人為將軍，將關東甲卒以擊義，破之，圍義於圉城（河南省淮陽縣東北）。十二月，建等

復大破義軍，追斬義於固始縣（河南省淮陽縣北）界中，劉信亡去。

初始元年（西元八年），齊郡、巴郡、扶風皆獻符瑞，莽請於元后，更稱假皇帝以應天命，而梓潼（四川省梓潼縣）人哀章偽造金匱圖金策書，言莽當受天命為真天子，莽乃據金匱策書以篡漢，即皇帝位，改國號曰新，尊元后為新室文母太皇太后，以明年為始建國元年，廢孺子嬰為定安公。

◆ 王莽的改革及其傾覆

　　王莽
　　　始建國
　　　天鳳
　　　地皇

王莽性迂執而泥古，迎合漢儒變法讓賢的政治思潮而得國，即位後，務為稽古改制。其改革可分政治、經濟二方面。政治方面的改革主要有三：

一、恢復封建　莽置諸侯及附城各一千八百員，以俟有功。諸侯之國分五等，公萬戶，土方百里，侯伯各五千戶，土方七十里，子男各二千五百戶，土方五十里。附城大者九百戶，土方三十里，其餘以次減殺。至始建國四年（西元十二年），諸侯受封者七百九十六人，附城一千五百五十一人，然以封區圖簿未定，未授國邑，且令受俸，月錢數千，諸侯皆困乏，至有傭作者。

二、變更官制　莽因古制更置百官，以太師、太傅、國師、國將為四輔，位上公，大司馬、大司徒、大司空為三公，更始將軍、衛將軍、立國將軍、前將軍為四將，四輔、三公、四將是為十一公。置大司馬司允、大司徒司直、大司空司若，是為三孤，又曰孤卿或司卿，更名大司農曰羲和，後更名納言，大理曰作士，太常曰秩宗，大鴻臚曰典樂，少府曰共工，水衡都尉曰予虞，是為六卿，孤卿、六卿凡為九卿，分屬三公。每一卿置大夫三人，一大夫置元士三人，凡二十七大夫，八十一元士，分主中都官諸職。更名光祿勳曰司中，太僕曰太御，衛尉曰太衛，執金吾曰奮武，中尉曰軍正，又置大贅官，主乘輿服御物，後又典兵，秩位皆上卿，號曰六監。又改郡太守曰大尹，都尉曰太尉，縣令長曰宰，御史曰執法。更名秩百石之吏曰庶士，三百石曰下士，四百石曰中士，五百石曰命士，六百石曰元士，千石曰下大夫，比二千石曰中大夫，二千石曰上大夫，中二千石曰卿，

車服黻冕，各有差品。

三、變更地名　如改長安曰常安，高陵曰千春，櫟邑曰粟城，谷口曰谷喙，瀋陽曰制昌之類，不可勝紀。

王莽的政治改革，殊無必要❹，尤其是地名的變更，徒增紛擾。然其經濟改革對當時民生、社會均影響甚大。經濟方面的改革主要如下：

一、均田限奴　將全國田地收歸國有，名曰「王田」，奴婢曰「私屬」，皆不得買賣。一家男丁不滿八人，占田不得過一井（九百畝），餘田分給宗族鄰里鄉黨，無田者由政府計口授田，每夫百畝。

二、六筦五均　鹽、酒、鐵、名山大澤、五均賒貸、錢布銅冶等六事皆歸國營，謂之六筦（筦又作斡），筦即管。五均為六筦之一❺，其法於長安及洛陽、邯鄲、臨菑、宛、成都立五均官，更名長安東、西市令及洛陽、邯鄲、臨菑、宛、成都市長為五均司市，東市稱京，西市稱畿（如東市稱京五均司市，西市稱畿五均司市），洛陽稱中，餘四都各以東、西、南、北為稱，皆置交易丞五人、錢府丞一人。諸司市以四時仲月定物之平價，物賤聽民自由為市，物貴以平價賣與民，

---

❹　薩本炎先生曰：「天下由分而合，乃是必然的趨勢。而且殷周之行封建，實如柳子厚所說，『是不得已也』（封建論），殷初，諸侯三千，周初，諸侯一千八百，苟非大封親戚，以作屏藩，則中央勢孤，難以控制地方。王莽代漢之際，天下上書頌莽功德者，前後四十八萬七千五百七十二人（漢書卷九十七上王莽傳），而漢諸侯王亦『厥角稽首，奉上璽韍，唯恐在後，或乃稱美頌德，以求容媚』（漢書卷十四諸侯王表）。形勢如斯，封建實無必要。」又曰：「王莽欲表示更新之意，即漢之官制亦依經書改易其名。一種制度沿用既久，苟非缺點顯著，實無改絃更張之必要。人類心理常有一種惰性，官名猝然改易，不但毫無意義，而人民既不習慣，往往不知所指，比方伯夷典三禮而為秩宗，遂改太常為秩宗。皋陶作士，明五刑，就改廷尉為作士。此種改制不過表示王莽稽古之學，政治上毫無用處。」（中國社會政治史第二章第六節）

❺　後漢書隗囂傳，囂檄郡國曰：「設為六管」，章懷太子賢注：「管，主也。莽設六管之令，謂酤酒、賣鹽、鐵器、鑄錢、名山、大澤，此為六也。」是以酒、鹽、鐵、錢布、名山、大澤為六筦。然按漢書食貨志莽詔曰：「夫鹽，食肴之將；酒，百藥之長，嘉會之好；鐵，田農之本；名山大澤，饒衍之臧；五均賒貸，百姓所取平仰以給贍；錢布銅冶，通行有無，備民用也；此六者，非編戶齊民所能家作，必仰於市，雖貴數倍，不得不買，豪民富賈，即要貧弱。先聖知其然也，故斡之。」是明言鹽、酒、鐵、名山大澤、五均賒貸、錢布銅冶為六筦，賢注恐誤。

若物滯不售，則以本價售之於官，欲以均民力，抑兼并。諸司市又徵取工商百業所得純利十分之一為母金，官營賒貸。民遇祭祀喪葬而乏用者，得賒貸於錢府，祭祀無過旬日，喪葬無過三月；貧民有欲治產業，經營生計者，亦可向錢府賒貸，以其營生所贏，除衣食之費，取息十分之一，復以為賒貸母金。

三、改革貨幣　廢漢五銖錢及刀幣，另作寶貨，有五物、六名、二十八品之稱。物為寶貨原料，即金、銀、銅、龜、貝，名為寶貨種類，即金貨、銀貨、龜貨、貝貨、錢貨、布貨，品指幣值，凡二十八等❻。

王莽經濟改革的理想，頗為遠大恢弘。土地改革，目的在制止兼併，平均地權；禁止奴婢買賣，目的在逐漸消弭蓄奴制度；六筦五均，目的在救濟民生；貨幣改革看似無甚意義，然仍寓有防止兼併的理想❼，惜幣制繁複，行使不便，人民大受其擾，民間經濟因此發生動搖。

王莽的改革誠有矯正時弊，試行理想的精神，但是阻力很大，兼以條令紛繁，執行失當，不惟遭受豪門地主及富商巨賈的反對，人民亦未蒙其利而反受其害。王莽的改制始於始建國元年（西元九年），至始建國四年（西元十二年），莽以天下犯禁陷刑者眾，知民愁怨，乃詔民得買賣王田，私買賣奴婢者亦聽勿治。地皇三年（西元二二年），又弛山林川澤之禁，翌年而莽敗亡。王莽改制失敗的另一原因是只知復古，不審時宜。例如井田及封建，與當時社會經濟的發展及政治制度

❻　漢書食貨志：「小錢徑六分，重一銖，文曰小錢直一；次七分三銖，曰幺錢一十；次八分五銖，曰幼錢二十；次九分七銖，曰中錢三十，次一寸九銖，曰壯錢四十；因前大錢五十，是為錢貨六品。直各如其文。黃金重一斤，直錢萬。朱提銀重八兩為一流，直一千五百八十；它銀一流，直千，是為銀貨二品。元龜岠冉長尺二寸，直二千一百六十，為大貝十朋；公龜九寸，直五百，為壯貝十朋；侯龜七寸以上，直三百，為幺貝十朋；子龜五寸以上，直百，為小貝十朋，是為龜寶四品。大貝四寸八分以上，二枚為一朋，直二百一十六；壯貝三寸六分以上，二枚為一朋，直五十；幺貝二寸四分以上，二枚為一朋，直三十；小貝寸二分以上，二枚為一朋，直十；不盈寸二分，漏度，不得為朋，率枚直錢三，是為貝貨五品。大布、次布、弟布、壯布、中布、差布、厚布、幼布、幺布、小布，小布長寸五分，重十五銖，文曰小布一百，自小布以上各相長一分，相重一銖，文各為其布名，直各加一百，上至大布，長一寸四分，重一兩而直錢千矣，是為布貨十品。」

❼　錢賓四先生曰：「當時人見解，以為財富不均由於商人兼并，商人兼并由於利用貨幣。故有主張根本廢棄貨幣者，晁錯貢禹之徒，皆有此想，而王莽承之。」（國史大綱第八章）

的演進皆不相宜，故王莽的政治，可說是「書生的政治」（用錢賓四先生說，見國史大綱第八章），亦即只知追求理想而不知權變的政治。

　　王莽最大的失策是好大喜功，貶抑四夷君長的王號，降封為侯，引起四夷君長的不滿。先是匈奴降漢，受漢印綬，印文曰「匈奴單于璽」，莽更其印文曰「新匈奴單于章」，去「璽」加「新」，示與臣下無別。匈奴單于遣使入謝，因上書求故印，莽不許，於是匈奴叛。始建國二年（西元十年），莽更名匈奴單于曰「降奴服于」，發甲兵及轉輸者凡三十萬眾，六道並出以擊之。莽又徵高句麗兵擊匈奴，高句麗不欲行。始建國四年（西元十二年），討穢將軍嚴尤誘殺高句麗侯騶，傳首長安，莽大悅，更名高句麗為下句麗，而西南夷句町侯邯怨莽貶其王號，亦不附莽，莽令牂柯大尹周歆詐殺邯，於是高句麗與穢貊之屬及西南夷並叛。莽遣兵擊之，連年不決，中國為之虛耗。內郡愁於徵發，加以饑饉，民始流亡，起為盜賊。

　　天鳳四年（西元十七年），荊州大饑，民入野澤掘荸而食，更相侵奪，新市（湖北省京山縣東北）人王匡、王鳳為平理諍訟，遂推之為帥，眾數百人，諸亡命者馬武、王常、成丹等皆往從之，藏於綠林山（湖北省當陽縣東北），號綠林兵，數月間至七八千人。琅邪人樊崇起兵於莒，眾百餘人，轉入泰山。時青、徐大饑，盜賊蜂起，群盜以崇勇猛，皆附之，一歲間至萬餘人。天鳳五年（西元十八年），崇攻莒不下，剽掠青、徐間，莽遣使發郡國兵擊之，不能克。

　　地皇二年（西元二一年），綠林攻拔竟陵（湖北省天門縣西北），轉掠雲杜（湖北省沔陽縣西北）、安陸（湖北省安陸縣），還入綠林山，眾至五萬餘口。地皇三年（西元二二年），大疫，綠林死者且半，乃分散引去。王常、成丹西入南郡（治今湖北省江陵縣），號下江兵，王鳳、王匡、馬武等北入南陽（治今河南省南陽縣），號新市兵。匡等攻隨（湖北省隨縣），平林（湖北省隨縣東北）人陳牧、廖湛聚眾千餘人以應之，號平林兵。

　　王莽聞關東賊大起，遣太師王匡、更始將軍廉丹將兵討之。樊崇聞莽兵大出，恐其眾與莽兵亂，令皆以朱染眉為識別，因號曰赤眉。匡、丹與赤眉別將董憲等戰於成昌（山東省東平縣西），憲大破之，廉丹戰死。

　　是歲，漢宗室劉縯、劉秀兄弟起兵於春陵（湖北省棗陽縣），與新市、平林、下江兵合。明年，擁立縯族兄玄為帝，恢復漢祚，建元更始，是為更始皇帝。更始元年（西元二三年），縯攻拔宛（南陽郡治，今河南省南陽縣）為更始都城，而

秀與王莽司空王邑、納言大將軍嚴尤、秩宗大將軍陳茂等兵四十二萬戰於昆陽（河南省葉縣），秀大破之，莽兵大潰，相騰踐及墜滍川而死者無數，王邑、嚴尤、陳茂僅以身免，於是各地豪傑舉兵者皆遙奉更始為主。更始分兵攻取洛陽，自宛徙都之，別遣其將李松率軍破武關入長安，王莽避入未央宮的漸臺（未央漸臺在滄池中，浸漸水中，故曰漸臺）阻池水以自固。漢兵攻之，莽衛士死傷略盡，莽為商人杜吳所殺。莽自篡漢自立，至是凡歷十四年而亡。

二、光武中興及東漢初期的政治

◆ 東漢世系

東漢自光武帝中興至獻帝為曹魏所篡，凡八世十一君，一百九十五年（西元二五年至西元二一九年）。

◆ 光武中興

劉縯、劉秀兄弟為漢景帝子長沙定王發之裔。發生舂陵節侯買，買生鬱林太守外，外生鉅鹿都尉回，回生南頓令欽，欽生縯、仲、秀。節侯孫考侯仁時，當元帝之世，以南方卑濕，徙封南陽的白水鄉，自是舉族遷居南陽，為當地望族。縯、秀兄弟早孤，養於叔父良。縯性剛毅慷慨，好俠養士，不事家人居業，而秀性勤於稼穡，沈厚寡言，縯常戲比之於高帝兄仲。及王莽末年，天下擾亂，縯、秀亦聚宗族舉兵，與新市、平林、下江兵合，立更始為帝。更始元年（西元二三年），縯取宛為更始都，而秀破莽兵於昆陽，威名大著，新市、平林諸將忌縯威名，勸更始殺之。秀方將兵攻父城（河南省寶豐縣東），聞縯死，馳還入謝，深自引過，未嘗伐昆陽之功，又不敢為縯服喪，飲食言笑如平日，更始以是慚咎，拜秀為破虜大將軍，封武信侯，更始遷都洛陽，以秀行司隸校尉，使修整宮府，既而復以秀行大司馬事，持節循撫河北。是歲，邯鄲卜者王郎詐稱成帝子子輿，即皇帝位於邯鄲，分遣將帥徇下幽、冀，趙國以北，遼東以西，皆望風響應。

更始二年（西元二四年），秀將官屬北循至薊（河北省大興縣西南），會薊人起兵應王郎，秀與官屬倉皇南走，至滹沱河，河冰方合，追兵在後，秀乘冰而渡，

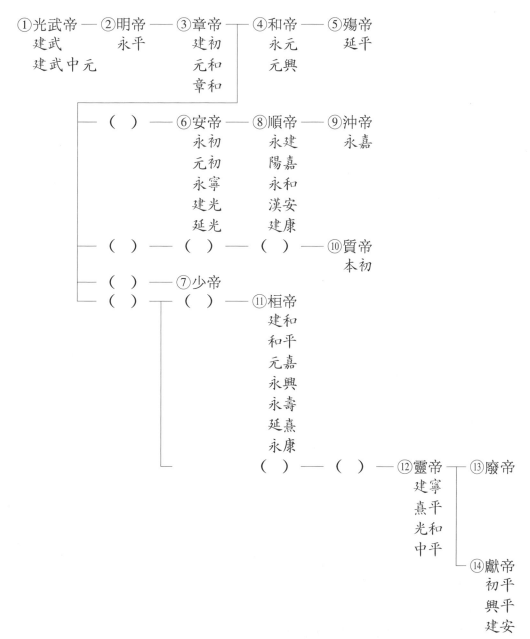

既渡而冰解。時郡國多已降王郎，獨信都太守任光、和成太守（莽分信都置和成郡，治下曲陽，今河北省晉縣西）邳彤為漢守。秀急馳入信都（河北省冀縣東北），邳彤引兵來會，發旁縣得精兵四千人，徇下堂陽（河北省新河縣西）、貰縣（河北省束鹿縣西南），進拔盧奴（河北省定縣），收兵至十餘萬，破王郎將李惲於鄗（河

北省柏鄉縣北），復破李育於柏人，引兵東北拔廣阿（河北省隆平縣東），於是上谷太守耿況、漁陽太守彭寵皆起兵應秀。況遣其將寇恂、景丹與子耿弇會寵將吳漢、蓋延、王梁等將步騎數千人而南，與秀軍會於廣阿，攻拔邯鄲，王郎夜亡走，秀將王霸追斬之。

是歲，更始遷都長安，封平林、新市、下江諸帥為王，諸將帥在外者皆得專行誅賞，各置牧守，州郡交錯，不知所從，刑政大亂。更始聞秀已平王郎，遣使立秀為蕭王，令罷兵回朝，秀不從。時河北盜賊蜂起，有銅馬、大肜、高湖、重連、鐵脛、大槍、尤來、上江、青犢、五校、五幡、五樓、富平、獲索諸號，所在寇掠。秀拜吳漢、耿弇俱為大將軍，持節北發幽州突騎以擊之。其秋，秀與漢等會兵大破銅馬於館陶（山東省館陶縣西南），而高湖、重連從東南來，與銅馬合，秀復擊破之於蒲陽（蒲陽山在河北省完縣東南），其眾悉降，眾至數十萬，復進擊青犢、上江、大肜、鐵脛、五幡諸賊，大破之。於是秀引兵而南，徇定河內，拜寇恂為河內太守，行大將軍事，秀乃復引兵北擊賊。恂調穀糧治器械以供軍，未嘗乏絕。

是歲，赤眉樊崇等將兵入潁川，分其眾為二部，自武關、陸渾關（河南省嵩縣東北）二道俱入，西攻長安。

更始三年（西元二五年，是歲即光武帝建武元年），秀北擊尤來、大槍、五幡諸賊，逐北至安次（河北省安次縣西北），連戰破之，賊遂敗散。秀引軍還薊，遣吳漢率耿弇、景丹諸將追尤來等，至浚靡（河北省遵化縣西北）而還。賊散入遼西、遼東，為烏桓、貊鈔擊略盡。秀還軍至鄗，受諸將勸進，乃脫離更始而獨立，即皇帝位於鄗南，改元建武，仍國號漢，是為漢光武帝。是年，赤眉二部會於弘農，破更始之軍於藙鄉（河南省靈寶縣境），進抵華陰（陝西省華陰縣），立漢宗室劉盆子為帝，遂自高陵（陝西省高陵縣）入陷長安，殺更始皇帝。而光武帝亦南取洛，定都於此，史稱東漢或後漢，而稱建都長安時代的漢為西漢或前漢。

光武帝遣大司徒鄧禹西擊赤眉，別遣大司馬吳漢及將軍賈復等擊更始諸大將在南方未降者。禹字仲華，南陽新野（河南省新野縣南）人，篤於經書，少而受業長安，時光武帝亦遊學京師，遂相親附，數年歸家。及光武帝受命徇撫河北，禹自南陽追及光武於鄴，說以大略帝王之業，光武帝大悅，因令禹宿止於中，與定計議，每任使諸將，多訪於禹，皆當其才。光武帝既徇定河內，度赤眉必破長

安，欲乘釁取關中，遣禹將兵西擊之。光武帝即位，遣使持節就軍中拜禹為大司徒。禹出箕關（河南省濟源縣西）入河東，自汾陰（山西省榮河縣北）渡河，入夏陽。更始將公乘歙率十萬眾以拒禹，禹與戰於衙（陝西省白水縣東北），大破之。赤眉陷長安，禹引軍北至栒邑（陝西省栒邑縣東北），徇下上郡諸縣，徵兵引穀。建武二年（西元二六年），赤眉以長安城中糧盡，縱火燒宮室市里，收載珍寶，引兵而西，眾號百萬，自南山轉掠城邑。禹於是引兵入長安，軍於昆明池（陝西省長安縣西南）。赤眉轉掠西至番須（番須谷在陝西省隴縣西北），逢大雪，士卒多凍死，復還長安，發掘諸陵，取其寶貨。時關中群盜大起，漢中延岑勢尤盛，禹引兵與戰於藍田，不克，就穀於雲陽，禹前所徇定歸附者復稍稍離散，禹不能定，光武帝乃遣將軍馮異代禹以討之。建武三年（西元二七年），光武帝加異征西大將軍。異與赤眉約期會戰，大破之於崤谷。赤眉餘眾東出宜陽，光武帝親將大軍以待之，赤眉驚怖不知所為，遂降，其眾尚十餘萬，積兵甲於宜陽城西，高與山齊。而關中群盜亦先後為異所擊降，延岑勢孤，自武關走南陽，漢軍與戰於穰，大破之，岑走東陽（河南省鄧縣南），與秦豐合。其後岑復西奔漢中，依公孫述，述以岑為大司馬。

　自赤眉破敗，中國境內尚為群雄所割據。江淮河南有劉永、秦豐、董憲、李憲，幽州有彭寵，山東有張步，涼州有竇融、隗囂，并州有盧芳，益州有公孫述。

　劉永為梁孝王八世孫，更始即位，永入朝，紹封為梁王，都睢陽。更始二年（西元二四年），永據國起兵，攻略濟陰、山陽、沛、陳、彭城、汝南諸郡，凡得二十八城。建武元年（西元二五年），永稱帝於睢陽。建武二年（西元二六年），漢遣虎牙大將軍蓋延伐永。延攻拔睢陽，永走保譙縣（安徽省亳縣）。建武三年（西元二七年），睢陽人復迎永入保睢陽，延復圍之，凡百日，永突圍走，為其下所殺。永黨復立其子紆為梁王，保垂惠聚（安徽省蒙城縣西北）。建武五年（西元二九年），漢揚威將軍馬武攻拔之，紆走西防（漢書地理志、續漢書郡國志皆無西防縣，今地未明）依其將佼彊，漢軍攻之，復走依董憲，憲敗，紆為其下所殺。

　張步琅邪不其（山東省即墨縣西南）人。漢兵起，步亦聚眾數千，攻掠旁縣，下數城。更始二年（西元二四年），梁王劉永遣使拜步為輔漢大將軍，督青、徐二州，與之連兵。步遣將徇定泰山、東萊、城陽、膠東、北海、濟南諸郡，兵甲日盛。建武三年（西元二七年），梁王永封步為齊王，都劇（山東省昌樂縣西）。時

光武方北憂漁陽，南徇梁楚，以故步得專集齊地，據十二郡。建武五年（西元二九年），漢遣建威大將軍耿弇討步，破其軍於歷下。步使弟藍將精兵二萬守西安（山東省臨淄縣西），別遣諸郡太守合兵萬餘人守臨菑，弇攻拔臨菑，藍率其眾逃歸劇。步盡率其眾號二十萬以攻弇，戰於臨菑城下，弇大破之，步奔還劇。光武帝聞步大舉攻弇，自率軍馳赴臨菑與弇會，遂進圍劇，步奔平壽（山東省濰縣西南）。弇追步，漢遣使招之，步遂降。步眾尚十餘萬，輜重七千餘乘，皆罷遣歸鄉里。漢封步為安丘侯，居洛陽。建武八年（西元三二年），步將妻子逃奔臨淮（安徽省盱眙縣西北），琅邪太守陳俊追斬之。

　　秦豐南郡邵縣（湖北省宜城縣東北）人，王莽末，起兵於黎丘（湖北省宜城縣北），攻得宜城（湖北省宜城縣南）等十餘縣，自號楚黎王，都黎丘。建武三年（西元二七年），漢令征南大將軍岑彭擊豐，破之於鄧縣（湖北省襄陽縣北），進圍黎丘。建武四年（西元二八年），光武帝親臨黎丘，遣使招豐，豐不肯降，乃以建義大將軍朱祐代彭圍之，建武五年（西元二九年），豐力竭出降，檻車送洛陽斬之。

　　李憲潁川許縣（河南省許昌縣西南）人，王莽時為廬江太守，莽敗，憲據郡自守。更始元年（西元二三年），自稱淮南王。建武三年（西元二七年），稱帝，據有九城，擁眾十餘萬。建武四年（西元二八年），漢遣揚武將軍馬成擊憲，圍憲於舒縣（安徽省廬江縣西）。建武六年（西元三〇年），漢軍攻拔之，憲亡走，為其下所殺。

　　董憲本赤眉別將，建武二年（西元二六年），梁王永以憲為翼漢大將軍，建武三年（西元二七年），受永封為海西王，據有郯（山東省郯城縣東南）、蘭陵（山東省嶧縣東）、昌慮（山東省滕縣東南）等數縣之地。建武四年（西元二八年），漢將蓋延等攻之，不克。建武五年（西元二九年）漢平敵將軍龐萌疑為蓋延所譖，叛漢，襲破延軍，與憲連和，自稱東平王，屯桃鄉（山東省濟寧縣）之北。光武帝怒萌叛，自將討之，萌敗走依憲，憲悉其兵數萬人屯昌慮，漢軍攻之，憲敗走郯。光武帝將兵南徇彭城、下邳，留大司馬吳漢圍郯，拔之，憲、萌走保朐（江蘇省東海縣南），漢軍圍朐。建武六年（西元三〇年），漢軍拔朐，斬憲、萌，至是江淮、山東悉平。

　　彭寵南陽宛縣人，父宏，哀帝時為漁陽太守。寵少為郡吏，更始立，拜寵為

偏將軍，行漁陽太守事。光武帝循撫河北，寵遣其將吳漢、蓋延、王梁等將幽州突騎助帝擊王郎，及帝即位，漢、延、梁等並為三公大將軍，而寵官爵獨無所加，怏怏不得志。寵與幽州牧朱浮有隙，浮數譖構寵於帝。建武二年（西元二六年），詔徵寵入朝，寵上疏願與浮俱徵，帝不許，寵自疑，遂發兵反，攻拔右北平、上谷數縣，又攻拔薊城，乃自立為燕王。建武五年（西元二九年），其蒼頭子密等因寵臥寐，斬寵以降。

　　隗囂天水成紀（甘肅省秦安縣北）人，少仕州郡。更始立，囂季父崔、義起兵應漢，以囂素有名，好經書，共推為上將軍，聚眾至十萬，擊殺雍州牧陳慶、安定大尹王向，分遣諸將徇定隴西、武都、金城、武威、張掖、酒泉、敦煌諸郡。更始二年（西元二四年），遣使徵囂，囂入覲，更始以囂為右將軍，進御史大夫。建武元年（西元二五年），赤眉入關，三輔擾亂，囂亡歸天水，復招聚其眾，據故地，自稱西州上將軍，三輔士大夫避亂者多歸之，囂傾身引接。漢大司馬鄧禹徇地關中，承制拜囂為西州大將軍，囂遂降附於漢。建武四年（西元二八年），囂上書詣闕，光武帝素聞其名，答書用敵國之儀，所以慰藉之甚厚。其後公孫述數出兵關中，囂與漢將馮異合勢擊走之，以故蜀兵不復北出。建武六年（西元三〇年），關東底定，光武帝詔囂欲從天水伐蜀，囂不願天下統一，陰持兩端，上言伐蜀尚非其時，於是光武帝西幸長安，謀欲討囂，囂懼，遂發兵反，遣使稱臣於公孫述，述以囂為朔寧王。建武八年（西元三二年），帝自將征囂，戰於略陽（甘肅省略陽縣東北），囂軍大潰，降者十餘萬眾，囂走保西城（甘肅省天水縣西南），然終不降。建武九年（西元三三年），囂恚憤而死，其將立囂子純為王。建武十年（西元三四年）光武帝復自將征純，純降，徙之於京師以東。其後純欲亡入胡，至武威，為漢所捕誅。

　　竇融扶風平陵（陝西省咸陽縣西北）人，累世在河西，知其土俗。更始時，以融為張掖屬國都尉，撫結豪傑，懷輯西羌，河西翕然歸之。及更始敗，眾共推融行河西五郡大將軍事。融為政寬和，上下親附，公私豐贍。光武帝聞河西完富，常欲招之，而融亦心欲東向。建武五年（西元二九年），融遣使奉書詣洛陽，漢授融為涼州牧。建武八年（西元三二年），光武帝西征隗囂，融率五郡太守及小月氏等步騎數萬與漢軍會於高平第一城（甘肅省固原縣）。建武十二年（西元三六年），漢既平公孫述，詔融與五郡太守（五郡謂張掖、酒泉、敦煌、武威、金城）入朝。

融至，拜冀州牧，遷大司空，於是河西亦為漢有。

　　公孫述扶風茂陵（陝西省興平縣東北）人，哀帝時，以父任為郎，補清水縣長，有能名。王莽天鳳中，為導江卒正（莽改蜀郡曰導江，太守曰卒正），治臨邛（四川省邛崍縣）。更始立，南陽人宗成起兵徇漢中以應漢，商人王岑亦起兵於雒縣（四川省廣漢縣）以應成，眾合數萬人。述遣使迎成等入成都，成等至成都，擄掠橫暴，述惡之，使人詐稱漢使者自東方來，假述輔漢將軍、蜀郡太守兼益州牧，選精兵千餘人東擊成等，大破之，成將殺成降述，述遂併其眾，入據成都。更始二年（西元二四年），述自立為蜀王，都成都。蜀地肥饒，兵力精強，遠方士庶多歸之。建武元年（西元二五年），自立為天子，國號成，盡有益州之地。自更始敗後，光武帝方事山東，未遑西伐，關中豪傑起兵者往往擁眾以萬數，未有所屬，多往歸述。建武五年（西元二九年），延岑為漢所攻，奔蜀依述，述以岑為大司馬，封汝寧王。述性苛細，察於小事，昧於大體，不信群下，唯公孫氏得任事，由是大臣皆怨。建武十一年（西元三五年），漢大司馬吳漢、征南大將軍岑彭、輔威將軍臧宮等率軍伐蜀。彭、宮至江州（四川省江北縣），宮率軍泝涪江而上，與延岑戰於沈水（四川省射洪縣東南），大破之，岑奔還成都。彭別軍破蜀將侯丹於黃石（黃石灘在今四川省涪陵縣），晨夜倍道兼行二千餘里，攻拔武陽（四川省彭山縣東），述遣刺客詐為亡徒降彭，夜刺殺之。彭監軍鄭興按兵以俟吳漢。漢將兵自夷陵（湖北省宜昌縣）泝江而上。建武十二年（西元三六年），漢破蜀軍於魚涪津（四川省夾江縣西），至武陽，進拔廣都（四川省華陽縣東南），與述戰於廣都、成都間，八戰八克，遂入其郭，述堅守終無降意。而臧宮北破蜀將公孫恢於涪（四川省綿陽縣），引軍南與吳漢會於成都。其年十一月，漢軍與延岑戰於成都咸門，述兵大亂，漢護軍高午馳刺述，洞胸墜馬，其夜死，明旦，延岑以城降，漢盡滅公孫氏，並族岑。

　　盧芳安定三水（甘肅省固原縣北）人。王莽末，天下咸思漢德，芳由是詐稱為武帝曾孫劉文伯，與三水屬國羌胡起兵。更始入都長安，徵芳為騎都尉，使鎮撫安定以西。更始敗，三水豪傑以芳為劉氏子孫，乃共立芳為上將軍西平王，遣使與西羌、匈奴結和親，匈奴使其句林王將數千騎迎芳入匈奴，立為漢帝。時五原人李興、代人閔堪等各起兵自稱將軍，建武五年（西元二九年），興、堪等迎芳入塞，都九原，攻掠五原、朔方、雲中、定襄、雁門五郡。建武十二年（西元三

六年），芳與匈奴、烏桓數連兵寇邊，漢遣驃騎大將軍杜茂等鎮守北邊，治飛狐道，築亭障，修烽燧，與匈奴、烏桓大小數十百戰，終不能克。建武十三年（西元三七年），芳攻雲中，久不下，芳將隨昱留守九原，欲脅芳降漢，芳知之，與十餘騎亡入匈奴，其眾盡隨昱降，至是群雄悉為漢所平定。其後芳復入居高柳（山西省陽高縣北），遣使請降，漢立芳為代王，既而復反，匈奴迎芳出塞，留匈奴中十餘年，病死。

◆ 光武、明、章的治績

　　光武、明、章三朝為東漢的治世。光武帝即位以後，在政治、軍事、社會、思想各方面均有若干措施，以鞏固漢家政權。政治方面措施主要有三，其一，不讓外戚干政，「內無出閫之言，權無私溺之授」❽，以防政權旁落；其二，轉移三公職權於尚書，以加強內朝權力；其三，提高部刺史權力，嚴密監督郡政。軍事方面則停止郡國徵兵，代之以募兵，以削弱郡太守的兵權，防止地方政權的割據。社會方面則抑強扶弱，度田均賦，解放奴隸。建武十五年（西元三九年），下詔州郡檢覈天下田畝戶口以均賦稅，自建武二年（西元二六年）至十四年（西元三八年），凡六次下詔免部分奴婢為庶人❾，建武十一年（西元三五年），又三次下詔

---

❽　後漢書皇后紀：「自武元之後，世增淫費，至乃掖庭三千，增級十四，妖幸毀政之符，外姻亂邦之迹，前史載之詳矣。及光武中興，斲彫為朴，六宮稱號唯皇后貴人，貴人金印紫綬，奉不過粟數十斛；又置美人、宮人、采女三等，並無爵秩，歲時賞賜充給而已。漢法常因八月算人，遣中大夫與掖庭丞及相工於洛陽鄉中閱視良家童女年十三以上，二十以下，姿色端麗合法相者載還後宮，擇視可否，乃用登御，所以明慎聘納，詳求淑哲。明帝聿遵先旨，宮教頗修，登建嬪后，必先令德。內無出閫之言，權無私溺之授，可謂矯其敝矣。向使因設外戚之禁，編著甲令，改正后妃之制，貽厥方來，豈不休哉！雖御己有度而防閑未篤，故孝章以下，漸用色授，恩隆好合，遂忘淄蠹。」是光武明帝二朝，防禁外戚甚嚴，至章帝以後，外戚始復干政用事。

❾　建武二年五月癸未，詔民有嫁妻賣子欲歸父母者恣聽之，敢拘執論如律；建武六年十一月丁卯，詔王莽時吏人沒入為奴婢不應舊法者皆免為庶人；建武七年五月甲寅，詔吏人遭饑亂及為青、徐賊所略為奴婢下妻欲去留者恣聽之，敢拘制不還，以賣人法從事；建武十二年三月癸酉，詔隴蜀民被略為奴婢自訟者及獄官未報，一切免為庶民；建武十三年十二月甲寅，詔益州民自八年以來被略為奴婢者皆一切免為庶民，或依託為人下妻欲去者恣聽之，敢拘留者比青、徐二州以略人法從事；建武十四年十二月癸卯，詔益、涼

不得妄殺傷奴婢，犯者論如律，不得減罪 ❿。思想方面則旌揚氣節，提倡儒學，使民知有所勸。漢末不受王莽及割據勢力利誘的忠義之士，如卓茂、李業、譙玄等，皆受到封賞及旌揚。

卓茂宛人，寬仁恭愛，恬蕩樂道，少學於長安，習詩禮及曆算，究極師法。初事丞相孔光為丞相府史，後以儒術舉為郎，給事黃門，哀、平間為密令，視民如子，口無惡言，吏民親愛，不忍欺之。治密（河南省密縣東南）數年，教化大行，道不拾遺，遷大司農京部丞。及王莽居攝，以病免歸，不肯復作職吏。更始立，以茂為侍中祭酒，從至長安。茂見更始政亂，復以年老乞罷歸。光武帝初即位，先訪求茂，茂時年七十餘。光武帝以茂束身自修，執節純固，擢為太傅，封褒德侯。

李業廣漢梓潼（四川省梓潼縣）人，少有志操，習魯詩，舉明經為郎。王莽居攝，業以病去官。太守劉咸舉業方正，莽以業為酒士（典酤酒），業稱病不應，隱藏山谷，絕匿名跡。及公孫述僭號，徵為博士，業稱疾不起。述羞不能致業，使大鴻臚奉詔命劫之，謂若起則受公侯之位，不起賜以毒酒，業終不起，飲毒而死。譙玄巴郡閬中（四川省閬中縣西）人，少好學，習易及春秋，成帝時，以對策高第拜議郎，遷太常丞，以弟服去職。平帝時，復以對策拜議郎，遷中散大夫，舉繡衣使者。王莽居攝，玄乃棄官歸家，及述僭號，累徵不起，亦遣使者以毒藥威脅之，玄遂服毒而死。及光武帝平蜀，乃表李業之閭，以中牢祠玄。

建武五年（西元二九年），光武帝修建太學，中元元年（西元五六年），建明堂、靈臺、辟雍。光武帝又廣置五經博士及弟子員額，多選經師宿儒以為公卿（如宋弘、伏湛、侯霸、歐陽歙、蔡茂、牟融、高詡等皆以明經篤行為公卿，功臣將相如鄧禹、寇恂、馮異、馬援、賈復、祭遵、耿弇等亦皆為世之通儒）。光武帝的目的不外欲激發臣民不事二姓的忠君思想，以鞏固帝室的地位，影響所及，東漢士大夫多能敦品勵學，不為窮通改節，蔚為我國士風最佳的時代。光武帝雄才大略不及高帝，將帥謀臣才具亦不如韓彭良平。然光武帝御下寬厚，開國功臣如鄧

二州奴婢自八年以來自訟在所官一切免為庶民，賣者無還直（後漢書光武帝紀）。

❿　建武十一年二月己卯，詔天地之性人為貴，其殺奴婢，不得減罪；八月癸亥，又詔敢灸灼奴婢論如律，免所灸灼者為庶民；十月壬午，又詔除奴婢射傷人棄市律（後漢書光武帝紀）。

禹、寇恂、賈復、耿弇之輩皆得始終保全，不為上所殘滅，則又非高帝所及。光武帝既久在兵間，知天下疲耗，故自隴蜀平後，非警急未嘗復言軍旅，明帝為皇太子時，嘗問攻戰之事，帝曰：「昔衛靈公問陳，孔子不對，此非爾所及。」（後漢書光武帝紀）每旦視朝，至於日昃，數引公卿郎將講論經理，夜分乃寐。故光武一朝，政風雍輯和睦，然亦不若西漢初期的質樸蓬勃。

中元二年（西元五七年），光武帝崩，太子莊嗣立，是為明帝，明年改元永平。永平十八年（西元七五年），明帝崩，太子炟嗣立，是為章帝。在此二朝，無論文治武功，皆可稱述。

明帝崇儒，能秉承光武帝遺教，尊重儒術。永平二年（西元五九年），明帝宗祀光武皇帝於明堂，冠通天、衣日月以朝公卿列侯，登靈臺以望雲氣，袒割於辟雍之上，尊養三老五更，行饗射之禮。禮畢，正坐講說，諸儒執經問難於前，冠帶搢紳之士圜辟雍橋門而觀聽者以億萬計。永平九年（西元六六年），又為宗室、大臣、功臣及外戚樊氏、郭氏、陰氏、馬氏子孫別立學舍於南宮，選高能博學者為經師以授其業，自期門羽林之士悉令通孝經章句，自是朝廷內外，自貴戚大臣以下，多習經學。明帝又能恪守先朝防閑外戚明訓，后妃之家，不得封侯預政。光武帝女館陶公主嘗為子求為郎官，帝不許，而賜錢千萬，謂群臣曰：「郎官上應列宿，出宰百里，苟非其人，則民受其殃，是以難之。」（後漢書明帝紀）是以朝無權倖，政治清明。章帝性寬仁，篤於親親之道，廢除苛法，平徭簡賦，民賴其慶。章帝尊獎儒術亦不下於明帝，建初四年（西元七九年），用校書郎楊終議，大會諸儒於白虎觀，考詳群經同異，作白虎議奏（即白虎通議）。元和二年（西元八五年），親祠孔子於闕里，皆值得稱述。武功方面，明帝時竇固討伐匈奴，章帝時班超出使西域，都能播聲教於異邦，揚國威於遠域。惜章帝英年早逝，崩時年僅三十二，否則對漢朝貢獻必更宏大。章帝以後諸帝，或幼弱嗣位，或享祚不永，或昏庸不才，政權旁落宦官及外戚之手，漢業由是衰敗，而光武、明、章三朝培養而成的優良士風卻成為支持漢朝的砥柱，使其政權不致立即分崩瓦解。

三、東漢的衰亡

◆ 宦官外戚的擅政

　　章和二年（西元八八年），章帝崩，太子肇立，是為和帝，年方十歲。和帝是東漢由盛而衰的時代，其主要的原因則為宦官外戚的擅政。

　　東漢三公同居宰相之職，但僅虛有其位，政權移於內朝，天子親總庶政，易因天子的幼沖或無能而致政權旁落。東漢從和帝以後，大都以幼沖即位，且多夭折絕嗣，安帝、少帝、質帝、桓帝、靈帝皆由藩侯入立。由於皇帝幼沖，章帝皇后竇氏、和帝皇后鄧氏、安帝皇后閻氏、順帝皇后梁氏、桓帝皇后竇氏、靈帝皇后何氏皆以太后臨朝，委政父兄，外戚由是擅權。外戚自恃親貴，專恣驕橫，天子既由藩侯入立，與母后無骨肉之親，與外戚亦無甥舅之恩，年事漸長，對外戚專橫乃不能堪，因藉宦官之力以除去外戚，又從而親信之，政權遂轉為宦官所有，而造成東漢中期以後宦官外戚交互擅政的政治。就君主的立場而言，外戚勢力過大可以威脅君位，宦官則否，且外戚專權，天子與群臣莫由親接，所與居與謀者惟宦官而已，故宦官得專謀於禁中，而取得君主的信任，宦官與外戚爭衡，亦常能獲勝。

　　章帝宋貴人生皇太子慶，梁貴人生皇子肇，而竇皇后無子，並忌嫉之，數譖間之於帝，漸致疏嫌，宋貴人因而自殺，慶廢為清河王。竇后養肇為己子，建初七年（西元八二年），立肇為皇太子。肇既立為太子，梁氏私相慶，竇后聞而惡之。建初八年（西元八三年），后使人作飛書誣陷梁氏，梁貴人父竦坐誅，梁貴人以憂卒。及和帝即位，竇后以皇太后臨朝，委政於兄侍中竇憲。憲以故太尉鄧彪仁厚謙和，先帝所敬，白太后以彪為太傅，錄尚書事。彪雖在位，修身而已，不能有所匡正，朝廷大政，一決於憲，憲欲有所施為，輒外令彪奏，內白太后，無不聽從。其冬，以憲為車騎將軍，執金吾耿秉為副，發北軍五校、黎陽、雍營兵及涼、幽、并三州騎士、羌胡兵出塞北擊匈奴。永元元年（西元八九年），憲逐匈奴至燕然山（今杭愛山）而還，以功遷大將軍，封武陽侯，憲固辭封爵，詔許之。舊制大將軍位在三公下，至是詔憲位次太傅下，三公上，威震朝廷，刺史守令多出其

門。憲性果急，睚眥之怨，莫不報復，憲弟篤為衛尉，景為執金吾，瓌為侍中奉車都尉，貴盛傾動京師。景尤驕縱，恣其奴客及所屬緹騎強奪人財貨，篡取罪人，妻略婦女，又擅發緣邊諸郡突騎，二千石不待符信，輒承景檄，有司莫敢舉奏。永元二年（西元九〇年），詔封諸舅憲、篤、景、瓌為列侯，憲獨不受封。其秋，憲出鎮涼州，會北匈奴為南匈奴所破，憲欲乘其微弱而滅之。永元三年（西元九一年），憲遣其將耿夔、任尚等將兵出居延塞（甘肅省西北境），擊北單于於金微山（今阿爾泰山），大破之，憲威名益盛。永元四年（西元九二年），憲還京師。憲女壻郭舉得幸於太后，遂共謀害和帝，帝陰知其謀。時朝臣上下莫不附憲，獨中常侍鉤盾令（鉤盾令，少府屬官，典諸近池苑囿遊觀之處）鄭眾謹敏有心計，和帝遂與眾密謀，發兵捕誅竇氏之黨，收憲大將軍印綬，封冠軍侯，與弟篤、景、瓌皆就國，迫令自殺，竇氏宗族及賓客因憲得官者皆免歸鄉里。鄭眾以功遷大長秋，和帝常與議機事，東漢宦官用事自眾始。永元十四年（西元一〇二年），和帝思眾誅竇憲功，封眾為鄭鄉侯。

　　元興元年（西元一〇五年）十二月，和帝崩。帝長子平原王勝有痼疾，而和帝諸子多夭歿，後生者輒秘養於民間。及和帝崩，少子隆生始百餘日，鄧皇后迎立為皇太子，即皇帝位，是為殤帝。鄧后以皇太后臨朝，委政於兄鄧騭，騭即光武功臣禹之孫。延平元年（西元一〇六年），以騭為車騎將軍儀同三司，騭弟悝為虎賁中郎將，弘、閶皆為侍中。是歲，殤帝崩，鄧后與騭、悝等定策立章帝故太子清河王慶之子祜為帝，是為安帝。安帝時年十三，鄧太后臨朝，仍委政於騭。永初二年（西元一〇八年），騭進位為大將軍，位望益尊。騭輔政，頗能推載賢士，故天下歸美。安帝少號聰明，故太后立之，及長，多為不德。安帝乳母見太后久不歸政，慮帝為太后所廢，常與中黃門李閏、江京等譖毀太后於帝，帝忿懼不自安。建光元年（西元一二一年），鄧太后崩，聖、京等與其黨共誣告太后兄弟謀廢立。時鄧氏貴寵無比，兄弟皆封列侯，安帝因令有司奏騭弟悝等大逆無道，皆廢為庶人，惟騭免官遣就國，財產悉籍沒，家屬徙遠郡。騭兄弟皆自殺，騭與子鳳並不食而死。李閏、江京皆以功封侯，並遷中常侍，京兼大長秋，與中常侍樊豐、黃門令劉安、鉤盾令陳達、帝乳母王聖、聖女伯榮競為奢虐。伯榮出入宮掖，傳通賕賂，司徒楊震、尚書翟酺上書極論其姦，安帝皆置不問。

　　鄧氏既黜，安帝擢閻皇后兄顯及顯弟景、燿、晏並為卿校，典禁兵，頗與朝

權。閻氏以太子保非閻后所生，乃與王聖、江京、樊豐等共譖構太子。延光三年（西元一二四年），安帝廢太子保為濟陰王。延光四年（西元一二五年），安帝崩，閻皇后以皇太后臨朝，以兄顯為車騎將軍儀同三司輔政。閻后欲久專國政，貪立幼主，與顯定策迎立章帝子濟北惠王壽之子北鄉侯懿為帝，是為少帝。顯諷有司按誅中常侍樊豐等，徙安帝乳母王聖母子於雁門，以弟景為衛尉，燿為城門校尉，晏為執金吾，兄弟並處權要。少帝立二百餘日而崩，顯與閻太后秘不發喪，謀更徵諸王子入立，而中黃門孫程、王康等宦官十九人共迎立濟陰王保為帝，是為順帝。程等擁順帝登雲臺，召公卿百僚，使虎賁羽林士攻殺顯兄弟，幽閻太后於離宮。明年，閻太后崩。

順帝即位時，年僅十一。陽嘉四年（西元一三五年），以后父梁商為大將軍輔政。商少通經傳，謙恭虛己，好推轂士類，京師翕然稱為良輔。永和六年（西元一四一年），商薨，子冀繼為大將軍輔政。建康元年（西元一四四年），順帝崩，太子炳即位，是為沖帝。沖帝時年二歲，梁皇后以太后臨朝，仍委政於冀。沖帝在位六月，永嘉元年（西元一四五年）正月崩，太尉李固勸冀今當立帝，宜擇年長高明有德能任政事者，冀不從，與梁太后定策立勃海孝王鴻之子纘為帝，是為質帝，時年八歲。鴻父樂安夷王寵，章帝之孫，千乘貞王伉之子。

質帝少而聰慧，嘗目冀為跋扈將軍，冀聞而惡之。永初元年（西元一四六年）閏六月，冀進毒餅，質帝食之而崩。冀召公卿列侯議所立，太尉李固、司徒胡廣、司空趙戒及大鴻臚杜喬皆舉樂安夷王孫清河王蒜。冀惡蒜嚴明，意在蠡吾侯志，固、喬固執前議，冀大怒，奏太后先策免固，眾皆震慄，於是冀立志為帝，是為桓帝。帝父蠡吾侯翼，翼亦章帝之孫，河間孝王開之子。

桓帝即位時年十五，梁太后仍臨朝聽政，冀權勢益盛。冀以妹為桓帝后，國事無大小，皆決於冀。建和元年（西元一四七年），清河人劉文與南郡妖賊劉鮪交通，謀立清河王蒜為天子，事覺，捕文、鮪誅之，蒜坐貶爵為尉氏侯，徙桂陽（治今湖南省郴縣），自殺。冀因誣李固、杜喬與文、鮪等交通，請逮捕按治，太后素知喬忠，不許。冀遂收固下獄，固門生上書訟固冤者數十人，太后詔赦之。冀畏固名德終為己害，復捕之下獄，遂死獄中。

和平元年（西元一五〇年），梁太后歸政於桓帝，翌月而崩。元嘉元年（西元一五一年），詔冀入朝不趨，劍履上殿，謁贊不名，增其封邑為四縣，每朝會，與

三公絕席，十日一入平尚書事以尊寵之。冀威行內外，四方調發，歲時貢獻，皆先輸其善者於冀，其次乃以進天子，吏民齎貨求官請罪者道路相望，百官遷召皆先到冀門謝恩，然後敢詣尚書，於是桓帝積不能平。延熹二年（西元一五九年），梁皇后崩，桓帝與中常侍單超、具瑗、唐衡、左悺、徐璜等謀，使瑗將虎賁羽林士等千餘人與司隸校尉兵共圍冀第，冀與妻孫壽皆自殺，梁氏、孫氏宗族無少長皆被誅，公卿、列校、刺史、二千石以附冀而誅者數十人，冀故吏賓客免黜者三百餘人，單超等五人以功同日封侯，世謂之五侯。

桓帝既誅梁冀，不復信任外戚而委政於宦官，各以養子傳國襲封，親戚黨羽，布據要津，荼毒百姓，虐遍天下。

◆ 清議與黨錮

外戚、宦官以外另一政治勢力為朝廷大臣與太學儒生。東漢崇尚名節，蔚成風氣，士大夫養望自高，形成一個名士集團，立朝則持正為治，在野則譏議時政，其言論往往可以影響當代政治，此即所謂清議。

自質帝以後，太學生日益增盛，至三萬餘人。東漢政治既為外戚、宦官所把持，此輩太學生乃與朝廷守正大臣通聲氣，抨擊朝政，成為清議中心，而為外戚、宦官所忤。自梁冀被誅，外戚勢衰而宦官獨盛，清議抨擊的對象，乃轉而獨向宦官。宦官之勢愈盛，朝政日非，清議益峻，持正論者之名亦愈高，海內希望風旨，如響斯應，惟恐不及，而為其所貶議者，怨恨刺骨，蓄謀積慮，日思有以傾之，因而發生黨錮之禍。

桓帝為蠡吾侯時，受學於甘陵（山東省清平縣南）周福，及即位，擢福為尚書，而同郡房植為河南尹，有名當朝。福字仲進，植字伯武，鄉人為之謠曰：「天下規矩房伯武，因師獲印周仲進。」（後漢書黨錮傳）二家賓客，互相譏誚，各樹朋黨，黨人之議自此始。其後汝南太守宗資任功曹范滂，南陽太守成瑨亦委功曹岑晊，滂字孟博，晊字公孝，二郡又為之謠曰：「汝南太守范孟博，南陽宗資主畫諾；南陽太守岑公孝，弘農成瑨但坐嘯。」（後漢書黨錮傳）流言轉入太學，太學諸生郭泰、賈彪為之冠，與司隸校尉李膺、太尉陳蕃、議郎王暢更相褒重。膺字元禮，蕃字仲舉，暢字叔茂，學中為之語曰：「天下楷模李元禮，不畏強禦陳仲舉，天下俊秀王叔茂。」（後漢書黨錮傳）於是中外承風，競以臧否相尚，自公卿以下，

莫不畏其貶議。時宦官親黨賓客多為不法，滂、晊及太原太守劉瓆、山陽太守翟超、山陽東部督郵張儉、東海相黃浮等輒以法嚴繩之，中常侍侯覽、徐璜等譖訴於桓帝，瑨、瓆下獄死，超、浮並髡鉗輸作左校，晊逃竄獲免。

　　延熹九年（西元一六六年），術士張成教子殺人，李膺督促收捕，既而遇赦獲免，膺竟按殺之，成素以占候之術交通宦官，桓帝亦頗善其占，宦官乃教成弟子上書誣膺等養太學遊士，交結諸郡生徒，更相扇動，共為部黨，誹謗朝廷，疑亂風俗。桓帝大怒，下詔郡國逮捕黨人，李膺及朝臣、名士被捕下獄者二百餘人，其逃遁不獲者皆懸金購募，使者四出，相望於道。陳蕃上書極諫，桓帝託以蕃辟召非其人，策免之。永康元年（西元一六七年），尚書霍諝、后父竇武並為表請解救，乃赦歸田里，仍禁錮終身，史稱黨錮。於是海內希風之流，共相標榜，稱竇武、劉淑、陳蕃為三君，以次曰八俊、八顧、八及、八廚，以方古之八元、八凱。「君者，言一世之所宗也」；「俊者，言人之英也」；「顧者，言能以德行引人者也」；「及者，言其能導人追宗者也」；「廚者，言能以財救人者也。」（後漢書黨錮傳）

　　是歲，桓帝崩，竇皇后以皇太后臨朝。桓帝無子，竇太后與父武定策迎立解瀆亭侯宏為帝，是為靈帝，時年十二。靈帝父萇，萇父淑，淑即河間孝王開之子。自淑以來，世封解瀆亭侯。

　　建寧元年（西元一六八年），太后以父武為大將軍，以故太尉陳蕃為太傅，與武及司徒胡廣參錄尚書事。武既輔政，與蕃同心戮力以獎王室，復徵名賢李膺、杜密、尹勳、劉瑜等，布列朝廷，解除黨禁，天下之士翕然望治。桓帝乳母趙嬈及諸女尚書與中常侍曹節、王甫等共相朋結，諂事太后，太后惑之，以故嬈及節等得竊弄威柄。陳蕃勸竇武白太后，使罷斥諸閹，太后不納。武以朱寓為司隸校尉，劉祐為河南尹，虞祁為洛陽令，使擊諸宦官不法者。其年九月，武出宿歸府，曹節擁桓帝御殿，拜王甫為黃門令，將兵劫太后，奪其璽綬，使宦者鄭颯持節捕武等。武馳入步兵營，與其兄子步兵校尉紹召北軍五營士以討之。陳蕃聞難，將官屬及諸生八十餘人拔刀入宮，至尚書門，與王甫遇，甫使劍士收蕃，送北寺獄，即日殺之。甫將虎賁羽林士合千餘人與武戰於闕下，甫使其士大呼竇武反，先降者有賞。五營士素畏服宦官，稍稍歸甫，自旦至食時，兵降略盡，武、紹走，甫兵追圍之，武、紹皆自殺。徙武、蕃家屬於日南，遷太后於南宮，自公卿以下嘗為武、蕃所舉者及其門生故吏皆免官禁錮，曹節以功封育陽侯，遷大長秋。

宦官疾惡李膺等，每下詔書，輒申黨禁。中常侍侯覽家在防東（山東省金鄉縣西南），殘暴百姓，覽喪母還家，大起塋冢，山陽東部督郵張儉舉奏覽罪，覽遮截其章，竟不得上，於是儉破覽冢宅，籍沒其資財，覽以故深怨之。建寧二年（西元一六九年），覽鄉人朱並承覽意旨，上書告儉與同鄉二十四人別相署號，共為部黨，圖危社稷，而儉為之魁。靈帝下詔捕儉等，儉亡匿，天下重其名行，所至破家相容，儉所經歷止宿，坐匿儉伏重誅者以十數，宗親並殄滅，郡縣為之殘破。於是曹節諷有司奏請復興黨獄，按誅李膺、杜密、范滂及他名士百餘人，妻子皆徙邊，其有儒學行義及平素為宦官所怨者皆被指為黨人，死徙廢禁者又六七百人。熹平元年（西元一七二年），竇太后崩。有人上書言天下大亂，公卿皆尸祿，無有忠言者，宦官大怒，使司隸校尉段熲捕繫太學諸生好為危言深論者至千餘人，一時賢士大夫，誅除略盡。

◆ 黃巾之亂

東漢自和帝以後，宦官外戚擅政，又經桓靈黨錮之禍，民心恨患，而靈帝尤寵信宦官，王甫、曹節等姦虐弄權，奢縱無度，第宅園囿，擬於宮禁。節、甫父兄子弟為卿校牧守令長者不計其數，所在貪暴。甫養子吉為沛相，尤殘酷，凡殺人皆礫尸宣示屬縣，周遍一郡乃止，夏月腐爛，則以繩連其骨，見者無不駭懼。吉視事五年，凡殺萬餘人。甫又使門生於京兆界辜榷官物七千餘萬，京兆尹楊彪發其姦，白於司隸校尉陽球。光和二年（西元一七九年），球伺甫休沐於里舍，奏捕甫及其養子永樂少府萌、沛相吉，送洛陽獄。球自臨考訊，備極楚毒，甫父子悉死杖下。球礫甫尸，盡沒入其財產，妻子皆徙日南。球方欲以次按誅曹節等，節等大恐，皆不敢出沐，乃譖球於靈帝，謂球酷暴，不宜使在司隸，帝乃徙球為衛尉，於是宦官之勢復盛。

靈帝為解瀆亭侯時，常患貧，及即位，每嘆桓帝不能蓄私錢，因置邸於西園，賣官聚錢以為私藏，其價公千萬，卿五百萬，餘自州郡牧守以下各有差，其富者則先入錢，貧者到官而後倍輸，每郡國貢獻，輒命先輸內署，名為導行費。自是內外百官，競為姦利，吏治大壞，鉅鹿人張角乃假宗教迷信扇惑群眾叛變。

角奉事黃老，以符呪為人治病，或時而病癒，眾皆神而信之，於是角廣收徒眾，號其道曰太平道，分遣弟子周行四方，轉相誘惑，十餘年間，徒眾至數十萬。

角部署其眾為三十六方，大方萬餘人，小方六七千人，各置渠帥，訛言蒼天已死，黃天當立。遣大方馬元義先收荊、揚徒眾數萬人，期會於鄴（河南省臨漳縣西）。元義數往來京師，結中常侍封諝、徐奉等為內應，約以甲子歲（即中平元年）三月五日，內外俱起。

中平元年（西元一八四年）春，角弟子唐周上書告變，漢捕馬元義，車裂於洛陽，詔三公及司隸按驗宮省直衛及百姓奉事太平道者皆誅之，殺千餘人。角知事敗露，晨夜馳敕諸方，一時俱起，皆著黃巾為標幟，故時人謂之黃巾賊，所在燔燒官府，劫略邑聚，旬月之間，天下響應。角自稱天公將軍，角弟寶稱地公將軍，寶弟梁稱人公將軍，亂事遍及青、徐、幽、冀、荊、揚、兗、豫八州，京師震動。靈帝以何皇后兄進為大將軍，率羽林及五營士屯都亭（都亭在洛陽），置函谷（河南省新安縣東北）、太谷（洛陽東）、廣成（洛陽南）、伊闕（洛陽西南）、轘轅（河南省偃師縣東南）、旋門（河南省汜水縣西南）、孟津（河南省孟縣南）、小平津（孟縣北）八關都尉以衛京師。

靈帝問計於中常侍呂強，強請赦黨人，誅左右貪濁者，則盜自平。靈帝從之，赦天下黨人，諸徙邊者皆放還鄉里，惟張角不赦。遣北中郎將盧植討角，左中郎將皇甫嵩、右中郎將朱儁討潁川黃巾。嵩、儁將四萬餘人討潁川，賊帥波才與儁戰，敗之，圍嵩於長社（河南省許昌縣），嵩自城中鼓譟出擊，賊眾駭亂驚走，大破之，斬首數萬級。嵩、儁乘勝進討汝南、陳國，並破之，餘賊降散，三郡悉平。賊帥張曼成屯宛下，南陽太守秦頡擊斬之，其餘黨更擁趙弘為帥，眾復盛，至十餘萬，據宛城，儁引兵擊弘，斬之。賊帥韓忠復據宛，弘餘眾皆奔赴之，忠出擊儁，儁大破之，斬首萬餘級，忠為頡所殺。賊餘眾復奉孫夏為帥，還屯宛，儁攻拔宛城，孫夏走，儁追至西鄂（河南省南召縣南）之精山，復破之，斬首萬餘級。其餘州郡黃巾為漢兵所誅，一郡輒數千人。盧植亦連戰破張角，角與弟梁走保廣宗（河北省威縣東），植築圍鑿塹，防其奔逸，造雲梯以攻城。靈帝遣小黃門左豐視軍，或勸植賂豐，植不肯，豐還，譖植於帝，帝怒，檻車徵植，遣東中郎將董卓代植討角，無功。時皇甫嵩已破黃巾於長社，復破之於蒼亭（山東省范縣境），乃詔嵩代卓討之。其年十月，嵩大破張梁於廣宗，殺梁，黃巾戰死者三萬餘人，赴河死者五萬餘人。角先已病死，剖棺戮尸，傳首京師。十一月，嵩進攻角弟寶於下曲陽（河北省晉縣西），斬之，殺獲十餘萬人，黃巾悉平。然自張角之亂，所

在盜賊並起，其著者有張牛角、褚飛燕等，凡數十股，大者二三萬人，小者六七千人。中平二年（西元一八五年），牛角、飛燕合軍攻廮陶（河北省寧晉縣西南），牛角中流矢死，臨終令其眾奉飛燕為帥，改姓張。飛燕初名燕，輕勇趫捷，故軍中號曰飛燕，山谷寇賊多附之，眾至百萬，號曰黑山賊，河北郡縣並受其害，朝廷不能討。

　　黃巾亂平後，靈帝仍斂財不已，中常侍張讓、趙忠說帝斂天下田畝稅十錢以修宮室，名曰修宮錢，刺史、二千石到職，皆令出修宮錢，大郡至二三千萬。靈帝又造萬金堂於西園，以司農金錢繒帛充積其中，又寄藏小黃門、常侍家錢各數千萬，買田宅、起第觀於河間，吏治大壞。

◆ 漢末的分裂

　　中平五年（西元一八八年），初置西園八校尉，曰上軍校尉、中軍校尉、下軍校尉、典軍校尉、助軍左校尉、助軍右校尉、左校尉、右校尉，皆統於小黃門蹇碩。是歲，太常劉焉以四方寇起，由刺史權輕，事權不一，請改置州牧，選朝廷清望重臣以居其任，授以統治郡國之權。靈帝從其議，出焉為益州牧，太僕黃琬為豫州牧，宗正劉虞為幽州牧，其後諸州或稱牧，或稱刺史，權任略等，於是州權大重，漸至不能控御。

　　中平六年（西元一八九年），靈帝崩，子辯立，是為少帝，何皇后以太后臨朝，以後將軍袁隗為太傅，與大將軍何進參錄尚書事。隗雖參錄，而大權實秉於進。少帝為何后所生，而靈帝王美人生陳留王協，王美人有寵於靈帝，何后酖殺之，協養於靈帝生母董太后，故得保全。靈帝臨崩，屬協於蹇碩，碩謀誅進而立協為帝，事洩未果，及進輔政，遂殺碩。時董太后兄子重為驃騎將軍，宦官挾以為黨助，而董后亦欲倚其勢干預政事，進乃發兵圍驃騎將軍府，稱詔收重，重自殺，董后憂怖而崩，於是大權盡歸何氏。

　　何進有信臣袁紹，紹字本初，為司徒袁安之後。安子敞官至司空，敞兄京子湯為太尉，湯子逢為司空，逢弟隗為太傅，紹即逢之庶子，凡四世五公，為東漢巨室，貴盛無比。紹勸進盡誅宦官，為天下除患。進入白何后，請盡罷宦官，以三署郎代之（三署謂五官、左、右署，各置中郎將，屬光祿勳），何后不從，而進素敬憚宦官，依違不能決。紹復為進畫策，令多召四方猛將及諸豪傑，使並引兵

向京師以脅太后，進乃召前將軍董卓自河東將兵入衛，又以紹為司隸校尉，使擊宦官之不法者。何后命宦官詣進謝罪，紹勸進因便盡誅之，進猶豫不能決。紹又矯宣進意，為書告諸州郡，命捕按宦官親屬。進積謀既久，頗洩，宦官懼而思變，乃矯何后詔，召進入宮，伏兵殺之，紹於是勒兵入宮，誅宦官二千餘人。

董卓本張奐部將，從奐討叛羌，復從皇甫嵩討關隴群盜，積功累官前將軍。中平六年（西元一八九年），靈帝徵卓入為少府，卓見漢政衰亂，不奉詔，駐兵河東以觀變，朝廷不能制。及受何進召，乃將兵入洛陽，未至而進已死，卓遂併進部曲，兵勢大盛，專制朝政。卓與群臣議廢立，袁紹意與卓忤，出奔冀州，於是卓鴆殺何后，廢少帝辯為弘農王而立陳留王協，是為獻帝。卓以袁家貴盛，欲籠絡之，以紹為勃海太守，紹乃據勃海起兵討卓，自號車騎將軍，領司隸校尉，關東州郡一時並起，奉紹為盟主，長沙太守孫堅、後將軍袁術、奮武將軍曹操皆在其中。紹與冀州牧韓馥遣使奉章詣幽州牧劉虞，欲立虞為帝，虞不敢受。

孫堅字文臺，吳郡富春（浙江省富陽縣）人，少為縣吏，以勇略聞。嘗募兵與州郡討破會稽妖賊許昌，黃巾亂起，從皇甫嵩、朱儁擊破黃巾於宛城，復從司空張溫討涼州叛羌，以功拜議郎，出為長沙太守。袁術字公路，紹之弟，司空逢之嫡子，少舉孝廉，累遷河南尹、虎賁中郎將，董卓將行廢立，以術為後將軍。術畏卓之禍，出奔南陽，會孫堅擊破南陽太守張咨，引兵從術，術遂據有南陽郡。曹操字孟德，沛國譙人，父嵩，官至太尉。嵩為中常侍曹騰養子，因冒姓曹，世不知其生出本末，或云為夏侯氏之子。操少機警有權術，年二十，舉孝廉為郎，除洛陽北部尉，遷頓丘令，徵拜議郎，黃巾亂起，拜騎都尉，以討賊功遷濟南相，徙東郡太守，不就，稱疾歸鄉里。靈帝末，置西園八校尉，徵操為典軍校尉。董卓廢少帝而立獻帝，表操為驍騎校尉，欲與計事，操乃變易姓名，間行東歸，至陳留（河南省陳留縣），散家財，合義兵，與關東群雄共奉紹為盟主以討卓，紹以操行奮武將軍。

董卓聞關東兵起，殺太傅袁隗、太僕袁基及袁氏宗族數十人。卓以紹兵勢盛，謀遷都以避之。初平元年（西元一九〇年），卓鴆殺弘農王，焚洛陽宮室，發諸帝陵及公卿以下冢墓，收其寶貨，遷獻帝及關東民數百萬口西入長安，自將大軍屯洛陽以禦紹。時紹與河內太守王匡屯河內，豫州刺史孔伷屯潁川，冀州刺史韓馥屯鄴，餘軍俱壁酸棗（河南省延津縣北）。紹等諸軍畏卓之強，莫敢先進，惟曹操

引兵欲西取成皋，為卓將徐榮所敗，還屯河內。

初平二年（西元一九一年），孫堅擊破卓將胡軫於陽人（河南省臨汝縣），斬其將華雄，進軍大谷（河南省洛陽縣南），與卓戰於洛陽南，卓敗走，分兵屯陝（河南省陝縣）以遏東兵，自引兵還長安。堅入洛陽，修復諸陵，引軍還屯魯陽（河南省魯山縣），而盟軍轉相猜疑，州郡務相兼并以自廣，同盟由是互解。

袁紹在河內，豪傑多歸之，韓馥忌紹，陰貶損其軍糧，欲離散紹眾。紹客逢紀教紹以書與劉虞將公孫瓚，令瓚引兵取冀州，瓚遂引兵而南，外託討卓，陰欲襲馥。馥與戰不利，紹復使馥所親荀諶勸馥以冀州讓紹以拒瓚，馥性懦怯，從之，紹遂據有冀州。曹操亦引兵入東郡，逐太守王肱，紹因表操為東郡太守。是歲，袁術使孫堅將兵擊荊州刺史劉表，圍襄陽（荊州時治襄陽），表夜遣其將黃祖潛出發兵，祖將兵欲還，堅迎擊之，祖敗走峴山（湖北省襄陽縣南），堅乘勝夜追祖，為祖兵所射殺。

董卓既返長安，自為太師，號尚父，政由己出，公卿以下見卓皆拜。卓又築塢於郿（陝西省郿縣北），號曰郿塢，高與長安城等，積穀可食三十年，嘗云事成雄據天下，不成守此足以終老，司徒王允甚疾之。卓有愛將呂布，膂力過人，閑習弓馬，時人號為飛將。卓待人無禮，恐為人所刺，行止常以布自隨，相誓為父子。卓性褊急，布嘗小失意於卓，卓拔手戟擲布，布趫捷，避之得免。布為卓遜謝，卓意亦解，然布由是怨卓。布并州五原人，而王允并州太原人，與布同州里，常相過從，允乃傾心與布相結，謀藉布力以誅卓。卓常使布守中閣，布與卓侍婢通，恐事洩，心不自安，訴之於允，允乃誘布刺卓以自全。初平三年（西元一九二年）四月，獻帝疾初癒，會群臣於未央殿，卓入朝，至掖門，為布所殺。獻帝以允錄尚書事，布為奮威將軍，封溫侯，共秉朝政。

卓初遣其婿牛輔將兵屯陝，輔遣其將李傕、郭汜、張濟東略陳留、潁川二郡。卓死，布發兵擊輔，輔性恇怯，夜棄營走，為左右所殺。及傕等還，輔已死，眾無所依，欲各散歸。時百姓訛言王允將盡誅卓部曲，傕等大恐，遂用卓策士賈詡謀，勒兵西向，至長安，眾十餘萬，與卓故將樊稠等合兵圍長安。呂布戰敗，將兵東出關，傕等遂破長安，殺王允。傕與汜、稠共秉朝政，濟出屯弘農（河南省靈寶縣南）。

傕、汜、稠相與矜功爭權，稠勇而得眾，傕尤忌之。稠欲率兵東出關，從傕

求益兵。興平二年（西元一九五年），傕請稠會議，於坐殺稠而併其眾。傕、汜情好甚密，傕數設酒請汜，汜妻恐汜惑於傕婢妾，思有以閒之。會傕以食饋汜，汜妻和毒於食，擿以示汜，於是傕、汜轉相猜疑，鬥於長安城中。傕挾天子為質，汜挾公卿為質，傕部將楊奉謀誅傕，事洩，遂將所部叛傕，別為一營。時長安大亂，焚毀殘破，張濟出為傕、汜和解，獻帝乃得自傕營出依奉東出關。傕、汜尋悔，復合兵追奉，及於弘農。傕等縱兵殺戮公卿，奉乘亂奉獻帝走安邑。建安元年（西元一九六年），自安邑渡河入洛陽。

　　時洛陽宮室焚毀殆盡，百官無署廨，尚書郎以下皆自出樵採，或至餓死，而州郡各擁重兵，未有勤王者。於時袁紹據冀州，曹操據兗州，並徇定豫州，其勢最強。紹謀臣沮授勸紹奉迎天子，紹以獻帝之立非己意，不從，操乃迎獻帝都許（河南省許昌縣西南），挾天子以令諸侯，於是州郡牧守各據地獨立，漢朝名存而實亡。

第七章　漢代的武功

一、北伐匈奴

◆ 匈奴的強盛

　　匈奴自被秦始皇帝討伐遠遁，中國北方得到十餘年的寧靖。匈奴君長號曰單于，妻曰閼氏。楚漢之際，匈奴單于頭曼乘中國內亂，南下略取河南地，東鄰東胡，西界月氏，其勢復盛。頭曼有太子名曰冒頓，而頭曼愛後閼氏，生少子，欲廢冒頓而立少子，使冒頓為質於月氏，復引兵急擊月氏，月氏欲殺冒頓，冒頓盜其駿馬亡歸，頭曼壯之，令將萬騎。冒頓乃作鳴鏑，令其騎隨鳴鏑所射而射，久之，冒頓以鳴鏑自射其駿馬及愛妻，從騎不敢射者皆斬之，既而冒頓以鳴鏑射頭曼所騎駿馬，從騎皆隨而射之，於是遂射殺頭曼，並殺後母與弟及群臣之不從命者，自立為單于，東滅東胡，西破月氏，服役西域諸國，南併樓煩、白羊諸部，盡復蒙恬所奪匈奴故地，拓疆南至朝那（甘肅省平源縣西北）、膚施（陝西省綏德縣東南），侵略燕代，有控弦之士三十餘萬，稱雄北方，予漢朝以極大的威脅。

　　匈奴內部情形，在冒頓以前罕為世知，冒頓以後，與漢接觸頻繁，始為漢人所了解。據漢書記載，單于是形容詞，以形容天的廣大，因轉為君主的稱號❶。單于以下，諸部分治，各有君長，其官號最尊者為左右賢王，以次為左右谷蠡、左右大將、左右大都尉、左右大當戶、左右骨都侯，凡二十四長，大者統萬餘騎，小者數千騎，故其政治形態係諸部共權的貴族政治。諸酋豪各有分地，諸以左為稱者自左賢王以下皆居東方，當漢上谷（河北省西北部及察哈爾省南部）以東，與朝鮮相接，諸以右為稱者自右賢王以下皆居西方，當漢上郡（陝西省北部）以西，與氐羌相接，單于居中部，當漢代郡（山西省北部）、雲中（綏遠省東南部）以北。單于所居曰單于庭，一曰龍城（今和林，在蒙古庫倫之西），為匈奴諸部大會祭天之所。諸部以左右賢王、左右谷蠡為最大，匈奴尚左，謂賢為屠耆，故又

❶　漢書匈奴傳：「單于者，廣大之貌也，言其象天單于然也。」

稱左右賢王為左右屠耆王，而常以太子為左賢王。此外又有休屠王、昆邪王、日逐王諸號，以統治匈奴新征服地區，如休屠王、昆邪王皆居今甘肅省中部，統治月氏故地，日逐王則居西方，統領西域服屬諸國。

漢初，冒頓單于率匈奴南侵，圍韓王信於馬邑，韓王信以馬邑降，冒頓乘勝南下，兵鋒直抵晉陽（山西省太原縣），高帝自將精兵三十餘萬北擊匈奴，為匈奴圍困於平城（山西省大同縣）附近的白登山，食盡援絕，用陳平奇計始得脫險。當時匈奴國勢極盛，其領土東起遼東，西包天山，北抵今貝加爾湖，南至今山西、陝西二省北部，並據有甘肅省大部。高帝知漢國力尚不能與匈奴對抗，乃納劉敬建議，採取和親政策，以宗女為公主嫁與冒頓為妻，並賂以金帛，北方始暫得安寧。

呂后臨朝，冒頓益加跋扈，曾致書以嫚嬫呂后，呂后卑辭以報，其事遂解❷，而匈奴仍寇邊不已。文帝時，冒頓死，子老上單于立，漢仍採和親政策，以宗女妻之，然匈奴仍時常入犯。文帝十四年（西元前一六六年），匈奴十四萬騎自朝那、蕭關（甘肅省固原縣東南）入侵，殺北地都尉卬，遂至彭陽（甘肅省鎮原縣東），候騎直抵甘泉（陝西省淳化縣西北甘泉山），距長安二百里，漢朝大震，發車千乘、騎卒十萬軍長安旁以備胡，匈奴留塞內月餘乃去，漢嚴防之而已，不敢出擊。

自文帝至於景帝，匈奴屢次內犯，殺掠邊民無算，當時名臣如賈誼、鼂錯皆力主伐胡。鼂錯且就雙方形勢詳加分析，而提出具體應付方法。戰略方面，主張募民實邊，為之置產，訓以武事，習其地形，使為保產而戰，並以爵賞鼓勵人民輸粟塞下以充軍糧❸；戰術方面，於平地應以漢軍所擅長的陣地戰以制胡騎的馳

---

❷　漢書匈奴傳：「孝惠、高后時，冒頓寖驕，迺為書使使遺高后曰：『孤僨之君，生於沮澤之中，長於平野牛馬之域，數至邊境，願遊中國。陛下獨立，孤僨獨居，兩主不樂，無以自娛，願以所有易其所無。』高后大怒，召丞相平及樊噲、季布議斬其使者，發兵而擊之。樊噲曰：『臣願得十萬眾，橫行匈奴中。』問季布，布曰：『噲可斬也。前陳豨反於代，漢兵三十二萬，噲為上將軍。時匈奴圍高帝於平城，噲不能解圍，天下歌之曰：平城之下亦誠苦，七日不食，不能彀弩。今歌唫之聲未絕，傷痍者甫起，而噲欲搖動天下，妄言以十萬眾橫行，是面謾也。且夷狄譬如禽獸，得其善言不足喜，惡言不足怒也。』高后曰：『善。』令大謁者張澤報書曰：『單于不忘敝邑，賜之以書，敝邑恐懼，退日自圖，年老氣衰，髮齒墮落，行步失度，單于過聽，不足以自汙，敝邑無罪，宜在見赦。竊有御車二乘，馬二駟，以奉常駕。』」

突，於險阻則以降胡及西北邊郡的騎士以當匈奴的騎兵 ❹。文帝對賈誼及鼂錯的

❸　鼂錯說文帝曰：「胡人衣食之業不著於地，其勢易以擾亂邊境。何以明之？胡人食肉飲酪，
　　衣皮毛，非有城郭田宅之歸居，如飛鳥走獸於廣野，美草甘水則止，草盡水竭則移，……
　　……往來轉徙，時至時去，此胡人之生業而中國之所以離南畮也。今使胡人數處轉牧行獵
　　於塞下，……以候備塞之卒，卒少則入，陛下不救則邊民絕望而有降敵之心，救之少發
　　則不足，多發遠縣纔至則胡又已去，聚而不罷，為費甚大，罷之則胡復入，如此連年，
　　則中國貧苦而民不安矣。陛下幸憂邊境，遣將吏發卒以治塞，甚大惠也。然令遠方之卒
　　守塞，一歲而更，不知胡人之能，不如選常居者家室田作，且以備之，以便為之高城深
　　塹，具藺石，布渠答，復為一城，其內城間百五十步。要害之處，通川之道，調立城邑，
　　毋下千家，為中周虎落，先為室屋，具田器，迺募罪人及免徒復作令居之。不足，募以
　　丁奴婢贖罪及輸奴婢欲以拜爵者；不足，迺募民之欲往者；皆賜高爵，復其家，予冬夏
　　衣廩食，能自給而止。……胡人入驅而能止其所驅者以其半予之，縣官為贖其民，如是
　　則邑里相救助，赴胡不避死，……此與東方之戍卒不習地勢而心畏胡者功相萬也。」又曰：
　　「古之徙遠方以實虛曠也，相其陰陽之和，嘗其水泉之味，審其土地之宜，觀其草木之
　　饒，然後營邑立城，製里割宅，通田作之道，正阡陌之界，先為築室家，有一堂二內門
　　戶之閉，置器物焉。民至有所居，作有所用，此民所以輕去故鄉而勸之新邑也。為置醫
　　巫以救疾病，以脩祭祀，男女有昏，生死相恤，墳墓相從，種樹畜長，室屋完安，此所
　　以使民樂其處而有長居之心也。……古之制邊縣以備敵也，使五家為伍，伍有長；十長
　　一里，里有假士；四里一連，連有假五百；十連一邑，邑有假候。皆擇其邑之賢材有護，
　　習地形，知民心者，居則習民於射法，出則教民於應敵，故卒伍成於內則軍政定於外。
　　服習以成，勿令遷徙，幼則同遊，長則共事，夜戰聲相知則足以相救，晝戰目相見則足
　　以相識，驩愛之心足以相死。如此而勸以厚賞，威以重罰，則前死不還踵矣。」（漢書鼂
　　錯傳）錯又曰：「方今之務，莫若使民務農而已矣。欲民務農在於貴粟，貴粟之道在於使
　　民以粟為賞罰。今募天下入粟縣官，得以拜爵，得以除罪，如此富人有爵，農民有錢，
　　粟有所渫。夫能入粟以受爵，皆有餘者也，取於有餘以供上用，則貧民之賦可損，所謂
　　損有餘補不足，令出而民利者也。……爵者，上之所擅，出於口而亡窮；粟者，民之所
　　種，生於地而不乏。夫得高爵與免罪，人之所甚欲也，使天下入粟於邊以受爵免罪，不
　　過三歲，塞下之粟必多矣。」（漢書食貨志）
❹　鼂錯說文帝曰：「小大異形，彊弱異勢，險易異備。夫卑身以事彊，小國之形也；合小以
　　攻大，敵國之形也；以蠻夷攻蠻夷，中國之形也。今匈奴地形技藝與中國異，上下山阪，
　　出入溪澗，中國之馬弗與也；險道傾仄，且馳且射，中國之騎弗與也；風雨罷勞，飢渴
　　不困，中國之人弗與也；此匈奴之長技也。若夫平原易地，輕車突騎，則匈奴之眾易撓
　　亂也；勁弩長戟，射疏及遠，則匈奴之弓弗能格也；堅甲利刃，長短相雜，遊弩往來，

建議，都表示採納，但當時漢朝國力未充，專務休養息民，直至武帝時代，纔開始對匈奴作大舉的出擊。

◆ 武帝的北伐

武帝時，經過文、景二朝的休養，國力殷富，士馬強盛，乃決心湔雪前恥，籌劃北征，並遣張騫出使西域，廣結同盟。

漢對匈奴作大規模的軍事行動始自元光二年（西元前一三三年）。馬邑豪民聶壹因大行王恢向武帝獻伏兵誘擊匈奴之計，武帝納其議，遣聶壹詐降，誘匈奴南侵，伏大軍三十餘萬眾於馬邑附近山谷中，以御史大夫韓安國、衛尉李廣、太僕公孫賀、大行王恢、太中大夫李息為將。匈奴軍臣單于率十萬騎而南，至距馬邑百餘里，獲漢雁門尉史，得知漢朝陰謀，迅速退走，漢軍追之不及，王恢以首謀無功，下獄自殺。自是匈奴與漢絕和親，漢亦改變戰略，屢遣大軍出擊。終武帝之世，漢軍屢次出塞，予匈奴以重大打擊。

元光六年（西元前一二九年），武帝遣車騎將軍衛青出上谷，騎將軍公孫敖出代，輕車將軍公孫賀出雲中，驍騎將軍李廣出雁門，各將萬騎分道出擊匈奴。敖、廣為匈奴所敗，賀無所得，獨青深入至龍城，斬獲七百人。

元朔元年（西元前一二八年），武帝復遣青將三萬騎出雁門，將軍李息出代郡擊匈奴，斬獲數千人。

元朔二年（西元前一二七年），武帝復遣青、息出雲中，至高闕，遂西至符離（高闕塞、符離塞俱在今內蒙古鄂爾多斯右翼界內），斬獲數千人，獲羊百餘萬頭，收河南地，置為朔方郡及五原郡，修復秦時蒙恬所築塞，因河以為固。

元朔五年（西元前一二四年），武帝復令青將六將軍，兵十餘萬人北伐胡。青出高闕，遊擊將軍蘇建、彊弩將軍李沮、騎將軍公孫賀、輕車將軍李蔡出朔方，

什伍俱前，則匈奴之兵弗能當也；材官騶發，矢道同的，則匈奴之革笥木薦弗能支也；下馬地鬥，劍戟相接，去就相薄，則匈奴之足弗能給也；此中國之長技也。以此觀之，匈奴之長技三，中國之長技五。……今降胡義渠蠻夷之屬來歸誼者其眾數千，飲食長技與匈奴同，可賜之堅甲絮衣勁弓利矢，益以邊郡之良騎，令明將能知其習俗和輯其心者，以陛下之明約將之，即有險阻，以此當之，平地通道則以輕車材官制之。兩軍相為表裏，各用其長技，衡加之以眾，此萬全之術也。」（漢書鼂錯傳）

將軍李息、張次公出右北平。青所將凡三萬騎，當匈奴右賢王兵，右賢王以為漢兵不能至，飲酒醉，不為防備。漢兵出塞六七百里，夜圍右賢王，右賢王大驚，將百餘騎潰圍北去，漢軍追之不能及。是役青凡擄獲右賢王所屬裨王十餘人，男女一萬五千餘人，畜數十百萬而還，武帝遣使持大將軍印即軍中拜青為大將軍。

元朔六年（西元前一二三年），武帝復使大將軍衛青率中將軍公孫敖、左將軍公孫賀、前將軍趙信、右將軍蘇建、後將軍李廣、彊弩將軍李沮等，凡十餘萬騎，出定襄（綏遠省南部），斬首數千級，還休士馬於定襄、雲中、雁門，既而復出，北逾沙漠以擊匈奴，殺獲萬餘人。而建與信并軍，將三千餘騎與伊稚斜單于兵遇，漢軍與戰，死傷且盡，信盡將其所餘八百騎降匈奴，建脫身亡歸。信教匈奴於寘顏山築城積聚，名曰趙信城。

元狩二年（西元前一二一年），武帝遣驃騎將軍霍去病出隴西，過焉支山（甘肅省山丹縣東）千餘里，與匈奴鏖戰於皋蘭山（甘肅省導河縣西南）下，斬首八千餘級，得休屠王祭天金人。

其夏，復遣去病與合騎侯公孫敖出北地，博望侯張騫與郎中令李廣出右北平，各將兵異道擊匈奴。廣與匈奴左賢王遇，左賢王圍廣，廣殺匈奴三千餘人而盡亡其所將四千人，脫身亡歸。敖、騫皆失期無功，惟去病出塞二千餘里，至祁連山，殺匈奴三萬餘人，擄其名王以下二千五百餘人。其秋，匈奴單于以昆邪、休屠二王居西方，數為漢所敗，欲召誅之，昆邪、休屠王恐，謀降漢，武帝遣去病將兵迎之。既而休屠王悔，昆邪王殺休屠王，并將其眾凡四萬餘人降漢，漢於隴西、北地、上郡、朔方、雲中塞外置五屬國以處之，以屬國都尉統其降眾，遂取河西地，置為武威、酒泉二郡。其後元鼎六年（西元前一一一年），復分武威置張掖郡，分酒泉置敦煌郡，是為河西四郡。

元狩四年（西元前一一九年），武帝復命大將軍衛青、驃騎將軍霍去病各將五萬騎出擊，步兵接騎兵後而出者數十萬人，騎所從私負馬凡十四萬匹。青自定襄出塞千餘里，與伊稚斜單于兵遇，漢兵奮擊，縱左右翼圍單于，單于自度不能敵，與數百騎潰圍向西北馳去，漢軍斬獲凡一萬九千人，逐北至寘顏山趙信城，焚其積聚而還。去病自代出塞二千餘里，越大漠，與匈奴左賢王戰，大破之，斬獲七萬餘人，左賢王遁去，去病封狼居胥山，禪姑衍（皆在大漠之北）而還。自是匈奴遠遁而漠南無王庭，漢渡河自朔方以西至令居（甘肅省平番縣西北），通渠墾田，

發田官吏卒屯守。是役漢軍戰死者亦數萬人，馬死者十餘萬匹。

　　太初元年（西元前一○四年），匈奴大雨雪，畜多饑寒致死，而匈奴詹師盧單于年少，好殺伐，其左大都尉謀欲殺單于降漢，漢因使因杅將軍公孫敖築受降城（綏遠省烏喇特旗北）於九原北塞外，左大都尉以為遠。太初二年（西元前一○三年），武帝以浞野侯趙破奴為浚稽將軍，將二萬騎期至浚稽山（外蒙古喀爾喀土喇河與鄂爾渾河之間）迎左大都尉，破奴既至而左大都尉謀洩，為詹師盧單于所誅，單于發兵擊破奴，破奴殺獲數千人而還，未至受降城四百里，匈奴八萬騎追圍之，生擒破奴，漢軍盡沒。

　　天漢二年（西元前九九年），武帝遣貳師將軍李廣利將三萬騎至酒泉，騎都尉李陵別將步兵五千人出居延,因杅將軍公孫敖出西河(綏遠省鄂爾多斯左翼前旗)，凡三道北擊匈奴。廣利與右賢王戰於天山（即祁連山，匈奴謂天曰祁連），殺獲萬餘人。匈奴大發兵圍漢軍，漢兵戰死者什六七，廣利幾不得脫。敖引兵至涿邪山（外蒙古西部），無所得而還。陵出居延，北行三十日，至浚稽山，與匈奴且鞮侯單于遇。匈奴約三萬騎圍陵軍，陵率軍直前搏戰，殺匈奴數千人，單于大驚，悉召諸部兵八萬餘騎攻之。陵力戰，引軍南走，復殺匈奴數千人。匈奴迫之，陵軍陷峽谷中，兵食俱盡，斬車輻為兵以戰，至距居延塞百餘里，為匈奴追及，陵遂降，漢軍得脫入塞者僅四百餘人。

　　天漢四年（西元前九七年），武帝遣貳師將軍李廣利將騎兵六萬、步兵七萬出朔方，強弩都尉路博德將萬餘人別道與廣利會，遊擊將軍韓說將步兵三萬人出五原，因杅將軍公孫敖將騎兵萬人、步兵三萬人出雁門，合步騎二十餘萬分道北伐。匈奴聞漢軍大出，徙其輜重於余吾水（直朔方之北，匈奴北境）北，且鞮侯單于將十萬騎陣於水南與廣利戰，廣利與單于連鬥十餘日，解而引歸。韓說無所得，敖與左賢王戰，不利，亦引還。

　　征和三年（西元前九○年），武帝復遣貳師將軍李廣利將七萬人出五原，御史大夫商丘成將二萬人出西河，重合侯馬通將四萬騎出酒泉。匈奴聞漢兵復出，悉遣其輜重北徙。成北至浚稽山，匈奴狐鹿孤單于使大將及李陵將三萬餘騎追擊漢軍，轉戰九日，漢兵衝鋒陷陣，殺傷匈奴甚眾，匈奴不利引去。通軍至天山，匈奴大將偃渠將二萬餘騎要擊，見漢兵強盛，引還，以故通無所得失。廣利將兵出塞，匈奴使右大都尉與其貴臣衛律將五千騎要擊漢軍於夫羊句山（今地未明）山

峽，廣利擊破之，漢軍乘勝逐北，渡郅居水，匈奴左賢王、左大將將二萬騎與漢軍戰，漢軍擊破之，殺左大將，漢軍亦疲困，引還至燕然山（即杭愛山，在外蒙古三音諾顏境），單于自將五萬騎遮擊之，漢軍大潰，廣利遂以其軍降於匈奴。

　　武帝討伐匈奴雖然付出極大的代價，而匈奴的損失也極慘重。自元光六年至元狩四年（西元前一二九年至西元前一一九年）的十年間，匈奴被斬獲及投降者二十萬人，匈奴畜產因戰爭為漢軍所獲者動輒數十百萬，又因漢軍追擊，牛馬疲於奔避而死及流產者極眾，故無論人口或經濟，皆使匈奴感到困敝。

◆ 匈奴的降服

　　宣帝時，漢朝國力逐漸恢復，對匈奴再度用兵。本始年間，匈奴出兵侵擊漢的與國烏孫，烏孫立國於今新疆省伊犁河及特克斯河流域，請援於漢。漢兵五道並出，祁連將軍田廣明將四萬餘騎出西河，度遼將軍范明友、前將軍韓增、蒲類將軍趙充國、虎牙將軍田順各將三萬餘騎出張掖、雲中、酒泉、五原，復遣常惠為校尉持節監護烏孫兵，共擊匈奴。匈奴聞漢兵大出，驅畜產遠遁，故漢軍少有斬獲，惟常惠所監烏孫兵斬獲匈奴名王以下四萬人，牲畜七十餘萬頭。其冬，匈奴復擊烏孫，會大雨雪，凍餒而死者數萬人，於是匈奴鄰國起而乘其弊，丁零攻其北，烏桓入其東，烏孫擊其西，匈奴因戰爭及饑餓而死者什居其三，畜產損耗殆半，匈奴由是虛弱。既而匈奴復大饑，人民畜產死者什六七，其勢益衰。

　　神爵年間，匈奴日逐王先賢撣與握衍朐鞮單于有隙，率其眾數萬騎歸漢。前單于子稽侯狦自立為呼韓邪單于，起兵討握衍朐鞮單于，握衍朐鞮單于兵敗自殺，於是匈奴內亂不已，凡五單于並立，即呼韓邪單于、屠耆單于、呼揭單于、車犂單于、烏藉單于。五鳳二年（西元前五六年），呼韓邪單于擊滅四單于，統一五部，入據單于庭，然破敝之餘，眾僅數萬。未幾匈奴復分為三部，閏振單于自立於西方，郅支骨都侯單于自立於東方。五鳳四年（西元前五四年），閏振單于東擊郅支單于，兵敗被殺，郅支單于併其眾，進攻呼韓邪單于，呼韓邪單于敗走，郅支單于遂入居單于庭。甘露二年（西元前五二年），呼韓邪單于引兵南至五原塞下，請降於漢，並願入朝。甘露三年（西元前五一年），呼韓邪單于入朝，自稱藩臣。漢遣呼韓邪單于歸國，呼韓邪單于自請留居塞下，為漢保塞，漢徙其眾於五原塞下，從此匈奴淪為漢的藩屬。

　　元帝時，郅支單于擊滅丁零、烏揭（在丁零南）、堅昆（新疆省哈密縣西北）諸國，移都堅昆，國勢復盛，殺漢使谷吉，恐漢伐之，會康居（在烏孫之西，據今蘇俄中亞之地）為烏孫所困，遣使迎郅支單于以制之，郅支單于遂率眾西徙康居。建昭三年（西元前三六年），漢西域都護甘延壽與副校尉陳湯發西域諸國及漢兵四萬人攻殺郅支單于，於是匈奴為呼韓邪單于所統一。竟寧元年（西元前三三年），呼韓邪單于入朝，元帝以宮女王嬙賜單于為閼氏。

◆ 匈奴的叛亂與東漢的北伐

　　自呼韓邪單于降漢，北邊寧靖達六十餘年，直至王莽時代，因改易單于封號及印信而引起匈奴的叛亂。時匈奴經長期休養，國力強盛，王莽遣兵往討，連兵不解。東漢初年，北方割據群雄如彭寵、盧芳等亦倚匈奴為援，侵擾中國北邊。

　　光武帝建武間，匈奴大饑，人畜死耗過半，烏桓乘敝擊之，匈奴北徙數千里，國勢大削。匈奴日逐王自立為南單于，遣使詣闕，奉藩稱臣，於是匈奴分裂為南北二部。南單于數與北單于戰，不利。建武二十六年（西元五十年），漢徙南單于之眾居西河之美稷（綏遠省鄂爾多斯中旗）。南單于亦助漢捍禦北邊諸郡，北單于恐漢伐之，頗還所掠漢民，並求和親，漢朝不許。

　　明帝時，北匈奴寇邊不已，並遣使求互市，漢朝厭其寇掠，許之。南匈奴怨漢與北匈奴交通，陰謀聯北匈奴叛漢，漢朝知其謀，置度遼營於五原以隔絕南北匈奴的交通。而北匈奴寇鈔不息。永平十六年（西元七三年），漢遣太僕祭彤出高闕，奉車都尉竇固出酒泉，駙馬都尉耿秉出居延，騎都尉來苗出平城，分兵四道北伐。祭彤、耿秉、來苗諸路皆無所獲，惟竇固率軍至天山，擊匈奴呼衍王，逐北至蒲類海（新疆省鎮西縣西的巴里坤湖），取伊吾盧（新疆省哈密縣），置戌屯田而還。

　　章帝時，北匈奴內亂，部眾離散，南匈奴乘勢破之於涿邪山（在今蒙古西部）。章和元年（西元八七年），鮮卑入匈奴左地，擊北匈奴，大破之，斬優留單于而還，北匈奴大亂，降漢者二十萬人。

　　章和二年（西元八八年）章帝崩，和帝即位，竇太后臨朝。時北匈奴饑亂，降南匈奴者歲數千人，南單于擬乘亂併滅北匈奴，請漢出兵伐之。永元元年（西元八九年），漢遣車騎將軍竇憲、征西將軍耿秉各統騎兵四千，合度遼營兵及胡騎

三萬，自朔方、蒲夷谷（綏遠省東勝縣西北）、稒陽塞（綏遠省五原縣東北）三道並出，期會於涿邪山。漢軍與北匈奴戰於稽落山（在燕然山南），大破之。北單于敗走，斬其名王以下一萬三千人，獲雜畜百餘萬頭，匈奴降者二十餘萬。漢軍出塞三千里，登燕然山，勒石紀功而還。永元三年（西元九一年），大將軍竇憲復命右校尉耿夔北伐，出朔方塞五千餘里，大破北匈奴於金微山（外蒙古阿爾泰山），北單于遠遁，不知去向，漢軍俘其部眾數千而還。此後匈奴北庭空虛，僅餘若干殘部，寇擾於西域諸國之間。

二、通西域

◆ 漢初西域的形勢

　　漢時西域係指玉門關（甘肅省酒泉縣西赤金峽）以西，包括新疆省及葱嶺以西諸地，初為三十六國，後分裂至五十餘國，最大者為大月氏與烏孫。月氏本居敦煌、祁連間，為匈奴所破，分為二部，大部逃至今新疆省伊犂河、特克斯河流域一帶，號大月氏，小部留居原地，服屬於匈奴，號小月氏。其後大月氏為烏孫所侵迫，復向西遷徙，占據大夏國土，立國於今中亞細亞南部的阿姆河北岸，大夏則移居阿姆河南，即今阿富汗北境，臣屬於大月氏，而烏孫定居於伊犂河及特克斯河流域。

　　西域諸國，有城國，有行國。城國民皆土著，有城郭，以農業為生；行國則其民隨畜牧而移徙。西域地形，南北有大山，中央有河。南山即蜿蜒於今中印邊界的喀喇崑崙山脈，東延為崑崙正脈，復東北走為阿爾金山脈；北山即橫亘新疆省的天山山脈，中央的河流即今塔里木河。兩山之間有大漠，即今白龍堆及大戈壁，分西域為南北二道，南道指大戈壁以南地區，北道指戈壁以北地區。故漢自玉門關、陽關（漢既伐大宛，分酒泉置敦煌郡，移玉門關於敦煌西，平坦無險，復於關南置關，扼祁連山餘脈險阻以為固，故曰陽關）出西域亦有二道，南道出鄯善（初曰樓蘭，後更名鄯善，在今新疆省羅布泊東南）傍南山循河西行至莎車（新疆省莎車縣），西踰葱嶺通大月氏及安息（伊朗），北道出車師前國（新疆省吐魯番縣）傍北山循河西行至疏勒（新疆省疏勒縣），西踰葱嶺通大宛（俄屬中亞

東部，清為浩罕國，北鄰康居，南接大月氏）、康居（俄屬中亞巴勒喀什湖以西至鹹海一帶）。漢初，西域諸國皆役屬於匈奴，匈奴西邊日逐王置僮僕都尉以統治之，常居焉耆（新疆省焉耆縣）、危須（在焉耆東，博斯騰泊之北）、尉犂（新疆省尉犂縣）諸國之間，征課諸國賦稅以給匈奴，而河西月氏故地亦為匈奴所據，遮斷漢朝與西域通路。

◆ 西漢對西域的經營

武帝建元間，匈奴降者言匈奴破殺月氏王，以頭為飲器，月氏西徙，常思報仇。武帝乃募能出使西域者，聯絡大月氏。張騫應募，自隴西入匈奴境，為匈奴所獲，拘留十餘年，乘間逃出，輾轉西行，歷大宛、康居而至大月氏。大月氏既西徙大夏，地肥饒少寇，且離漢遠，不復有報胡之心，張騫不得要領而還，然漢對西域情形因此了解不少。

漢既取河西之地，控制西域通道。元狩四年（西元前一一九年），武帝復遣張騫出使西域，聯絡烏孫，期與烏孫共擊匈奴。張騫率副使及吏士三百人從行，分使西域各國，西域各國憚於匈奴的強盛，且對漢沒有深切認識，故仍無結果，然烏孫及西域諸國皆遣使隨張騫入漢報聘，烏孫由是知漢富強而願與漢通盟。

烏孫王號曰昆莫，其俗與匈奴同，初立國於敦煌、祁連間，隨畜逐水草，與月氏地相錯，其後西徙破走大月氏而奪其地，定居於今伊犂河、特克斯河流域，東接匈奴，西界大宛，西北與康居為鄰，南與西域城郭諸國相接，為西域強國。武帝以江都王女細君為公主以妻烏孫昆莫，約為兄弟之國，而烏孫畏匈奴之強，依違漢與匈奴之間，以江都公主為右夫人而納匈奴女為左夫人。

自張騫通西域以後，武帝每年遣使西域多至十餘起，樓蘭及車師前國首當其衝，不勝其擾，乃為匈奴攻殺漢使，武帝遣從票侯趙破奴將兵伐之，攻破二國，漢使西行自是暢通無阻。樓蘭懼為匈奴所攻，兼事漢與匈奴，遣一子質匈奴，一子質漢。

大宛為西域另一強國，列城七十餘，盛產葡萄酒及名馬，馬汗血，世號汗血馬。漢因伐匈奴，戰馬損失甚多，聞大宛出名馬，乃遣使持千金及金馬往大宛求馬，大宛王以漢絕遠，漢兵不能至，匿其馬於貳師城，拒不肯獻，漢使詈辱大宛王，錐破金馬而去，大宛王怒，遂攻殺漢使而取其財貨。太初元年（西元前一〇

四年），武帝以昌邑哀王髆母李夫人兄廣利為貳師將軍，率數萬人西伐大宛，期至貳師城取馬。漢軍西過鹽澤（新疆省羅布泊），當道小國皆堅守，不肯給食，故士卒饑困，比至大宛，眾僅數千，攻郁成城不下，乃引兵還。武帝大怒，遣使遮玉門關止之，發步騎六萬人益貳師軍，輜糧絡繹，千里轉輸，天下騷動。於是漢兵復西，遂入大宛，圍其都城。大宛求援於康居，康居懼漢兵盛，不敢進，大宛人乃殺其王降漢，獲其善馬數十匹、中馬牡牝以下三千餘匹而歸。是役漢軍苦戰三年，漢軍道死者甚眾，得還入玉門者僅萬餘人、大宛馬千餘匹。然自是漢朝聲威遠被西域，諸國紛遣質子入侍，漢亦於西域屯田置戍以鎮撫之。

　　昭帝時，樓蘭復屢為匈奴遮殺漢使，阻斷西域通路。元鳳四年（西元前七七年），大將軍霍光遣傅介子刺殺樓蘭王，立其弟尉屠耆者為王，更樓蘭國名曰鄯善，並遣司馬率吏士四十人屯田於其國中伊循城以鎮撫之。

　　宣帝時，匈奴侵擊烏孫，烏孫請援於漢，漢分兵五道與烏孫共擊匈奴，匈奴大潰。神爵二年（西元前六〇年），匈奴日逐王先賢撣率所屬數萬騎歸漢，西域諸國皆降，匈奴在西域勢力至是完全崩潰。是年，漢於西域置西域都護，監護諸國，諸國新君即位，皆由漢朝冊立，西域遂成為漢朝的藩屬。元帝時，漢復置戊己校尉，屯田車師。

◆ 東漢再通西域

　　王莽末年，中國大亂，西域諸國多叛附匈奴，王莽滅亡，西域乃完全與中國隔絕。光武帝時，以天下初定而匈奴強盛，始終未曾經營西域，其後匈奴分裂，西域諸國皆附屬北匈奴，其邊漢諸國，常引北匈奴為援，侵擾河西。

　　明帝時，因討伐北匈奴，又再度經營西域。竇固北伐，屯田於伊吾盧，命假司馬班超出使西域。超率吏士三十六人至鄯善，鄯善王初遇超等禮敬甚備，而北匈奴亦遣使至，乃更疏懈。超率吏士夜襲殺匈奴使者及其從吏百餘人，鄯善王震悚，願納質屬漢。超既歸而明帝復遣超使西域，時于闐（新疆省和闐縣）強盛，而匈奴遣使監其國，超至，于闐王殺匈奴使者降漢；超復間道北至疏勒，適疏勒王為龜茲（新疆省庫車、沙雅二縣之間）所攻殺，立其臣兜題為王，超乃廢兜題而立故王子為王，因留鎮疏勒。於是諸國畏服，皆遣子入質於漢，西域與中國隔絕幾六十載，至是復通。永平十七年（西元七四年），漢復置西域都護及戊己校尉，

鎮撫諸國。

　　明帝崩，章帝立，西域諸國受北匈奴威脅而叛漢，攻殺都護陳睦，圍漢屯兵於柳中城（新疆省鄯善縣）及金蒲城（新疆省奇臺縣）。建初元年（西元七六年），漢朝議棄西域，遣兵迎歸被圍漢軍，罷都護及戊己校尉，西域復與漢絕。班超在疏勒，亦被徵，還至于闐，于闐王以下皆號泣，抱持超，不令超歸，超乃還鎮疏勒，圖謀恢復。章和元年（西元八七年），超發于闐諸國兵二萬五千人擊莎車，龜茲王發溫宿（新疆省溫宿縣）、姑墨（新疆省拜城縣）、尉頭（新疆省烏什縣）兵五萬人救之，超勒兵縱擊莎車軍，莎車敗降，龜茲等因退散，漢朝聲威復振。和帝時，大月氏求尚公主，超拒還其使，月氏遣兵七萬攻超，超遮斷其糧道，月氏饑困請降，於是龜茲、姑墨、溫宿等國皆復降漢，惟焉耆、危須、尉黎三國未服。永元三年（西元九一年），漢復置西域都護等官，以超為都護，居龜茲它乾城。永元六年（西元九四年），超發龜茲、鄯善等八國兵七萬餘人伐焉耆，平之，於是西域五十餘國皆納質內屬。

　　班超在西域前後三十餘年，深受各國愛戴。永元十四年（西元一〇二年）以年老乞歸，八月返抵洛陽，翌月而卒。班超既歸，繼任者不善駕御，西域諸國復叛。安帝永初元年（西元一〇七年），漢復撤銷西域都護及屯田吏士，僅置西域副校尉於敦煌，遙示羈縻而已。延光二年（西元一二三年），漢復以班超子勇為西域長史，經營西域。勇將兵五百人入屯柳中城，撫循親漢諸國，發其兵平定叛漢諸國。順帝永建六年（西元一三一年），漢復屯田於伊吾盧，以控制西域，然烏孫及蔥嶺以西諸國皆不附漢，漢在西域聲威已不如前。

　　漢通西域，對中西文化交流有很大貢獻。中國的絲帛即取道西域而輸入歐洲，西方文化如胡笳、胡樂、雜技幻術，珍奇植物如葡萄、苜蓿、石榴、胡桃等皆從西域傳入中國，影響我國魏晉以後哲學思想甚深的佛教，亦經由西域而東傳。

三、平定西羌

◆ 羌的分布

　　中國與羌的關係起源甚早，甲骨文有羌字，商頌亦有「自彼氐羌，莫敢不來

享，莫敢不來王」（殷武）之句。周與羌的關係尤為密切，周人伐商，羌即其同盟，且世通婚姻。羌語屬藏緬語系，單音，有調，與漢語同源，故中國與羌關係密切自無疑問。

羌與氐皆屬藏緬語系民族，種族相同，故自古氐羌並稱。後漢書西南夷傳稱武都氐，於西羌傳則稱武都羌，故漢人於諸羌或稱羌或稱氐，無嚴格界限。羌、氐最大的分別在於文化方面，羌隨畜遊牧而氐則邑聚耕作。月氏亦與羌同種，以遊牧為生，徙居大夏後始變為農耕，留居羌中的小月氏則仍保持其遊牧文化，後漢書西羌傳謂其被服、飲食、言語略與羌同，可證其本與羌同種，西徙後文化乃漸與羌異。

漢代羌族分布的範圍甚廣，其尤著者，河西有月氏，今青海省至西藏一帶有先零、燒當、發羌諸部，甘肅省南部有白馬羌，四川省有巴氐、廣漢羌，四川、西康二省邊境有邛、冉、駹諸族，雲南省有滇、昆諸種，新疆省東南有婼羌。故自新疆以至雲南，皆為羌人活動地區。周代羌人勢力尤大，河渭伊洛皆有其跡，其著者有陸渾之戎、允姓之戎及義渠。陸渾自瓜州（漢敦煌郡地）遷於伊川，披髮野祭；允姓之戎初亦居瓜州，遷於渭汭，是為陰戎及大荔之戎，義渠在秦為一大國，居安定（甘肅省東部平涼縣一帶），古時所謂西戎，實以羌戎為主。

◆ 羌的叛亂及平定

漢初，匈奴強盛，諸羌服屬匈奴，阻斷中國與西域的交通。自武帝元狩二年（西元前一二一年）漢取河西之地，匈奴與諸羌的聯絡始被隔絕。元鼎五年（西元前一一二年），先零羌叛，與匈奴合兵十餘萬攻令居（甘肅省平番縣西北）、安故（甘肅省臨洮縣南），圍枹罕（甘肅省臨夏縣）。漢遣將軍李息、郎中令徐自為將兵擊平之，徙諸羌於湟水之南，置護羌校尉於臨羌（青海省西寧縣）以領之。

宣帝時，諸羌復渡湟水而北，欲與匈奴聯合為亂，郡縣禁之不能止，宣帝遣光祿大夫義渠安國將兵鎮壓，殺先零羌千餘人，諸羌怨怒，先零羌乃煽惑諸羌叛漢。神爵元年（西元前六一年），漢遣後將軍趙充國率步騎六萬人往討，充國用屯田進逼戰略以困之，次年，遂定羌亂。時叛羌約五萬人，饑餓及戰死者萬餘人，降者三萬餘人，漢置金城屬國以處降羌，仍統於護羌校尉。元帝永光二年（西元前四二年），乡姐等七種羌復反，寇略隴西，為右將軍馮奉世所平。

　　王莽輔政，誘西羌獻西海（今青海），就其地置西海郡。王莽敗亡，諸羌乘中國內亂，還據西海，侵略金城、隴西諸邊郡。光武帝建武間，先零羌糾合諸羌創亂，寇掠金城、隴西，先後為中郎將來歙、隴西太守馬援所破。其後燒當羌強盛，擊破先零羌，寇略隴西，諸羌響應，明帝永平間，為中郎將竇固、捕虜將軍馬武所平。章帝時，燒當羌復叛，雖屢為漢軍所破，而護羌校尉傅育亦為羌所殺。和帝永元間，燒當羌酋迷唐據大小榆谷（甘肅省臨夏縣西），阻險拒漢，漢發兵擊潰之，迷唐收餘眾西走，既而復糾合諸羌入寇，敗降而復叛，終為護羌校尉周鮪、金城太守侯霸所平。

　　未幾，羌患復熾，自安帝以至漢末，發動三次大規模叛變。第一次發生於安帝永初元年（西元一〇七年），漢罷西域都護，發西部羌騎往西域迎還屯田吏士，諸羌懼遠行，中途散叛，諸郡發兵邀截，諸羌遂群起叛變，西北邊郡多為羌人所據，河東、河內諸郡亦遭寇擾；元初五年（西元一一八年），為中郎將任尚所平。是役歷時凡十二年，漢兵屯邊者二十餘萬，用費二百四十餘億，府帑空竭，邊民死者不可勝計，并涼二州為之虛耗。第二次發生於順帝永和四年（西元一三九年）至沖帝永嘉元年（西元一四五年），歷時七年，費用八十餘億，漢先後遣征西將軍馬賢、護羌校尉趙沖討之，賢、沖皆戰歿，羌亦衰耗而降。第三次發生於桓帝延熹二年（西元一五九年）至靈帝建寧二年（西元一六九年），歷時凡十年。時先零諸種羌徙居塞內安定、北地、上郡、西河諸郡，號東羌。塞外諸羌燒何、燒當等八種叛，漢護羌校尉段熲討之，既而東羌亦叛，與塞外諸羌合勢，擾亂并、涼，屢侵三輔，自雲中、五原西至漢陽（東漢改天水郡為漢陽郡，治冀縣，在今甘肅省伏羌縣南）二千餘里，皆罹其禍。漢遣中郎將皇甫規擊東羌，東羌降而復叛，漢復使護匈奴中郎將張奐擊之，亦未平服。桓帝永康元年（西元一六七年），段熲平定塞外諸羌，進擊東羌，建寧二年，悉平羌亂。是役熲與羌前後一百八十戰，用費四十四億，羌亂雖平而漢亦困疲。

四、經略東北

◆ 征服朝鮮

朝鮮立國於今韓國北境及我國安東省邊境，王室箕氏，相傳為殷宗室箕子之後，戰國時服屬於燕。秦末，燕、趙、齊人避難前往者甚多。漢初，燕王盧綰反，燕地大亂，燕人衛滿聚眾千餘人東走出塞，攻滅箕氏，據地稱王，都王險（韓國平壤），稱藩於漢。衛滿再傳至孫右渠，桀傲不順，招誘漢朝逋亡，阻撓半島南部真番、辰韓等國朝貢。武帝元封二年（西元前一〇九年），漢使涉何往諭，右渠不奉詔。涉何既歸，拜遼東東部都尉，為朝鮮發兵攻殺，於是武帝遣樓船將軍楊僕率水軍出渤海，左將軍荀彘率陸軍出遼東，二路進討。次年，二軍會攻王險，荀彘主急擊，而楊僕受朝鮮反間，主招降，故事久不決。武帝遣濟南太守公孫遂往案其事，執縛楊僕，令荀彘並將二軍急擊朝鮮，朝鮮大恐，殺右渠而降，漢以其地置樂浪、臨屯、玄菟、真番四郡。此四郡轄有今朝鮮半島北部及安東省邊境一帶之地，其中樂浪郡治為朝鮮舊都，文物所萃，為漢朝東北邊郡文化及交通的中樞。此外，在玄菟東北今松花江上游一帶有扶餘國，朝鮮半島南部有辰韓、馬韓、弁韓三國，統稱三韓，亦臣屬於漢。其後漢以東北僻遠，罷真番併於玄菟，罷臨屯併於樂浪，移玄菟郡於鴨綠江北。而朝鮮遺族滅辰韓、弁韓建立新羅國，扶餘人亦南下於朝鮮故地建立句麗國，以高為氏，世號高句麗，句麗王族又滅馬韓而建立百濟國。故在西漢末年，朝鮮半島分為四部，西北為漢樂浪郡，東北為句麗，東南為新羅，西南為百濟。句麗、新羅、百濟三國亦皆臣屬於漢。

王莽時，發句麗兵以伐匈奴，句麗人不欲行，皆亡出塞；王莽又更號句麗王為句麗侯，誘句麗侯騶入塞，殺之，句麗遂反。東漢中興，句麗復內附，漢亦復其王號。和帝時，句麗入寇遼東，為遼東太守耿夔所破，此後時叛時降，屢為邊患，靈帝建寧二年（西元一六九年），復為漢玄菟太守耿臨所擊降。

◆ 招撫倭國

漢時，日本列國林立，凡百餘國，皆為倭族所建，漢人統稱為倭國，其中倭

奴最強大。倭奴位於諸倭的極南界，約當今日本南部九州島上。漢武帝征服朝鮮，
設置四郡，中國文化開始影響諸倭，諸倭通使於漢者三十餘國，倭奴亦在其中，
歲時貢獻。東漢光武帝建武中元二年（西元五七年），倭奴遣使入朝，光武帝賜以
「漢委奴國王」印綬，此後倭奴又於安帝永初元年（西元一〇七年）及獻帝建安
六年（西元二〇一年）二度遣使入朝。

◆ 討伐東胡

　　漢代東胡包括烏桓及鮮卑，居匈奴以東，其活動範圍約在今熱河、遼寧等省
一帶。戰國末期，東胡已甚強大，與匈奴同為中國邊患。至匈奴冒頓單于時代，
擊破東胡，其餘眾分保烏桓山（熱河省阿魯科爾沁旗境內）及鮮卑山（遼北省科
爾沁右翼旗境內），因以山名為號。漢初，匈奴強盛，烏桓、鮮卑皆臣屬匈奴，武
帝擊破匈奴左部，徙烏桓於上谷、漁陽、右北平、遼東等郡塞外，為漢保塞，並
置護烏桓校尉以監領之。昭帝時，烏桓漸強，遂反。烏桓怨冒頓擊破其國，侵入
匈奴境，發匈奴單于冢墓以報怨，匈奴大怒，復發兵破烏桓。漢遣度遼將軍范明
友將二萬騎出遼東邀擊匈奴，匈奴聞漢兵至，遁去，明友因乘烏桓之敝而擊之，
殺六千餘人，於是烏桓復寇幽州，輒為明友所破，宣帝時復保塞降附。

　　王莽篡立，發烏桓兵屯代郡，烏桓懼遠屯，叛附匈奴，寇掠邊郡。光武帝初
年，烏桓與匈奴連兵入寇，代郡以東，尤被其害。建武二十一年（西元四十五年），
伏波將軍馬援自代郡出擊，無功而還。次年，匈奴國亂，為烏桓所破，北徙數千
里，漢乃以懷柔政策籠絡烏桓，烏桓復降，漢封其酋豪八十餘人為王侯，徙其種
族於北方邊郡塞內，為漢保塞。安帝永初三年（西元一〇九年），烏桓與鮮卑及南
匈奴合勢入寇，敗漢兵於高渠谷（綏遠省五原縣境），尋為車騎將軍何熙、度遼將
軍梁慬所平，順帝時復屢寇邊，為使匈奴中郎將張耽所破，悉降其眾；桓帝永壽
中，烏桓復叛，漢遣中郎將張奐擊平之。

　　鮮卑居地與烏桓相接，言語習俗與烏桓同，西漢時未嘗與中國交通。東漢光
武帝初年，匈奴強盛，常率鮮卑、烏桓寇邊，其後為遼東太守祭肜所破，斬獲殆
盡。及南匈奴降漢，北匈奴孤立，鮮卑乃降附漢朝，為漢擊北匈奴以自效。建武
三十年（西元五四年），鮮卑大人於仇賁、滿頭等率種人詣闕朝賀，慕義內屬，漢
封於仇賁為王，滿頭為侯，於是鮮卑益親附漢，歲受漢賜二億七千萬錢，常為漢

保塞。和帝永元中，漢破走北匈奴，鮮卑轉據其地，匈奴餘種留者尚十餘萬落，皆自號鮮卑，鮮卑由此漸盛，寇略北邊。殤帝延平元年（西元一〇六年），鮮卑寇漁陽，殺太守張顯，安帝建光元年（西元一二一年），寇雲中，殺太守成嚴，延光二年（西元一二三年），攻南匈奴於曼柏（綏遠省黃河北蒙古烏拉特旗境），殺奧鞬日逐王，順帝永建元年（西元一二六年），寇代郡，殺太守李超，漢雖亦屢出兵擊破之而不能制其入寇。桓帝時，鮮卑酋檀石槐分其眾為三部，從右北平東至遼東接扶餘為東部，從右北平以西至上谷為中部，從上谷以西至敦煌、烏孫為西部，各置大人統領之而總屬於檀石槐。靈帝熹平六年（西元一七七年），漢遣護烏桓校尉夏育出高柳（山西省陽高縣北），破鮮卑中郎將田晏出雲中，匈奴中郎將臧旻出雁門，各將萬騎三道伐鮮卑，出塞二千餘里，檀石槐命三部大人各率眾迎戰，漢軍大敗。光和中，檀石槐死，國內亂，部眾離散，其勢遂弱。中平五年（西元一八八年），漢以劉虞為幽州牧，虞務以恩信撫循烏桓、鮮卑，諸部皆附於虞。

五、開闢南疆

◆ 定東甌、平兩越

漢初南方有三個越族建立的國家，即東甌、閩越和南越。東甌據今浙江省南部，都東甌（浙江省永嘉縣西南），閩越據今福建省，都冶（福建省林森縣東北），南越大致據今兩廣及越南北部，都番禺（廣東省番禺縣）。此三國土地，秦時皆被收為郡縣，秦末大亂，乘機獨立。閩越王無諸及東甌王搖於楚漢之際曾率越人從漢擊項羽。南越王趙佗本為秦時南海郡龍川縣（廣東省龍川縣西北）令，二世時，中國擾亂，南海尉任囂病且死，召佗囑以後事。任囂死，趙佗繼任南海郡尉，聚兵自守。秦滅，趙佗發兵擊併桂林、象郡，自立為南越武王。漢初，無力遠征，高帝五年（西元前二〇二年），立無諸為閩越王，高帝十一年（西元前一九六年），立趙佗為南越王，惠帝三年（西元前一九二年），立搖為東海王，東海都東甌，故世亦謂之東甌王。三國名義上雖皆受漢冊封，實際上無異獨立。呂后末年，趙佗僭稱帝號，文帝即位，對南越加意懷柔，佗乃去帝號，為漢南藩。

景帝時，吳王濞反，東甌曾派兵助之，及吳王濞敗，東甌復殺濞以自效。濞

子駒亡走閩越，數勸閩越擊東甌。武帝建元三年（西元前一三八年），閩越王郢發兵圍東甌，東甌告急於漢，漢遣嚴助發會稽郡兵救之，漢兵未至而閩越兵已退，東甌請舉國內徙，漢遷其國人居江淮間。建元六年（西元前一三五年），閩越王郢復發兵擊南越，漢發兵二道討之，漢兵未至而郢弟餘善與宗族共殺郢降漢，漢立無諸孫丑為越繇王，奉閩越祭祀，餘善威行國中，丑不能制，漢因立餘善為東越王，與越繇王並處，於是閩越分為二國。

武帝建元四年（西元前一三七年），南越王佗卒，孫胡繼立，胡傳子嬰齊，嬰齊傳子興。元鼎四年（西元前一一三年），漢遣安國少季使南越，諭興入朝。興母后摎氏本邯鄲人，未為嬰齊妻時曾與少季通，至是復與為淫亂，國人頗知之，多不附太后。元鼎五年（西元前一一二年），南越相呂嘉反，殺南越王興、太后及漢使者，別立興兄子建德為王，發兵守險以拒漢。漢遣伏波將軍路博德、樓船將軍楊僕率軍自桂陽（治今湖南省郴縣）、豫章（治今江西省南昌縣）分二道進討，次年，楊僕軍擊破越軍於石門（廣東省番禺縣西北），與路博德會師，進攻番禺，破之，呂嘉、建德夜亡入海，為漢軍所獲，南越遂亡。漢以其地置為儋耳（治今海南島儋縣西）、珠厓（治今海南島瓊山縣東南）、南海（治今廣東省番禺縣）、蒼梧（治今廣西省蒼梧縣）、鬱林（治今廣西省貴縣東）、合浦（治今廣東省海康縣）、交趾（越南北部地）、九真（越南河內以南至順化一帶）、日南（越南順化以南一帶）九郡，自是嶺南至越南諸地復入中國版圖。

當漢伐南越時，東越王餘善上書請率軍從征，既而持兩端，陰與南越相結。漢既平南越，楊僕請乘勢還兵擊東越，武帝以士卒勞倦，令留屯豫章郡梅嶺（江西省寧都縣東北）待命，餘善恐漢討伐，發兵距險叛漢，於是漢軍數道並出以伐東越，次年，東越人殺餘善降，漢以東越地險而民悍，徙其民處江淮之間，其地遂虛。

珠厓郡素出奇珍，土著不堪漢吏侵暴，自武帝末年以來，輒數歲一反，元帝初元三年（西元前四六年），遂罷珠厓郡。東漢光武帝建武十六年（西元四〇年），交趾女子徵側及其妹徵貳反，九真、日南、合浦諸郡蠻皆響應，攻略六十五城，自立為王。建武十八年（西元四二年），漢遣伏波將軍馬援、樓船將軍段志發長沙、桂陽、零陵、蒼梧諸郡兵萬餘人討之。漢軍自合浦沿海而進，隨山開路，西行千餘里，破叛軍於浪泊（越南北境），叛軍遂潰。次年，斬徵側、徵貳，餘眾悉平。

安帝永初元年（西元一○七年），九真徼外蠻夷內屬，開境一千八百餘里。然徼外群夷以距漢遠，時叛時服。靈帝光和元年（西元一七八年），交趾、合浦烏滸蠻叛，招誘九真、日南群夷合數萬人叛，攻陷郡縣，光和四年（西元一八一年），為漢交州刺史朱儁所平。

◆ 經略西南夷

西南夷活動的地區約當今雲南、貴州二省、四川省西部、西康省東境及甘肅省南隅一帶，諸部並立，或土著，或移徙。其中以立國於今貴州省西部郎岱縣一帶的夜郎、平越縣一帶的且蘭、四川省西北部茂縣一帶的冉、駹、西南部西昌一帶的邛都、甘肅省南部武都縣一帶的白馬、雲南省中部滇池附近的滇國、西部瀾滄江永平、保山二縣一帶的哀牢及西康省東境漢源縣一帶的笮都為最大。以上諸國，滇受中國文化影響最早。滇王為楚將莊蹻後裔，戰國末葉，蹻為楚率軍平定南夷，而秦攻奪楚巴、黔中二郡，斷蹻歸路，蹻因變服從俗，留王滇國。秦全盛時，西南夷嘗服屬於秦，秦滅，復與中國隔絕，直至漢武帝時，始積極經略西南夷。

武帝建元六年（西元前一三五年），漢遣番陽令唐蒙使南越，得食枸醬，探知此醬本產於蜀，輾轉經夜郎循牂柯江（貴州省濛江，為西江上源）輸入南越，因上書武帝請通夜郎以制南越。武帝遣蒙率兵千人自筰關（四川省合江縣）入見夜郎君多同，諭以漢朝威德，夜郎請降，以其地及旁邊小邑置為犍為郡（郡治僰縣，即今四川省宜賓縣），而郎中司馬相如亦奉使諭降邛、筰、冉、駹諸部，皆內屬，置十餘縣，設一都尉以領之，隸於蜀郡。其後西南夷屢叛，漢兵討之，耗費而無功，武帝納公孫弘議，放棄西南夷經營，罷西南夷所置諸縣，獨留犍為郡二縣以為漢守。

元狩元年（西元前一二二年）武帝因張騫言，遣使者十餘輩間出西南夷求身毒國（印度）以通大夏，使者至滇、昆明（昆明亦西南夷國名，當在今雲南省境），皆受阻而還，使者因盛言滇國廣大，可招徠使附漢，由是武帝復加意經略西南夷。

南越反，漢發南夷兵以從征伐，且蘭不從，殺漢使及犍為太守。元鼎六年（西元前一一一年），漢既平南越，乃移兵擊滅且蘭，置為牂柯郡（郡治故且蘭縣，即今貴州省平越縣），群夷震恐，皆請內屬，漢乃以邛都為越嶲郡（故治今四川省西

昌縣），筰都為沈黎郡（故治今西康省漢源縣），冉、駹為汶山郡（故治今四川省茂縣），白馬為武都郡（故治今甘肅省成縣）。漢復遣使諭滇王入朝，滇王不從。元封二年（西元前一○九年），漢遣將軍郭昌將巴蜀郡兵伐滇，滇王降，以其地置益州郡.(治滇池縣，在今雲南省晉寧縣東)。武帝求身毒以通大夏的企圖雖未實現，西南夷卻因此歸入漢朝版圖。

　　昭帝時，益州夷反，殺益州太守及漢兵四千餘人，漢遣軍正王平、大鴻臚田廣明率軍擊平之，斬虜五萬餘人。成帝時，夷復數叛，為牂柯太守陳立所平。王莽篡立，貶西南夷諸酋王號為侯，諸夷愁怨盡反，王莽遣平蠻將軍馮茂、寧始將軍廉丹等先後發兵十餘萬擊之，數歲不能定，中國士卒饑疫死者數萬人。光武中興，復諸夷舊封，諸夷盡復嚮漢。建武十八年（西元四二年），益州群夷復叛，益州太守繁勝戰敗，退保朱提（雲南省昭通縣）。次年，詔武威將軍劉尚發郡兵及朱提夷合萬餘人伐之，斬其酋棟蠶，斬虜七千餘人，諸夷悉平。明帝永平十二年（西元六九年），立國於今雲南西部的哀牢夷酋柳貌以其族人五十五萬餘口內屬，漢於其地置哀牢（雲南省保山縣東）、博南（雲南省永平縣東）二縣，割益州郡西部都尉所領六縣合為永昌郡（郡治不韋縣，在今雲南省保山縣北），安帝元初三年（西元一一六年），越巂郡徼外諸夷十六萬餘人內附，於是漢西南疆域擴展至今西康省東部及雲南省西境。元初五年（西元一一八年），越巂郡夷以賦斂煩數而反，次年，永昌、益州及蜀郡群夷皆叛應之，眾至十餘萬，攻殺長吏，剽掠百姓，益州刺史遣從事楊竦將兵擊破之，殺三萬餘人，餘眾悉降。

◆ 南海交通

　　自南越置郡後，南海交通及商業日趨繁盛，番禺為當時中國南方海外貿易最大商埠，海外奇珍如明珠、璧流離、犀象、玳瑁之屬及中國絲綢、雜繒皆萃聚於此，徐聞（廣東省海康縣）、合浦（廣東省合浦縣）則為海外交通的重要港口。按漢書地理志，西漢海舶自徐聞、合浦航行可五月抵都元國，又航行可四月抵邑盧沒國，又航行可二十餘日抵諶離國，步行可十餘日抵夫甘都盧國，自夫甘都盧國航行可二月餘抵黃支國，民俗略與珠厓相類，黃支之南有已程不國，自黃支航行可八月抵皮宗，又航行可二月抵日南象林界。則西漢南海航線最遠達於黃支。據師貞一先生說，都元、邑盧沒皆在今菲律賓島，諶離在今婆羅洲東北，夫甘都盧

在婆羅洲西南，黃支在今蘇門答臘，皮宗在今柬浦寨，已程不在今爪哇。如是海舶航行適環繞一圈，自徐聞、合浦東南航至菲律賓，西南航至蘇門答臘，西北航至柬浦寨，復北上至日南。

　　然西漢對外交通及商務重心乃在西域而不在南洋，故漢書記西域諸國事甚詳而載南海諸國事甚略，東漢初期仍然如此，後漢書孔奮傳謂姑臧（武威）稱為富邑，通貨羌胡，市日四合，每居縣不盈月，輒至豐積。至安帝以後，西域阻隔，南洋航運乃臻頻繁，航線亦較西漢為遠。後漢書西域傳云天竺國一名身毒，和帝時數遣使貢獻，後西域反叛，乃絕。至桓帝延熹二年（西元一五九年），頻從日南徼外來獻。從日南徼外來獻即循海道而至。漢自西域撤退在安帝永初元年（西元一○七年），至延熹二年相隔約五十年，然則中國與印度正式的交通，安帝以前，仍取道西域，安帝以後，始循海道。梁書諸夷傳又云漢桓帝延熹九年（西元一六六年），大秦（羅馬帝國）王安敦遣使自日南徼外來獻，姑不論其是否正式使臣抑係商人所冒充，其來自大秦國則無疑，可以看出東漢中葉以後，南海航運幾已無遠弗屆，商務的繁盛亦可想見。

第八章　漢代制度

一、中央官制

◆三公

　　漢初沿襲秦制，丞相掌佐天子總理萬機，太尉掌武事，皆金印紫綬，秩萬石，御史大夫掌副丞相，兼司糾察，銀印青綬，秩中二千石，位上卿，為中央政府最高文武官員。

　—　漢初一度改丞相為相國，金印綠綬，其位愈尊，其後復稱丞相。太尉在漢時已無實權，然仍為中央政府最高武職官員，漢初數罷而復置，武帝建元二年（西元前一三九年），復罷其官，以其職權劃歸丞相，終西漢之世不復置。元狩四年（西元前一一九年），初置大司馬，無印綬官屬，但以冠將軍之號，如「大司馬大將軍」，其後或冠將軍，或不冠將軍，常以外戚任之。御史大夫在漢代權力甚大，詔書先下御史大夫，然後轉達丞相，此現象在景帝、武帝、昭帝、宣帝諸朝尤為顯著，其目的似在制衡相權，如景帝時的鼂錯、武帝時的張湯、趙禹、昭帝時的桑弘羊、宣帝時的蕭望之，皆以天子信臣任御史大夫而握重柄。成帝綏和元年（西元前八年），以丞相、大司馬、大司空為三公，詔大司馬置官屬，更御史大夫為大司空，皆金印紫綬，祿比丞相。哀帝建平二年（西元前五年），罷三公官，復以大司空為御史大夫，去大司馬印綬官屬，冠將軍如故。元壽二年（西元前一年），復以大司馬、大司徒、大司空為三公，改丞相為大司徒，御史大夫為大司空，仍賜大司馬印綬，置官屬，去將軍號，位在大司徒上。東漢光武帝建武二十七年（西元五一年）罷大司馬官，改置太尉，復改大司徒為司徒，大司空為司空，以太尉、司徒、司空為三公，號稱三司。獻帝建安十三年（西元二〇八年），罷三公官，復漢初丞相之制。

　　丞相府重要僚屬有丞相司直一人，掌佐丞相糾舉不法，丞相長史二人，司領導群僚；御史大夫有兩丞，其一別居殿中，掌蘭臺秘書，外督部刺史，內領侍御

史，受公卿章奏，糾察百僚；及御史大夫轉為司空，別以御史中丞掌御史臺，以司隸校尉屬大司空，刺舉不法。東漢時，三公府各置長史一人，下置諸曹，曹有掾、屬、令史、御屬，分治眾事。

漢代御史中丞、丞相司直、司隸校尉皆屬監察官，各不相屬，且得互相糾察，形成多元監察制度。此因漢代監察權極重，公卿貴戚，無所不糾，非如此不足以收制衡之效。

高后元年（西元前一八七年），置太傅，後省，哀帝時復置，平帝時，王莽輔政，又置太師、太保，皆金印紫綬，位在三公上，是為三師。太傅位次太師，太保位次太傅。東漢中興，廢太師、太保，以太傅為上公，備顧問，無常職，有勳德宿望重臣則授之，否則省。

◆ 九卿

漢承秦制，以九卿分掌庶政，秩中二千石。據師貞一先生考證，秦九卿經過演變分化，至西漢之世，卿的數目已不止九，其官稱及職掌如下：

太常：掌宗廟禮儀。

衛尉：掌宮門衛屯兵。

郎中令：掌宮殿掖門戶，武帝太初元年更名光祿勳。

太僕：掌輿馬。

廷尉：掌刑辟。

典客：掌諸歸義蠻夷，武帝太初元年更名大鴻臚。

宗正：掌親屬。

少府：掌山海池澤之稅以給供養。

內史：掌治京師，景帝二年分置左右內史，右內史武帝太初元年更名京兆尹，左內史更名左馮翊。

治粟內史：掌穀貨，景帝後元年更名大農令，武帝太初元年更名大司農。

中尉：掌徼循京師，武帝太初元年更名執金吾。

主爵中尉：掌列侯，景帝中六年更名主爵都尉，武帝太初元年更名右扶風，治內史右地。

以上凡十二卿，皆秩中二千石，若內史分左右，則為十三卿，遠超過九卿之

數。其中郎中令在秦本為衛尉屬官，治粟內史分內史之職，主爵中尉分中尉之職，故在習慣上，仍承秦制稱九卿，如漢書王尊傳，言尊為京兆尹，備位九卿，朱買臣傳亦言徵為主爵都尉，列於九卿，是漢世凡中二千石皆稱九卿。續漢書百官志以太常、光祿勳、衛尉、太僕、廷尉、大鴻臚、宗正、大司農、少府為九卿，餘如執金吾但稱中二千石而不稱卿，此蓋魏晉以後史家所臆測，不足取信。

漢又別置比卿之官，官稱及職掌如下：

太子太傅、太子少傅：掌輔導太子。

將作少府：掌治宮室，景帝中六年更名將作大匠。

詹事：掌皇后、太子家，成帝鴻嘉三年省并大長秋。

長信詹事：掌皇太后宮，景帝中六年，更名長信少府，平帝元始四年，更名長樂少府。

將行：景帝中六年，更名大長秋。

典屬國：掌蠻夷降者。

水衡都尉：掌上林苑。

司隸校尉：掌察三輔、三河、弘農，刺舉不法。

城門校尉：掌京師城門屯兵。

中壘校尉：掌北軍壘門內，外掌西域。

屯騎校尉：掌騎士。

步兵校尉：掌上林苑門屯兵。

越騎校尉：掌越騎。

長水校尉：掌長水、宣曲胡騎。

胡騎校尉：掌池陽胡騎。

射聲校尉：掌待詔射聲士。

虎賁校尉：掌輕車士。

自太子太傅至虎賁校尉皆秩二千石，位比列卿，為中央政府次於九卿的高級官員。

中二千石的中，舊釋為滿，貞一先生謂中猶言京師，京師二千石乃對郡國二千石而言，秦時九卿而外，於京師更無其他二千石，故居中之二千石皆九卿，九卿在皇帝左右，故亦略尊於郡守，其秩亦較郡守為高。漢於京師別置比卿之官，而其秩減於中二千石，於是京師原有中二千石以外又有二千石（勞貞一：秦漢九

卿考）。

◆ 內朝官

　　武帝以後，漢朝復有外朝、內朝之分。外朝即政府，以宰相為領袖，內朝代表王室，以輔政將軍為領袖。大將軍、驃騎、車騎、衛將軍皆輔政將軍號，與前後左右將軍及尚書、侍中、散騎、中常侍、給事中等皆屬內朝官。漢世輔政將軍位次丞相，前後左右將軍位上卿，東漢輔政將軍秩比三公，若以勳戚為大將軍輔政則位在公上。武帝以前，政府與王室性質不分，兼治王室政令，武帝建立文治政府，以士人為相，政府乃脫離王室，而另置內朝以治王室事務，為天子私臣。武帝好大喜功，奪丞相決策權歸於內朝，於是外朝權輕而內朝權重，如尚書本少府屬官，令秩千石，然以參與內朝機要，漸成為政治中樞，故自昭帝以後，輔政將軍皆加「領尚書事」或「平尚書事」銜（東漢稱「錄尚書事」），成為實際政治的主宰，丞相轉成為其僚屬，此為漢代政治制度一個重大的轉變。

二、地方政府

◆ 郡縣

　　漢代地方政府，仍沿襲秦代郡縣制度，所異者漢於郡縣以外，又有王國及侯國的分封，而封國的組織，亦與郡縣不盡相同。

　　漢初王國轄地甚廣，大國兼統數郡，設官與朝廷略等，以丞相總理王國政務，中尉掌軍事，御史大夫副丞相，下置列卿分掌庶政，王都所在郡由內史治理，餘郡則設太守。吳王濞亂平後，王國權削，雖名為國而實與郡同，以國相及中尉掌郡政，國相秩及職掌如郡守，中尉如都尉，而侯國政務則統於侯相，如縣令長。故漢地方政制雖有國與郡縣之分，實際上仍不失郡縣制度的精神。

　　郡守秩二千石，掌一郡文武之政，郡尉掌佐守典武職，景帝中二年（西元前一四八年），更名郡守為太守，郡尉為都尉 ❶。東漢省諸郡都尉，併職太守，惟邊

---

❶　太守掌一郡文武之政而都尉僅佐守典武職，故太守亦稱郡將而都尉稱副將。如漢書嚴延年傳，延年為涿郡太守，遣掾趙繡按大姓高氏，「繡見延年新將，心內懼。」師古注曰：

郡不省❷。郡守的重要僚佐有丞及長史，丞佐守理公務，長史掌兵馬，皆秩六百石，下列諸曹，曹有掾屬；東漢諸郡但置郡丞，惟邊郡則置長史。郡下置縣，縣萬戶以上置令，秩千石至六百石，不足萬戶置長，秩五百石至三百石，皆掌治其縣。縣以下有鄉、里、亭，一如秦制。

太守除處理郡政外，必須經常巡視屬縣，謂之行縣。太守於郡代表中央政權，故皆以異籍人充任，而郡中掾屬則皆就地選拔徵辟，以為調和。終兩漢之世，惟韓安國以梁人為梁內史，李廣以隴西人為隴西守，朱買臣、嚴助以會稽人為會稽守，主父偃以齊人為齊相，京房守魏，許辟外籍人為掾屬，為其特例，通常守必異籍，掾屬必本籍（嚴耕望：漢代地方官吏之籍貫限制）。郡的衙門曰府，郡府的組織頗似丞相府，郡與屬縣的關係，猶丞相府之於諸郡，丞相遣刺史刺郡，郡守則遣督郵督縣❸。

◆ 刺史

秦以監御史監郡，漢承其制，亦遣監御史監郡，常以十月奏事，十二月還監。文帝十三年（西元前一六七年），以監御史不奉法，乃遣丞相史出刺諸郡，並督察監御史，是為刺史的起源。但當時刺史、監御史二制並行，且皆單車出巡，不置官屬，亦無固定的監察區。武帝元封五年（西元前一○六年），劃全國為十三部，廢監御史，每部置刺史一人，始為定制。此十三部即豫州部、冀州部、兗州部、

「新為郡將也。謂郡守為郡將者，以其兼領武事也。」又漢官解詁：「都尉為一郡副將。」
　勞貞一先生曰：「太守責成都尉處理軍務，而自處於統轄節制之地位。故就都尉言，可謂分治軍事，就太守言，則總治軍民，有完整之行政權，非所謂於分治也。」（秦郡的建置及其與漢郡的比較）

❷ 勞貞一先生曰：「秦迄漢武帝初，邊疆之郡，或但置都尉，不置郡守，頗類後漢之屬國。其後制度日密，邊郡皆有太守，而都尉且分數部，各典一區之武職。」又曰：「東漢雖省都尉，然邊郡軍旅事繁，猶承舊制置都尉及屬國都尉，且漸能自理部內民事。迄安帝世，部都尉更多改為屬國，獨立比郡矣。」（秦郡的建置及其與漢郡的比較）

❸ 嚴耕望先生曰：「督郵者，實為督郡掾、督郵書掾之簡稱。初職蓋在督送郵書；後以權宜受命，即因所奉之郡府教令，代行都吏之職，督察庶政；因循既久，遂成故實，而為守相之耳目。」又引沈欽韓漢書疏證：「督郵書掾者，主督上官所下過之書也。按督郵本以主郵書為職，因得糾劾長吏耳。」（漢代郡府之功曹與督郵）

徐州部、青州部、荊州部、揚州部、益州部、涼州部、并州部、幽州部、朔方部及交趾部。征和四年（西元前八九年），復置司隸校尉，督察三輔（京兆尹、左馮翊、右扶風）、三河（河南、河內、河東）、弘農，不在十三部之中。東漢併朔方部於并州部，列入司隸，仍為十三部。

刺史有治所，衙門曰部，故稱部刺史，僚屬曰從事。所刺依詔六條：

一條：強宗豪右，田宅踰制，以強凌弱，以眾暴寡。

二條：二千石不奉詔書、遵承典制，倍公向私，旁（謗）詔守利，侵漁百姓，聚斂為姦。

三條：二千石不恤疑獄，風厲殺人，怒則任刑，喜則任賞，煩擾苛暴，剝戮黎元，為百姓所疾，山崩石裂，妖祥訛言。

四條：二千石選署不平，苟阿所愛，蔽賢寵頑。

五條：二千石子弟怙恃榮勢，請託所監。

六條：二千石違公下比，阿附豪強，通行貨賂，割損政令。

依此六條，可歸納刺史職權如下：一、刺史所刺限於二千石，不得刺及掾屬；二、刺史僅能參劾太守而不能免太守之職；三、刺史所刺之事限於太守本身、太守與豪右之間、太守用人得當與否。故刺史純為監察官，無指揮行政之權。

刺史常以八月巡行所部郡國，歲盡詣京師奏事，東漢以後，地位漸尊，但遣計吏上奏。刺史秩六百石，居部九載成績優者得遷為郡守❹。成帝綏和元年（西元前八年），更名刺史為州牧，秩二千石，位在守相上。哀帝建平二年（西元前五年），復為刺史，元壽二年（西元前一年），復為牧。東漢光武帝建武十八年（西元四二年），復為刺史，靈帝時，又置州牧。

州牧與刺史不同，刺史無行政權，但刺事而已，東漢時，刺史雖侵奪太守之權，而秩位仍在太守之下，州牧為行政長官，統全州政務，秩與太守等而權限過之，無形中郡國守相乃轉為其僚屬。

---

❹　漢書朱博傳：「刺史……故事居部九歲，舉為守相，其有異材功效著者輒登擢，秩卑而賞厚，咸勸功樂進。」又漢書張敞傳：「敞居部歲餘，冀州盜賊禁止，守太原太守，滿歲為真。」蓋功效著者，如敞居部僅歲餘輒得登擢為守相。

三、兵　制

◆ 正卒

　　漢行徵兵制，兵役分正卒、屯戍二種，男子年二十三起至五十六止，須服兵役二年，一年為正卒，一年為戍卒或衛士，惟正卒退役後，於役齡期間，仍須接受徵召。

　　正卒分三種，即材官、騎士及樓船士。漢稱步卒為材官，水兵為樓船。大抵三輔及西北邊郡多騎士，內郡多材官，沿海各郡兼用樓船。正卒由郡縣徵集，統於太守，故亦稱郡兵。每年八月，由太守、都尉會屬縣令長丞尉舉行都試。都試以射為主，材官試彊弩，騎士試馳射，樓船兼試行船，邊郡則因都試將騎士巡行障塞。漢內郡正卒與邊郡組織略有不同，內郡寓兵於鄉亭，由縣尉、鄉游徼或嗇夫、亭長負責訓練，其統屬系統的組織為：

　　　　太守——都尉——縣令長——縣尉——鄉游徼或嗇夫——亭長

邊郡正卒則須屯邊，與戍卒同負戍邊之任，其統屬系統的組織為：

　　　　太守——都尉——候官——鄣尉——候長——隧長

隧為邊戍的最低單位，故屯邊的正卒及戍卒同稱隧卒。若有征伐，則徵兵於郡國，命將統率出征，其統率系統的組織為：

　　　　將軍——校尉——軍候——屯長——隊率——什伍

故無論內郡、邊郡或命將統軍出征，其統率系統的組織大約相似（勞貞一：漢代兵制及漢簡中的兵制）。內郡因寓兵鄉亭，由郡縣自為給養，故平時不煩國家經費，隧卒則由朝廷轉輸給養，成為漢朝財政上一大負擔，故東漢君臣，每以邊戍煩費而主張棄邊。

　　郡兵調度之權在太守，都尉則承太守之命而將兵。但太守徵發郡兵，僅限於本郡境內，若發兵出境，須有虎符。虎符分左右兩半，右符在郡府，左符在丞相府，如欲令太守將兵出境，或徵兵於諸郡，則由丞相遣使持左符付太守合符，然後發兵。丞相頒發虎符，須附璽書，虎符僅為璽書以外的符信，故嚴格而言，發兵出境之權實在天子。虎符之制始於文帝二年（西元前一七八年），前此發兵但用

檄，有急則用羽檄。璽書即檄書，漢初無紙，以木簡為書，故謂之檄。

東漢中興，光武帝以遭時大亂，欲省吏減賦以息民，建武間，先後罷都尉、正卒及邊郡亭候吏卒，但軍備廢而軍籍未廢，其後因事往往復置。東漢刺史亦有統兵之權，故於郡兵之外，復有州兵。終東漢之世，州兵常被徵發平亂，此因東漢郡兵見役者少，太守雖將兵而兵寡，故遇軍事常合諸郡之兵，由刺史并將。

◆ 屯戍

戍卒和衛士皆屬屯戍，役期一年。京師衛士統於衛尉，稱為南軍，王國衛士統於衛士長，皆以防守宮城官署，戍卒則屯戍邊疆。盛漢衛士約萬人，由三輔以外諸郡選拔，餘則為戍卒，王國人民則為本國衛士。屯戍與正卒不同，正卒為正式兵役，須本身服役，屯戍屬於徭役，得雇人代替，每月出錢三百。

漢代戍卒多關東人，候長及隧長多邊郡人。候長及隧長率領隧卒乘塞候望，並負訓練隧卒之責。

◆ 募兵

漢代雖以州郡徵兵為主，然亦間用募兵。昭帝始元元年（西元前八六年），詔水衡都尉呂破胡募吏民及發犍為、蜀郡犇命擊益州蠻，為漢代正式募兵之始，宣帝、元帝之世，亦嘗以募兵禦敵平亂。東漢光武帝以募兵創業，募兵多屬無業遊民或招安盜匪，事定後不能裁遣，於是復有招募的屯兵，自是至東漢末葉，常以募兵從征伐，東漢有黎陽營、度遼營、雍營等即屯兵所集。自光武帝廢諸郡軍備而郡兵見役者少，每遇亂事，輒臨時招募以平亂。

◆ 京師屯兵

京師屯兵有三系統，一為衛士，統於衛尉，防衛宮城官署，漢宮城在長安城南，故亦稱南軍；二為三輔正卒，統於中尉，武帝更名執金吾，防衛京師；三為城門校尉所領京師城門屯兵。衛士數目初為二萬人，武帝省為萬人，東漢復裁減為二千四百餘人（勞貞一：漢代兵制及漢簡中的兵制）。

武帝更名中尉為執金吾，另置八校尉以屬之，其官稱及職掌如下：

中壘校尉：掌北軍壘門內，外掌西域。

　　屯騎校尉：掌騎士。

　　步兵校尉：掌上林苑門屯兵。

　　越騎校尉：掌越騎。

　　長水校尉：掌長水宣曲胡騎。

　　射聲校尉：掌待詔射聲士。

　　胡騎校尉：掌池陽胡騎。

　　虎賁校尉：掌輕車士。

中壘、屯騎、步兵、虎賁所掌皆徵兵，射聲、越騎、長水、胡騎所掌皆募兵，其中中壘掌營壘，胡騎不常置，而虎賁所將輕車士但充儀仗，故八校實僅五校。其後八校亦不屬執金吾，由皇帝另命當權大臣或宦官率領。東漢時，省中壘校尉，并胡騎於長水，并虎賁於射聲，是為五校尉，另置北軍中候以統之。

◆ 天子親兵

　　郎官、期門、羽林皆天子親兵。郎官本由任子而來，掌守門戶，出充車騎，有中郎、侍郎、郎中三等，統於郎中令。武帝時，郎官漸變為文學侍從，於是另置期門、羽林。武帝建元三年（西元前一三八年），始置期門，選隴西、北地良家子能射者充之，武帝出獵，常與期於殿門，故曰期門，平帝時更名虎賁郎，置中郎將以統之；太初元年（西元前一〇四年），又置建章營騎，後更名羽林騎，選漢陽、隴西、安定、北地、上郡、西河六郡良家子充之，宿衛殿陛巖下室中，故又號巖郎，又取從軍死事子孫養於羽林官，教以武藝，號曰羽林孤兒，宣帝令中郎將、騎都尉監領之。東漢置虎賁中郎將主虎賁郎，羽林中郎將主羽林郎。

　　期門、羽林皆屬招募，期門地位較高。西漢時，期門秩比郎官，羽林則為兵士❺。宣帝時置羽林郎，於是羽林亦比郎官。東漢分虎賁郎為虎賁中郎、侍郎、郎中及節從虎賁四等，統稱虎賁宿衛，與羽林郎並為郎官。期門、羽林皆不裁汰，父死子代，老弱不任事則給半俸。

　　靈帝時，宦官勢盛，靈帝置西園八校尉，即上軍校尉、中軍校尉、下軍校尉、典軍校尉、助軍左校尉、助軍右校尉、左軍校尉、右軍校尉，以宦官蹇碩為統帥，

❺　漢書甘延壽傳：「少以良家子善騎射為羽林，投石拔距絕於等倫，嘗超踰羽林亭樓，由是遷為郎，試弁為期門。」是期門位在羽林上。

名為天子禁旅而實際上成為宦官的私兵，宦官之勢益盛，袁紹勸何進誅宦官，進終以宦官兵盛，猶豫不敢發。

四、賦稅與徭役

◆ 公田與屯田

漢有公田及屯田，公田的主要來源為荒地及罪產，漢代常以公田佃予平民耕種，收其田租。文帝十三年（西元前一六七年），除天下田租，即賴公田及口稅的收入以資國用。屯田多在邊郡，分軍屯、民屯二種。大致而言，先有軍屯，而後有民屯。軍屯始於秦代，秦伐匈奴，取河南地，徙謫戍雜軍士屯田塞下以備胡，漢興因之。文景時，天下無事，罪人既少，謫戍不足，用鼂錯議募民以實邊，是為民屯。武帝復於河南、河西等地置郡屯田，及通西域，又屯田於輪臺、渠犂。

漢邊郡屯兵除戍卒外，又有田卒與渠卒。戍卒的任務在防邊，田卒與渠卒的任務則為屯田，田卒務農墾，渠卒開渠築隄。田卒、渠卒與戍卒同屬於戍役，大都從內郡徵發而來（勞貞一先生：漢代兵制及漢簡中的兵制）。

◆ 田租

漢興，承秦末之敝，約法省禁，輕田租，十五而稅一，文帝十二年（西元前一六八年），詔減田租之半，明年，除天下田租，景帝二年（西元前一五五年），復令民出半租，三十而稅一，遂為定制。光武中興，以用度不足，征什一之稅，建武六年（西元三〇年），復三十稅一，終東漢之世未改，惟桓帝延熹八年（西元一六五年）及靈帝中平二年（西元一八五年）每畝增收十錢。

三十稅一，稅入視歲穫豐儉而增減。漢初收穫量，畝可一石，鼂錯所云百畝之收不過百石，東漢晚年，農耕技術進步，每畝收穫量增至三斛，見仲長統昌言。然則以三十稅一而言，西漢田租每畝約為三又三分之一升，東漢則為五升，桓、靈每畝增收十錢，然非常制，故大抵而言，漢代田租，實較前代為輕。

◆ 口稅

漢代口稅包括算賦及口賦，算賦又稱獻費，人民納錢曰算賦，天子受錢曰獻費。漢初定民年十五以上至五十六，歲納算賦六十三錢，以每年八月徵收，號曰算人；文帝減為四十錢，武帝以國用不足，增每算為百二十錢，商賈及奴婢倍算，宣帝減為九十錢，元帝詔民二十乃算，並減每算為五十錢。

漢初兒童無口賦，武帝始制民三歲至十四歲出二十三錢為口賦錢，昭帝減為十錢，元帝更為七歲至十九歲出口賦錢，六歲以下免賦。

武帝時除算賦外，復算及商車及緡錢。算商車實包括軺車及商船，庶民軺車一算，商賈軺車二算，船五丈一算；算緡錢即財產稅，民不論有無市籍，家有千錢以上者率二十而算一。算緡錢源於漢初的算貲，然漢初算貲並非作為徵收財產稅的依據，而是作為仕宦的參考。漢承秦制，仕宦須有貲產，如韓信以家貧不得推舉為吏，張釋之、司馬相如以算貲為郎，至武帝而變為算緡錢，令人自占，匿不自占或占不實，許人告發，於是有所謂「告緡錢」，中家以上皆遇告而破產，於是奢縱自侈，不復儲蓄，故算緡錢雖能暫濟國用，而擾民至甚，昭帝時罷之。

◆ 雜稅

漢以田租、口稅為主要稅收，此外，尚有關稅、畜產稅、海租、市租及棗稅。市租及棗稅武帝以前已有，關稅、畜產稅及海租為武帝所增。關稅以稅商旅，畜產稅千輸二十，海租以征魚利，市租即營業稅，凡商人皆隸籍於市而納其租，又謂之榷會。以臨菑為例，臨菑十萬戶，市租歲入千金。漢初市租為郡國稅收，至武帝始變為國家稅收，武帝末年罷之。棗稅常併於田租輸納，貢禹謂農夫已奉穀租，又出棗稅（漢書貢禹傳），和帝詔勿收田租芻棗（漢書和帝紀永元四年），皆漢代有棗稅之例。

◆ 筦榷

漢代筦榷有三，即鹽、鐵、酒，其中以鹽鐵為主，其收入亦最豐。秦漢之際，若干豪富皆以鹽鐵致富，如猗頓以鹽鐵起，郭縱以鐵冶成業，卓氏以鐵冶富，程鄭亦以冶鑄，兼擅鹽井之利，富埒卓氏，孔氏以鐵冶為業，家致數千金，丙氏以鐵冶，富至鉅萬（史記貨殖列傳）。可知秦漢之交，民多以煮鹽冶鐵致富。漢初，郡國頗擅鹽鐵之利，漢朝未加干涉，至武帝元狩三年（西元前一二〇年），始榷鹽

鐵，收利於朝廷，禁民私營，敢私鑄鐵器及煮鹽者鈇左趾，沒入器物，成為漢朝僅次於田租、口稅的主要稅源。

権鹽鐵雖能濟用，而增重農民負擔，究非良法，故昭帝時對鹽鐵的筦権頗有爭論。御史大夫桑弘羊主張筦権，來自民間的賢良文學則不以為然，當時爭論的筆記即桓寬所傳的鹽鐵論，結果僅放棄権酒而鹽鐵筦権如故。從鹽鐵筦権的爭論，可以看出法家與儒家政治主張的不同，法家主張集中財富以裕國，故主張筦権，儒家主張藏富於民以裕民，故主張民營，因筦権則無競爭，其值必昂，無論對農作或民生，都有嚴重的影響。

元帝初元五年（西元前四四年），罷鹽鐵筦権，然以國用不足，為時僅三年，又恢復筦権。東漢初年，不権鹽鐵，章帝復権之，和帝即位而罷。

◆ 更役

漢代人民除服正卒、屯戍之役，又須為更卒，歲役一月，是為更役。更卒屬徭役，故得雇人代替。凡正身供役者謂之踐更，不欲行者出錢三百，由官雇代，謂之過更。更卒一月一更，若逾限仍須役使，則由官給值，月錢三百。

五、學校與選舉

◆ 學校

漢代士人出身之途有二，其一就學於太學，另一為察舉與徵辟。漢沿秦制，諸子百家各立博士，為太常屬官，其數多至數十人，但漢初朝廷所尊崇的學術，首推黃老，次為申韓，對儒家思想並不重視。文帝時，儒生賈誼主張以禮樂教化轉移風俗，儒家思想始逐漸興起，至武帝時，用董仲舒、公孫弘之議，獨尊儒術而黜百家，置五經博士及博士弟子員，自是奠定了儒家學術思想的正統地位。

博士弟子員最初定為五十人，從五經博士學習經術。弟子員的來源有二，即民間十八歲以上子弟及郡國屬吏，民間子弟通一經以上者補吏，高第者得為郎官，郡縣屬吏高第者則任為九卿屬官或郡國僚佐。昭帝時，博士弟子員增至百人，宣帝時二百人，元帝時千人，成帝時三千人，五經博士也代有增加。從太學博士及

生員的增加可以看出西漢政府對儒學的重視及儒術的日益發展。

東漢儒學，經光武、明、章三朝的提倡，日益昌盛，馴至安帝，薄於藝文，博士不復講習，學舍頹敝。順帝永建六年（西元一三一年），從將作大匠翟酺建議，更修太學，凡所造構二百四十房，千八百五十室，增補弟子員額，學風復甦。質帝本初元年（西元一四六年），梁太后詔自大將軍以下至六百石吏皆遣子就學，每歲輒於鄉射月（漢制每歲春三月、秋九月習鄉射禮）一饗會之，以此為常。自是遊學增盛至三萬餘生。然章句漸疏而多以浮華相尚，儒者之風，視前為衰。

漢代學校除中央的太學外，尚有地方的郡國學，亦始創於武帝時代。漢代郡國學甚為普及，但不如太學的發達，所培養的人才亦不如太學之盛。

◆ 選舉

漢代選舉亦有二途，其一為朝廷徵辟，另一為郡國察舉。朝廷徵辟是當國家有特殊需要時，下詔命公府徵求賢才，凡高名異才之士，皆可不拘資歷，應詔對策，及第則授以高職，此即所謂賢良、茂才、文學、方正，西漢名臣如鼂錯、董仲舒、公孫弘等皆以賢良進身；郡國察舉是由郡國守相擇其所屬吏民之賢者，薦舉於朝廷，任為郎官，令其練達政事，為國家儲備人才。被察舉者稱為孝廉，即孝子廉吏的簡稱。

孝廉自武帝以來即成為郡國察舉的常科，命各郡國每年察舉孝子廉吏各一人，西漢晚期，孝廉漸合為一目，不再分開，仍令各郡國歲貢二人。東漢和帝時，孝廉察舉數目改以人口為準，郡國人口滿二十萬者歲舉一人，滿四十萬者歲舉二人，依此遞增，不滿二十萬者再歲舉一人，不滿十萬者三歲舉一人。順帝時，為防止濫舉，詔年滿四十者始得被察舉，並由政府加以考試，諸生試家法，郡吏考牋奏，及格後始得為孝廉。

東漢末葉，選舉漸濫，被察舉者多為權勢子弟，年齡限制亦被破壞，如曹操年二十即被察舉為孝廉，於是權門壟斷仕途，逐漸演變為南北朝時代的門閥。

第九章　漢代經學、文學與史學

一、經　學

◆ 今文學與古文學

　　漢代學術思潮可分法、道、儒三派。法家自戰國末期昌盛，至漢而不衰。秦抑儒、道而崇法，然並不能消滅儒、道二派的思想。漢初雖尊道而輕儒，對儒家思想並不排斥，至漢武帝罷黜百家，獨尊儒術，儒家政治思想由是日盛。

　　漢武帝雖然尊崇儒學，對學術思想仍採取兼容並蓄的態度。武帝一朝兼容各派，如枚乘、嚴助、司馬相如為縱橫家，汲黯為道家，張湯、杜周、趙禹為法家，皆為武帝所重用，故武帝的崇儒，僅在尊崇儒家的正統學術地位，而不在統制思想。反之，武帝的信仰與嗜欲頗不調和，好大喜功、嬉遊無度、性好奢侈，皆違背儒家為政的宗旨。汲黯嘗面斥武帝內多欲而外好仁義，漢代儒家即在武帝雙重性格之下伺隙發展。

　　漢代經學有今文學、古文學之別。秦焚絕詩書及列國史記，雖博士亦不得私藏，故蕭何入關收秦圖籍，於詩書及列國史記無所得。今文學即漢初由秦博士就其記憶口授弟子，用漢代通行隸書錄成，漢代博士弟子員所習者即今文學。尚書為濟南伏生所傳，易以占卜之學未為秦所焚，詩、禮、春秋能記誦者甚多，如齊轅固生、魯申公、韓嬰皆治詩，是為齊、魯、韓三家，高堂生傳禮，胡毋生治春秋公羊傳，瑕丘江公治春秋穀梁傳。自武帝置五經博士，經學家派愈分愈多，書有歐陽生、夏侯勝、夏侯建三家，世稱夏侯勝為大夏侯，夏侯建為小夏侯，易有施讎、孟喜、梁丘賀、京房四家，詩仍為齊、魯、韓三家，禮有戴德、戴聖二家，世稱戴德為大戴，戴聖為小戴，公羊則有嚴彭祖、顏安樂二家。宣帝時，歐陽、大小夏侯尚書，施、孟、梁丘易，齊、魯、韓詩及禮，公羊、穀梁春秋皆立學官，凡十二博士，東漢時，大小戴禮各立學官，並京房易，凡十四博士。學者皆謹守師承家法，世代不替。詩除齊、魯、韓三家外，又有毛詩，漢初毛亨訓傳，傳於

毛萇，世稱大小毛詩。毛詩原為魯詩流派，其立說與今文家不同，故未立學官，被列為古文學。

　　漢初亦有倖免於秦火而私藏民間的書籍，豪勢之家多以高價購得，如武帝時河間獻王德、淮南王安皆搜購大量藏書，其書後入秘閣，藏於石渠、天祿二閣，無人得見。魯恭王餘復於孔子故宅夾壁中發現古文尚書及逸禮，古文即秦篆以前的科斗文，漢時已不易認識。古文尚書較今文尚書多十六篇，逸禮即古文周禮，凡五十六篇，較高堂禮多三十九篇，故稱為逸禮，餘十七篇篇目雖同而字亦多異。成帝時，命劉向及向子歆等讎校石渠、天祿二閣圖書，亦發現周禮及春秋左氏傳，左傳內容遠較公羊、穀梁為豐富，劉歆持此二書自為註釋。哀帝時，歆力議增設左氏春秋、古文尚書、逸禮及毛詩博士，為今文家所反對而未果。

　　王莽重用劉歆，且欲託古改制，乃為上述四種古文經傳設立博士。東漢復廢古文學官，而民間研究古文經傳之風大盛，大儒如許慎、賈逵、馬融、盧植等皆古文學家，馬融弟子鄭玄則集今文學、古文學之大成，然其說仍以古文學為主。

◆ 今古文的真偽

　　清儒多傾向今文而輕視古文，以今文為真，古文為偽。清儒疑經的風氣，可以廖平及康有為為代表。平著今古學考，有為著新學偽經考，皆對古文學提出懷疑。疑古最走極端者為崔適，適著史記探源，認為史記有半數以上為劉歆所加，又著春秋復始，謂左傳為劉歆所偽作。疑古派在清末民初甚為得勢，影響所及，使學術界瀰漫疑古風氣。此派學者以今文學為真，古文學為偽。其後安陽殷墟發掘，證明我國在商代已有高度文化，周禮所載古禮及堯典材料亦發現於甲骨文中，證明古文經學的材料並非偽作。

　　繼疑古風氣之後，首先建立古文學在學術上的地位者為錢賓四先生。賓四先生著劉向劉歆父子年譜，此書有三項重要發現：

一、劉向劉歆父子在學術上相承關係極深。

二、劉向生平素反對王莽，向在世時，歆不可能為莽作偽，向卒後，歆餘下時間無多，除作政治上活動以外，亦無餘暇作偽，而證明左傳非劉歆所偽作。

三、左傳材料在劉歆時代以前即已存在。

自此書問世，疑古即成空論。自此以後，學術界少復注意漢代經學今古之爭。

以周禮為例，疑古派初亦謂為劉歆所作，其後更謂為戰國晚期作品，再推前認為戰國早期作品，其實周禮材料在西周時代已經存在，因周禮記載與殷墟出土材料頗能配合。

又以左傳為例，左傳內容皆為史事記載，實難偽作，其成書時代當在戰國初期或春秋晚期。左傳記載春秋以前預言大都應驗，對戰國以後預言則不然，可證其確為戰國初期以前的作品。

由此可知今文學雖真，古文學亦不偽。即使冒充古文學的偽孔傳尚書亦不全偽。古文尚書孔傳至東漢已殘缺不全，東晉梅賾忽發現其完本，遂流行於世，南宋朱熹對其真偽首先發生懷疑，清儒閻若璩復作古文尚書疏證以證其偽。古文尚書雖偽，其中仍有若干材料為古代流傳遺佚而經後人所編集者。如胤征一篇之偽已成定論，然其中記載夏代日食，經董彥堂先生推算無誤，則胤征一篇，亦非全偽。

二、文學與史學

◆ 漢賦

漢代文學以賦與詩文為著。漢賦係從楚詞演變而來，漢代以賦名家者有賈誼、枚乘、司馬相如、東方朔、枚皋、王褒、揚雄、班固、張衡諸人。漢賦的發展可分為三期，即形成期、全盛期及模擬期。漢初為漢賦的形成期，武帝以後至元成之世為漢賦的全盛期，此後至東漢末葉為漢賦的模擬期。賈誼為漢賦的創始者，賈賦今存者有弔屈原賦、惜誓、鵩鳥賦三篇。弔屈原賦、惜誓無論形式或情調皆追蹤楚詞，鵩鳥賦則為楚詞轉入漢賦的代表作。以楚詞與鵩鳥賦比較，可看出二者間的不同。楚詞重情感的發抒，文詞亦較奔放，屬於民間文學，賈賦於發抒情感外，兼言哲理，漸走上貴族文學之路 ❶。枚乘上承賈誼賦體，下開司馬相如文

❶　今舉宋玉神女賦、賈誼鵩鳥賦各一段以見其分別。神女賦：「貌豐盈以莊姝兮，苞溫潤之玉顏；眸子炯其精朗兮，瞭多美而可觀；眉聯娟以蛾揚兮，朱脣的其若丹；素質幹之醴實兮，志解泰而體閑。既媞嫣於幽靜兮，又婆娑乎人間；宜高殿以廣意兮，翼放縱而綽

風，以七發為其代表作。七發文詞已趨向浮誇，不若賈賦的平實，內容亦從說理進入事物的描述，開創漢賦的型式，然仍不能完全脫離楚詞的影響。

　　司馬相如、東方朔、枚皋、王褒諸人皆為漢賦全盛時期的名家。此時期的賦體，專重詞藻的堆砌，成為貴族化的宮廷文學。司馬相如尤為漢賦的泰斗，子虛、上林二賦為其代表作，詞藻敘事極盡堆砌誇張❷。東方朔、枚皋與司馬相如同時，皆為武帝時代漢賦巨匠。枚皋作品今不傳，非有先生論、答客難二篇為東方朔代表作。王褒為宣帝時代漢賦大家，其代表作洞簫賦一反武帝時代堆砌誇張的作風，創為纖弱淫靡的風格，下開六朝纖麗的文風❸。

　　自西漢末年以後，漢賦即進入模擬期。自司馬相如、王褒諸人出而漢賦已成定型，後人無法脫離其範圍，故模擬之風大盛。此時期名家以西漢揚雄及東漢班

寬；動霧縠以徐步兮，拂墀聲之珊珊。望余帷而延視兮，若流波之將瀾；奮長袖以正袿兮，立踟躕而不安；澹清靜其愔嬺兮，性沈詳而不煩。時容與以微動兮，志未可乎得原；意似近而既遠兮，若將來而復旋；寒余悵而請御兮，願盡心之惓惓。」鵩鳥賦：「單閼之歲兮，四月孟夏，庚子日斜兮，鵩集余舍，止於坐隅兮，貌甚閒雅。異物來萃兮，私怪其故，發書占之兮，讖言其度。曰：野鳥入室兮，主人將去。請問于鵩兮，余去何之？吉乎告我，凶言其災，淹速之度兮，語余其期。鵩乃太息，舉首奮翼，口不能言，請對以臆。萬物變化兮，固亡休息。斡流而遷兮，或推而還，形氣轉續兮，變化而嬗，沕穆亡窮兮，胡可勝言。禍兮福所倚，福兮禍所伏，憂喜聚門兮，吉凶同域。彼吳強大兮，夫差以敗；越棲會稽兮，句踐伯世；斯遊遂成兮，卒被五刑；傅說胥靡兮，乃相武丁。夫禍之與福兮，何異糾纏，命不可說兮，孰知其極。」

❷　舉司馬相如上林賦為例：「於是乎崇山矗矗，巃嵸崔巍，深林巨木，嶄巖參差。九嵏截嶭，南山峨峨，巖陁甗錡，崔嵬崛崎。振溪通谷，蹇產溝瀆，谽呀豁閉，阜陵別塢。陂池貏豸，沈沈淫淫，散渙夷陸，亭皋千里，靡不被築。……於是乎離宮別館，彌山跨谷，高廊四注，重坐曲閣。華榱璧璫，輦道纚屬，步櫚周流，長途中宿。」劉勰曰：「賦者，鋪也；鋪采摛文，體物寫志也。」又曰：「原夫登高之旨，蓋覩物興情。情以物興，故義必明雅；物以情觀，故詞必巧麗。麗詞雅義，符采相勝，如組織之品朱紫，畫繪之著玄黃。文雖新而有質，色雖糅而有本，此立賦之大體也。然逐末之儔，蔑棄其本，雖讀千賦，愈惑體要，遂使繁華損枝，膏腴害骨，無貴風軌，莫益勸戒，此揚子所以追悔於雕蟲，貽誚於霧縠者也。」（文心雕龍詮賦）

❸　如洞簫賦：「朝露清泠而隕其側兮，玉液浸潤而承其根；孤雌寡鶴娛優乎其下兮，春禽群嬉翔翔乎其顛；秋蜩不食抱樸而長吟兮，玄猿悲嘯搜索乎其間；處幽隱而奧屛兮，密漠泊以猭猱。」賦體柔媚，異於武帝時代堆砌誇張之賦風。

固、張衡為代表，其賦體常以屈原、司馬相如為模擬對象。揚雄甘泉、羽獵、長揚、河東諸賦係模擬子虛、上林二賦，廣騷、畔牢愁則模擬離騷。班固兩都賦及張衡兩京賦亦係模擬子虛、上林，班固幽通賦則模擬離騷。

◆ 詩文

　　漢代詩歌可分二系統，一為擬古的詩章，另一為民間的歌謠。擬古的詩章多自詩經、楚詞蛻變而來，如唐山夫人房中歌及楊惲田南山歌皆為詩經的模擬，李陵別歌則為楚詞的模擬❹。漢武帝又立新聲樂府，採集各地歌謠樂章，並命詞臣製作詩賦，協以音律，創為樂府體詩。哀帝雖曾罷樂府官，樂府體詩的發展並未中輟。樂府體詩的流行以民間歌謠為主，其初多為長短句，漸變而為五言❺。西漢為五言詩的醞釀時期，東漢時五言詩撰作漸多，至漢末而趨於極盛，奠定五言詩在文學史上的地位。古詩十九首、秦嘉贈婦詩、蔡文姬悲憤詩、辛延年羽林郎及無名氏孔雀東南飛皆為此時期的佳構❻。此時期詩人處於漢末動亂的時代，其作品大都表現濃厚的離恨鄉愁，人生觀亦不免淪於消極，然就詩的意境而言，則溫柔敦厚，親切委婉，無浮華雕琢之氣，故劉勰評其「直而不野，婉轉附物，怊悵切情，實五言之冠冕」（文心雕龍明詩）。

　　漢代散文以策論及書為著，此類文體係從先秦諸子文演變而來。漢代最傑出

---

❹　唐山夫人房中歌：「大孝備矣，休德昭明。高張四懸，樂充宮庭。芬樹羽林，雲景杳冥。金支秀華，庶旄翠旌。」李陵別歌：「徑萬里兮渡沙漠，為君將兮奮匈奴，路窮絕兮矢刃摧，士眾滅兮名已隤。老母已死，雖欲報恩將安歸。」

❺　長短句樂府如東門行其中一段：「出東門，不願歸，來入門，悵欲悲。盎中無斗米儲，還視架上無懸衣。拔劍東門去，舍中兒女牽衣啼，他家但願富貴，賤妾與君共餔糜。」五言樂府如艷歌行：「翩翩堂前燕，冬藏夏來見，兄弟兩三人，流宕在他縣。故衣誰當補，新衣誰當綻，賴得賢主人，覽取為吾紝。夫壻從外來，斜倚西北盼，語卿且勿盼，水清石自見。石見何纍纍，遠行不如歸。」

❻　舉古詩十九首二首為例。「青青河畔草，鬱鬱園中柳。盈盈樓上女，皎皎當窗牖。娥娥紅粉妝，纖纖出素手。昔為娼家女，今為蕩子婦。蕩子行不歸，空牀難獨守。」「涉江采芙蓉，蘭澤多芳草，采之欲遺誰？所思在遠道。還顧望故鄉，長路漫浩浩，同心而離居，憂傷以終老。」又秦嘉贈婦詩：「人生譬朝露，居世多屯蹇，憂艱常早至，歡會常苦晚。念當奉時役，去爾日遙遠，遣車迎子還，空往復空返。省書情悽愴，臨食不能飯，獨坐空房中，誰與相勸勉。長夜不能眠，伏枕獨展轉，憂來如循環，匪席不可轉。」

的策論為賈誼治安策及過秦論。賈誼為文詞理通暢，剖析入微，為漢魏以來作策論者所宗。鼂錯、董仲舒亦為漢代策論名家，其為文氣勢雄偉，論辯奇特。司馬遷報任少卿書、李陵答蘇武書、楊惲報孫會宗書，詞理暢茂而充滿情感，可作為漢代散文的代表作。

◆ 史學

　　漢代史學空前發達，影響後世至深且鉅。最偉大的史學名家為司馬遷及班固。司馬遷、班固雖皆以文學名世，其真正的學術地位，仍在史學方面。司馬遷著史記，班固著漢書，無論其體裁或文章，皆為後世所師法。漢代以前史學名著應推尚書及左氏春秋。尚書屬記言體，為文件或史料的薈集，春秋屬編年體，為大事記。司馬遷首創新體裁，將史記分為本紀、世家、列傳、表、書，是為紀傳體。本紀以編年紀事，世家以紀歷代諸侯，列傳以紀歷代名臣及卓行奇特之士，表則以補本紀、世家、列傳之不足，書為有關經濟、文物、制度的記錄，述其終始演變之跡。班固漢書係仿史記體裁撰成，而將世家併入列傳。史記、漢書最大不同處，史記紀事貫通古今，屬於通史性質，而漢書紀事限於漢代，為我國史學開創斷代史先例。

　　史記原稱太史公書或太史公記，至漢末始簡稱史記。上起黃帝，下迄武帝太初四年，縱貫二千六百餘年，凡一百三十篇，計本紀十二，表十，書八，世家三十，列傳七十，五十萬言。司馬遷卒後，亡其十篇，至元成間，褚少孫為之補闕。

　　班固撰漢書，凡經四人之手，始作於固父彪，固繼之，固妹昭及馬續又繼之，而固之功為多。光武帝建武中，班彪採前史逸事，作後傳六十五篇以續史記。明帝永平中，固奉詔續父書，至章帝建初中乃成，其八表及天文志未及竟而卒，和帝詔昭續之，未畢功而昭卒，復詔馬續續成之。是書起於高帝，終於王莽之誅，凡十有二世，二百三十年，八十萬言。

　　史記、漢書以外，記兩漢史事者又有荀悅漢紀，是書為編年體，凡三十篇，蓋縮編漢書而成。敘述東漢史事者有東觀漢記，為明帝以後各朝集體修撰的本朝史，因撰述時多在東觀藏書閣，故曰東觀漢記 ❼。

---

❼　漢代史學，請參閱李玄伯先生：中國史學史第三章。

第十章　三國時代

一、三國的形成

◆ 官渡之戰

自曹操迎獻帝都許以後，中國漸成分裂之勢，其中勢力較大者：公孫瓚據幽州，袁紹據冀州，紹子譚據青州，紹甥高幹據并州，曹操據兗州，袁術據揚州，劉焉據益州，劉表據荊州，劉備據徐州，馬騰據涼州，張魯據漢中，公孫度據遼東，士燮據交州。

幽州初為劉虞所據，虞仁弱，為其將公孫瓚所滅，虞子和奔冀州依袁紹，紹出兵攻瓚，瓚兵敗自殺，紹乃掩有冀、幽、青、并四州，約有今河南省北部、河北省全部、山西省全境及山東省東部，其勢最盛。

徐州本陶謙所據，曹操父嵩於董卓之亂避居琅邪，途間為謙將所殺，興平元年（西元一九四年），操出兵伐徐州，所過郡縣，多所殘戮，謙以憂死，臨死以徐州讓劉備，於是備繼謙據有徐州。

備字玄德，涿郡涿縣人，漢景帝子中山靖王勝之後。備少孤貧，與母販履織席為業，嘗師事故九江太守盧植，與公孫瓚相友善，瓚年長於備，備以兄事之。靈帝末，黃巾亂起，中山大商張世平、蘇雙等販馬周旋於涿郡，見備而異之，乃多與之貲財，使募兵討賊。以功除安喜縣尉，累轉高唐令。瓚鎮幽州，表備為別部司馬，使助青州刺史田楷拒袁紹，以功領平原相。備身長七尺，垂手下膝，顧自見其耳，為人豁達，遠近知名。紹攻瓚，備與楷東屯齊。曹操征徐州，陶謙遣使告急於楷，楷與備俱救之。時備自有兵千餘人及幽州烏桓雜胡騎，謙以丹陽兵四千益之，備遂去楷歸謙，謙表備為豫州刺史，屯小沛（江蘇省沛縣東），謙死，以徐州讓備。

當操伐徐州時，呂布乘虛襲兗州，操還軍擊布。興平二年（西元一九五年），操擊破布於鉅野（山東省鉅野縣南），布敗走徐州依備，備令布屯下邳（徐州時治

下邳，今江蘇省邳縣東）西。建安元年（西元一九六年），袁術攻備以爭徐州，備自將拒術於盱眙（安徽省盱眙縣東北），布舉兵襲備，備引軍還與布戰，不勝，遂請降於布。布召備還屯小沛，與並勢擊術。布自號徐州牧，於是布據有徐州。

　　袁術於初平間據有南陽，引軍入陳留，屯於封丘（河南省封丘縣），為曹操所敗，率其餘眾入九江，殺揚州刺史陳溫，據壽春（安徽省壽縣），自領揚州，兼稱徐州伯。興平間，術遣孫堅子策攻江東，盡取其地。建安二年（西元一九七年），術稱帝於壽春，策乃與術絕交，江東諸郡遂為孫氏所據，術由是勢衰。

　　建安三年（西元一九八年），布復與術合，遣其將高順、張遼擊備，曹操遣其將夏侯惇救之，為順等所敗，備單身走。操自將擊布，道遇備，以備為豫州牧，資其兵糧，與共攻拔下邳，擒布及其將陳宮，皆殺之。操留備居許，表備為左將軍，受獻帝密詔討操，備畏操，不敢發。

　　建安四年（西元一九九年），袁術欲取道徐州北依袁紹，操遣備出兵邀擊，備至徐州而術病死，乃據徐州叛操，操擊破徐州，備北奔冀州依紹，於是操據有兗、豫、徐三州，與紹成南北對峙之勢。

　　當時群雄兵力，以紹為最強。袁氏之強，其因有四：一、紹據四州之地，地廣人眾；二、冀州為黎陽營所在，兵器所聚；三、當時幽冀富實甲天下；四、紹并幽州以後，頗得烏桓蠻兵之助。

　　當時中原大亂，惟幽冀富實，除荊揚外，其餘諸州皆不能與之倫比，而荊揚資源雖富，尚有待於開發，故官渡之戰，沮授說紹曰：「北軍數眾而果勁不及南軍，南穀虛少而財貨不及北。」（三國志袁紹傳）紹據此二州，故能雄視天下。自劉虞鎮幽州，以恩惠撫綏烏桓，即深得烏桓助力，公孫瓚屯邊，務欲以兵力威服烏桓，虞、瓚由是不睦。瓚雖滅虞，終不得烏桓之助，而紹則引烏桓為援以滅瓚，此後終袁氏之世，皆得烏桓死力。袁紹討曹操檄云：「長戟百萬，胡騎千群」（後漢書袁紹傳），胡騎即指烏桓而言。

　　操雖據兗、豫、徐三州，然此三州屢經兵爭，破敝之餘，人力財力皆遠非紹之敵，但操善於用兵御眾，有謀能斷，可以補其不足。史稱紹外寬內忌，多謀少決，故紹雖得地利而人謀則不如操。袁紹有一最佳機會可以擊潰曹操，即劉備據徐州叛操時。操親自將兵往擊，許都空虛，紹謀臣田豐即力勸紹宜於此時起兵襲操，操首尾受敵，可一戰而定，紹猶豫不決，遂坐失良機。操將伐備，諸將皆懼

紹襲其後，操獨以為紹雖有大志而見事遲，可以無慮，果然。凡此皆可見紹雖地廣力眾，而用兵謀略方面則不及操。然操對紹勢力亦不敢輕視，建安元年（西元一九六年），操自為大將軍，以紹為太尉，紹恥位在操下，不肯受，操懼，乃以大將軍讓紹而自為司空行車騎將軍。

袁紹、曹操二雄並峙形勢並不能長久維持，於是發生官渡之戰。

建安五年（西元二○○年），操既破劉備，還軍許下，紹乃起兵攻操，操發兵與紹相持於官渡。官渡在今河南省中牟縣東北。自春至冬，相持不決。紹軍勢甚盛，資糧絡繹不絕，而操兵少糧乏，士卒疲敝，幾欲棄官渡而還許，操謀臣荀彧力勸操堅守。紹運穀數千乘為軍食，操偵知，遣奇兵邀擊，盡焚其穀。是年十月，紹復遣大將淳于瓊將兵萬餘護送軍糧，夜屯紹營北四十里，紹謀臣許攸貪財，紹不能厭其求，攸乃叛紹降操，勸操急擊。諸將或疑攸有詐，操以事急，不容疑慮，自將五千騎往劫寨，破淳于瓊軍，焚其輜糧。紹聞操自往劫寨，遣其驍將張郃將兵直擊操大營，郃聞瓊兵敗，遂以兵降操，於是紹軍大潰，紹奔還冀州，越二年而死。

紹有三子，長子譚鎮青州，次子熙鎮幽州，幼子尚為紹所愛，繼紹鎮冀州，紹甥高幹鎮并州。自紹死後，諸子不和，互相攻擊，遂次第為操所擊滅。

當操初破紹，檢閱紹書信，得軍中及許都人與紹通謀者甚多，操一概焚之，曰：「當紹之強，孤猶不能自保，而況眾人乎？」（三國志魏武帝紀裴注引魏氏春秋）由此可見官渡之戰，袁紹強而曹操弱，亦可見曹操的善於御眾，操之能以弱克強，其因亦在於此 ❶

建安九年（西元二○四年），操徇定冀州，自領冀州牧，移鎮鄴。操以建安十年（西元二○五年）破袁譚，又進平幽州，十一年（西元二○六年）平高幹。時袁熙、袁尚北奔烏桓，謀藉烏桓之力以復故業。建安十二年（西元二○七年），操親征烏桓，大破烏桓之眾於白狼山（熱河省凌源縣東南），俘虜二十餘萬口，尚、熙與烏桓奔遼東，為遼東太守公孫康（公孫度子）所殺。

---

❶　三國志魏武帝紀評曰：「漢末天下大亂，雄豪並起，而袁紹虎眎四州，彊盛莫敵，太祖運籌演謀，鞭撻宇內，擥申商之法術，該韓白之奇策，官方授材，各因其器，矯情任算，不念舊惡，終能總御皇機，克成洪業者，惟其明略最優也。」

◆ 赤壁之戰

自曹操平定袁紹後，中原次第為操所統一，群雄之割據者僅餘操及荊州劉表、益州劉璋、江東孫權、涼州馬騰、漢中張魯及遼東公孫康。

劉備自徐州敗後，投奔袁紹，紹將敗，乃離紹至荊州依劉表。當操北征烏桓，備嘗勸表襲許都，表本名士，優柔寡斷，無武略，不聽。操既克烏桓，表甚悔❷。表恐曹操南侵，使備屯樊城以備操。表有二子，長子琦，幼子琮，表及後妻皆愛琮，欲立之以為嗣，乃令琦為江夏太守，出鎮夏口（湖北省漢口鎮）。建安十三年（西元二〇八年），操南下征荊州，軍未至而表病死，琮遣使以荊州降操。荊州時治襄陽，備在樊城，不知荊州已降，及操軍至宛，備始知，乃率眾南奔江陵。過襄陽，備謀臣諸葛亮勸備攻據襄陽以拒操，備不忍，荊州人及琮僚屬出城隨備去者甚眾。備行至當陽，遣關羽率軍乘船數百艘至江陵相會，操以江陵有軍實，恐為備所據，率輕騎追備，一日一夜急行三百里，及於當陽長阪坡（湖北省當陽縣東北），備棄妻子，與諸葛亮、張飛、趙雲等數十騎走漢津，與關羽船會，劉琦亦將兵迎備，遂共至夏口合兵拒操，是時備與琦合兵約二萬，力不敵，亮自請至江東求援，孫權遣周瑜率兵三萬援之，與曹軍遇於赤壁，是為赤壁之戰。

赤壁在今湖北省嘉魚縣。孫劉聯軍共約五萬人，操兵力甚盛，然不知其確數，操自云治水軍八十萬，欲與孫權會獵於吳，似屬誇張，權謂曹軍不過二十餘萬，亦似故意貶抑，要之曹軍當數倍乃至十數倍於南軍則無可疑。

操擊敗備於長阪，即襲據江陵，順流而下，欲一舉滅吳，與吳軍會於赤壁。曹軍不服水土，多生疾病，兵甫交即敗，於是曹軍屯北岸，吳軍屯南岸。曹軍眾多，兵艦密聚，吳將黃蓋獻策詐降，以草實船中，灌以油膏，以火攻之，曹軍無備，兵艦俱焚，遂大潰。官渡之戰，操以許攸之降而破袁紹，故受黃蓋之降，欲藉其力以破吳軍，反為黃蓋所破。

◆ 荊州的爭奪

❷　三國志劉表傳裴注引漢晉春秋：「太祖之始征柳城，劉備說表使襲許，表不從。及太祖還，謂備曰：『不用君言，故失此大會也。』備曰：『今天下分裂，日尋干戈，事會之來，豈有終極乎？若能應之於後者，則此未足為恨也。』」

操既敗，自華容道（湖北省監利縣西北）退軍，備乘勝略定荊州。世傳備借荊州，謂荊州本為吳有，備借而據之，此說見於三國志魯肅傳、呂蒙傳、蜀先主傳及習鑿齒漢晉春秋。備定荊州，實未假孫權之力，而史言權以荊州資備，不為無因。赤壁之戰，設非吳軍之助，備殆將為操所滅，故赤壁戰後，吳即視荊州為己有，此其一；備力不足以與吳爭荊州，吳自以為有德於備，有意以荊州資備，故不自取而令備取之，此其二；備據荊州，實依吳以立國，無吳援則雖有荊州而不能守，此其三。備嘗至江東見孫權，求都督荊州，則孫劉勢力強弱不侔可知。

建安十六年（西元二一一年），操平定涼州，涼州鎮將馬超（馬騰子）敗奔漢中依張魯，魯與益州牧劉璋（劉焉子）有隙，璋闇弱無能，其臣張松、法正勸璋迎備入川自衛，璋聞操將出兵伐漢中，若漢中失則川中孤危，乃遣法正至荊州迎備入川。備留諸葛亮、關羽、張飛等守荊州，自將數萬人入川，與璋會於涪（四川省綿陽縣），璋令備北擊張魯。備進軍至葭萌（四川省昭化縣東南），停軍不進，返據涪城，璋遣其將李嚴守綿竹（四川省德陽縣北），嚴率眾降於備。諸葛亮聞訊，留關羽守荊州，與張飛、趙雲等將兵泝流而上，克白帝（四川省奉節縣）、江州（四川省江北縣），與備會師攻成都，劉璋出降，備遷之於荊州，時為建安十九年（西元二一四年）。明年，操伐漢中，降張魯，馬超奔蜀，操以其將夏侯淵鎮漢中。又明年，操自立為魏王。

荊州介於魏、吳、蜀之間，處四戰之地，形勢重要。赤壁之戰以後，孫權令備取據之，然對荊州無時或忘。及備攻取益州，權遣使詣備索荊州，備不許，權乃遣呂蒙奪取長沙、零陵、桂陽三郡，會操平定漢中，備懼操乘勝伐之，乃遣使向權求和。權遣諸葛瑾報聘，分荊州之長沙、江夏、桂陽三郡屬吳，南郡、武陵、零陵三郡屬備，而南陽時屬曹操。

建安二十四年（西元二一九年），備自將大軍取漢中，斬夏侯淵，自立為漢中王，以關羽為前將軍，假節鉞，專制荊州。羽性剛愎，無禮於士大夫，故士大夫皆不附之。孫權嘗遣使為子求羽女為婦，羽辱罵其使，權大怒。是年，羽自江陵北伐，圍曹仁於樊城，操遣大將于禁救之，值秋雨泛溢，禁軍盡為水所漂沒，遂降於羽。操復遣徐晃救之，羽不能克，乃引軍欲還江陵。

當關羽圍樊時，南郡太守糜芳守江陵，將軍士仁屯公安（湖北省公安縣東北油江口），芳、仁怨羽輕己，不以時供軍需，羽云待軍還當治其罪，芳、仁由是懷

懼，孫權乃誘芳、仁叛羽，遣呂蒙率輕軍襲江陵。及羽還軍，江陵已為吳軍所據，羽及將士妻子盡為吳軍所擄，羽軍遂潰，羽勢窮，走至臨沮（湖北省當陽縣西北），為吳將潘璋所殺，荊州遂為吳有。

　　權既襲破荊州，恐蜀伐之，乃稱臣於魏。建安二十五年（西元二二○年）正月，魏王操薨，子曹丕嗣，十月，篡漢自立，改元黃初，國號魏，是為魏文帝，追諡魏王操為武帝。備亦即帝位於成都，改明年為章武元年。備自以漢之後裔，紹襲漢統，仍國號漢，是為蜀漢昭烈帝，以諸葛亮為丞相，總統內外。

　　昭烈帝痛關羽敗亡，章武元年（魏文帝黃初二年，西元二二一年）七月，親率大軍出三峽以伐吳。時呂蒙已死，孫權以陸遜為大都督以抗之。三峽長而狹，蜀軍蛇行而出，列營數百里，軍容雖盛而首尾不相及。蜀軍既出，破吳軍於秭歸（湖北省秭歸縣），昭烈帝自將前軍進駐夷道（湖北省宜都縣）的猇亭（在宜都東北，大江北岸），遜以蜀軍勢益，堅守不戰以挫其鋒，自章武元年七月至章武二年六月，蜀軍久屯疲罷，遜乃乘溽暑以火攻，大破之，昭烈帝逃歸白帝城。

　　蜀道險隘，利於自守而不利於進攻。陸機辨亡論論猇亭之戰蜀軍形勢云：「重山積險，陸無長轂之徑，川阨流迅，水有驚波之艱，雖有銳師百萬，啟行不過千夫，軸艫千里，前驅不過百艦，故劉氏之伐，陸公喻之長蛇，其勢然也。」當昭烈帝伐吳時，諸葛亮曾諫阻之，昭烈帝不從，時法正已死，諸葛亮嘆曰：「法孝直若在，則能制主上令不東行，就復東行，必不傾危矣！」（三國志法正傳）

　　法孝直即法正，有智術奇計，昭烈帝入川及北定漢中，皆出法正之謀，深為昭烈帝所信愛，昭烈帝為漢中王，以正為尚書令，翌年而卒，年四十五。三國志法正傳謂諸葛亮與法正雖好尚不同，以公義相取，亮每奇正之智術。是則亮長於治國而正長於兵略，亮才如管蕭，正則良平之儔，設正不早歿，蜀之軍事，或有可為。

二、三國的興亡

◆ 三國世系

魏

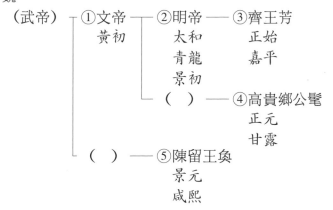

魏自文帝代漢至陳留王奐，凡三世五君，歷四十五年（西元二二〇年至西元二六四年）。

蜀漢

①昭烈帝－②後主禪
　章武　　　建興
　　　　　延熙
　　　　　景耀
　　　　　炎興

蜀漢自昭烈帝創業至後主禪，凡二世二君，歷四十三年（西元二二一年至西元二六三年）。

吳自大帝稱號，至烏程侯皓為晉所滅，凡三世四君，歷五十九年（西元二二二年至西元二八〇年）。

三國之中，魏先稱帝，蜀次之，吳又次之。魏以漢獻帝建安二十五年（西元二二〇年）篡漢，改元黃初，黃初二年，劉備即帝位，建元章武，魏封孫權為吳王，翌年，權建元黃武，不奉魏年號，於是天下三分。魏明帝太和三年（蜀漢後主建興七年，西元二二九年），吳王權稱帝，改元黃龍。章武者，仿光武帝年號建

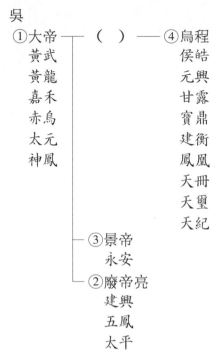

吳
①大帝 —— （　） —— ④烏程
　黃武　　　　　　　　侯皓
　黃龍　　　　　　　　元興
　嘉禾　　　　　　　　甘露
　赤烏　　　　　　　　寶鼎
　太元　　　　　　　　建衡
　神鳳　　　　　　　　鳳凰
　　　　　　　　　　　天冊
　　　　　　　　　　　天璽
　　　　　　　　　　　天紀
　　　③景帝
　　　　永安
　　　②廢帝亮
　　　　建興
　　　　五鳳
　　　　太平

武，寓中興之意，而魏吳皆以黃為年號，係受五德終始觀念的影響，漢火德，火生土，土尚黃，故以黃為年號，以代漢統。

◆ 諸葛亮治蜀

　　昭烈帝既敗於猇亭，退駐白帝，未返成都，改白帝曰永安。章武三年（魏文帝黃初四年，吳王權黃武二年，西元二二三年），昭烈帝崩於永安行宮，託孤於丞相諸葛亮，後主禪立，改元建興。

　　蜀漢前期的政治，實以諸葛亮為中心。亮，琅邪陽都（山東省沂水縣南）人，漢末與從父玄避亂於荊州，隱居南陽。少負大志，常自比管樂，與博陵崔州平、潁川徐元直相友善。昭烈帝依劉表於荊州，嘗屯兵新野，元直往見，昭烈帝器重之，元直薦亮於昭烈帝，昭烈帝親往求見，凡三顧，乃見之，遂為昭烈帝畫策，許出而相助。

　　三國之中，蜀最僻小，國貧眾寡，武備不足，東有孫吳覬覦，南有蠻夷之害。蜀漢最終目標為北伐中原，興復漢室，故亮在其輔政初期，致力於整飭內政，東連孫權，南平蠻夷，以為北伐準備。昭烈帝以章武二年六月敗於猇亭，十月，吳

遣使求和，議未定而昭烈帝崩。亮首於建興元年（魏文帝黃初四年，吳王權黃武二年，西元二二三年），遣鄧芝使吳通好。對內則務農殖穀，休兵息民，整飭吏治。

是時蜀漢所能控制地區，僅限於今四川省中部以北及漢中一帶之地，自四川省南部以南至雲、貴一帶皆為南蠻所據，而雲南尤富饒，蠻人據之以擾邊。建興三年（魏文帝黃初六年，吳王權黃武四年，西元二二五年），諸葛亮率眾南征，其秋，遂平南疆，軍鋒遠及於滇池（雲南省晉寧縣）。

世皆謂諸葛亮南征，在解除後顧之憂，其實並不盡然。亮之南征，除政治因素外，尚有經濟上的因素。蜀本貧瘠❸，當時蜀漢立國最需要的物質為銅鐵與馬，銅鐵為民生必需的資源，馬則軍需所不可缺，川中既不產銅鐵，復不產駿馬，銅鐵馬皆產於雲南，亮之南征，實欲取其資源以裕國。此外，蜀漢國小民寡，兵源不足，亮南征另一目的，亦可能欲徵蠻兵以助戰，蜀軍有「賨叟」「青羌」（見三國志諸葛亮傳裴注引漢晉春秋亮後出師表），漢人稱蜀土著曰賨曰叟，則此類兵種，當有蠻兵在內。

後主建興五年（魏明帝太和元年，吳王權黃武六年，西元二二七年），諸葛亮率大軍北屯沔陽（陝西省沔縣東南），翌年春，揚言由斜谷道（陝西省郿縣西南）取郿（陝西省郿縣東北），魏大將軍曹真悉眾備禦，而亮自率大軍出祁山（甘肅省西和縣西北），魏南安（治今甘肅省隴西縣東北）、天水（治今甘肅省通渭縣西南）、安定（治今甘肅省固原縣）三郡叛魏應蜀，關中震動，魏明帝西鎮長安，遣張郃拒亮，敗蜀將馬謖於街亭（甘肅省秦安縣東北），亮乃率軍退屯漢中。

建興六年（魏明帝太和二年，吳王權黃武七年，西元二二八年）冬，亮復率眾出散關（陝西省寶雞縣西南），圍陳倉（陝西省寶雞縣東），糧盡而還。建興七年（魏明帝太和三年，吳大帝黃龍元年，西元二二九年），亮遣其將陳式攻武都（治今甘肅省成縣西）、陰平（治今甘肅省文縣西北），魏雍州刺史郭淮禦之，亮自出援式，遂平二郡。建興九年（魏明帝太和五年，吳大帝黃龍三年，西元二三一年），亮復出祁山，以糧盡退軍。

亮以屢次出兵，皆因糧運不繼而退，建興十二年（魏明帝青龍二年，吳大帝嘉禾三年，西元二三四年）春，盡統大軍出斜谷，據武功五丈原（陝西省郿縣西

❸　蜀本貧瘠，諸葛亮嘗屢言之。太平御覽卷八一五引諸葛亮集云：「今民貧國虛。」又三國志諸葛亮傳亮出師表云：「今天下三分，益州疲弊，此誠危急存亡之秋也。」

南），分兵屯田於渭南，為久駐之計。亮與魏將司馬懿對壘百餘日，其年八月，以積勞病死軍中，時年五十四。

亮北伐計畫，原欲二道並出，一出荊州以窺洛陽，一出關中以攻長安，復自長安東出以爭中原。但自關羽敗亡，繼以猇亭傾覆，荊州不可復得，僅餘自漢中出關中之一途。

自漢中出關中，自關中東出以爭天下，蓋師高帝之故智。自漢中出關中以攻長安，其道有四，即一、西遶陳倉以趨長安，二、出斜谷道取郿以趨長安，三、東出子午谷徑襲長安，四、出祁山，下隴坂以攻長安。子午谷全長六百餘里，南口曰午谷，在漢中縣東百六十里，北口曰子谷，在長安南百里，其道最險，亦最近，斜谷道次之，出陳倉又次之，而祁山道最僻遠，亦較易得手。亮於北伐之初，先屯沔陽，沔陽在漢中之西，即欲西出祁山以圖天水。

當亮於隆中為昭烈帝決策時，即為昭烈建三分鼎立之策，世謂之隆中對，亮興漢滅魏的基本政策，盡在於此❹。亮以為欲興漢滅魏，必須具備三項具體條件：一、跨據荊益；二、修政睦鄰，避免兩面作戰；三、俟天下之變，然後出師，一自荊州出宛洛，一自漢中出秦川。

亮凡五次出師伐魏而終未能得志，即上列條件不足之故。如荊州時為吳國所有，未能跨據荊益，二路並出，使魏軍得全力抵禦，如欲奪取荊州，則必與吳為敵，兵力分散，事益難成，而天下亦未嘗有變。所謂天下有變，係指魏國嚴重的內憂外患而言，亮以魏明帝太和元年出屯沔陽，翌年北伐，即指望魏文帝之死，明帝初立，或能造成魏內部政局的不穩，然魏政局並未因文帝之死而動搖。亮所以不俟天下確然有變而急於北伐，以荊州既不可復得，欲急取關中以增強國力，此從亮屢出隴右即可見之。出隴右意在奪取關中，服屬西戎以收其利，而不在直

---

❹　三國志諸葛亮傳亮謂先主曰：「荊州北據漢沔，利盡南海，東連吳會，西通巴蜀，此用武之國，而其主不能守，此殆天所以資將軍，將軍豈有意乎！益州險塞，沃野千里，天府之土，高祖因之以成帝業。劉璋闇弱，張魯在北，民殷國富而不知存恤，智能之士，思得明君。將軍既帝室之胄，信義著於四海，總攬英雄，思賢如渴，若跨有荊、益，保其巖阻，西和諸戎，南撫夷越，外結好孫權，內修政理，天下有變，則命一上將將荊州之軍以向宛洛，將軍身率益州之眾以出秦川，百姓孰敢不簞食壺漿以迎將軍者乎！誠如是，則霸業可成，漢室可興矣！」

接伐魏，若欲直接伐魏，則亮必不出隴右，而須自漢中經上庸（湖北省竹山縣）、新城（湖北省房縣）出南陽以攻洛陽。

陳壽謂亮治蜀，「科教嚴明，賞罰必信，無惡不懲，無善不顯，至於吏不容姦，人懷自屬，道不拾遺，彊不侵弱，風化肅然。」（三國志諸葛亮傳陳壽上諸葛亮集表）亮之屬行法治，蓋知蜀國僻小，非法治不足以圖強。初，亮在荊州，與石廣元、徐元直、孟公威同遊學，三人務在精熟而亮獨觀其大略。務在精熟為漢儒治學態度，觀其大略為法家治學作風。是則亮自少即尚法術，因而影響其當政後之政施。

自昭烈帝崩，蜀漢名將如關羽、張飛、馬超皆已去世，當時將才，無出魏延之上。延才具極為昭烈帝所賞識。昭烈帝既定漢中，時論以為必以張飛鎮漢中，飛亦以心許，而昭烈帝竟拔延於眾人之中，委以漢中重任。亮每次伐魏，延輒請別將萬人出子午谷為奇兵，徑襲長安，亮終不許，於是延常以亮為怯。

陳壽評諸葛亮之才，「治戎為長，奇謀為短，理民之幹，優於將略」（三國志諸葛亮傳陳壽上諸葛亮集表），又云「應變將略，非其所長」（三國志諸葛亮傳評）。設亮能用魏延奇計，別軍出子午谷，則戰局或能改觀亦未可知。亮一生謹慎，亮亦自謂「先帝知臣謹慎，故臨崩寄臣以大事也。」（三國志諸葛亮傳亮出師表）用兵貴在出奇應變，謹慎則不能出奇應變，故亮屢次北伐，皆持重緩進，未嘗用奇。然亦以是為魏將司馬懿所畏，故亮每與懿對壘，懿但固守，不敢攻擊。亮死後退軍，懿猶不敢追，及軍退，懿按行其營壘，嘆為當世奇才。

亮既死，委軍權於楊儀。時魏延為先鋒，去亮營十里，延素不服儀，起兵攻儀，士卒以儀為亮所委，皆不附延，延遂為儀所殺。

◆ 魏國政治

魏的國基奠定於武帝而開創於文帝。文帝雖為魏的首君，魏的衰微也開始於文帝時，其最大關鍵即魏文帝疏忌宗室的政策使魏帝室陷於孤危。陳壽謂「魏氏王公，既徒有國土之名，而無社稷之實，又禁防壅隔，同於囹圄。」（三國志魏武文世王公傳評）齊王芳正始年間，魏宗室曹冏上書，亦云「子弟王空虛之地，君有不使之民，宗室竄于閭閻，不聞邦國之政，權均匹夫，勢齊凡庶。」（三國志魏武文世王公傳裴注引袁子曰）是則自文帝歷明帝至齊王芳，疏忌宗室的政策並無

改變。由於帝室孤危，政權旁落權臣之手，終為司馬氏所篡。

　　魏文帝的疏忌宗室，起因於與群弟爭立。曹操有子多人，嫡出者四，即昂、丕、彰與植。昂早卒，彰尚武，丕、植皆有文采。丕性拘謹而植慧敏辯捷，昂既卒，依次須立丕為世子，操獨愛植，故歷久不決。操謀臣賈詡以袁紹、劉表為戒，勸操立丕，操從之，然終嫌丕拘謹而愛植，丕常以此不平。及關羽圍樊城，操欲自將擊羽，至洛陽，未發而羽敗，操尋卒。時植在洛陽，彰鎮長安，操遣使召彰返洛陽，彰未至而操死。彰素與植友善而惡丕，既至洛陽，稱操遺命欲輔立植，植以操無遺囑，恐國亂，堅拒不立，丕以故得嗣位。文帝既自少不如植之見愛於父，其得位亦數經挫折，心情抑鬱，猜忌諸弟，遂影響其即位後疏忌宗室的政治措施。

　　魏本都鄴，篡漢後，遷都洛陽。魏的盛世甚短，大體而言，文帝、明帝二朝為魏的盛世，齊王芳以後，魏政即轉入衰微。

　　文帝、明帝皆尚文而輕武，文帝著典論，文辭典雅，為當世所宗，一時文風甚盛。明帝又好奢侈，雖值戰國，軍興頻仍而不忘營建，所建宮室不計其數，其中如許昌宮、昭陽殿、太極殿、總章觀，皆極其壯麗，由是百姓困弊，國力凋耗。故文帝、明帝二朝雖為魏的盛世，衰亡之機，亦伏於此時。魏以武帝為太祖，文帝為世祖，明帝為顯祖，是為三祖，蓋欲以文帝、明帝功業與太祖比美，實則文帝、明帝以文采言，誠足與武帝比美，至武功勳業，則遠不及。

　　文帝、明帝之世，政治上有一重要轉變，即中書的建立。魏的中書即漢代的秘書，掌秘閣圖籍，文帝即位，改為中書，令兼掌機要，於是尚書之權為其所奪。文帝置中書監、令為其長官，以劉放為中書監，孫資為中書令，權勢大重，猶漢代宰相。明帝尤寵任劉放、孫資，政令皆出其手。

　　明帝無子，養齊王芳以為子，世莫知其由來。明帝疾篤，問計於劉放、孫資，放、資薦宗室曹爽及太尉司馬懿，明帝從之，以爽為大將軍，與劉放、孫資及懿同受遺詔輔政。爽即真之子，真為太祖族子。

　　爽、放、資及懿雖同受遺詔輔政，而爽為大將軍，假節鉞，都督中外諸軍事，錄尚書事，軍政大權實操於其手，當時名士何晏、鄧颺、李勝、丁謐、畢軌等皆附之。

　　自明帝太和五年（蜀漢後主建興九年，吳大帝黃龍二年，西元二三一年）春，

曹真薨，繼曹真統軍禦蜀者即司馬懿。諸葛亮卒，又三年而公孫淵稱燕王。遼東自魏初即稱臣於魏，至是叛，懿復受命出兵平遼，年耆而功高，魏諸將多出其門下，爽自幼父事之，雖執大政而不敢專行。晏、颺等乃說爽宜獨綰大政，不宜使政權旁落他姓之手，爽從之，以何晏、鄧颺、丁謐為尚書，畢軌為司隸校尉，李勝為河南尹，尊懿為太傅以奪其權，貶斥劉放、孫資，於是爽獨握朝權，懿乃謝絕朝政，故魏齊王芳正始年間，實為爽執政時代。

晏、颺等皆當世名士，晏為漢大將軍進之孫，颺為漢司徒禹之後，皆善清談而有文采。晏尤為當世名士所宗，晏性自喜，動靜粉白不去手，行步顧影。時晏與夏侯玄、司馬師皆負盛名，晏嘗曰：「惟深也，故能通天下之志，夏侯泰初是也；惟幾也，故能成天下之務，司馬子元是也；惟神也，不疾而速，不行而至，吾聞其語，不見其人。」（三國志何晏傳注引魏氏春秋）泰初玄字，子元師字，晏蓋以深況玄，以幾況師，而以神自況。晏舉措言論，為當時清談名士的典型。

懿稱疾，閉門不出，而陰謀奪取政權。爽年少，驕而未備。正始十年（蜀漢延熙十二年，吳大帝赤烏十二年，西元二四九年）正月，爽隨齊王芳出洛陽城南朝高平陵（明帝陵），懿乃部署兵馬，先據洛陽武庫，出屯洛水浮橋，上書廢爽。爽謀士桓範時為大司農，聞變，急自洛陽出奔爽，勸爽幸許都，召外兵討懿。爽懦怯無謀，不能從其計，遂降於懿，懿幽爽於私第，未幾為懿所殺，於是魏政權轉入司馬氏之手，晏、颺、軌、謐、勝、範皆為懿所殺，並誅三族。是歲，魏改元嘉平。

魏承武帝嚴酷的政風，刑法甚峻，及司馬氏執政，為防止人民非議，復變本加厲，造成魏晉時期的恐怖政治，於是官吏懼禍，以因循為務，不敢有所進取，人民亦不敢妄議時政，東漢末葉處士橫議的士風不可復見，士大夫轉而託清談以避世，此亦正始玄風蔚然大盛的一因，而魏晉政風亦因而衰壞。

所謂正始玄風，即魏齊王芳正始年間，以何晏、王弼為首所倡的清談。所謂清談，必求語句雋永，簡要而深奧，有文采而不浮淺，且必含蘊哲理，如晏論夏侯玄的深，司馬師的幾及己之神，即屬於清談。東漢時，王充著論衡，訂譌砭俗，論辯奇特，魏文帝著典論，與故舊暢論古今，即已開清談之端，然對老莊玄理有所闡揚發明，使之蔚成風氣，則始自正始年間的何晏、王弼。

懿威權日重，魏太尉王淩鎮壽春，謀立武帝子楚王彪以討懿，為懿所平。懿

窮治其事，凡與其謀者皆誅三族。未幾，懿死，子師繼為大將軍執政。師亦當代名士，與何晏、夏侯玄齊名。嘉平六年（蜀漢後主延熙十七年，吳廢帝亮五鳳元年，西元二五四年），后父張緝與中書令李豐謀廢師，為師所殺，師廢齊王芳而立高貴鄉公髦，改元正元。正元二年（蜀漢後主延熙十八年，吳廢帝亮五鳳二年，西元二五五年），鎮東將軍毌丘儉據壽春討師，為師所平，師亦旋歿，弟昭繼為大將軍執政。甘露二年（蜀漢後主延熙二十年，吳廢帝亮太平二年，西元二五七年），征東大將軍諸葛誕復據壽春討昭，亦為昭所平，儉、誕皆夷三族。

　　高貴鄉公見魏室威權日去，不勝忿憤。甘露五年（蜀漢後主景耀三年，吳景帝永安三年，西元二六〇年），高貴鄉公親率僮僕數百人出討昭，與昭信臣賈充戰於闕下，為充黨成濟所弒。昭以太后詔廢高貴鄉公而立陳留王奐，改元景元，至是魏室名存而實亡。

◆ 吳國政治

　　孫權為吳開國之君，然吳國基業，實奠定於孫策之世。江東地廣物阜，自漢末以來，中原人避難南渡江者甚眾，故江東人才亦盛，立國條件遠較蜀漢為佳，故國基亦較蜀漢穩固。

　　孫氏創業之初，即重用張昭、張紘、顧雍、朱治、朱桓，自是累世貴顯，宗族繁盛，與陸氏俱為江東大族，南朝門閥，言吳姓者首推朱、張、顧、陸。自陸遜敗蜀軍於猇亭，至子抗，世掌吳國兵權。抗子機、雲，為晉代江東名士之冠。

　　孫氏立國江東，任朱、張等以政事，委周瑜以兵權。瑜有才略，不幸早歿。瑜既破曹操於赤壁，未幾而死，魯肅繼掌兵權。肅用兵不及瑜而識見過之。肅知江東力不足以抗衡中原，欲聯合劉備之力以禦操，力勸權以荊州資備。肅死，呂蒙繼掌兵權。權本不願以荊州資備，令蒙乘間襲取荊州。蒙有將才，然識見不及肅，故不能繼承肅聯蜀抗魏的遺志，遂使蜀勢削弱，而魏國勢益強。蒙襲取荊州後不久而死，備起兵謀奪荊州，權乃拔陸遜為將，遜將略不亞於瑜，終於擊潰蜀軍而奠定吳國的基礎，自是遜專掌吳國兵權以抗魏，遜死，子抗繼之，遂成江東大族。

　　孫權以魏明帝太和三年（蜀漢後主建興八年，西元二二九年）稱帝，改元黃龍，定都建業，是為吳大帝。

　　神鳳元年（魏齊王芳嘉平四年，蜀漢後主延熙十五年，西元二五二年），吳大帝崩，少子亮嗣立，改元建興，是為吳廢帝。吳大帝臨崩，託孤於大將軍太子太傅諸葛恪，及廢帝立，以恪為太傅，專制朝政。恪為瑾之子，瑾即諸葛亮之兄，魏征東大將軍諸葛誕為瑾之族弟。瑾事吳大帝位至大將軍，與朱、張、顧、陸皆為大帝所親信。瑾治才不及亮，文采不及誕，而德行過之。恪少慧敏，名蓋當世，深為大帝所器重❺。及恪輔政，政由己出，威震朝野。建興二年（魏齊王芳嘉平五年，蜀漢後主延熙十六年，西元二五三年），恪出兵伐魏，無功而還，威望大損。恪乃嚴刑峻法以立威，廢帝與孫峻合謀，置酒請恪，於座間殺之，誅其三族。其後誕據壽春討司馬昭，兵敗被誅，亦夷三族，故諸葛氏之族在魏、吳無有遺者。

　　峻為堅弟靜之曾孫，代諸葛恪而執吳政。峻死，族弟綝繼之。綝專恣日甚，廢帝亮與后父全尚密謀殺綝，廢帝亮妃為綝從姊之女，洩其謀。太平三年（魏高貴鄉公甘露三年，蜀漢後主景耀元年，西元二五八年），綝廢其主亮而立其兄休，改元永安，是為吳景帝。綝威震其主，是年十二月，於朝會時為景帝所殺。

　　大體而言，吳的政治以大帝時代為可稱，自廢帝亮以後，吳政即轉入衰微。

◆ 三國的滅亡

　　三國之亡，蜀為先，魏繼之，吳最後，而統一於晉。蜀亡於魏陳留王景元四年（吳景帝永安六年，西元二六三年），魏亡於陳留王咸熙二年（晉武帝泰始元年，吳烏程侯皓甘露元年，西元二六五年），吳亡於晉武帝太康元年（西元二八〇年）。

　　蜀漢自諸葛亮死後，以蔣琬為大將軍秉政。時新喪元帥，遠近危懼，琬既無戚容，亦無喜色，舉止一如平日，朝野由是漸安。琬以為諸葛亮北伐，每以蜀道險阨，糧運不繼而退兵，乃欲由漢水襲取魏興（陝西省安康縣西北）、上庸以就漕運，師未發而疾作。延熙九年（魏齊王芳正始七年，吳大帝赤烏九年，西元二四六年），琬卒，費褘繼為大將軍秉政，延熙十六年（魏齊王芳嘉平五年，吳廢帝建興二年，西元二五三年），歲首大會，褘歡飲沈醉，為魏降人郭脩所刺。

　　琬、褘為政，承諸葛亮成規，未曾妄加改革，常北駐漢中以鎮邊境，身雖在外，蜀中刑政皆先咨而後行，二人功名略等❻。琬方整有威重，褘寬和而愛物，

---

❺　三國志諸葛恪傳注引江表傳：「恪少有才名，發藻岐嶷，辯論應機，莫與為對，權見而奇之，謂瑾曰：『藍田生玉，真不虛也。』」

對內輯睦群臣，對外不妄開兵革，並稱賢相。

　　禕卒，姜維繼為大將軍。維字伯約，天水冀縣（甘肅省甘谷縣南）人。建興六年（魏明帝太和二年，吳王權黃武七年，西元二二八年），諸葛亮北伐，攻拔天水，徙其民千餘家入蜀，維亦在其中。亮稱維忠勤時事，思慮精密，又稱其敏於軍事，深解兵意，心存漢室，才兼於人。琬、禕秉政，常遣維帥偏師西出秦川以擾魏軍，累遷至衛將軍，涼州刺史，與禕共錄尚書事。維自以熟練西方風俗，且負其才略，每欲大舉北伐，招誘羌胡以定隴西，進而平定關中，禕以蜀國力虛弱，不欲大舉，每裁抑之，與其軍不過萬人。及禕卒，維獨縋大政，乃數大舉出師伐魏，魏大受其擾，由是有滅蜀之志。維每出師，魏輒以大將鄧艾禦之，艾有才略，故姜維雖善用兵而不能克。蜀自景耀（景耀元年即魏高貴鄉公甘露三年，吳景帝永安元年，西元二五八年）以後，後主寵信宦官黃皓，維將兵在外，皓弄權於內。維惡皓蠱惑後主，每還師成都，輒啟後主欲殺之，後主不從，皓亦陰謀廢維而奪其權。維自以羈旅之臣，累年攻戰而功績不立，故亦自疑懼，乃屯田於沓中（甘肅省臨潭縣西），不復還成都。

　　魏陳留王景元四年（蜀漢後主炎興元年，吳景帝永安六年，西元二六三年），魏大將軍司馬昭命征西將軍鄧艾督諸軍三萬人去甘松（甘松嶺在今四川省松潘縣西南）、沓中以牽制姜維，雍州刺史諸葛緒將三萬人阻斷維歸路，鎮西將軍鍾會率大軍十餘萬自斜谷、駱谷（陝西省盩厔縣西南）入漢中。維為艾所偪，自沓中退守陰平，緒邀擊不及。維聞會已入漢中，乃捨陰平還守劍閣（四川省劍閣縣北）。

---

❻ 三國志蔣琬傳：「東曹掾楊戲素性簡略，琬與言論，時不應答。或欲搆戲於琬，曰：『公與戲語而不見應，戲之慢上，不亦甚乎！』琬曰：『人心不同，各如其面，面從後言，古人之所誡也。戲欲贊吾是邪，則非其本心，欲反吾言，則顯吾之非，是以默然，是戲之快也。』又督農楊敏曾毀琬曰：『作事憒憒，誠非及前人。』或以白琬，主者請推治敏。琬曰：『吾實不如前人，無可推也。』主者重據聽不推，則乞問其憒憒之狀。琬曰：『苟其不如，則事不當理，事不當理則憒憒矣，復何問邪！』後敏坐事繫獄，眾人猶懼其必死。琬心無適莫，得免重罪，其好惡存道皆此類也。」又費禕傳裴注引禕別傳：「于時軍國多事，公務煩猥，禕識悟過人，每省讀書記，舉目暫視，已究其意旨，其速數倍於人，終亦不忘。常以朝晡聽事，其間接納賓客，飲食嬉戲，加之博奕，每盡人之歡，事亦不廢，董允代禕為尚書令，欲效禕之所行，旬日之中，事多愆滯。允乃歎曰：『人才力相懸，若此甚遠，此非吾之所及也。』聽事終日，猶有不暇爾。」

艾將兵自陰平道（自甘肅省文縣至四川省平武縣左擔山為陰平道）行無人之地七百餘里，鑿山開道，以氈裹身，攀木緣崖而下，逕趨綿竹，蜀以諸葛亮子瞻守綿竹，瞻與子尚俱戰死，艾率軍直趨成都，後主出降，蜀遂亡。

會攻維於劍閣，不能克，退軍屯涪。及後主降，遣使令維降會。維有文采，會甚愛重之，仍令將蜀軍。會與維出則同車，坐則同席。會嘗謂長史杜預曰：「以伯約比中土名士，公休、太初不能勝也。」（三國志姜維傳）公休謂諸葛誕，太初謂夏侯玄。艾既滅蜀，凡事專制，會上書言艾有反狀，司馬昭令會收艾，會遣監軍衛瓘以檻車徵艾赴洛陽，自率大軍入成都。

會威震川中，與維陰謀叛魏，授維兵五萬人為前驅。維欲構成釁亂以圖恢復，勸會盡殺入川魏將，會亦恐諸將不與己並反，盡囚諸將於諸曹屋中，嚴兵圍守，猶豫未決，謀遂洩，諸將牙兵群起攻會及維，會、維皆為亂兵所殺。艾牙兵追鄧艾檻車，欲迎艾還成都，至綿竹，為衛瓘所殺。

後主至洛陽，魏封為安樂縣公，晉武帝泰始七年（西元二七一年）薨。後主昏庸無能，故臣賢則君賢，臣不肖則君闇，後主本人實不能為大過惡，陳壽謂後主任賢相則為循理之君，惑閹豎則為昏闇之后（三國志蜀後主傳評），可謂確論。習鑿齒謂後主甚庸愚，司馬昭嘗與後主宴，為作故蜀技以娛之，與宴者皆感愴而後主喜笑自若，司馬昭謂賈充曰：「人之無情，乃可至於是乎！雖使諸葛亮在，不能輔之久全，而況姜維邪！」（三國志蜀後主傳注引漢晉春秋）

艾、會皆魏末名將，又皆當世名士。艾出身寒微而會出身高門。會為魏太傅繇之少子，敏慧博學，尤善談易，與王弼齊名，為司馬師、司馬昭所器重。師平毌丘儉，昭平諸葛誕，會皆從行，運籌帷幄，算無遺策，時人比之子房。昭謀伐蜀，群臣皆以為不可，獨會以為可克，故昭獨與會謀伐蜀之事，以會為鎮西將軍都督關中諸軍事，而以艾及諸葛緒為偏師以牽制蜀軍，及蜀平，會謀據蜀叛魏而為魏軍所殺，死時年僅四十。

司馬昭既平蜀，以功封晉公，食邑十郡，咸熙元年（吳烏程侯皓元興元年，西元二六四年），進爵晉王，增食邑為二十郡，咸熙二年（吳烏程侯皓甘露元年，西元二六五年），昭卒，子炎嗣，篡魏自立，國號晉，改元泰始，是為晉武帝，追謚司馬懿為宣帝，司馬師為景帝，司馬昭為文帝。

蜀亡的次年而吳主皓即位，又一年而魏亡，故大致而言，吳主皓時代為晉吳

對峙時代。

　　吳主皓為吳大帝子和之子，初封烏程侯，少有令譽，明斷好學，吳景帝崩，丞相濮陽興與左將軍張布立以為帝，吳主皓既即位，好酒色，驕奢殘暴，朝野失望，興與布甚悔，乃謀廢皓，為皓所殺。自是皓專以刑戮立威，群臣震怖，上下離心，莫肯為皓盡力。

　　吳主皓每宴會群臣，無不咸令沈醉，小有過失，輒加威刑，又激水入宮，宮人有不合意者輒殺而流之，或剝人之面，或鑿人之眼，臣民以是隕斃流黜者不可勝數。皓在位凡十七年，以皓之驕淫殘暴，當晉全盛，竟能延續國祚達十七年之久，其原因在於皓猶能信任陸抗，委以疆場之任。

　　晉既滅蜀，遂有滅吳之志。晉武帝以名將羊祜都督荊州，伺機伐吳，吳亦以抗督荊州，與祜對峙。祜、抗皆當世名士，各知其能，故邊境和協而無戰事。祜與吳交兵，必期日而後出師，不掩襲，不用詐謀，或出軍入吳境，刈穀為糧，必計其值以償吳人，蓋欲收服民心，作為日後伐吳的準備。抗知祜之志，亦以信義報之。

　　吳主皓鳳凰三年（晉武帝泰始十年，西元二七四年），抗薨，祜乃建伐吳之議，以為如欲伐吳，須據長江之險，以舟師自上游順流而下，晉武帝乃以王濬都督益州，密具舟檝為伐吳之計。晉武帝咸寧四年（吳主皓天紀二年，西元二七八年），祜卒，薦杜預為鎮南將軍以自代，復力勸武帝宜速伐吳。晉武帝太康元年（吳主皓天紀四年，西元二八〇年），武帝遣軍三道伐吳，以安東將軍王渾督揚州，自壽春進逼建業，杜預自襄陽進逼江陵，王濬自蜀將水軍順流而下，以賈充為大都督，節度諸軍。吳軍大潰，王濬順流入石頭城（江蘇省江寧縣西石頭山後），吳主皓出降，晉遷皓於洛陽，封為歸命侯，吳亡，中國復為晉所統一。

　　吳先於江防要害處，以鐵鍊橫截江流，又作鐵錐長丈餘植江中以拒晉舟師，為羊祜諜知，故王濬預作大筏數十具，方百餘步，又作火炬長十餘丈，大數十圍，灌以麻油，置於艦前，及伐吳，以木筏先行，遇鐵錐，輒著筏而去，遇鐵鍊，則為炬所焚，須臾而斷，故舟行無礙，吳以為萬全而不為備，遂為晉軍所克。

第十一章　晉與胡族

一、西晉的政局

◆ 西晉世系

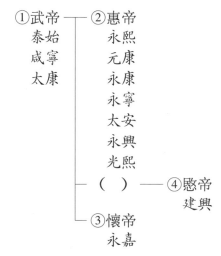

西晉自武帝泰始元年代魏，至愍帝建興四年為漢主劉聰所滅，凡三世四君，歷五十二年（西元二六五年至西元三一六年），若自太康元年滅吳統一中國至西晉滅亡，凡三十七年（西元二八〇年至西元三一六年）。

◆ 西晉的政風

　　宣帝司馬懿與文帝司馬昭性格甚為相似，皆深沈而有智略。景帝司馬師則為名士典型。文帝的雄才大略，可從其任用鍾會伐蜀數事看出。

　　文帝初遣鍾會伐蜀，謀臣邵悌謂會必反，勸文帝勿遣。文帝謂眾人皆言蜀不可伐，是心先怯，心先怯則智勇並竭，遣之適足為敵所擒，惟會以為可伐，今遣伐蜀，蜀必可滅，蜀既破之後，蜀人震恐，而中原將士各自思歸，會雖欲反，必不肯與之同謀。及文帝令會收鄧艾，西幸長安，悌復云會所統軍五六倍於艾，事

必可辦，不須自行，而文帝親至長安，正欲令會知其疑己而促其速反，使不得從容部署，會果墜其計中，遂為魏兵所殺，一切皆如文帝所料。

武帝性格與宣帝、文帝迥然不同。武帝性寬仁，純厚而愛物，武帝最大的缺點是情感脆弱，對自身及臣下皆不能控制，不是雄才大略的君主。以武帝本人而言，既好奢靡，又思節儉，依違其間，不知所從。

武帝初即位，損樂府之樂，省彫文綺組之飾，臣下嘗貢雉頭裘，武帝以為奢侈，命焚之，當世傳為美談。然平吳之後，納孫皓宮女數千以實後庭，自是後宮嬪御盈萬，並寵者眾，武帝不知所適，常乘羊車，任其所之，至便宴寢，宮人常取竹葉插戶，以鹽汁灑地而引羊車，則其性好奢靡而不能安於儉樸可知。

武帝既不能自制其情感，亦不能控制臣下。時帝舅王愷與大臣石崇以豪富相傾，財產豐積，室宇宏麗，後房侍妾皆以百數，所食必水陸珍羞，以蠟代薪，以椒塗屋，出則以綠錦作步障，武帝不但不加制止，且常助愷與崇鬥富。武帝嘗以珊瑚樹高二尺許賜愷，愷以為希世奇珍，便以示崇，崇以鐵如意擊碎之，愷以為崇嫉己之寶，聲色方厲，崇便命左右取珊瑚樹高三四尺者六七株，條幹絕俗，光彩耀目，任愷自擇為償，愷始知富不及崇，悅然自失。景帝皇后從父弟羊琇，性亦豪侈，費用無極。太宰何曾尤豪奢，帷幄車服，窮極綺麗，廚膳過於王者，每召見，不食御廚所設，武帝輒命自取其家所具食。曾日食萬錢，猶言無下箸處。曾子劭，位至司徒，尤奢汰，日食二萬錢，極盡四方珍異。賈充孫謐亦奢侈逾度，器服珍麗，歌僮舞女，皆極一時之選。平吳名將王濬及王渾子濟，皆錦衣玉食，以奢侈自逸，濟尤豪侈，時洛京地甚貴，濟買地為馬埒，編錢滿之，時人謂之金溝。

貴戚大臣的爭豪鬥富，影響社會風氣者必甚大，武帝不但不能阻止，且助長其勢，則所謂損樂府之樂，省彫綺之飾的美德，實皆出於矯飾。風氣所及，士大夫競以奢靡相尚，故自晉開國之初，即表現其末世頹廢的政風，而缺乏開國新興的氣象❶。

---

❶ 晉書劉頌傳頌上疏：「泰始之初，陛下踐阼，其所服乘，皆先代功臣之胤，非其子孫則其曾玄。古人有言，膏粱之性難正，故曰時遇叔世。當此之秋，天地之位始定，四海洗心整綱之會也，然陛下猶以用才因宜，法寬有由，積之在素，……未可一旦直繩御下，然至所以為政，矯世眾務，自宜漸出公塗，法正威斷，日遷就肅。……而自泰始以來，將

晉初除風氣侈靡外，又有朋黨之爭。朋黨的存在，與武帝優容寬縱的性格有關。大抵雄武大略專制的君主，如秦始皇、漢武帝、明太祖，幾不容許有朋黨的存在，朋黨之起，由於君主的優容，使臣下有朋比爭衡的機會。

晉朋黨之爭起因有二，即平吳與立嗣。

平吳之初，主其議者為羊祜，張華贊成其計，而賈充反對其議，中書監荀勗、侍中馮紞等附之。武帝終用羊祜之議而平吳，充慚恨，遂與華不睦。及議立嗣，華力主立齊王攸，朝臣亦多屬意於攸，而充、勗、紞並力主立惠帝，於是遂成朋黨。

晉自平吳以後，局勢尚稱安定，惟立嗣問題久懸不決。晉宣帝傳位於景帝，景帝無子，以文帝子攸為嗣，攸即武帝之弟。景帝不傳子攸而傳弟文帝，文帝未返位於攸而傳子炎。及武帝立，以攸為齊王而立子惠帝為太子，齊王攸敏慧而惠帝庸愚，武帝之應傳位於弟抑傳子，為當時晉朝最大的問題。張華既力主立齊王攸，與主張立齊王攸的朝臣融會為一大勢力；賈充有二女，前妻女為齊王攸妃，後妻女為惠帝妃，充惑於後妻，故主立惠帝，而荀勗、馮紞力贊其事，於是朝臣各為朋黨，互相攻訐，而造成晉朝政治局勢的不安。

◆ 武帝時代的政治

晉武帝統一中國後的政治措施有四：

一、重劃州郡區域，分全國為十九州，一百七十三郡。東漢十三州，即司隸、冀、兗、豫、荊、徐、揚、青、幽、并、涼、益、交，獻帝增置雍州，三國時吳置廣州，晉興仍之，改司隸為司州，別置梁、秦、寧、平四州，凡十九州。三國時代頗增置新郡，吳新置二十五郡，蜀新置十一郡，魏新置二十一郡，晉興因之，又新置二十三郡，合漢舊郡九十三，凡一百七十三郡。

二、調整戶調賦稅。漢代賦稅，有田租、算賦、更賦，漢末之亂，豪強兼并，賦役漸至不均，豪民無賦稅之累而小民有兼賦之弊。獻帝建安九年（西元二○四年），魏武乃重釐稅制，定田租每畝四升，每戶出絹二匹、綿二斤。

建安九年的改制，為我國賦稅制度的一大轉變。在此以前，我國賦役皆以人

三十年，政功美績，未稱聖旨，凡諸事業，不茂既往。以陛下明聖，猶未及叔世之弊，以成始初之隆，傳之後世，不無慮乎！」

為對象，至是以戶為對象，此因漢末之亂，人民流離，依附豪強，淪為豪強部曲。此類部曲成為豪強的私民，不入政府戶籍，於是著籍戶口銳減，人口確數不詳，故以戶為征賦的對象，此即戶調的來源。當時人民多聚族而居，故建安九年新稅制確較漢代算賦為低，然計戶而不計口，則戶調不均，是其缺點。

晉平吳後，又重釐戶調，無論貧富，凡丁男之戶，歲輸絹三匹，綿三斤，女戶半輸，邊郡輸三分之二，僻遠者三分之一。從制度而言，晉賦不可謂不輕，但貧者多析族而居，口少則賦重，富者多聚族而居，口多而賦益輕。

三、重訂刑律。魏刑律本甚嚴厲，魏明帝興造宮室，民夫有稽期限者皆論斬，犯大逆者誅及已嫁之女。司馬昭為晉王，乃命賈充重訂刑律，蠲其苛穢，存其清約，事從中典，歸於益時。晉武帝泰始三年（西元二六七年），新律成，頒於天下，為兩晉南北朝刑律所本。參與修訂刑律者凡十四人，太傅鄭沖、司徒荀顗、中書監荀勗、中軍將軍羊祜等皆在其中，而以充主其事。晉律確較漢律為進步。開明的法律本有助於消滅社會階級，然晉時貧民依附豪強為部曲，成為豪門私民而不著戶籍。太康元年（西元二八〇年）平吳，全國人口凡一千六百十餘萬，與西漢平帝元始二年（西元二年）的五千九百五十九萬以及東漢桓帝永壽三年（西元一五七年）的五千六百四十八萬比較，僅得盛漢的四分之一，此四分之三的人口並非全死於三國的紛爭，大部分皆淪為豪門的部曲。晉世豪門可任意處置其私民 ❷，故晉律雖開明進步，惟自由民得受其益，依附於豪民的部曲則仍未能惠及。

四、削弱地方兵權，增重宗室諸王兵權以屏藩王室。晉武帝泰始元年（西元二六五年），封宗室諸王，以郡為國，得專一國政事，又依其食邑多寡分國為三等，大國食邑二萬戶，置上中下三軍，中軍二千人，上下軍各一千五百人，合五千人；次國食邑萬戶以上，置上下二軍，兵三千人；小國食邑五千戶以上，置一軍，兵一千五百人。晉又削奪州郡兵權，另置征、鎮、安、平諸號將軍以掌兵權，鎮守邊疆，直屬朝廷，於是自漢魏以來州郡擅兵現象不復見。但晉代常以諸王兼諸號將軍以統兵，於是諸王名位既重，復擁強兵，漸成尾大不掉之勢。晉武帝鑒於魏

❷　晉書王敦傳：「王愷、石崇以豪侈相尚，愷嘗置酒，敦與導俱在坐，有女伎吹笛，小失聲韻，愷便毆殺之，一坐改容，敦神色自若。他日，又造愷，愷使美人行酒，以客飲不盡，輒殺之。酒至敦、導所，敦故不肯持，美人悲懼失色而敦傲然不視。導素不能飲，恐行酒者得罪，遂勉強盡觴。導還歎曰：『處仲若當世，心懷剛忍，非令終也。』」

以疏忌宗室而滅亡，故恢復封建，增重宗室諸王權力，然矯枉過正，遂伏下其後諸王擁兵混戰的危機。

晉武帝一朝，名臣甚多，如何曾、張華、荀勗、羊祜、杜預等，皆才華不世出，然武帝最信任者則為賈充。充父逵，為魏忠臣。充少以孝聞，明達有才器，嘗料諸葛誕必反，勸司馬文王徵誕入朝，謂徵之反速而害小，不徵事遲而禍大，文王從其計而徵之，誕果反。及文王討誕，充從行，獻策宜深溝高壘不戰以困之，文王從其策，果克壽春，擒誕；其後修訂晉律，充之功居多。總而言之，充甚有才幹，政績亦可稱，其畢生最大污行即弒魏高貴鄉公一事，但亦因此立大功於晉室，且其女為惠帝后，故特為武帝所信任。

弒高貴鄉公誠為充盛德之累，除此以外，充對晉政治頗有建樹，僅反對伐吳為其失策。充雖反對伐吳，武帝仍強充為大都督，節度諸軍，是則充才具必有過人之處，其為武帝所信任，亦由此可見。

◆ 賈后與惠帝

賈后即賈充女南風，為惠帝后。惠帝癡愚，武帝時，朝臣如和嶠、衛瓘等多言其不堪重任，力主立齊王攸，幾為武帝所廢，然武帝究不願廢子而立弟，常依違不決，終賴充與荀勗等百計維持而得立。

賈后性妒，多權詐，惠帝畏而惑之。惠帝嘗於華林園聞蝦蟆聲，謂左右曰：「此鳴者為官乎！私乎！」（晉書惠帝紀）永康以後，天下荒亂，百姓餓死者甚眾，惠帝曰：「何不食肉糜？」（同上）其庸愚多此類。我國自晉以後，權集於君主，政務繁重，非有才略不足以處理國事，兼以晉代人才鼎盛，以惠帝的庸愚，自非其所能駕御。

武帝崩，惠帝立。惠帝前期為賈后擅政時期。大體而言，在惠帝永康元年（西元三〇〇年）趙王倫起兵廢賈后以前，西晉確曾有一度昇平，兵力亦不弱。在此以前，雖有汝南王亮、楚王瑋的被殺，但亂事並未蔓延，國力並不因此而損耗，亦未促成內戰的規模，故史書雖以汝南王亮、楚王瑋列於八王之中，實則並不能與永康以後六王相提並論，其間亦無因果關係。

世人多以晉朝的衰亂，由於五胡亂華，五胡之起，由於八王之亂，八王之亂，由於賈后的擅政，而以晉朝的衰亂，歸咎於賈后。然若詳加推究，問題並不如是

簡單，因八王之亂，並不盡由賈后的擅政，其最大的原因，是自晉初以來，增重宗室諸王的權力，對朝廷構成嚴重的威脅，又因惠帝的庸愚而啟諸王覬覦帝位之心，群起創亂而予胡人以可乘之機。

賈后性忌妒而殘酷，然英明能幹，學問甚佳。賈后與呂后、武后的處境頗有相似之處，皆以君主的庸弱而擅政。賈后與惠帝情感甚篤，並無不睦，其擅政動機可能由於惠帝的未能控御世族，駕馭宗室。賈后之所以未能扭轉政局，消弭患難，主要癥結在於晉自開國以來所留下的政治危機太多，除諸王、世族、朋黨等問題外，又加上武帝后族楊氏的爭權及賈后與太子之間的糾紛，其處境較之武帝時代，尤為困難。

武帝有二楊后，長即武元楊皇后，生惠帝，有懿德，崩於泰始十年（西元二七四年），次為武悼楊皇后，即元后從妹。悼后父楊駿，為元后叔父。

元后崩，悼后繼立，駿及弟珧、濟恃寵營私，勢傾朝野，號曰三楊。武帝臨崩，遺詔汝南王亮及駿同輔政，亮為宣帝子，於武帝為叔父。時詔在中書，楊后思獨攬朝政，匿武帝遺詔，矯詔亮出鎮許昌，獨委政於駿。及惠帝立，楊氏遂獨擅朝政。駿無大器，委任私人，多樹親黨，詔命皆出於楊后，於是宗室怨望。珧、濟有俊才，嘗數諫駿而駿不能用，賈后乃密謀廢楊氏。時惠帝弟楚王瑋鎮荊州，惠帝元康元年（西元二九一年），賈后遣使密諭瑋與汝南王亮連兵討駿，亮不納，而瑋乃上表求入朝。駿素憚瑋，方謀召之入京以防其變，遂召入為衛將軍，賈后乃用其兵力廢楊后，殺三楊及其親黨，並夷三族，死者數千人。

賈后陰謀專政，召汝南王亮入朝，與太傅衛瓘同輔政。瓘在武帝世嘗諷武帝廢惠帝而立齊王攸，故為賈后所怨。楚王瑋有威儀，為亮所畏，亮謀奪其兵權，奏請遣諸王歸藩，瓘贊成其議，賈后乃矯惠帝密詔謂亮與瓘欲行廢立，令瑋殺之，復矯詔以擅殺重臣之罪殺瑋，於是朝權盡歸賈后。

自元康元年（西元二九一年）至永康元年（西元三〇〇年）趙王倫起兵廢賈后，其間凡九年，為賈后專政時期。在此期間，賈后委張華、裴頠、賈模以政事，此三人皆賢。華贊成羊祜伐吳之議，為晉室勳臣，賈后誅楚王瑋，即用華謀。華出身庶族，儒雅有謀略，進無世族偪上之嫌，退為朝野眾望所歸，故為賈后所倚重。頠為晉初勳臣裴秀之子，文帝初欲立嗣，屬意於齊王攸，猶豫未決，以問裴秀、何曾等，秀、曾皆謂武帝有異表，非人臣之相，武帝由是得立❸，而賈充後

妻郭氏即頠從母，故頠深得賈后信任。頠雖賈后親屬，素有重望，朝野皆不謂其以親戚進，惟恐其不居位。模為賈充從子，少有志操，智略深沈，為充所信愛。賈后以華、頠、模為侍中輔政，海內晏然，朝野寧靜，政治安定，惟元康六年（西元二九六年）雍州有齊萬年之亂，但亂事並未擴大，至元康九年（西元二九九年）春，為晉所平。

在此期間，有一政治危機無法解決，即賈后與太子間的鬥爭。賈后無子，惠帝謝淑妃生子遹，立為太子。遹雖聰慧而性剛愎，不能容忍。遹見賈后擅權，意常不平，賈后謀欲廢之。元康九年（西元二九九年）十二月，賈后召遹入宮，置之別室，逼遹飲醉，令潘岳仿遹語氣作書，誘遹書云：「陛下宜自了，不自了吾當入了之；中宮又宜速自了，不了吾當手了之。」（晉書懷愍太子傳）賈后因藉以廢遹，囚於金墉城，殺謝妃。永康元年（西元三〇〇年），賈后復矯詔殺遹。時賈模已死，趙王倫、齊王冏時在京師，乃率兵入宮，殺賈后及張華、裴頠，而啟諸王之亂。

◆ 八王之亂

倫為宣帝之子，冏即齊王攸之子。倫既得志，令冏出鎮許昌，以惠帝為太上皇，囚於金墉城，自即帝位。武帝子淮南王允時在京中，舉兵欲誅倫，為倫所殺。河間王顒鎮長安，成都王穎鎮鄴，與冏連兵討倫，顒為宣帝弟孚之孫，穎為惠帝之弟。倫敗死，冏乃迎惠帝復位，居中輔政，顒還鎮長安，穎還鎮鄴。

冏既輔政，驕恣跋扈，穎、顒復起兵討冏。惠帝弟長沙王乂在洛陽，穎、顒陽奉乂為盟主，實陰欲藉冏兵殺乂，然後以殺乂罪名討冏，冏果遣兵襲乂，乂率兵入宮，以惠帝詔命殺冏，冏疏於防備，遂為所殺，乂繼冏居中輔政，穎、顒以所謀未成，聯兵討乂，乂拒戰失利，宣帝弟泰子東海王越在洛陽，起兵殺乂，顒

---

❸ 晉書武帝紀：「初，文帝以景帝既宣帝之嫡，早世無後，以帝弟攸為嗣，特加愛異，自謂攝居相位，百年之後，大業宜歸攸。每曰：『此景王之天下也，吾何與焉。』將議立世子，屬意於攸，何曾等固爭曰：『中撫軍聰明神武，有超世之才，髮委地，手過膝，此非人臣之相也。』由是遂定。」又裴秀傳：「初，文帝未定嗣而屬意舞陽侯攸，武帝懼不得立，問秀曰：『人有相乎？』因以奇表示之。秀後言於文帝曰：『中撫軍人望既茂，天表如此，固非人臣之相也。』由是世子乃定。」

乃奉穎為皇太弟，鎮鄴，遙制朝政。越奉惠帝討穎，敗於蕩陰（河南省湯陰縣西南）。穎遷惠帝於鄴，晉平北將軍王浚起兵討穎，穎兵敗，擁惠帝還洛陽，顒遣其將張方救穎，方兵未至而穎已敗。方入洛陽，挾惠帝入長安，顒廢穎而立惠帝弟豫章王熾為皇太弟。越復自徐州起兵西迎惠帝，擊滅顒、穎，奉惠帝還洛陽，於是朝政盡歸越，時為惠帝光熙元年（西元三〇六年）。晉書合汝南王亮、楚王瑋、趙王倫、齊王冏、成都王穎、河間王顒、長沙王乂、東海王越為一傳，世稱八王之亂。

越既執大政，以惠帝庸愚，酖殺惠帝而立熾為帝，是為懷帝。晉久經戰亂，兵力損耗，已不如永康以前的強盛。

越以弟南陽王模為征西大將軍，都督秦、雍、梁、益四州諸軍事，鎮長安，以宣帝曾孫琅邪王睿為安東將軍，都督揚州江南諸軍事，鎮建鄴，故越雖居中秉政而天下實三分。

◆ 西晉的衰亡

五胡之亂起於晉惠帝永寧元年（西元三〇一年）巴氏李特之亂，然特亂僅偏限巴蜀一隅，至永興元年（西元三〇四年），匈奴劉淵起兵於左國城（山西省離石縣東北），勢遂大盛。

特本略陽巴氏，惠帝元康間，齊萬年反，關中擾亂，乃與流民俱流徙入漢中，轉徙入川。惠帝永康元年（西元三〇〇年），晉徵益州刺史趙廞入京，廞不受徵，自稱大都督、益州牧，以特及特弟庠為將，庠以中國方亂，勸廞叛晉，廞殺之，並殺其子姪宗族三十餘人。永寧元年（西元三〇一年），特起兵攻殺廞，擁流民為亂，晉以羅尚為益州刺史，入川平亂。尚為政貪殘，百姓不附，而特為政寬約，軍律嚴整，故晉軍輒為特所敗。太安元年（西元三〇二年），特自稱益州牧，建元建初，進軍擊羅尚於成都，尚據城自守。太安二年（西元三〇二年），尚出軍與特戰，特兵敗，為尚所殺。特死，弟流繼統其眾，流尋卒，特子雄繼之，攻克成都，尚委城而遁，雄遂據有四川之地。永興元年（西元三〇四年），雄僭號成都王，建元建興。光熙元年（西元三〇六年），雄稱帝，國號成，自是巴蜀不屬晉。雄卒，傳位於兄蕩子班，班為雄子期所殺。東晉成帝咸康四年（西元三三八年），特弟驤子壽篡位自立，改國號漢，故史稱成漢。

　　李雄有奇表，兼有才略，性寬厚，簡刑約法，事少役稀，百姓富實。時中原大亂，惟蜀中安謐，中原流民多歸之；雄又好學，興學校，置史官，頗具規模，聽覽之餘，手不釋卷，號稱賢主。

　　劉淵字元海，為漢烏珠留若鞮單于弟右奧鞬日逐王之裔，冒姓劉氏。東漢光武帝建武間，日逐王自立為南單于，入居西河美稷。漢獻帝時，淵父豹為匈奴左賢王，魏武輔漢，分匈奴為五部，以豹為左部帥。晉武帝太康間，改五部帥為五部都尉，左部居泫氏（山西省高平縣），右部居祁（山西省祁縣東南），南部居蒲子（山西省隰縣東北），北部居新興（山西省忻縣），中部居大陵（山西省文水縣東南）。匈奴雖分為五部，其酋豪皆居於晉陽汾水之濱。淵自幼聰慧，長而好學，漢化甚深，嘗師事崔游，通毛詩、京氏易、馬氏尚書，尤好左氏春秋及孫吳兵法，史漢諸子，無不綜覽，猿臂善射，齊力過人，才兼文武。魏陳留王咸熙年間，為質子於洛陽，滅吳名將王渾甚器重之。渾及子濟屢薦淵於晉武帝，請委以伐吳之任，武帝以淵非漢族，故未委以兵權。齊王攸最忌淵，嘗勸武帝殺之，賴渾佑護獲免。豹死，淵繼為左部帥，太康末，拜北部都尉。

　　楊駿輔政，以淵為匈奴五部大都督，留居鄴。成都王穎輔政，與王浚相攻，以淵為匈奴北單于，遣返河東，令召五部匈奴伐浚。淵至河東，自立為大單于，聚眾十餘萬，都離石（山西省離石縣），永興元年（西元三〇四年），淵遷都左國城，即漢王位，建元元熙。淵自以匈奴世尚漢主，為漢外甥，以紹承漢統自居，故國號漢。懷帝永嘉二年（西元三〇八年），淵即皇帝位，遷都平陽，遣石勒據鄴，遣子聰、族子曜將精騎五萬攻洛陽，東海王越禦卻之。

　　晉懷帝永嘉四年（西元三一〇年），淵卒，子和立。和御下無恩，聰弒和自立，命族弟曜、大將王彌、石勒分道將兵伐晉，晉軍屢敗，東海王越盡率晉精兵數十萬出戰，以太尉王衍為軍師，與勒戰於項（河南省項城縣東北），晉公卿大臣隨越在軍中者甚眾。永嘉五年（西元三一一年），越薨於軍中，委軍權於衍，衍統其眾護越喪還葬東海，至寧平城（河南省鹿邑縣西南），為勒追及，晉軍大潰，衍及王公大臣以下死者十餘萬，晉軍精銳於是乎盡。

　　王衍未敗時，晉的兵力尚強，設東海王越不死，勝敗猶未可知。衍字夷甫，善談玄，名動當世，為名士所宗，故越委以兵權。實則衍並不知兵，不能運用此雄厚的兵力，兵甫交而潰。自是晉兵力潰散而胡勢大盛，終至不可收拾。故五胡

之亂，衍應負最大責任。東晉桓溫嘗云：「遂使神洲陸沈，百年丘墟，王夷甫諸人不得不任其責。」（晉書桓溫傳）

王衍為石勒所俘，勒問晉何以敗？衍自言不豫世事，咎不在己，因勸勒稱尊號。勒大怒曰：「君名蓋四海，身居重任，少壯登朝，至於白首，何得言不豫世事？」（晉書王衍傳）遂殺之。衍臨死曰：「吾曹向若不祖尚浮虛，戮力以匡天下，猶可不至今日。」（同上）此可說明王衍對西晉滅亡所應負的責任。胡患的猖獗，實由當時當道者大都祖尚浮虛而不務實，然晉人並不以此責之，東晉王敦尚謂夷甫處眾中，如珠玉在瓦石間，可見其為時人所重❹。當時風氣如此，此種風氣且繼續至南朝。東海王越的倚重王衍，委以兵權，亦受當時風氣的影響。

是歲，劉曜、王彌入洛陽，擄懷帝，晉王公大臣士庶死者又三萬餘人，晉人仍奉永嘉年號。聰復令子粲攻陷長安，殺晉南陽王模。永嘉六年（西元三一二年），晉軍克復關中，擁秦王鄴為皇太子，鎮長安。明年，懷帝遇害，晉大臣擁鄴即皇帝位，改元建興（西元三一三年），是為晉愍帝。

自建興元年（西元三一三年）至建興四年（西元三一六年），劉曜數遣軍攻略關中，建興四年八月，曜率軍圍長安，十一月，愍帝出降，西晉遂亡。

晉書愍帝紀引干寶晉紀論西晉政治云：「朝寡純德之人，鄉乏不貳之老，風俗淫僻，恥尚失所，學者以老莊為宗而黜六經，談者以虛蕩為辨而賤名檢，行身者以放濁為通而狹節信，進仕者以苟得為貴而鄙居正，當官者以望空為高而笑勤恪。」可知西晉之亡，除諸王自相殘殺而削弱國力外，政治的廢弛與風俗的淫泆為其另一主因。政治的廢弛肇因於世族的把持政治，風俗的淫泆導源於清談的崇尚浮虛，此二因皆遠啟於東漢末世，積漸而成，非一朝一夕所致，至西晉立國之初，其弊已著，朝野猶不知防範，任其惡化。積弊既深，終必潰發，而西晉適逢其會。

❹ 晉書王衍傳：「衍既有盛才美貌，明悟若神，常自比子貢，兼聲名籍甚，傾動當世。妙善玄言，唯談老莊為事，每捉玉柄麈尾，與手同色。義理有所不安，隨即改更，世號口中雌黃，朝野翕然謂之一世龍門矣。……後進之士，莫不景慕放效，……矜高浮誕，遂成風俗焉。衍嘗喪幼子，山簡弔之，衍悲不自勝。簡曰：『孩抱中物，何至於此？』衍曰：『聖人忘情，最下不及於情，然則情之所鍾，正在我輩。』簡服其言，更為之慟。衍妻郭氏，賈后之親，藉宮中之勢，剛愎貪戾，聚斂無厭，……衍疾郭之貪鄙，故口未嘗言錢。郭欲試之，令婢以錢繞牀，使不得行。衍晨起見錢，謂婢曰：『舉阿堵物卻。』其措意如此。」

二、五胡概說

◆ 十六國春秋

　　自東晉南渡，北方陷於擾攘，胡人紛起建國。北魏崔鴻因諸國史記著十六國春秋，其書所著錄者凡十六國，即所謂五涼（前涼、西涼、北涼、後涼、南涼）、四燕（前燕、後燕、南燕、北燕）、三秦（前秦、後秦、西秦）、二趙（前趙、後趙）及夏、成漢，在此十六國中，大部為匈奴、羯、氐、羌、鮮卑五胡族所建，故世稱五胡十六國。

　　關於五胡十六國一辭，應注意者有二：一、十六國並非全為胡人所建，如前涼張氏、西涼李氏、北燕馮氏皆漢人；二、當時胡漢所建國家實不止此數，如段氏的遼西，楊氏的仇池，拓跋氏的代，慕容沖的西燕，譙氏的蜀及漢人冉氏的魏，皆不在十六國春秋著錄之中。

　　晉書據崔鴻十六國春秋，以張氏的前涼及李氏的西涼編於列傳之中，別為載記三十卷以記載其餘十四國。載記的體裁為本紀及列傳的變體，以其為偏霸之國，又非中國政令所及，故稱為載記，以別於正統的本紀及諸侯的世家。

　　十六國春秋一書已佚，案魏書崔鴻傳，此書凡一百零二卷。明神宗萬曆間，屠喬孫自古籍中輯其佚文，稱為十六國春秋鈔，清湯球另自類書中輯出崔書遺文，名為十六國春秋輯本。今研究十六國史事，當以晉書載記為本，如欲窺其遺佚，考其細微，則可參考屠、湯二氏輯本以補其闕。

◆ 五胡文化及興衰

　　五胡之中，大致可分為二系，匈奴、羯、鮮卑語言為複音，屬於阿爾泰語系；氐、羌語言為單音，屬於藏緬語系。以活動地區而言，大抵匈奴、羯在我國北部偏西，氐、羌在我國西部偏北，鮮卑活動地區最廣，自我國中原以北至塞外，皆為其活動範圍。以民族文化而言，氐最高，幾全部漢化，羌次之，匈奴、羯又次之，鮮卑最低。

　　羌與氐同為接受我國文化較深的異族，然羌於兩漢時數叛，屢為漢所征伐，

部落破散，影響其文化的進展，故其文化略不如氐，氐於漢代未受大規模的征伐，保持其部落制度的貴族政體，利於文化的發展，故其文化略較羌為高。

匈奴文化次於羌，而羯本出自匈奴之胄，故與匈奴相差無幾。漢魏晉之世，內徙的匈奴多為漢人佃客，受我國文化陶冶者甚深，漢主劉淵、劉和、劉聰及趙主劉曜皆為漢化甚深的匈奴貴族，然若就整個部族人民的文化水準而言，則匈奴不如羌。

鮮卑文化最低，慕容氏、拓跋氏、禿髮氏、乞伏氏、段氏皆為純粹的鮮卑，惟宇文氏則為匈奴貴族之胄，可能為漢朝任命以統治某一部鮮卑，遂為宇文部的酋豪，故宇文氏鮮卑與其他諸部鮮卑略有區別，亦即其部民為鮮卑，其統治者則為匈奴。

五胡亂華的觀念，在東晉胡人擾亂中原時即已存在。肥水之戰後，苻堅為姚萇所擄，萇求傳國璽於堅，堅曰：「五胡次序，無汝羌名。」（晉書苻堅載記）意謂按符命次序，繼氐為中國帝統者非汝羌胡，是則在當時已有五胡以次代帝中國的傳說。胡的種類甚多，而歸納其類為五，當係受戰國以來陰陽五行學說的影響。東漢以來，民間思想深受陰陽五行學說的支配，兩晉之交，圖緯符命之說甚盛，故當時胡族，亦被歸納為五胡。

五胡興衰，約可分為五期：

一、晉、趙、成漢鼎立時期。懷愍二帝被擄後，中原迭為二趙所據，巴蜀為李氏所據，南方則為東晉。

二、晉、燕、秦鼎峙時期。石趙為冉魏所滅，冉魏尋為慕容燕所滅，而苻秦崛起於西方，南方仍為東晉。

三、晉、秦對峙時期。苻堅滅慕容燕，統一北方，與東晉成南北對峙。

四、晉、燕、後秦鼎立時期。肥水戰後，北方又分裂，姚秦繼苻秦興起於西方，中原迭為後燕、南燕所據，南方仍為東晉。

五、晉、魏、夏、涼並立時期。晉劉裕北伐，滅南燕，又滅後秦，旋退師，北方復陷於分裂，魏據北邊，夏據關中，南涼、北涼迭據西北，復成列國分立狀態。

其後北方為魏所統一，東晉為劉裕所篡，自此結束五胡亂華的局面而進入南北朝時代。故東晉一朝，幾與五胡之亂相終始。大體而言，東晉時代，於中原則

為五胡亂華時代。在此時期，中國有三次統一的機會。石趙最盛時，東晉國基未固，兵力亦弱，石趙幾可統一中國，惜其文化較低，君主殘暴，兼以缺乏嚴密的政治組織，故旋為冉氏所滅。其後苻秦統一北方，有席捲東南之勢，惜肥水一戰，不幸而敗。時苻秦文化極高，苻堅亦為賢明的君主，設肥水一戰而勝，中國或將從此統一。及劉裕北伐，所向克捷，若非裕有篡晉之心，則晉的復興，殆亦可期。

　　胡最初但指匈奴而言，推廣之，鮮卑、烏桓等族亦稱為胡，以其在匈奴之東，故曰東胡，又推廣之，西方夷族亦稱西胡。其後凡非漢族，皆稱之為胡。我國自古以來，對夷夏觀念著重於文化的區分，而不重血統的分別（參閱第三章❶）。五胡亂華時代的胡族，係僻處中國邊境，吸收我國文化較遲，至魏晉之際其風俗習慣仍與中國不同的民族，其區別仍在於文化的不同，而不在血統的分別。

◆ 五胡雜居中原

　　五胡自兩漢以來，即逐漸內徙，雜處中原。漢武帝遷匈奴昆邪、休屠二王降眾於朔方，宣帝徙呼韓邪單于降眾於北地、西河，光武帝徙南匈奴降眾於西河美稷，靈帝時，南匈奴南徙離石，漢末之亂，乘機寇略太原、河東，屯聚河內，魏武輔漢，分其眾為五部，處之於今山西省境。東漢時，鮮卑極盛，盡據匈奴故地，而烏桓諸部降漢，依邊塞諸郡而居，其後魏武北破烏桓，徙其眾入中國以從征伐，種落遂微，晉時復合於鮮卑。宣帝時，徙叛羌於金城，光武帝時，復徙諸羌於三輔、隴西、河東諸郡，自是諸羌繁殖塞內。氐族居地甚廣，惟晉時創亂諸氐，除李氏為巴氐外，皆略陽氐。略陽氐初聚居武都，魏武定關中，徙其眾於略陽，故亦稱略陽氐。羯族為漢靈帝時匈奴別部酋豪羌渠之冑，至石勒興起，始別為羯族，故其習俗、語言、文化皆與匈奴同。

　　處置降胡之道有二，其一徙之塞內，其二逐之塞外，逐之塞外則不易控御，若干年後，其勢必復盛；處之塞內，則易於控御，且可施以同化，使成為稅戶，故漢代每置屬國以處降胡。然至魏晉時，胡人種族繁衍，時與漢人發生衝突，情勢轉趨嚴重，司馬景王輔魏時，鄧艾即上書請分割匈奴諸部以弱其勢，徙於塞下以舒中國之患。晉武帝時，傅玄亦上書論胡人雜居中國之患，而言最肯切，論最透徹者則為江統的徙戎論。

　　晉惠帝時，統感齊萬年之亂而作徙戎論，首論徙羌，次論徙氐，又次論徙匈

奴。統先論胡人雜居中國本末，次論胡人雜處中國之患，最後論及徙戎。統對氏羌的移徙，提出具體辦法，即「廩其道路之糧，令足自致，各附本種，返其舊土，使屬國、撫夷就安集之。」（晉書江統傳）然對匈奴，僅言「可申諭發遣，返其本域」（同上），而未提出具體的移徙辦法，亦即對匈奴的移徙，非僅「廩糧自致」所能解決。此殆因：一、氏羌較弱，易於處理；二、氏羌適逢齊萬年亂平之後，晉挾戰勝餘威，徙之不致遭遇反抗；三、氏羌距其本土較近，移徙較易。由是而言，統已感覺匈奴問題的嚴重。統見解雖中肯，立論雖切要，主張徙戎亦適當其時，惜乎晉未幾即遭諸王之亂，而不及實施其建議。

三、十六國興亡

◆ 十六國形勢

　　五胡十六國之中，有勢力雄厚而占據中原者，有勢力較弱而割據偏方者，其中劉淵的漢、劉曜的趙、石勒的後趙、慕容皝的燕、苻堅的秦、慕容垂的後燕、姚萇的後秦，皆據有中原之地，以正統自居；割據偏方者則有五涼、夏、西秦、成漢、譙蜀、北燕、南燕、仇池及拓跋氏的代。以上諸國，以苻氏的前秦為最強，若以文化而言，則以苻秦及姚秦為最高。從史籍的記載來看，二秦治國之道頗異於其他諸國。蓋其統治方式幾與漢族朝廷無異；再則終苻、姚二氏建國之世，皆無暴君，此點亦二秦文化特盛的原因。

　　以姚秦而論，姚萇、姚興皆為賢主，姚泓雖為亡國之君，然性仁慈友愛，姚氏之亡，非以君暴而亡，特以兵力不如晉而為晉所滅。以苻秦而論，苻堅實為曠世賢主。據晉書所載，苻氏諸君，惟苻生為昏暴，然劉知幾史通云：「秦人不死，驗苻生之厚誣」（曲筆），則苻生似仍不失為愛民之君，而不為秦人所厭棄，史言苻生昏暴，恐係苻堅朝史臣的曲筆。

　　五胡之中，匈奴、羯、鮮卑文化不如氏羌，故此三族所建的國家，暴君輩出，其中劉淵父子漢化最深，亦較仁慈，石氏父子及赫連氏則極暴虐，至於拓跋氏的代，其前世歷史不詳，其後世（拓跋魏）因接受佛教文化的影響，亦可稱述。

◆ 漢（前趙）

漢建國者劉淵，晉惠帝永興元年（西元三〇四年）即漢王位，都左國城，晉懷帝永嘉二年（西元三〇八年）即帝位，都平陽，國號漢。永嘉四年（西元三一〇年），淵死，子和立，為聰所弒。

聰為淵第四子，永嘉五年（西元三一一年），聰族弟曜入洛，擄懷帝，晉愍帝建興四年（西元三一六年），聰遣曜破長安，滅晉。聰既滅晉，恣為淫樂，於後宮立市，與宮人酣飲其間，或醉三日不醒，朝廷內外，無復綱紀。聰初立弟乂為皇太弟，又信用奸臣靳準。準有二女，皆國色，聰立以為后，故信任之。聰子粲與乂爭權，與準合謀，誣乂謀反，聰使粲率兵圍東宮，廢乂為北部王，粲復使靳準殺之。晉元帝太興元年（西元三一八年），聰死，粲嗣。粲才兼文武而性刻薄無恩，既嗣位，恣為荒淫。聰好色，立皇后十餘人，皆絕色，粲日夜烝淫，不理國政，軍國大事皆委於準。準謀篡位，懼劉氏宗族勢盛，誣劉氏宗室大臣將謀廢立，勸粲盡誅之，準遂勒兵入宮殺粲，劉氏宗族無男女少長皆殺之，發掘淵、聰陵，焚其宗廟。時曜鎮長安，都督關陝，石勒屯襄國（河北省邢台縣西南），都督幽冀，聞難，皆起兵討準。曜軍至蒲阪，僭即帝位，以勒為趙公。勒率幽冀之眾十餘萬以攻平陽，羌、羯降者十餘萬落。是年十二月，準為其下所殺，尚書令靳明遣使奉傳國璽降於曜，勒大怒，進軍攻拔平陽，明戰敗，率平陽之眾奔降於曜，於是自平陽以東，盡為勒所有。曜盡殺靳氏宗族，返都長安，而勒自稱趙王，用天子禮樂，與曜相攻。

晉元帝太興四年（西元三二一年），曜改國號曰趙，晉成帝咸和三年（西元三二八年），勒遣其養子石虎伐河東，為曜所破，曜乘勝率大軍濟河，進攻金墉城，勒自將大軍救金墉，與曜戰於洛陽之西，曜素懼勒，聞勒自來，臨陣飲酒數斗，勒乘之，曜軍大潰，曜昏醉而奔，遂為勒所俘。勒復遣養子石生及石虎率軍進平關中，咸和四年（西元三二九年），擄曜子熙，劉氏遂亡。漢自晉惠帝永興元年劉淵即漢王位，至晉成帝咸和四年國滅，凡有國二十六年。

漢雖以匈奴建國，其君皆深染漢化。劉和幼習毛詩、左氏春秋、鄭氏易。聰年十四，即精通經史、百家及孫吳兵法，工書法，善屬文，猿臂善射，能彎弓三百斤，勇武冠絕一時，弱冠遊洛陽，名士爭與交結，晉名臣樂廣、張華尤器重之。

曜生而眉白，目有赤光，鬚髯不過百餘根，皆長五尺，性磊落高亮，善屬文，工草隸，通兵法，又雄武過人，鐵厚一寸，射而洞之，常自比樂毅蕭曹，亦當世奇才。

◆ 後趙

　　後趙建國者石勒，上黨武鄉（山西省榆社縣北）羯人。勒少貧賤，晉惠帝時，并州刺史東嬴公司馬騰略群胡賣於山東以充軍實，勒亦在其中。其後中原大亂，勒依賊帥汲桑起兵，桑以勒為將，敗晉兵於鄴，殺騰。桑死，勒歸附劉淵，淵命勒統兵鎮鄴。劉聰時，勒與劉曜、王彌同率軍伐晉，擊潰晉軍於寧平城。彌既入洛，忌勒勢盛，謀誅勒，反為勒所殺，勒遂併有其眾。晉永嘉六年（西元三一二年），勒進據襄國，其勢大盛。聰以勒都督幽、冀、并、營四州，幽、冀二州牧，上黨郡公，於是勒名為漢臣，實專制山東。劉曜即位，勒晉封趙公。勒既平靳準之亂，盡有平陽以東之地。晉元帝太興二年（西元三一九年），勒自稱趙王，與曜相攻，晉成帝咸和四年（西元三二九年），滅前趙，北方幾為勒所統一。咸和五年（西元三三〇年），勒即皇帝位，國號趙，史稱後趙，以別於劉曜的前趙，自襄國徙都鄴。勒以洛陽為晉舊京，文物所薈，建為南都。咸和八年（西元三三三年），勒死，子弘繼立。

　　石趙諸君多暴虐，惟勒為賢明。勒未嘗學問，然能信任賢臣，以趙郡張賓為謀主。賓少好學，識鑒高遠，勒引為謀主，動靜必咨之。賓算無遺策，石勒基業，賓功居多。勒稱趙王，以賓為大執法，封濮陽侯，專總朝政，勒每見賓呼曰右侯而不名。勒稱趙王越四年而賓薨，程遐代為右長史，總執朝政，勒每與遐議論不合，輒嘆曰：「右侯捨我而去，令我與此輩共事，豈非酷乎！」（晉書石勒載記附張賓傳）

　　勒本胡人，胡有烝報之俗，且在喪不禁婚娶，勒為趙王，始令國人不得烝母報嫂及在喪婚娶。凡此皆可見石勒對優良的漢文化亦能接受。

　　勒性好學，雖在軍中，常使儒生讀春秋、史漢，聞酈食其勸高祖立六國後，大驚曰：「如此當失天下。」及聞留侯諫阻，乃曰：「賴有此耳！」及稱帝，大宴群臣，問朕方古開基何等主？其臣曰：「陛下神武籌略邁于高皇，雄藝卓舉超絕魏祖，……其軒轅之亞乎！」勒笑曰：「人豈不自知，卿言亦太過。朕若逢高祖，當北面

而事之，與韓彭競鞭而爭先耳！脫遇光武，當並驅於中原，未知鹿死誰手，……朕當在二劉之間耳！軒轅豈所擬乎！」（晉書石勒載記）其英達明敏皆此類。

弘謙恭下士，好學親儒。勒養子中山王虎功最高，自以勒必立己為嗣而勒竟立弘，心常怏怏。弘既立，虎逼殺大臣程遐、徐光，自為丞相，封魏王，如魏武輔漢故事。時勒養子生鎮關中，朗鎮洛陽，皆起兵以討虎，為虎所平。晉成帝咸和九年（西元三三四年），虎廢弘自立，稱居攝趙天王，穆帝永和五年（西元三四九年），稱帝，是年卒，在位十五年。

石虎時，國勢極盛，淮河以北，幾盡為所有，自襄國至鄴都，築宮殿行宮凡四十餘所，宮嬪達萬餘人，置女官十八等以擬朝廷百官，又於鄴築東西太武二殿，採文石為殿基，又於殿前起高樓，結珠為簾，垂五色玉佩，窮極工巧。

虎初立長子邃為太子，令總國政。虎耽於女寵，喜怒無常，邃因此常遭杖責，遂謀弑逆，虎怒，殺邃及其妻張氏，並其族三十六人，同埋於一棺，宮臣坐死者二百餘人。虎又立次子宣為太子，宣弟韜有寵於虎，韜由是而驕。宣恨韜輕己，遣人刺之於佛寺，因謀弑逆。虎大怒，殺宣及其妻子十九人，東宮臣僚坐死者三百餘人，東宮衛士十餘萬皆謫戍涼州。

虎乃捨諸子年長者而立幼子世為太子，以子遵鎮關中，斌鎮襄國。虎卒，遺詔斌輔政，世母劉氏恐斌不利於世，矯詔殺斌，遵乃自關中起兵入鄴，以虎養子閔為前鋒，廢世及劉氏自立，尋皆殺之。遵為虎第九子，既立，以閔總兵權，既而懼其勢盛，謀欲誅之，召石鑒入議，鑒以謀告閔，閔乃發兵殺遵而立鑒。鑒為虎第三子，既立，以閔為大將軍，威震其主。鑒懼其偪，遣禁軍攻之，閔乃舉兵反，囚鑒。

閔漢人，本姓冉，魏郡內黃（河南省內黃縣西北）人，年十二，為勒所得。閔驍勇善戰，所向無敵，勒愛之，命虎養以為子。閔既囚鑒，胡羯不附，閔乃下令斬胡一人，進官一階，一日之中，凡斬胡羯數萬人。閔又親率漢人誅胡羯，無貴賤男女老少皆殺之，胡人死者二十餘萬，高鼻多髯者皆濫死，於是所在群胡並起叛閔。虎子祇據襄國，羌帥姚弋仲據混橋（河南省臨漳縣故鄴城東北），氐帥蒲洪據枋頭（河南省濬縣東南），閔乃殺鑒，並盡殺虎子孫之在鄴者，石氏遂亡，時為晉穆帝永和六年（西元三五〇年）。石趙自勒以晉元帝太興二年僭號，至晉穆帝永和六年為閔所滅，凡有國三十二年。

虎父子性皆殘暴。石勒時，虎為將，每攻陷城壘，不分善惡，士女皆坑斬之，必令無有遺類。及即位，揀選宮女，其有夫者則殺其夫而奪之，死者三千餘人。人民由是離叛，宰臣坐是下獄誅死者五十餘人，朝臣邃明上疏切諫，虎大怒，令立殺之。宣謀弒逆，虎幽之於席室，以鐵環穿其頷而鎖之，作木槽，和羹飯，令宣作豬狗狀以食，積柴於鄴都之北，置宣於其上，令宦者抽其舌，拔其髮，斷其手足，抉眼潰腹，縱火焚之。邃常擇宮人美淑者，盛妝斬首洗血，置於盤上，與賓客共傳觀；又擇比丘尼有姿色者，淫而後殺之，合牛羊肉煮食，並以賜左右，欲以識其味。宣為太子時，出祈福於山川，因於行宮圍獵，環行宮百里為圍場，驅禽獸於其中，令文武百官及士卒跪立圍守，令勁騎於圍中馳射，獸盡而止，禽獸或逸出圍外，則跪守者鞭一百，百官士卒凍餒而死者萬餘人。

閔既滅石趙，自即帝位，復姓冉，國號大魏。石祇聞石鑒死，自立於襄國，遣軍伐鄴，閔擊敗之，乘勝以攻襄國。時蒲洪已死，子健繼統其眾，自枋頭西入關，羌酋姚弋仲及燕王慕容儁皆遣兵救趙，閔大敗，鄴都降胡乘機為亂，漢士族死者十餘萬人。閔自襄國奔鄴，祇遣劉顯伐鄴，敗還襄國，殺祇自立，尋為閔所滅。晉穆帝永和八年（西元三五二年），燕將慕容恪將兵伐魏，閔兵敗被擄，為燕所殺，有國凡三年而滅。

◆ 前燕

前燕建國者慕容廆，昌黎棘城（遼寧省義縣西北）鮮卑人，世為鮮卑酋豪，晉武帝時，以廆為鮮卑都督。慕容氏先世本居棘城之北，至廆時徙居徒河流域（即今大凌河北源圖爾根河），定都棘城。懷帝永嘉元年（西元三〇七年），自稱鮮卑大單于，據有遼東。西晉滅亡，幽冀士庶多歸之以避難，廆修明刑政，引納流亡，推舉賢才，委以政事，國勢日強。晉成帝咸和八年（西元三三三年）卒，子皝嗣。皝雄毅有權略，既立，自稱燕王，遷都龍城，即漢遼西郡柳城縣（遼寧省興城縣西南），晉穆帝永和四年（西元三四八年）卒，子儁嗣。儁有文武之才，既嗣位，以弟恪、評、垂為將，委以軍國之政，永和八年（西元三五二年），恪率兵滅魏，儁乃徙都鄴，即皇帝位，國號燕。晉穆帝升平四年（西元三六〇年）卒，子暐嗣，暐無才略，儁臨歿，本欲傳位於恪，恪誓死以輔少主，儁乃託孤於恪。暐既立，以恪為太宰，總攬朝政，以評為太傅副之，以垂為河南大都督，委以南方之任。

晉廢帝太和二年（西元三六七年），恪卒。恪性沈厚有權略，不尚威刑，專以恩御眾，故在朝則綱紀整肅，出師則未嘗喪敗；垂亦有雄才，而暐及評皆非經世之器。是時燕據關東，南界淮水，而苻秦據關中，東晉據淮以南，天下實三分。恪臨卒，知評不足以付重任，薦垂於暐以自代。

晉廢帝太和四年（西元三六九年），晉大司馬桓溫北伐燕，垂與弟德將兵五萬拒之於枋頭。垂遣德屯軍於石門（河南省滎澤縣西北）以斷晉軍糧道，溫數戰不利，而苻堅遣軍二萬東屯潁川以觀釁。溫聞苻秦軍至，棄輜重而返，垂遣德率勁騎至襄邑（河南省睢縣西）邀斷溫歸路，與垂夾擊晉軍，晉軍大潰，死者三萬餘人。

垂既破晉軍，威名大振，評素忌垂才能，與暐后可足渾氏謀殺垂，垂懼而奔秦。時苻秦國力極盛，自恪死後，即密謀伐燕，畏垂而不敢發，及垂奔秦，秦主苻堅乃命王猛伐燕。晉廢帝太和五年（西元三七○年），秦擊敗燕軍三十萬於壺關（山西省長治縣東南），燕軍死者五萬餘人，遂克鄴都。暐及評將數十騎北奔，為秦追兵所俘。堅盡徙暐及燕王公以下鮮卑四萬餘戶於長安，遂滅燕。燕自慕容廆以晉懷帝永嘉元年稱鮮卑大單于，至晉廢帝太和五年為秦所滅，有國六十四年。

◆ 前涼

前涼建國者張軌，晉惠帝永寧元年（西元三○一年）為涼州刺史，愍帝建興二年（西元三一四年），拜涼州牧，封西平公，是歲薨，子寔嗣。張軌時，中原擾亂，關中人士多入涼州以避難，文物甚盛。張寔時，劉曜攻陷長安，關中士庶奔涼州者復萬餘人，涼由是益強。晉元帝太興三年（西元三二○年），寔卒，子駿年幼，傳位於弟茂，受劉曜封為涼王，晉明帝太寧三年（西元三二五年），茂卒，返位於姪駿。駿自幼聰敏，善屬文，有集八卷傳世，然荒淫無度，常深夜微行里邑間。駿兼受晉、趙封爵而實自王其國。駿又遣將西伐龜茲、鄯善諸國，平定西域，於涼州西界置沙州（治今甘肅省敦煌縣），涼州東界置河州（治今甘肅省導河縣），於國都姑臧（甘肅省武威縣）起謙光殿，窮極工巧。石勒滅前趙，駿復遣使稱臣於勒。晉穆帝永和二年（西元三四六年）卒，子重華嗣，永和九年（西元三五三年）卒，子耀靈（晉書列傳作耀靈，十六國春秋輯本作靈耀）嗣。

耀靈嗣位時僅十歲，為其庶伯父張祚所篡。祚為駿庶長子，有雄略，然淫亂

無度，駿及重華妻妾及諸女未出嫁者皆為所亂。自張軌以來，雖專制涼州，仍奉晉建興年號，晉穆帝永和十年（西元三五四年），祚稱帝，始廢建興年號，建元和平。永和十一年（西元三五五年），祚將張瓘起兵殺祚，立耀靈庶弟玄靚，去帝號，復稱西平公，仍奉建興年號。其後涼諸將內相爭權，終為玄靚叔父天錫所平。天錫輔政，始廢建興年號，奉東晉正朔。晉哀帝興寧元年（西元三六三年），天錫殺玄靚自立，晉孝武帝太元元年（西元三七六年），為前秦所滅。前涼自張軌以晉惠帝永寧元年據有涼州，至孝武帝太元元年國滅，有國七十六年。

◆ 成漢

成漢自李特建國，五傳至壽。壽少好學尚禮，既篡立，淫虐無度，姦略雄女，人有小過，輒殺以立威。晉康帝建元元年（西元三四三年），壽卒，子勢立。勢亦淫虐，好財色，常殺人而取其妻，濫殺大臣，不恤國政，人懷危懼，晉穆帝永和三年（西元三四七年），為晉大司馬桓溫所滅。成漢自李特以晉惠帝太安元年稱益州牧，至穆帝永和三年國滅，有國四十六年。

◆ 前秦

前秦建國者苻健，健父洪，略陽人，世為氐酋。洪先世本武都氐，其家池中生蒲，長五丈，時人謂之蒲家，因以蒲為氏。洪有權略，善騎射，永嘉之亂，群氐奉洪為盟主，稱略陽公，劉曜稱號於長安，洪率眾降之，劉曜滅，洪率眾西保隴山，其後復降於石虎。虎徙關中豪傑及諸羌十餘萬戶於枋頭以衛鄴都，以洪為都督。虎死，諸子相殘，中原大亂，關中流民及氐羌東徙者皆擁洪為主。當時有讖文云「艸付應王」，洪孫堅背有赤文隱起成字為「艸付」，遂改姓苻氏，自稱大將軍大單于三秦王，冉閔滅石氏，石虎將麻秋降於洪，因宴鴆洪，將并其眾，既而為洪世子健所殺。健率其眾入據關中，晉穆帝永和七年（西元三五一年），稱天王大單于，國號秦，永和八年（西元三五二年），即皇帝位，史稱前秦。

晉穆帝永和十年（西元三五四年），晉桓溫率軍北伐秦，自襄陽舟行入均水，然後陸行自淅川（河南省淅川縣東）入荊子口（河南省淅川縣西北），秦郡縣望風而降，關中大震，健乃收麥清野以待之，故晉軍雖數勝而乏食饑困。溫軍次霸上，健遣弟雄將精騎七千擊敗之於白鹿原（在長安東），溫自潼關徙關中俘戶三千餘口

而歸。是歲，雄卒。

健治秦，省刑薄賦，留心政事，興學校，崇儒術，頗具氣象。晉穆帝永和十一年（西元三五五年），健卒，子生嗣。生性忮忍而嗜酒，幼眇一目，力舉千鈞，勇武絕倫，當時有讖語云：「三羊五眼」，羊即羝，羝與氐通，苻健欲以苻生應符瑞，故立以為太子。

健臨終時，以宿將大臣皆與洪俱起，恐生年幼不能制，囑生凡酋帥大臣有不從命者，宜漸除之。故生即位，頗以刑法立威，朝臣被殺者甚眾。當時長安有謠云：「百里望空城，鬱鬱何青青，瞎兒不知法，仰不見天星。」（晉書苻生載記）瞎兒謂生，法謂苻法，乃雄庶長子，堅庶長兄。生因謀誅苻法、苻堅兄弟，以語侍婢，侍婢以告法，法乃與堅率壯士數百人入宮弒之，時為晉穆帝升平元年（西元三五七年）。

堅為雄嫡子，生而有奇表，垂手過膝，目有紫光，頭大身長而足短，故洪奇愛之。堅性至孝，博學多才藝，有經略天下大志，及弒生，法自以庶出，擁堅即帝位。堅以王猛為相，委以軍國之政。晉廢帝太和五年（西元三七〇年），堅遣猛滅燕，晉孝武帝寧康元年（西元三七三年），秦取益州，太元元年（西元三七六年），滅前涼，又滅代，遂統一北方，又遣呂光將兵平定西域，西域諸國皆入朝，秦的國威遂遠被中亞一帶。

王猛字景略，北海劇縣（山東省壽光縣）人，博學多識，氣度宏遠，處事但務其大略。猛初隱居華陰（陝西省華陰縣東南），常懷濟世之志，桓溫入關，猛被褐往見，談論當世之事，捫蝨而言，旁若無人，溫大奇之。及溫敗於白鹿原，將還，邀猛俱歸，猛自以與溫皆一代英雄，難以並世，仍留關中不歸。堅未達時，聞猛之名，曲意招納，猛與堅一見，即深相得，如諸葛孔明之遇先主。及堅即位，以猛為中書侍郎，一歲五遷至尚書左僕射，時年三十六。未幾，復遷尚書令，散騎常侍。又遷司徒，錄尚書事，猛堅辭。及滅燕，封清侯郡侯，拜丞相、中書監、尚書令、散騎常侍、司隸校尉，都督中外諸軍事，軍國機務，事無鉅細皆歸於猛。猛為政平允，外修戎政，內興文治，敷教化，任賢才，秦國由是大治，民富而兵強。堅常謂其得王猛，雖文王得太公不能過❺，敕太子宏及長子長樂公丕等以父

❺ 猛治才如孔明而將略過之，故堅以猛擬太公，不以擬孔明。晉書苻堅載記附王猛傳：「率諸軍討慕容暐，軍禁嚴明，師無私犯。猛之未至鄴也，劫盜公行，及猛之至，遠近帖然，

事之。按晉書苻堅載記，猛治秦，風俗整肅，百廢盡舉，境內昇平，百姓豐樂，自長安至諸州，皆夾路樹槐柳，二十里一亭，四十里一驛，行旅取給於途，工商貿易，遠近通達。似此景象，與唐太宗貞觀之世相較，實無遜色。

　　時秦國至為強盛，群胡降附，布列朝廷。堅有統一中國之志，欲示天下以無私，於群胡皆因才任用，了無疑間，惟猛常引以為憂。猛於群胡之中，尤忌姚萇及慕容垂，以為此二人皆當世俊傑，常勸堅除之，不然必為後患，堅不從。堅以垂為冠軍將軍，然猛終欲殺之。猛伐燕，以垂子全為參軍，令人詐傳垂語云：「吾已東返，汝可為計也。」（晉書慕容垂載記）全信而奔燕，猛乃上表云全叛，垂果懼罪東奔，至藍田（陝西省藍田縣西），為秦追騎所獲，然堅終不殺垂，待之如初，並委以征伐之任。萇即姚襄之弟，襄初據許昌，為晉桓溫所攻，率眾入關，時苻生在位，遣堅與戰，為堅所殺，萇率其餘眾降秦，及堅即位，亦委以征伐之任，攻滅前涼。

　　堅自負強盛，屢欲伐晉以統一中國，猛以為秦之患不在晉而在諸胡，秦若伐晉，設小有不利，群胡必乘機而起，每諫阻之。晉孝武帝寧康三年（西元三七五年），猛寢疾，堅為之禱南北郊、宗廟、社稷、山川，又為之大赦境內殊死以下。是年，猛薨，年五十一。

　　猛死後，堅又謀伐晉。晉孝武帝太元七年（西元三八二年），堅集群臣會議，群臣多以為不可，惟姚萇及慕容垂贊成其計，堅乃獨留少弟陽平公融與議，融勸

　　燕人安之。軍還，以功進封清河郡侯，……俄入為丞相、中書監、尚書令，太子太傅、司隸校尉、持節、常侍、將軍、侯如故，稍加都督中外諸軍事。猛表讓久之，堅曰：「……自卿輔政，幾將二紀，內釐百揆，外蕩群凶，天下向定，彝倫始敘。朕且欲從容於上，望卿勞心於下，弘濟之務，非卿而誰？」遂不許。其後數年，復授司徒，……軍國內外萬機之務，事無巨細，莫不歸之。猛宰政公平，流放尸素，拔幽滯，顯賢才，外修兵革，內崇儒學，勸課農桑，教以廉恥，無罪而不刑，無才而不任，庶績咸熙，百揆時敘。於是兵彊國富，垂及升平，猛之力也。堅嘗從容謂猛曰：「卿夙夜匪懈，憂勤萬機，若文王得太公，吾將優遊以卒歲。」猛曰：「不圖陛下知臣之過，臣何足以擬古人！」堅曰：「以吾觀之，太公豈能過也。」常敕其太子宏、長樂公丕等曰：「汝事王公，如事我也。」其見重如此。」北魏崔浩嘗謂明元帝曰：「臣嘗私論近世人物，若王猛之治國，苻堅之管仲也，慕容玄恭之輔少主（恪字玄恭），慕容暐之霍光也，劉裕之平逆亂，司馬德宗之曹操也。」（魏書崔浩傳）

堅不可南伐，宜防鮮卑、羌胡乘時為變，又云王景略一代奇士，臨終之言不可忘，堅不納。自猛死後，堅信重釋道安，堅於諸子最愛少子中山公詵，道安、詵皆苦諫，堅亦不聽。

晉孝武帝太元八年（西元三八三年），晉車騎將軍桓沖率大軍攻襄陽，別遣軍入蜀攻涪城，堅遣子鉅鹿公叡及慕容垂救襄陽，將軍張蚝及姚萇救涪城，晉軍退去，堅因徵諸道兵伐晉，命陽平公融與蚝及慕容暐等將步騎二十五萬為前鋒，發步卒六十餘萬、騎兵二十七萬繼之，前後千里，旗鼓相屬。堅至項城（河南省項城縣東北），涼州之兵方至咸陽，幽冀之兵方至彭城。融攻拔壽春，逼肥水而陣，晉謝安以弟石為都督，姪玄為前鋒，將兵八萬禦之。融遣使謂堅，晉軍少而易破，堅大喜，乃捨大軍，將輕騎八千兼程赴融軍。玄與從弟琰將兵數萬陣於肥水之南，遣使謂融請秦軍少卻，俾晉軍渡水決戰，堅、融欲令晉軍半渡而擊之，遂揮軍而退。秦軍眾多，前後不相及，後軍以為前軍敗，遂退不止，融馳騎略陣，馬倒，被殺，秦軍大潰，自相蹈藉而死者不可勝數。堅中流矢，遁還淮北。堅至洛陽，收集離散，眾猶十餘萬，遂西入關，於是昔日為秦征服群胡，皆起而叛秦。

時丁零翟斌反於河南，堅遣慕容垂討之。堅庶長子長樂公丕屯鄴，垂與丁零相結，招誘烏桓之眾凡二十餘萬以攻鄴，慕容暐弟泓據華陰，沖起兵於河東，姚萇起兵於關中。沖為堅將竇衝所破，率眾歸泓，泓勢大盛。泓刑法苛峻，為其下所殺，立沖為皇太弟，遙奉暐為主，進逼長安。時鮮卑在長安者猶有千餘人，暐密結鮮卑謀殺堅，事洩，暐及鮮卑在長安者皆為堅所殺。晉孝武帝太元十年（西元三八五年），沖聞暐死，即帝位於阿房城（在長安西北，即秦阿房宮故址），史稱西燕。長安危困，堅將數百騎出奔五將山（陝西省醴泉縣北），欲收隴右之兵以圖恢復，沖遂陷長安。堅至五將山，為姚萇所俘，萇求傳國璽於堅，堅不與，萇乃縊殺堅於新平（陝西省邠縣）佛寺。堅太子宏奔晉，晉安帝義熙初，以謀叛被誅。

先是王猛疾篤，苻堅親臨省疾，猛謂堅曰：「晉雖僻陋吳越，乃正朔相承，親仁善鄰，國之寶也，臣沒之後，願不以晉為圖。鮮卑、羌虜，我之仇也，終為人患，宜漸除之以便社稷。」❻言終而死。堅哭之慟，比斂，三臨，謂太子宏曰：「天

---

❻　宋相王安石謂神宗曰：「臣觀王猛臨終與苻堅所言，尤知猛有智慮。苻堅志大而不見幾，好功而不忍，內有慕容垂之徒不誅而外欲伐晉，此其所以亡也。猛知堅不能除慕容垂之

不欲使吾平一六合邪，何奪吾景略之速也。」（晉書苻堅載記附王猛傳）然猛卒後，堅既未用其言漸去鮮卑、羌胡之權，復興兵以伐晉，卒為晉擊敗於肥水。秦既戰敗，胡人乘機復起，中原復陷於分裂，直至宋文帝元嘉十六年（西元四三九年），北方始為拓跋魏所統一。

　　苻丕鎮鄴，為慕容垂所攻，出奔晉陽。堅卒，丕即帝位，晉孝武帝太元十一年（西元三八六年），丕與燕軍戰於襄陵（山西省襄陵縣），秦軍大敗，丕率眾南奔，為晉將馮該所殺。丕在位時，秦宗室苻登鎮隴右，丕卒，登即帝位，群胡歸者十餘萬人，與姚萇戰，互有勝負。萇死，子興立，登悉眾東征，與興將尹緯戰於廢橋（陝西省興平縣西北），敗奔馬毛山（甘肅省平涼縣西南），興率眾攻滅之。時為晉孝武帝太元十九年（西元三九四年）。前秦自苻健以晉穆帝永和七年建國，至登為姚興所滅，有國四十四年。

◆ 後秦

　　後秦建國者姚萇，父弋仲，南安赤亭羌人，世為羌酋，赤亭羌即燒當羌的一支，漢時內屬，處之於赤亭（赤亭水在甘肅省隴西縣東北），故號赤亭羌。晉永嘉之亂，弋仲自稱護西羌校尉、雍州刺史。劉曜時，以弋仲為安西將軍。石虎時，以弋仲為六夷大都督，冉閔叛趙，弋仲率眾討閔，屯於混橋。弋仲見中原大亂，遣使降晉，晉以弋仲為六夷大都督、大單于，以弋仲子襄為平北將軍。晉穆帝永和八年（西元三五二年），弋仲卒，襄嗣，率眾南歸，屯於淮南。襄少有高名，善談論，兼有雄略，善納士眾，為晉揚州刺史殷浩所忌，復引兵北歸，屯於許昌。永和十二年（西元三五六年），晉桓溫自江陵率軍伐襄，戰於伊水，襄大敗，收集餘眾入關，欲西據關中，與苻堅戰於三原（陝西省三原縣東北），為堅所殺。

　　襄死，弟萇率其眾降秦，事苻生、苻堅二朝，累有戰功。苻堅伐晉，以萇為龍驤將軍，及堅敗於肥水，萇遂起兵叛秦。晉孝武帝太元十年（西元三八五年），堅入五將山，為萇所殺，萇又擊破慕容沖，入據長安。太元十一年（西元三八六年），萇即帝位，仍國號秦，史稱後秦。太元十八年（西元三九三年）卒，子興嗣。

　　萇聰哲有權略，嘗自謂其才不如兄襄者四，襄有異表，為人所畏，一也；善

　　徒，故勸以勿伐晉，不然，以秦之強而欲取晉，何難之有。」（續資治通鑑長編卷二二〇熙寧四年二月丁丑）

於將兵，臨陣無前，二也；博學多藝，一時無二，三也；善御英豪，得人死力，四也。萇臨死，飭其子興宜撫骨肉以仁，接大臣以禮，待物以信，遇人以恩，為後秦賢主。

興即位第二年，即晉孝武帝太元十九年（西元三九四年），滅前秦。時西秦乞伏乾歸據隴西，氐酋楊盛據仇池（甘肅省成縣西），後涼呂隆據武威，南涼禿髮傉檀據樂都（甘肅省樂都縣），北涼沮渠蒙遜據張掖，西涼李暠據敦煌，興遣兵擊降西秦、後涼及仇池，國勢大盛。興兼好佛法，尊奉西僧鳩摩羅什，常集沙門於澄玄堂，聽鳩摩羅什演說佛經。鳩摩羅什通漢文，以漢譯舊經多有乖謬，集沙門八百餘人以校之。鳩摩羅什執胡本，興執舊本，相互校考，使皆合於原義，於是佛法大盛，沙門四方而至者五千餘人。

晉安帝義熙十二年（西元四一六年），興卒，子泓嗣。泓孝友仁厚，博學善談論，尤好詩詠，然體弱多病，無經世之才。時南燕及譙蜀皆為東晉所滅，而後秦疆域亦廣，東及淮水流域，西及隴右。是年，晉劉裕將大軍西伐，遣大將檀道濟、王鎮惡自淮潁，沈田子自汴入河以攻洛陽，所過皆降，遂克洛陽，西入關，屢敗秦兵。義熙十三年（西元四一七年），泓出降，遂滅後秦。後秦自姚萇以晉孝武帝太元九年建國，至泓為晉所滅，有國三十四年。

◆ 後涼

後涼建國者呂光亦略陽氐，世為氐酋，父婆樓，為苻堅佐命，官至太尉。光性沈毅凝重，少為王猛所知。堅統一北方，令光將兵平定西域。肥水戰後，光自西域返據武威，晉孝武帝太元十年（西元三八五年），堅卒，光自稱涼州牧、酒泉公，建元太安，史稱後涼。太元二十一年（西元三九六年），即天王位。晉安帝隆安三年（西元三九九年），光禪位於太子紹，自號太上皇帝，是年卒。

隆安四年（西元四○○年），紹為其庶長兄纂所纂。纂遊獵無度，耽於酒色，為光弟寶子超所弒，超擁立其兄隆。隆自以纂奪得位，恐人不服，頗以刑殺立威，人懷危懼。晉安帝元興二年（西元四○三年），為後秦所滅。後涼自呂光以晉孝武帝太元十年定涼州，至隆為後秦所滅，有國十九年。

◆ 西涼

西涼建國者李暠，字玄盛，隴西狄道（甘肅省狄道縣西南）人，少而好學，沈敏有器度。呂光末，後涼建康太守（後涼置建康郡，在今甘肅省高臺縣南）段業自稱涼州牧，以暠為敦煌太守。晉安帝隆安四年（西元四〇〇年），暠自稱涼公，晉安帝元興二年（西元四〇三年），後涼滅，晉安帝義熙元年（西元四〇五年），暠建元建初，遷都酒泉，史稱西涼。晉安帝義熙十三年（西元四一七年）卒，子歆嗣，晉遙授歆為涼州牧、酒泉公。

歆字士業，用法嚴峻，又好營作，士民不附。宋武帝永初元年（西元四二〇年），北涼沮渠蒙遜出兵伐西秦，歆起兵攻張掖，蒙遜回軍返救，戰於蓼泉（甘肅省酒泉縣境），為蒙遜所殺，蒙遜遂入酒泉。歆弟翻、預等西奔敦煌，為蒙遜所破，西涼遂亡。西涼自李暠以晉安帝隆安四年稱涼公，至歆為北涼所滅，有國二十一年。

西涼既滅，歆子重耳脫身奔宋，後歸北魏。重耳子熙家於武川（綏遠省歸綏縣），熙子天錫，天錫子虎，虎子昞，即唐高祖之父，故唐人修晉書，稱暠、歆字而不名。

◆ 後燕

後燕建國者慕容垂，仕苻堅為冠軍將軍。晉孝武帝太元八年（西元三八三年），堅伐晉，前軍潰於肥水，垂軍獨全，堅以十餘騎奔垂，垂世子寶勸垂殺之，垂不允，以兵屬堅。及丁零叛，堅命垂將兵伐之，垂乃與丁零合勢叛秦，自稱燕王，率軍圍苻丕於鄴，丕求救於晉，晉軍救鄴，垂率軍拒晉軍於枋頭，見晉軍盛，乃撤鄴城之圍，北徇燕地，定都中山（河北省定縣）。太元十一年（西元三八六年），即皇帝位，仍國號燕，史稱後燕。時西燕主慕容永據長子（山西省長子縣西），誘丁零叛垂，垂乃出兵伐西燕。太元十九年（西元三九四年），後燕破長子，殺永，遂定關東。魏主拓跋珪興起代北，屢侵迫後燕邊塞諸郡，垂命太子寶將兵伐之。寶臨河，懼不敢濟，還軍至參合（山西省大同縣北），為魏軍所乘，燕軍大敗，死者數萬人。太元二十一年（西元三九六年），垂自率大軍伐魏，至參合，見往歲戰處，積骸如山，軍士皆痛哭，垂慚恨發疾，卒於軍中。寶嗣，是年，魏軍伐并州，自井陘進圍中山。

寶即位第二年，魏軍攻拔中山，寶出奔龍城。時燕諸郡皆降魏，惟垂幼弟德

據鄴堅守。晉安帝隆安二年（西元三九八年），即寶嗣立第三年，寶自龍城南伐，至鄴，德已棄鄴徙滑臺（河南省滑臺縣）。寶欲南下與慕容德會，至黎陽津（河南省滑臺縣北），聞德已稱帝，復還龍城，為其臣蘭汗所弒。寶庶長子盛起兵平亂，遂即帝位，以刑殺立威。隆安五年（西元四○一年），後燕大臣段璣等叛，盛聞變出戰，受傷而死。

盛死，垂少子熙立。熙宴遊無度，又好女寵。築龍騰苑，廣十餘里，於苑內起景雲山，累奇石為峰，高十七丈，又於苑內起逍遙宮、甘露殿，連棟數百，觀閣相交，鑿天河渠，引水入宮，又為其昭儀苻氏開曲光海、清涼池，時盛暑，夫役渴死者太半。昭儀苻氏卒，復立其妹苻貴嬪為后，二苻皆有殊色。苻后死，熙擁其尸哭，氣絕而後蘇。熙為苻后營陵，下錮三泉，周迴數里，時號昏主。晉安帝義熙三年（西元四○七年），熙護苻后喪出葬，中衛將軍馮跋擁立寶養子雲，發兵反，弒熙而自立。義熙五年（西元四○九年），雲為其臣所弒，後燕遂亡。後燕自慕容垂以晉孝武帝太元八年稱燕王，至雲國滅，有國二十七年。

◆ 西秦

西秦建國者乞伏國仁，隴西鮮卑人，世為鮮卑酋豪。國仁仕苻堅為南單于，晉孝武帝太元十年（西元三八五年），堅卒，自稱大單于，築勇士城（甘肅省榆中縣東北）為都，受苻登封為苑川王。

國仁卒，弟乾歸嗣，降於姚興，興以為河州刺史，留長安不遣，而以其子熾盤鎮苑川。熾盤攻克枹罕，遣使告乾歸，乾歸自秦逃還，晉安帝義熙五年（西元四○九年），稱秦王，史稱西秦。乾歸卒，熾盤嗣，遷都枹罕，滅南涼。熾盤卒，子慕末嗣。慕末時，國勢漸弱，為夏主赫連定所逼，遷都南安（甘肅省隴西縣東北），宋文帝元嘉八年（西元四三一年），為夏所滅。西秦自乞伏國仁以晉孝武帝太元十年稱號，至慕末為夏所滅，有國四十七年。

◆ 北燕

北燕建國者馮跋，長樂信都人，仕後燕慕容寶為中衛將軍，慕容熙在位，跋以犯禁懼禍，與群弟逃亡山澤。慕容雲遇弒，跋部將張泰平亂，立跋為主。晉安帝義熙五年（西元四○九年），跋即天王位於昌黎（熱河省淩源縣境），仍國號燕，

史稱北燕。跋卒，弟宏立。時魏甚強，屢出兵伐燕，燕軍輒敗。宋文帝元嘉十三年（魏太武帝太延二年，西元四三六年），魏大舉伐燕，宏出奔高麗，遂滅燕。北燕自馮跋以晉安帝義熙五年得國，至宏為魏所滅，有國二十八年。

◆ 南燕

　　南燕建國者慕容德，為後燕主慕容垂少弟。苻堅敗，從垂起兵於關東。垂稱燕王，以德為司徒，慕容寶立，為冀州牧，鎮鄴。魏軍陷中山，寶北奔龍城，德亦自鄴徙鎮滑臺，魏軍取滑臺，德復率眾而南。晉安帝隆安三年（西元三九九年），德率師入廣固（山東省益都縣西北），即皇帝位，史稱南燕。德諸子皆為苻堅所殺，以兄子超為嗣。晉安帝元興三年（西元四〇四年），德卒，超嗣立。晉安帝義熙四年（西元四〇八年），晉劉裕北伐燕，超率眾四萬與晉軍戰於臨朐（山東省臨朐縣），燕軍戰敗，退守廣固，義熙五年（西元四〇九年），為裕所滅。南燕自慕容德以晉安帝隆安三年稱帝，至超國滅，有國十一年。

◆ 南涼

　　南涼建國者禿髮烏孤，河西鮮卑人，其先世與北魏同源，漢末，烏孤八世祖始自塞北遷於河西。烏孤事後涼呂光為益州牧、左賢王。晉安帝隆安元年（西元三九七年），烏孤自稱大單于西平王，攻取後涼樂都（治今甘肅省樂都縣）、湟河（治今甘肅省碾伯縣東南）、澆河（治今甘肅省貴德縣）三郡，更稱武威王，徙都樂都。

　　烏孤卒，弟利鹿孤立，利鹿孤卒，弟傉檀立。傉檀畏姚秦之強，奉秦年號。後秦滅後涼，以傉檀為涼州刺史，鎮姑臧。晉安帝義熙四年（西元四〇八年），傉檀稱涼王，史稱南涼。傉檀有才略，然北迫於沮渠氏的北涼，南迫於乞伏氏的西秦，數為所攻，境土日蹙，義熙十年（西元四一四年），為乞伏熾盤所滅。南涼自禿髮烏孤以晉安帝隆安元年稱號至傉檀國滅，有國十八年。

◆ 北涼

　　北涼建國者沮渠蒙遜，其先為匈奴左沮渠，以官為氏。蒙遜雄毅有英略，後涼呂光末，段業叛，以蒙遜為張掖太守，委以國政。業忌蒙遜英武，蒙遜內不自

安，請出為安西太守（甘肅省安西縣），遂起兵叛業，晉安帝隆安五年（西元四〇一年），蒙遜攻滅業，自稱涼州牧、張掖公，晉安帝義熙八年（西元四一二年），稱河西王，攻取南涼姑臧為都。宋武帝永初元年（西元四二〇年），滅西涼。宋文帝元嘉八年，即魏太武帝神廳四年（西元四三一年），受魏封為涼王，史稱北涼，蒙遜死，子茂虔嗣，宋文帝元嘉十六年，即魏太武帝太延五年（西元四三九年），為北魏所滅。北涼自沮渠蒙遜以晉安帝隆安五年稱號，至茂虔國滅，有國三十九年。

◆ 夏

夏的建國者赫連勃勃，其先為匈奴左賢王去卑之後，世為部酋。勃勃姿容魁偉，殘暴不仁，為後秦主姚興所寵信，封五原公，使鎮朔方。晉安帝義熙三年（西元四〇七年），勃勃叛秦自立，稱天王大單于，國號夏，營統萬（陝西省橫山縣西）為都城，取統一天下，君臨萬邦之意。義熙十三年（西元四一七年），晉劉裕滅後秦，既而南歸，留其子義真鎮關中，以沈田子、王鎮惡輔之。義熙十四年（西元四一八年），勃勃自統萬率軍南伐，晉軍大敗，裕急召義真東還，勃勃遂入長安，即皇帝位，以太子璝鎮長安，自率大軍歸統萬。

勃勃嘗欲廢璝而立次子倫為太子，璝起兵北伐，倫拒戰，為璝所殺，勃勃三子昌復起兵襲殺璝，於是勃勃立昌為太子。宋文帝元嘉二年（西元四二五年）勃勃卒，昌嗣立。

勃勃性酷虐，築統萬城時，蒸土而築，務求其堅，錐入一寸，即殺築者並築之，若錐不入，則殺行錐者並築之，故城至堅。勃勃好殺無度，常居城上，置弓劍於側，有所嫌忿，便手殺之。群臣忤目者鑿其目，笑者決其唇，諫者謂之誹謗，先截其舌，然後斬之，人人震恐。

赫連昌為魏所伐，徙都安定，復奔秦州，為魏所俘。弟定率餘眾南奔平原（夏置平原郡，治甘肅省平涼縣東），即帝位，魏軍伐之，定率眾西奔上邽（甘肅省天水縣西南）。宋文帝元嘉八年，即魏太武帝神廳四年（西元四三一年），定攻滅西秦，定亦旋為北魏所滅。夏自沮渠蒙遜以晉安帝義熙三年建國，至定國滅，有國二十五年。

◆ 其餘諸國

除上列十六國外，不為十六國春秋著錄者尚有慕容沖的西燕，段氏的遼西，楊氏的仇池，譙氏的蜀及拓跋氏的代。

沖既入長安，縱兵大掠，秦人不附，沖將韓延等殺沖而立段隨為燕王，隨復為慕容儁族弟永所殺，秦中大亂。永立慕容泓子忠為帝，自為丞相，將鮮卑之眾東出關，至聞喜（山西省聞喜縣），聞慕容垂已稱尊號，眾復殺忠，奉永為河東王，稱藩於垂。晉孝武帝太元十一年（西元三八三年），永擊敗秦主苻丕於襄陵，進據長子，稱帝，盡誅儁、垂子孫。太元十九年（西元三九四年），為垂所伐，戰敗被殺，建國凡十年。

遼西段氏世為鮮卑部酋，晉惠帝時，晉平北將軍王浚都督河北，承制封段勿務塵為遼西公。勿務塵死，子就六眷繼立，就六眷死，從弟末杯自立為單于。時王浚已為石勒所滅。就六眷弟匹磾入據幽州，與末杯相攻，匹磾戰敗，率眾依晉冀州刺史邵續於厭次（山東省陽信縣東），出兵攻末杯，石虎乘虛攻襲續，續兵敗被擄，匹磾返師救之，亦為虎所俘，送於襄國，為石勒所殺，惟末杯保據遼西。末杯死，弟牙立，牙死，就六眷孫遼立，其後為石虎所破，盡徙其眾於司、雍二州之地。當遼西全盛時，西盡幽州，東界遼水，控弦四五萬騎。

仇池楊氏亦氐人，世居岐隴以南，漢川以西，諸部並立，漢獻帝建安年間，氐酋楊騰率其眾徙居仇池，因以為號，世稱仇池氏。仇池本池名，在今甘肅省成縣西仇池山上，方百頃，一稱百頃山，四面斗絕，其上水草甚豐，並有鹹土，可煮為鹽。曹魏時，封楊氏為百頃王。東晉初年，氐王楊初在位，自號仇池公。仇池國東接秦嶺，西距宕昌（甘肅省岷縣南），立國於今渭水以南甘陝之交，常羈縻於晉及北方大國而自王其地。苻堅嘗破其國，盡徙其民於關中，堅死，其酋楊定復率眾奔隴右，仍立國於仇池，號仇池公，自後子孫常世有其土。北魏統一北方，楊氏常兼受南朝與魏封爵，南朝常封楊氏為武都王，魏則封為武興王，楊氏僭號則稱大秦王。梁武帝天監五年，即北魏宣武帝永平元年（西元五〇六年），為北魏所滅。

譙蜀建國者譙縱，巴西南充（四川省南充縣北）人，為晉安西將軍府參軍。晉安帝時，桓玄反，益州刺史毛璩遣縱領七百人由涪水東下助討玄，蜀人不樂遠

征，逼縱反，攻陷成都，占據全蜀，自稱成都王，遣使稱藩於姚興。晉安帝義熙九年（西元四一二年），為劉裕將朱齡石所滅。

　　拓跋氏的代即北魏前身，亦鮮卑人，其部落起源於西伯利亞貝加爾湖東南，黑龍江之西，逐漸南徙。晉懷帝永嘉三年（西元三〇九年），其酋拓跋猗盧率部眾自雁門入居塞內，就晉并州刺史劉琨求樓煩附近五縣之地，琨不能制，且欲倚猗盧以為援，乃移五縣之民於新興，空其地以處之。晉懷帝封猗盧為代公，猗盧築盛樂城（綏遠省和林格爾縣）以為北都，即漢定襄郡成樂縣，又修故平城（陝西省大同縣境）以為南都。晉愍帝時，進封猗盧為代王。猗盧卒，諸子幼弱，國中大亂，猗盧弟弗之孫什翼犍有雄略，統一諸部，北有沙漠，南據陰山，國勢甚盛。什翼犍立第三十九年，為苻堅所滅。

四、東晉的政局

◆ 東晉世系

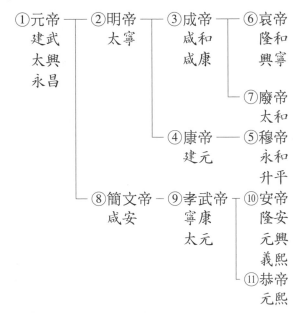

　　東晉自元帝繼統至恭帝滅亡，凡四世十一君，歷一百零三年（西元三一七年

至西元四一九年）。

◆ 東晉的立國

　　東晉立國江南，而能偏安逾百年之久，此因自漢代以來，對江南逐漸開發，漸備建國基礎，至三國時代吳立國江南，數世經營，建國規模益備。吳與蜀不同，蜀僻小，缺乏獨立建國的條件，非北伐恢復中原，勢必為中原所兼并。吳則不然，江南富庶，足以自給，長江之險，足以自守。

　　吳國滅亡後，江南士族在政治上備受中原士族的壓迫，昔日的政治勢力至是轉變為社會上的特殊勢力，與中原的政治勢力對抗，此即江南的門閥。吳人對晉朝的統治極為不滿，此種情緒促成江南士族社會勢力的團結。西晉盛世，吳地有民謠云：

　　局縮肉，數橫目，中國當敗吳當復。

　　宮門柱，且當朽，吳當復在三十年後。

　　雞鳴不附翼，吳復不用兵。

古代史家以此民謠作為西晉滅亡東晉復興的讖語，我們則由這些民謠看出吳人對西晉政權的仇恨心理。晉武帝時，淮南相劉頌即建議宜遣年長諸王鎮撫吳境，盡量起用吳人，以吳地的力役，用於吳地的建設，逐漸消弭吳人對中原政權的不滿。由此可見西晉時代東南政治局勢的動盪不安，亦可見東南士族在社會上雄厚的潛力，東晉即藉吳國奠立的立國規模而立國。

　　晉元帝名睿，父覲，覲父伷，伷即晉宣帝之子。伷有文武之才，晉武帝時，將兵助王濬平吳有功，為鎮東大將軍，鎮下邳（江蘇省邳縣東），封琅邪王，自是與東南發生密切關係。伷薨，子覲嗣，覲薨，睿嗣。按晉書元帝紀，相傳晉宣帝輔魏時，有牛繼馬後之謠，故宣帝深忌牛氏，鴆殺其將牛金，其後覲妃夏侯氏與小吏牛氏私通而生元帝。晉書成於唐代，此當係採自江南的傳說，而非採自國史。姑不論此說的可靠性如何，從此傳說的產生，可反映吳人對晉的反感，故造此謠以發洩其抑鬱的情緒，亦可能係晉權臣如王敦、蘇峻、桓玄等的圖謀篡奪，因造此謠以示晉的帝統早已中斷，其得位係奪之於牛氏而非奪之於晉室。

　　琅邪封國在今山東省臨沂縣一帶。睿與東海王越素相友善，越本鎮徐州，及輔政，以睿兼鎮徐州。睿性沈毅有謀略，洞察機微，故未參與諸王之亂。越嘗召

睿入洛，累遷左將軍，時王導為越參軍，導琅邪人，遂傾心推奉，睿亦器重之。導知天下已亂，每勸元帝返國。惠帝永興元年（西元三〇四年），睿從越討成都王穎，敗於蕩陰，越率眾還東海，睿從惠帝在鄴，亡歸琅邪。永興二年（西元三〇五年），越自東海舉兵討河間王顒，以睿為平東將軍，監徐州諸軍事，鎮下邳。睿請導為司馬，委以軍事。懷帝永嘉元年（西元三〇七年），遷安東將軍，都督揚州諸軍事，以導為安東司馬。是時諸王勢力消耗殆盡，獨南陽王模及睿勢力未損。懷帝末，睿用導計，移鎮建鄴，而南陽王模鎮關中，為劉聰所破，晉諸王勢力惟睿獨完。建武元年（西元三一七年），睿即晉王位。大興元年（西元三一八年），受劉琨及群臣擁戴而即帝位，定都建康（晉避愍帝諱，改建鄴為建康），是為東晉元帝。

當元帝移鎮建康時，吳世族大姓多不附。導從兄敦為揚州刺史、都督征討諸軍事，實掌兵權。導與敦同心輔翼，親訪吳世族大姓甘卓、紀瞻、顧榮、賀循等，勸其出仕，又勸元帝傾心結納江南世族，政局始漸趨穩定。

東晉元帝時代，政治勢力有二系統，其一為僑寄，以王家為首，其二為土著，以顧、賀、周、紀諸族為大。軍事力量亦有二支柱，其一為江南的王敦，藉以自保，其二為江北的祖逖及河北的劉琨，以阻遏胡人的進攻。故元帝時代的政治，實以王家為中心，無論政權或兵權，皆掌於王家之手。

元帝極信任王導，導有才略，善於處事，東南政治的安定，實賴導之力，號稱仲父。元帝即位時，命導升御床共坐，導固辭而止，故有「王與馬，共天下」之謠。

敦為東晉初年江南安定的力量。敦少有奇人之目，尚武帝女襄城公主。東晉初期，因政局動盪不安，創亂者甚多，其尤著者為杜弢，而江州刺史華軼亦不服，敦與甘卓討平華軼，又遣陶侃討平杜弢，江南賴以安定。

祖逖與劉琨同為東晉初期阻遏胡人攻勢的力量。逖范陽人，琨中山人，少俱以雄豪聞名。懷帝永嘉年間，以琨為并州刺史，鎮晉陽，制劉淵之後。愍帝以琨都督并州，甚得胡人信仰，其後為石勒所破，率眾入幽州依鮮卑段匹磾。元帝即位，琨與匹磾剋期討石勒，匹磾推琨為大都督，而匹磾弟末杯叛匹磾，與勒連和，擊敗匹磾，擄琨子群。末杯謀襲匹磾，遣使齎群書請琨為內應，書為匹磾邏騎所得，琨遂為匹磾所殺。

　　逖少與琨俱為司州屬吏，相友善，同被共寢，中夜聞荒雞鳴，輒起舞。西晉末，逖率親黨部曲百餘家避亂南居淮泗間，元帝以為徐州刺史，屯於京口（江蘇省鎮江縣），逖素有北伐大志，時琨鎮北方，逖欲北伐與琨會師，共靖中原，請於元帝。元帝以逖為豫州刺史，給千人廩，布三千匹，不給鎧仗軍隊，令自招募。逖受命，率部曲百餘家渡江，中流擊楫而誓曰：「祖逖不能清中原而復濟者，有如大江。」（晉書祖逖傳）屯於淮陰（江蘇省淮陰縣東南），起冶鑄兵器，募得二千餘人而後進，北方塢主響應者甚眾，聲勢極盛。塢即土堡，為中原豪族或盜匪所築，聚眾以自保。當時中原為石勒所控制，諸塢主多送質子於勒以自固，及逖北伐，塢主皆傾心響應，有質子在胡者逖皆聽其兩屬，並時遣軍偽攻之，使不為勒所疑，諸塢主皆感戴，胡中有謀，輒先聞知，故兵勢發展甚速。未幾，黃河以南，除洛陽、襄國外，多附於逖。於是逖誓師虎牢（河南省汜水縣東北），指日北伐。會元帝以尚書僕射戴淵為征西將軍，都督司、兗、豫、并、雍、冀六州諸軍事、司州刺史，鎮合肥（安徽省合肥縣北），逖在其督中。逖以己歷盡艱辛，克定河南，而淵吳士，雖有才望，無弘致遠識，一旦雍容來統，意甚怏怏，遂感激發病，卒於雍丘（河南省杞縣），時年五十六。逖死，弟約繼統其眾，約御軍無方，不為塢主所信服，黃河以南諸地復為勒所有。

◆ 王敦、蘇峻之亂

　　惠帝時，王敦為青州刺史，懷帝時，徵為中書監，元帝鎮江南，敦為揚州刺史，平華軼、杜弢之亂，威名大震，以功遷鎮東大將軍，都督江、揚、荊、湘、交、廣六州諸軍事、江州刺史，此六州實即東晉所能有效控制的全部區域，故敦實總統東晉兵權。元帝即晉王位，以敦為大將軍，加江州牧，敦固辭州牧不拜。元帝即帝位，加敦荊州牧，敦又固辭州牧，仍聽為刺史。時王家勢力遠較帝室為大，元帝性猜忌，漸不能平，引用名士劉隗、戴淵、刁協、周顗等，稍抑損王氏之權，導亦漸見疏外。元帝以協為尚書令，以淵為征西將軍，屯合肥，以隗為鎮西將軍，鎮泗口（江蘇省銅山縣境），欲以制敦及祖逖。導性忠謹，猶能忍受，敦性跋扈，於是與帝室摩擦日劇❼。永昌元年（西元三二二年），敦以討隗為名，自

武昌起兵入建康，殺淵、顗❽，隗兵敗，奔降於石勒，協自建康出奔，至江乘（江蘇省句容縣北），為人所殺，於是元帝對王家勢力愈不能制，憂憤而崩❾。

敦既克建康，還屯武昌，明帝即位，移鎮姑孰（安徽省當塗縣）以制朝廷，以兄含為征東將軍，都督揚州江西諸軍事。敦以沈充、錢鳳為謀主，充、鳳皆驕塞跋扈，目無朝廷。敦無子，養兄含子應為子。元帝既崩，太子紹即位，是為明帝，未幾而敦亦病危，臨薨，鳳問以後事，敦以三策付鳳，上策解眾放兵，歸身朝廷，保全門戶；中策退還武昌，收兵自守；下策及己未死，悉眾而下以取建康。鳳贊成下策，與充定計起兵謀反。敦素重溫嶠，以為丹陽尹（東晉都建康，即丹陽郡治），使偵伺朝廷動靜。嶠至建康，發敦之謀，明帝乃得從容部署。明帝知敦為物情所畏，詐言敦死以安眾心，然後下詔討鳳，以王導總統軍旅。敦以兄含為元帥，悉眾而下，含軍至建康，屯於秦淮水南而敦薨，導用兗州刺史劉遐及臨淮

遂引劉隗、刁協等以為心膂，敦益不能平，於是嫌隙始構矣。每酒後，輒詠魏武帝樂府歌曰：『老驥伏櫪，志在千里，烈士暮年，壯心不已。』以如意打唾壺為節，壺邊盡缺。」
❽　晉書周顗傳：「顗字伯仁，……少有重名，神彩秀徹。……元帝初鎮江左，請為軍諮祭酒。……中興建，補吏部尚書，……轉尚書左僕射，領吏部如故。……及王敦構逆，……與戴若思俱被收。……初，敦之舉兵也，劉隗勸帝盡誅諸王，司空導率群從詣闕請罪，值顗將入，導呼顗謂曰：『伯仁，以百口累卿。』顗直入不顧。既見帝，言導忠誠，申救甚至，帝納其言。顗喜飲酒，致醉而出，導猶在門，又呼顗，顗不與言。……既出，又上表明導，言甚切至，導不知救己而甚銜之。敦既得志，問導曰：『周顗、戴若思，南北之望，當登三司，無所疑也。』導不答。又曰：『若不三司，便應令僕邪！』又不答。敦曰：『若不爾，正當誅爾。』導又無言。導後料檢中書故事，見顗表救己，殷勤款至。導執表流涕，悲不自勝，告其諸子曰：『吾雖不殺伯仁，伯仁由我而死，幽冥之中，負此良友。』」世說容止篇：「戴淵少時遊俠，不治行檢，嘗在江淮間攻掠商旅。陸機赴假還洛，輜重甚盛，淵使少年劫掠。淵在岸上，據胡牀，指麾左右，皆得其宜。淵既神姿峰穎，雖處鄙事，神氣猶異。機於船屋上遙謂之曰：『卿才如此，亦復作劫邪！』便泣涕投劍歸機，辭屬非常。機彌重之，定交作筆薦焉，過江仕至征西將軍。」
❾　晉書元帝紀：「帝性簡儉沖素，容納直言。虛己待物。初鎮江東，頗以酒廢事，王導深以為言，帝命酌，引觴覆之，於此遂絕。有司嘗奏太極殿廣室施絳帳，……帝……令冬施青布，夏施青練帷帳。將拜貴人，有司請市雀釵，帝以為煩費，不許，所幸鄭夫人衣無文綵。……然晉室遘紛，皇輿播越，天命未改，人謀叶贊，元戎屢動，不出江畿，經略區區，僅全吳楚，終於下陵上辱，憂憤告謝，恭儉之德雖充，雄武之量不足。」

內史蘇峻之兵討平之，王家勢力自是衰微。

　　峻既平王敦之亂，威望日著，晉以為歷陽內史（歷陽治今安徽省和縣），委以江北之任。峻在歷陽，有精兵萬人，潛蓄異志。明帝在位三年而崩，太子衍立，是為成帝，以導及庚太后兄亮輔政。導忠恪而性保守，且親不及亮，故亮實握朝權。亮有志於恢復，且性嚴厲，欲先整飭吏治，然後北伐。亮以峻勢盛，意輕朝廷，欲陰奪其權，以詔徵為大司農。峻素疑亮謀害己，上表求補青州一荒郡，以北伐自效，亮不許，峻遂發兵反。峻兵精甚，屢敗晉軍。溫嶠時為江州刺史，屯武昌，聞峻反，起兵勤王，亮兵敗奔嶠軍。峻入建康，盡焚臺省寺署，遷成帝於石頭城，亮、嶠奉荊州刺史陶侃為盟主討之，為陶侃所平。

◆ 桓溫北伐

　　王敦薨，晉以陶侃為征西大將軍、荊州刺史，鎮江陵。侃初以不豫明帝顧命，頗疑庚亮，亮亦畏侃，以溫嶠為平南將軍、江州刺史，鎮武昌以備之。及侃東下討峻，睹亮風止，不覺釋然，愛重頓至 ❿。侃既平峻亂，以江陵僻遠，移鎮巴陵（湖南省岳陽縣）。嶠亦還鎮，未至江州而卒。時後將軍郭默矯詔殺平南將軍劉胤，竊據江州，晉朝不能制，就以為江州刺史，侃復出兵討平之。默素以驍勇著名，嘗與石勒戰於中原，為勒所畏，侃既平默，威名大著，晉加侃都督荊、江、雍、梁、交、廣、益、寧八州諸軍事，領江州刺史，移鎮武昌。

　　侃卒，以亮領江、豫、荊三州刺史，繼侃鎮武昌。亮卒，弟翼繼為荊州刺史，仍鎮武昌。侃雖功高震主，然性勤恪，不顯跋扈之跡 ⓫；亮、翼以帝室懿親而握

❿　晉書庚亮傳：「溫嶠聞峻不受詔，便欲下衛京都，……亮……不聽，而報嶠書曰：『吾憂西陲過於歷陽，足下無過雷池一步也。』」雷池戍在今安徽省望江縣東。世說容止篇：「溫忠武與庚文康投陶公求救，陶公云：『蕭祖顧命不見及，且蘇峻作亂，釁由諸庚，誅其兄弟不足以謝天下。』于時庚在溫船後，聞之，憂怖無計。別日，溫勸庚見陶，庚猶豫未能往。溫曰：『溪狗我所悉，卿但見之，必無憂也。』庚亮風姿神貌，陶一見便改觀，談宴竟日，愛重頓至。」

⓫　晉書陶侃傳：「侃……雄毅有權，明悟善決斷，自南陵（南陵戍在今安徽省繁昌縣西北）迄於白帝，數千里中，路不拾遺。」又曰：「侃……季年懷止足之分，不與朝權，未亡一年，欲遜位歸國，佐吏等苦留之。及疾篤，將歸長沙，軍資器仗，牛馬舟船，皆有定簿，封印倉庫，自加管鑰，以付王愆期，然後登舟，朝野以為美談。將出府門，顧謂愆期曰：

重權，亦皆忠勤。翼卒，桓溫繼為荊州刺史，自武昌移鎮江陵。

　　東晉初期政權實操於王導之手，及成帝世，庾亮始以帝舅之親與導同輔大政。成帝咸康五年（西元三三九年），導薨，亮於是獨秉朝權。咸康六年（西元三四○年），亮亦薨。導性較保守，其為政以安定東南為重，不甚積極於北伐，及亮輔政，頗有志於恢復。時東晉立國已二十餘年，在此期間，北方擾亂不安，江南則大體安定，然亮執政時期，東晉北伐大業並無進展，其原因不外二端。其一，江南安定，士大夫皆苟於偏安；其二，東晉執政大臣皆僑姓，南渡後，利用其政治力量在江南重新建立其新興的社會地位，封山占澤，生活優渥尤過於在中原時，故朝野皆苟於偏安而不思恢復。總之，江南的安定與世族在江南新勢力的建立，成為東晉北伐的二大阻力。

　　由於江南的安定及民生的富裕，執政者皆門閥子弟，世族政治逐漸形成，於是清談之風大盛。東晉執政大臣如王導、王敦、謝安諸人，皆為清談名士。陶侃出身寒門，雖權勢顯赫，而不敢自列於清談之流。桓溫雖出身望族，而素惡清談，常謂西晉之亡，亡於王衍等的清談誤國。溫父彝，仕東晉為宣城太守，蘇峻之亂，為峻將韓晃所破，不屈而死。彝素重溫嶠，故以嶠姓為溫名。溫性豪爽，有風儀，姿容瑰偉，紫眼蝟鬚，時人許為晉宣帝、吳大帝之流亞。溫與庾翼相友善，翼常薦溫於明帝以代己，翼卒，晉遂以溫代翼鎮荊州。溫素有北伐大志，時蜀主李勢在位，國勢微弱。穆帝永和二年（西元三四六年），溫率眾伐蜀，明年（永和三年，西元三四七年），滅之。進位征西大將軍，遙制朝政。

　　溫以東晉群臣尚清談而不圖恢復，故痛恨清談，因為朝臣所不滿。時簡文帝輔政，乃引名士殷浩為揚州刺史參預朝政以抗溫。浩識度清遠，善談玄，有盛名，為清談名士所宗。浩素有志於北伐，晉以浩為中軍將軍，委以北伐之任，陰奪桓溫之權。晉穆帝永和八年（西元三五二年），冉魏為慕容燕所滅，中原大亂，浩誓

『老子婆娑，正坐諸君輩。』尚書梅陶與親人曹識書曰：『陶公機神明鑒似魏武，忠順勤勞似孔明，陸抗諸人不能及也。」』又曰：「（侃為）廣州刺史，……在州無事，輒朝運百甓於齋外，暮運於齋內。人問其故，答曰：『吾方致力中原，過爾優逸，恐不堪事。』其勵志勤力皆此類也。」又曰：「侃少時……夢生八翼，飛而上天，見天門九重，已登其八，唯一門不得入，閽者以杖擊之，因墜地，折其左翼，及寤，左腋猶痛。……及都督八州，據上流，握彊兵，潛有窺窬之志，每思折翼之祥，自抑而止。」

師北伐，以降羌姚襄為先鋒，永和九年（西元三五三年），進屯山桑（安徽省蒙城縣北）。襄少有高名，為浩所忌，襄乃反，擊浩軍，浩軍敗，退屯譙城，軍資皆為襄所奪，襄引兵北屯許昌，溫乃上表廢浩，收其兵權，於是東晉兵權盡歸溫❷。

　　晉穆帝永和十年（西元三五四年），溫率眾伐前秦，沿均水自淅川入荊子口，大破秦軍於藍田，進兵霸上。秦軍深溝高壘以自固，秦將苻雄擊敗溫偏師於白鹿原，溫以軍資不繼，徙關中俘戶三千餘口而歸。永和十二年（西元三五六年），溫復率軍北伐姚襄，與襄軍戰於伊水北原，襄大敗，率餘眾西入關中，溫遂克洛陽，司、兗、青、豫諸州盡為晉有。溫修復故陵，上表請穆帝還都洛陽，穆帝不許。溫軍還，司、兗、青、豫又陷於胡。

　　哀帝興寧元年（西元三六三年），以溫為侍中、大司馬、都督中外諸軍事、錄尚書事，總統內外。溫乃上疏改革時政，其議有七：

一、杜絕浮議與朋黨。

二、併省官職，令久於其事。

三、常行文案宜限日，機務不可停滯。

四、獎勵公忠之吏。

五、褒貶賞罰，宜允其實。

六、敦明儒學。

七、選建史官，修撰晉書。

溫每戰必勝，每攻必克，然終不能恢復大業，廓清中原，甚至既克洛陽而不能守，可從溫所陳七事窺其大概。所謂杜絕浮議與朋黨，則當時在朝尚清談的世族對桓溫所為必多議論掣肘；併省官職，則職官的冗猥可知；常行文案宜限日，則行政效率的低落可知；獎勵公忠之吏，則放誕邪佞之風仍未稍改；褒貶賞罰，宜允其

---

❷　晉書殷浩傳：「浩……廢為庶人，徙於東陽之信安縣。浩少與溫齊名而每心競，溫嘗問浩：『君何如我？』浩曰：『我與君周旋久，寧作我也。』溫既以雄豪自許，每輕浩，浩不之憚也。至是溫語人曰：『少時吾與浩共騎竹馬，我棄之，浩輒取之，故當出我下也。』又謂郗超曰：『浩有德有言，向使作令僕，足以儀刑百揆，朝廷用違其才耳！』浩雖被黜放，口無怨言，夷神委命，談詠不輟，雖家人不見其有流放之感，但終日書空作咄咄怪事四字而已。浩甥韓伯，浩素賞愛之，隨至徙所，經歲還都，浩送至渚側，詠曹顏遠詩云：『富貴他人合，貧賤親戚離。』因而泣下。後溫將以浩為尚書令，遺書告之，浩欣然許焉。將答書，慮有謬誤，開閉者數十，竟達空函，大忤溫意，由是遂絕。」

實，則當時賞罰無章，官途仕進，盡由門第，不由才幹；敦明儒學，選建史官，則自東晉立國以來，典章制度，仍嫌闕略。其中溫尤痛心疾首者為浮議與朋黨，溫北伐所以未能成功，實為尚清談的世族掣肘所致。

哀帝興寧二年（西元三六四年）三月庚戌，溫行土斷法，廢僑郡，平戶籍，賦稅大增，國以富饒，史稱庚戌土斷。庚戌土斷，為江南僑姓首次所受的打擊。

溫北伐，實以江陵兵為主力。興寧三年（西元三六五年），溫自江陵移鎮姑孰，既而哀帝崩，帝弟琅邪王奕入承大統，是為廢帝。太和四年（西元三六九年），溫率眾北伐燕，時前燕主慕容暐在位，慕容垂為將。暐忌垂才能，君臣不睦，溫本有可乘之機，然溫受制於朝臣，糧運不繼，兼以中原時值大旱，糧秣乏絕，遂至失敗。

時慕容燕都鄴，溫進軍至金鄉（山東省金鄉縣），鑿鉅野故澤三百里以通舟運，自清水入河，擊破燕軍於林渚，遂至枋頭，以糧乏退兵。垂以八千騎追之，戰於襄邑，晉軍大敗，死者三萬人。溫既敗還，威望大損。溫欲重立聲威以服眾，乃廢廢帝而立會稽王昱為帝，是為簡文帝。簡文帝以溫為丞相，軍國大事，皆決於溫。簡文帝立二年而崩，太子曜立，是為孝武帝，遺詔溫總攝軍國大事。孝武帝寧康元年（西元三七三年），溫自姑孰入朝，文武百僚皆拜於道側，既歸而寢疾，諷朝廷加九錫，朝臣謝安等聞其疾篤，密緩其事，錫文未成而溫薨。

溫出師必克，惟一挫於枋頭，其才略曠世無匹，然事君不甚忠謹。就我國傳統政治道德而言，廢君立君實非忠臣所當為。溫鎮姑孰時，嘗謂親僚曰：「為爾寂寂，將為文景所笑。」又曰：「既不能流芳百世，不足復遺臭萬載邪！」又嘗行經王敦墓，望之曰：「可人可人。」（晉書桓溫傳）可知其常存篡奪之心。及廢廢帝而立簡文帝，本望簡文臨終禪位於己，否則便為周公居攝，然溫以不得世族之助，其謀終為王坦之所抑，不惟未遂其篡奪之志，且不能立大功業，臨終欲得九錫，亦因謝安故緩其事而未果。

◆ 桓玄之亂

當桓溫自江陵移鎮姑孰時，以弟豁為荊州刺史，委以西方之任。溫死，晉以豁弟沖為揚州刺史，代溫鎮姑孰。未幾，豁薨，以沖代為荊州刺史，都督荊、江、梁、益、寧、交、廣七州諸軍事。沖以前秦強盛，欲移阻江南，自江陵徙鎮上明

（湖北省松滋縣西），遙制朝政。沖性謙恭，溫在世，沖每非溫所為。沖嘗於浴後，其夫人送以新衣，沖促令持去，夫人曰：「衣不經新，何緣得故？」（晉書桓沖傳）沖於執政期間，與謝安、王坦之等賢臣相處甚善，終使晉渡過肥水之戰的危機。

　　安沈毅有謀略，識見宏遠，風神俊逸，嘗為桓溫大將軍府司馬，為溫所重，坦之為晉司徒渾弟湛之曾孫，嘗為溫大司馬府長史，為溫所賞識。簡文帝時，溫嘗薦安、坦之才識卓越，堪為輔佐。簡文帝臨崩，遺詔溫依周公故事居攝，坦之時為侍中，於帝前毀詔，帝乃使坦之重為遺詔，詔溫輔孝武帝如諸葛亮輔蜀後主及王導輔晉成帝故事。溫薨，坦之為中書令，安為尚書僕射，未幾，坦之出鎮徐州，以安為侍中、中書監、驃騎將軍、錄尚書事，軍國大政，皆決於安。安令其姪玄練兵於京口，為建康北衛，號北府兵。在此之前，東晉兵力，集中於荊州，稱江陵兵，鎮荊州實即掌握東晉兵權而得遙制朝政。肥水之戰，安即以北府兵擊敗苻堅，自是北府兵號稱能鬥，而鎮兗州者常掌握北府兵權。肥水戰後，沖、安相繼謝世，桓溫故將殷仲堪為荊州刺史，鎮江陵。孝武帝親任坦之子國寶及會稽王道子、道子子元顯等，國寶謀削弱方鎮兵權，安帝隆安元年（西元三九七年），溫子玄說仲堪起兵清君側，仲堪乃與兗州刺史王恭聯兵討國寶，殺之。玄藉諸父餘蔭，甚得荊州人愛戴。道子輔政，以方鎮勢盛，欲遣信臣出鎮大州以重朝廷之權，乃首以其司馬王愉為江州刺史以備恭，於是恭復起兵，玄勸仲堪起兵應之。仲堪奉玄為盟主，進兵至尋陽，而北府兵將劉牢之叛恭，歸附道子，恭遂敗歿。晉以玄都督荊州四郡以撫西兵，玄乃襲破仲堪。晉以玄為荊、江二州刺史，都督荊、司、雍、秦、梁、益、寧、江八州及揚豫八郡諸軍事，以牢之代恭鎮兗州。

　　道子及元顯以玄勢盛，稱詔討玄，以牢之為前鋒。安帝元興元年（西元四○二年），玄以討元顯為名，發兵反，敗晉兵於姑孰。玄素有英名，且荊州兵強盛，牢之懼不能勝，又慮亂平之後，功蓋天下，不為元顯所容，乃叛晉而降玄，玄遂入建康，殺元顯，以牢之為會稽太守，奪其兵權，牢之悔而謀叛，其眾不從，自縊而死。安帝元興二年（西元四○三年）十二月，玄廢安帝為平固王，自立為帝，國號楚。

　　玄相貌奇偉，神采俊朗，博通古今，善屬文，好清談，為當時清談名士典型，眾皆畏服。然得志之後，驕奢跋扈，漸失眾心，終為北府兵將領劉裕、劉毅、何無忌等所平。

裕、毅、無忌皆牢之部將，牢之既死，北府兵權落於裕、毅、無忌諸人之手，裕資望較高，遂為北府兵領袖。玄妻劉氏有知人之鑒，謂裕瞻視不凡，終不久處人下，勸玄殺之，玄亦以為然，終以愛裕之才，欲留以為己用，裕由是得免。玄既自立為楚帝，裕、毅、無忌乃以北府兵討玄，玄素畏裕，與戰輒敗，元興三年（西元四〇四年）三月，玄自建康挾安帝奔江陵。五月，玄謀入蜀，為晉軍所殺。明年，裕迎安帝返建康，改元義熙（西元四〇五年），於是裕取代桓家地位，專制朝政，玄篡立凡歷八旬而亡。

◆ 劉裕篡晉

裕先世本彭城人，其曾祖於東晉初始渡江遷居於京口。據宋書武帝紀，裕為漢高帝弟楚元王交之後，然非嫡支，故裕出身寒門而非世族。北府兵初建時，以前將軍劉牢之統之，裕為參軍。安帝隆安三年（西元三九九年），孫恩叛，為裕所平。

恩世奉五斗米道，叔父泰有秘術，謂晉祚將終，私集徒眾，陰謀叛逆，為會稽王道子所殺。恩挾眾逃入海島，剽掠沿海各地，其勢漸盛，攻取會稽，襲殺內史王凝之，東南沿海諸郡響應者甚眾，晉遣劉牢之擊破之，恩復遁入海中，既而復攻陷滬瀆壘（上海市北），殺吳國內史袁山松，進攻京口。時牢之在會稽，裕統北府兵擊敗之，恩眾大潰，北走郁洲（江蘇省灌雲縣東北），裕進擊，又大破之，恩率眾南走滬瀆，又為裕所破，勢遂窮蹙，又逃入海中。安帝元興元年（西元四〇二年），恩寇臨海（浙江省臨海縣東南），為晉軍所破，遂蹈海死。

恩死後，餘眾歸其妹夫盧循，循率眾南奔廣州，逐刺史吳隱之，據廣州。時晉新平桓玄，不欲用兵，乃以循為廣州刺史以撫安之。裕既平桓玄，以功累遷車騎將軍、揚州刺史。安帝義熙五年（西元四〇九年），裕率軍北伐南燕，翌年，克廣固，遂平南燕。裕以義熙五年三月北伐，四月，圍廣固，次年二月，平南燕，前後出師凡十一月之久。在此期間，循妹夫始興太守徐道覆屢勸循乘虛襲建康，循畏劉裕，猶豫不能決。義熙五年冬，道覆親至番禺見循，謂裕平燕後，必返旆南討，宜乘裕在外，建康空虛，此時出兵，可以得志，循意始決。義熙六年（西元四一〇年）二月，循舉兵反，而裕已平南燕。循自廣州入湖南，北上陷長沙，沿長江而下，至豫章（江西省南昌縣），江州刺史何無忌戰歿，沿江直趨建康，敗

劉毅之軍於桑落洲（江西省九江縣東北大江中），遂至江寧，戰士十餘萬，聲勢甚盛。道覆有膽決，知裕已還軍，欲求速戰，請自新亭（建康西南）全力攻建康以決勝，循恐一旦潰敗，非萬全之策，不從，自統大軍屯於西岸。道覆猶欲自新亭而上，為循所禁止。裕屯軍石頭城（建康西北），甫自燕歸，軍多瘴病，望見道覆引軍向新亭，大驚，既而見道覆軍回泊蔡洲（建康西南江中），集於西岸，始釋然。裕由是得從容部署，率眾與循戰，遂破循軍。循返據尋陽，又敗，退據豫章，裕盡出精銳攻之，循軍大潰，收集散卒千餘人奔還廣州，裕先遣軍由海道入據番禺，循攻之不克，南走交州。義熙七年（西元四一一年）四月，為交州刺史杜慧度所殺。

循亂平後，晉無復內顧之憂。義熙八年（西元四一二年）十二月，裕以西陽太守朱齡石為益州刺史，將兵伐譙蜀，翌年七月，晉軍入成都，斬譙縱，益州亦平。

當時北方所建諸國，尚有姚氏的後秦、李氏的西涼、乞伏氏的西秦、馮氏的北燕、禿髮氏的南涼、沮渠氏的北涼及赫連氏的夏。西涼、西秦、北燕、南涼、北涼及夏皆僻遠，不與晉接壤，裕乃謀伐後秦。時後秦主姚泓在位，泓性儒雅，柔弱無武，故不能抗。義熙十二年（西元四一六年），裕自統大軍北伐，以檀道濟、王鎮惡、沈田子為將。是年十月，晉軍克洛陽，秦主泓弟洸降晉。義熙十三年（西元四一七年）五月，晉軍入潼關，八月，大破秦軍於藍田，遂入長安，泓降，送建康斬之。

當裕北伐時，以其信臣劉穆之總統留府事，及裕破長安，穆之卒，劉裕懼內部有變，率軍東返 ❸，以次子義真鎮關中，大將沈田子、王鎮惡、王修佐之。諸將爭權相忌，田子首殺鎮惡，諸將又共起殺修，關中大亂，裕乃召義真返，以朱齡石代鎮關中，盤據陝北的赫連勃勃乘機南下攻長安，齡石軍敗，與諸將並戰歿，裕慘淡經營的關中，僅一年而轉為赫連氏所有，北府兵精銳大半喪於是役。

---

❸　宋書劉穆之傳：「穆之內總朝政，外供軍旅，決斷如流，事無擁滯。賓客輻輳，求訴百端，內外諮稟，盈堦滿室，目覽辭訟，手答牋書，耳行聽受，口並酬應，不相參涉，皆悉贍舉。又數客眠賓，言談賞笑，引日互時，未嘗倦苦。……卒時年五十八。高祖在長安，聞問，驚慟哀惋者數日。本欲頓駕關中，經略趙魏，穆之既卒，京邑任虛，乃馳還彭城，以司馬徐羨之代管留任，而朝廷大事當決穆之者並悉北諮。」

　　裕既返，以功為相國，封宋公。關中失守，裕乃謀禪代，使人縊殺安帝而立恭帝，又一年而篡晉自立，國號宋，是為宋武帝。

　　安帝至愚，自少至長，口不能言，身不能辨寒暑，凡所作為，皆非己意，故終安帝之世，政權落於權臣之手，然安帝亦因此不為桓玄所忌，玄雖篡立而猶能獲全。

第十二章 南北朝的對立

一、北　魏

◆ 北魏先世

北魏先世不與中國交通，載籍無聞，自詰汾以後，始有資料可考，其世系如下：

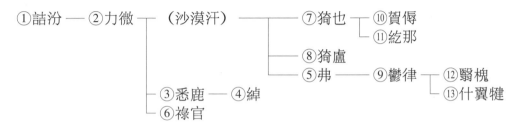

由上表，可知北魏先世世系甚亂，既非父子相襲，亦非兄弟相承，勢強者為酋長，力弱者則為臣屬。以上諸君，惟沙漠汗為太子時嘗入質於魏晉，濡染華風，較為文明，回國後為諸部酋豪所忌，讒於力微，為力微所殺。祿官立，國分為三部，祿官自統一部居東，當上谷之北，濡源之西，猗也統一部居代郡之北，猗盧統一部居漢定襄郡盛樂故城。猗也先祿官而卒，及祿官死，猗盧統一三部。時值晉末大亂，劉淵稱號，晉以劉琨為并州刺史，鎮晉陽，琨常與猗盧聯盟以擊淵，晉懷帝封猗盧為代公，入居并州境內，晉愍帝復進封猗盧為代王，其後遂據有全代之地，至什翼犍，為苻堅所滅。

苻堅敗，什翼犍孫拓跋珪復國，初國號代，尋改曰魏，是為北魏道武帝。

◆ 北魏世系

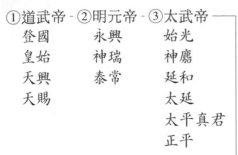

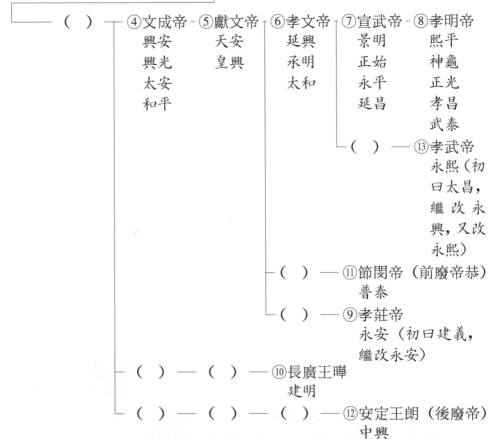

```
①道武帝 - ②明元帝 - ③太武帝 ─┐
  登國        永興        始光
  皇始        神瑞        神䴥
  天興        泰常        延和
  天賜                    太延
                         太平真君
                         正平
      ┌─（　）─┬④文成帝 - ⑤獻文帝 ┬⑥孝文帝 ┬⑦宣武帝 - ⑧孝明帝
      │          興安        天安     延興        景明        熙平
      │          興光        皇興     承明        正始        神龜
      │          太安                 太和        永平        正光
      │          和平                             延昌        孝昌
      │                                                       武泰
      │                              └（　）─ ⑬孝武帝
      │                                         永熙（初
      │                                         曰太昌，
      │                                         繼改永
      │                                         興，又改
      │                                         永熙）
      │                   ┌（　）─ ⑪節閔帝（前廢帝恭）
      │                   │          普泰
      │                   └（　）─ ⑨孝莊帝
      │                              永安（初曰建義，
      │                              繼改永安）
      ├（　）─（　）─ ⑩長廣王曄
      │                   建明
      └（　）─（　）─（　）─ ⑫安定王朗（後廢帝）
                                      中興
```

　　北魏自道武帝建國至孝武帝，凡九世十三君，歷一百四十八年（西元三八六年至西元五三四年），此後分裂為東魏、西魏。

東魏
孝靜帝（孝文帝宏曾孫）
　天平
　元象
　興和
　武定

東魏一君，凡十七年（西元五三四年至西元五五〇年）。

西魏
①文帝（孝文帝孫）┬②廢帝欽
　大統　　　　　　│
　　　　　　　　　└③恭帝廓

西魏凡二世三君，歷二十三年（西元五三五年至西元五五七年）。

◆ 北魏盛世

　　道武帝時，北方局勢大變，割據中原的後燕已趨衰微，西方的情形則較為複雜。譙縱據蜀，後秦據關中，夏、後涼、西涼、西秦、南涼分據今甘肅、青海一帶，未幾，後秦滅後涼，後涼故地旋為北涼沮渠蒙遜所據，中原則為南燕。明元帝時，譙蜀、南燕及後秦皆為東晉所滅，既而關中轉為夏所據，南涼為西秦所滅，西涼為北涼所滅，西方成為西秦、北涼、夏並峙之勢，東北方則後燕滅亡，北燕興起。西方諸國，以夏為最強，占地最廣，亦最富庶。夏主赫連勃勃性殘暴，不能善用民力，至其子赫連定時，終為北魏太武帝所滅。魏太武帝時，國勢極盛。先是西秦為夏所滅，魏太武帝出兵伐夏，滅之，又擊滅北燕，最後攻滅北涼，時為北魏太武帝太延五年，即宋文帝元嘉十六年（西元四三九年），遂形成南北二朝對立的形勢。

　　道武帝、明元帝、太武帝三代凡六十餘年（西元三八六年至西元四五一年），為北魏極盛時代。道武帝、明元帝、太武帝皆英明有為，在此六十餘年中，北魏疆宇不斷開拓，故亦可謂為北魏的開拓時期。

　　北魏文化，原本甚低，即使在鮮卑諸部之中，亦較慕容氏為落後，其政治組織或社會組織尚停留於原始狀態，惟其如此，故組織簡單而效率高。北魏在道武帝以前，大都野蠻無識，但自道武帝以後，歷朝君主大都濡染漢化，採用漢人政

治制度，引用漢人治國。

　　道武帝為北魏創業之君，晉孝武帝太元十一年（西元三八六年），自立為代王，建元登國。皇始元年（晉孝武帝太元二十一年，西元三九六年），初建臺省，置百官，始用漢制。天興元年（晉安帝隆安二年，西元三九八年），稱帝，改國號魏，史稱北魏。道武帝稱帝後，在政治上有若干創造，為北魏奠定立國規模：

　　一、定國號曰魏，欲以上承漢統，而以曹魏為閏統。

　　二、自盛樂遷都平城，仿漢制營宮室，建宗廟，立社稷。

　　三、協音律，定律令，申科禁。

　　四、服袞冕。

　　五、定服色，從土德，色尚黃，數用五。

天興二年（晉安帝隆安三年，西元三九九年），置五經博士，增太學生員至三千人。因北魏君主的向慕漢化，北方漢籍人士多歸之。道武帝漢化甚深，學問亦佳，能說老莊，常召諸王及朝臣親為講解。晚年服食寒食散，藥性數發，憂懣不安，或數日不食，或達旦不寢，終日竟夜獨語不止，喜怒乖常，猜疑臣下，朝臣多為所殺，朝野人情，各懷危懼。道武帝子清河王紹性險悖，好輕遊里巷，劫奪行人，嘗為道武帝所責，倒懸井中，垂死乃出。會紹母賀夫人有譴，道武帝幽之於別宮，將殺之，賀夫人陰使人求救於紹，道武帝遂為紹所弒。

　　寒食散為秦漢以後求仙採藥演變而來，求仙不得，轉為煉丹，寒食散即當時方士所煉丹藥，服食後皮膚溫嫩，精神煥發，但須寒食，故曰寒食散，藥性發時謂之發散，發散時則須寬衣博帶，出外閑行，以發散燥熱之氣，魏晉及南朝世族服食者甚多，胡人素不服食。道武帝服食寒食散，其向慕漢化之深可知❶。

　　道武帝於天賜六年（晉安帝義熙五年，西元四〇九年）崩，死年三十九，子明元帝立。

　　明元帝名嗣，道武帝長子，母曰劉貴人。天興六年（晉安帝元興二年，西元四〇三年），封齊王，拜相國、車騎大將軍，總攝軍國大政。道武帝意欲立明元帝為嗣，不欲令母后干政，賜劉貴人死，明元帝哀泣，道武帝怒，召明元帝入，欲

❶　世說言語篇：「何平叔云服五石散非唯治病，亦覺神明開朗。」劉孝標注引寒食散論：「寒食散之方雖出漢代而用之者寡，靡有傳焉。魏尚書何晏首獲神效，由是大行於世，服者相尋也。」

殺之，明元帝出奔於外。及清河王紹弒道武帝，明元帝乃自外入，召百工技巧殺紹而即帝位，泰常八年（宋廢帝景平元年，西元四二三年）崩，子太武帝燾立。

　　明元帝性較保守，在位時無甚進取，太武帝性格則與道武帝相近。太武帝母杜貴嬪本漢女，太武帝自幼濡染漢化甚深。太武帝性英武而明決，雖漢化而仍保留其胡族的武風，若以五胡亂華時代胡主作一比較，可得三種典型人物：苻堅為徹底漢化的典型，赫連勃勃為不接受漢化的典型，太武帝為漢化而能保留胡族武風的英主。

　　北魏太武帝時代，為南朝宋文帝在位時代，在此時期，南北曾數度發生戰事。魏太武帝神麚三年（宋文帝元嘉七年，西元四三〇年），宋以長沙王義欣總督諸軍北伐。義欣出鎮彭城，遣將軍劉彥之率甲卒五萬自淮泗入河，泝流西上攻魏河南。時魏河南兵少，撤守大河以北，伺機反攻，故宋軍進展甚速，攻克滑臺、虎牢、洛陽三重鎮，司、兗、豫三州一時皆復。是年冬，魏征西大將軍長孫道生率軍渡河反攻，宋軍大敗，彥之焚舟棄甲而遁，滑臺、虎牢、洛陽復為魏所得。宋以檀道濟代彥之為將，率兵救滑臺，道濟進軍濟上，與魏軍苦戰二十餘日，輜重為魏軍所焚，乏食而退，但魏軍攻勢由是稍挫，南北兵禍，得以暫解。

　　魏太武帝太平真君六年（宋文帝元嘉二十二年，西元四四五年），魏發兵南侵以報濟上之役，宋軍不能禦，淮泗以北，為之殘破，於是宋文帝有滅魏之意，魏太武帝亦急謀伐宋以挫其鋒。太平真君十一年（宋文帝元嘉二十七年，西元四五〇年），魏太武帝親統大軍南下，圍攻宋河南重鎮懸瓠（河南省汝南縣），歷四十餘日不克。宋軍大舉北伐，以王玄謨為將，率大軍圍攻滑臺，魏軍堅守數月，魏太武帝自將大軍救之，宋軍戰敗，死者萬餘人。魏軍乘勝攻克懸瓠，魏太武帝引軍直抵淮上，南渡淮水，擊潰宋軍，至瓜步（江蘇省江都縣江口），所過殘滅，宋朝大震，盡發丹陽郡境內王公子弟以下及民丁分守長江要津。魏太武帝設行帳於瓜步山上，俯瞰江南，宋文帝遣使求和，魏軍始退。是役魏軍所經州郡，殺略不可勝計，然魏兵力損耗亦多。

　　魏太武帝退兵後二年（魏太武帝正平二年，宋文帝元嘉二十九年，西元四五二年），為其倖臣宗愛所弒。愛性傾險，與太子晃不協。太武帝北返後，委政於太子晃，太子素惡愛之為人，愛乃讒構太子於太武帝，太子官屬多得罪而死，太子以憂殂。太子既死，太武帝思念不已，愛懼為太武帝所殺，遂弒之而立太武帝庶

子南安王余，自為大司馬大將軍。余以愛專橫，謀奪其權，復為愛所弒，魏群臣擁立故太子晃子濬，是為文成帝，殺愛，夷其三族。

◆ 崔浩之獄

魏太武帝時代，魏內部有一重要問題，即宗教勢力的衝突及政治勢力的激盪，終於釀成崔浩之獄。

北魏初期，佛教盛行，而道教亦流行於民間。道教組織不若佛教嚴密，然較為親切近人，因佛教主張出世而道教則主張消極的入世，道教中的神仙為入世思想的最高理想，清閑消遙而講究享受，不似佛教的勸人苦修，故易為帝王所信仰。魏太武帝尊崇道教而毀佛法，釀成宗教勢力的衝突，此一激烈的舉動，係受崔浩的影響。

崔浩為清河巨室，為北朝最大的漢世族。浩父宏，仕魏道武帝、明元帝，封白馬公，宏六世祖林，仕曹魏為司空，祖悅，仕石虎位至司徒左長史，父潛，仕慕容暐為黃門侍郎，浩即宏長子，父死襲爵。北魏的立國，得力於漢世族的輔佐。北朝世族，注重郡望，如清河崔氏、范陽盧氏、滎陽鄭氏、趙郡及隴西李氏、河東柳氏、太原郭氏，皆北朝當世巨室。北魏君主與漢世族實相因為用，北魏君主任漢世族以治國，漢世族則輔佐北魏君主以鞏固本身的社會地位，而崔浩為當時北魏漢世族的代表人物，亦為北魏社會勢力最大的漢世族。北魏的漢化，與任用漢世族有極大的關係，如太武帝之於浩，言聽計從，浩亦算無遺策，常自比子房。但漢世族政治勢力的過度發展，漸與鮮卑世族發生衝突，其後浩之死，頗與此有關。

浩學問甚佳，行誼亦高，博覽經史，兼通玄象陰陽之學，熟諳前代制度科律，有經世之才。天興中，事道武帝為著作郎，道武帝以其工於書法，常置左右。道武帝晚年，性情乖戾，左右多以微過得罪，莫不逃隱以避禍，浩獨恭勤不怠，侍道武帝或終日不歸，由是為道武帝所親信。浩性又至孝，父宏疾篤，浩剪爪截髮，每夜於庭中仰禱，為父請命，求以身代，歲餘不輟，及宏卒，居喪盡禮，為時人所稱。

北朝世族與南朝世族不同，北朝世族於異族統治之下，多致力於經世之學，以孝道表率天下，團結宗親，爭取君主信任以鞏固其社會地位，南朝世族則以統

治者自居，利用優越的政治勢力，建立獨立的社會地位，與君主對立，故北朝世族多握政府實權而篤於君臣之義，南朝世族則以清職為貴，君臣之義不篤；其治學則北朝重經世致用之學，南朝尚玄談以博取風流文采之譽。崔浩的學問行誼，實為北朝世族的代表。

明元帝亦頗信任崔浩，其末年常恐己死之後，發生內亂，密遣使問計於浩，浩勸明元帝立長子燾為太子，委以大政，以杜諸王非分之望，定君臣之位，明元帝從之，令太子燾攝國政，置左輔右弼各三人，浩亦在其中。及太武帝即位，遂大見寵任，累官至司徒。

關於崔浩的才略及其見寵於君主，可於下列諸事見之：

一、明元帝時，太史令王亮等因帝姊華陰公主勸明元帝遷都鄴，朝臣多附從，惟浩以為魏國基未固，魏人寡少，水土不服，南遷則情見勢屈，難以威服中原，且柔然南侵，鞭長莫及，不若仍都平城，可以北控柔然，南制中原，明元帝卒從浩議。

二、明元帝時，晉劉裕伐後秦，自清河西上，假道魏境，群臣皆勸明元帝發兵邀擊，勿令西過，浩獨策北魏諸將皆非裕敵，擊之必敗，且魏若邀擊裕，裕必捨秦而伐魏，不若縱之西入。浩又策裕此行必滅後秦，既滅秦必還篡其主，秦、揚風俗不同，遽難為治，裕雖能滅之而不能守，今但養兵息民，保守邊境，乘隙而動，秦地終為魏有，後皆如其言。

三、太武帝討伐赫連昌，集群臣會議，鮮卑群臣多以為不可克，獨浩策其必克，太武帝從之，果克捷而還。

四、太武帝欲擊柔然，鮮卑群臣盡不欲行，太武帝保母竇氏亦力諫，惟浩贊成其計。太武帝乃率軍進討，深入五千餘里，俘獲無算，柔然降者三十餘萬落，其勢遂衰。其後西域降部酋帥入朝，太武帝指浩謂諸酋帥曰：「汝曹視此人尪纖懦弱，手不能彎弓持矛，其胸中所懷，乃踰於甲兵。朕始時雖有征伐之意，而慮不自決，前後克捷，皆此人導吾，令至此也。」（魏書崔浩傳）於是敕諸尚書，凡軍國大計不能決者，皆先諮於崔浩而後行。太武帝常幸浩第，詢以政事，倉卒間不及束帶，奉進蔬果，不暇精美，太武帝輒為舉匕箸，或立嘗而去，常令浩出入臥內以決大事。

五、太武帝欲討沮渠牧犍，鮮卑群臣皆以僻遠不可伐，惟浩以為可伐。群臣

與浩相難，謂彼處無水草，浩引漢書地理志，謂涼州之畜為天下饒，何得無水草。太武帝用浩議，終滅北涼。

　　道武帝、明元帝及太武帝初年，皆尊崇佛法，每引高德沙門，與共議論，而浩受道士寇謙之影響，信奉道教，常於太武帝前謂佛教虛誕，為世費害，太武帝信之，轉而信奉道教。太平真君六年（宋文帝元嘉二十二年，西元四四五年），盧水胡蓋吳反於杏城（陝西省中部縣西南），關中騷動，太平真君七年（宋文帝元嘉二十三年，西元四四六年），太武帝西征至長安，於寺中起出大批弓矢矛楯，並私藏釀酒具及州郡牧守富人所寄藏物，又於寺內築密室與貴室女私行淫亂，太武帝大怒。浩時從行，因請太武帝盡誅長安沙門，焚破佛像，又下詔四方州郡，令一依長安行事。時太子晃監國，太子及諸鮮卑素奉佛，太子頻上表為沙門請命，太武帝不許，太子乃緩宣詔書，令遠近豫先聞知，四方沙門及佛像、佛經皆得藏匿，免於劫難，浩由是深為太子晃及鮮卑所恨。浩又欲釐別門第，分明姓族，以擴展漢世族社會勢力，浩妹夫盧玄力諫。玄亦范陽望族，以為身處異族統治之下，不宜過分擴展勢力，浩不從，未幾而發生修史問題。

　　道武帝時，嘗令朝臣著國記十餘卷，書未成而道武帝崩，事遂中輟。太武帝神麚二年（宋文帝元嘉六年，西元四二九年），復詔集諸文人撰著國書，以浩總其成。浩集群儒修成國書三十卷。著作令史郄標、閔湛等諂事浩，請立石刊載國書，立於通衢，歷述北魏初起時事，備而不典，往來行人觀之，咸相傳言，鮮卑人極憤，力請誅浩。太平真君十一年（宋文帝元嘉二十七年，西元四五〇年）六月，太武帝下詔誅浩，清河崔氏、范陽盧氏、太原郭氏、河東柳氏皆浩姻親，亦及於難，盡夷其族，秘書郎以下坐修國書而死者數百人。

　　由崔浩之獄，可以看出魏太武帝時代宗教勢力及政治勢力衝突激盪的劇烈。浩所代表的漢世族，在社會上有雄厚的勢力，可以左右社會上一切活動，間接發展成為政治力量，因世族所居鄉邑，鄉民僅聽命於世族，北魏的統治中原，必須通過世族的社會勢力，政令始能及於人民，崔浩終以過分擴展其勢力而招受鮮卑民族之忌。浩又贊成太武帝毀滅佛教，而促成北魏初期宗教信仰的鬥爭。時佛教勢力極盛，太子晃為佛教信徒，太武帝既信仰道教，太子隱然成為佛教徒的領袖，浩既促成太武帝滅佛，自然與佛教徒發生衝突，亦與太子發生衝突。太子後浩一年而死，浩死時，太子尚存，浩之死，似與太子有若干關係。太子既為鮮卑民族

領袖，又為佛教徒領袖，無論欲消滅漢族過分擴展的政治勢力，或欲壓抑道教以復興佛教，皆勢必殺浩，遂藉修史事殺之，並乘機壓抑漢世族勢力的發展。

◆ 馮后與孝文帝

魏文成帝初即位，宋復乘魏內亂，出兵二道北伐，一道進攻魏河南重鎮碻磝（山東省東阿縣南碻磝山上），另一道進攻潼關，宋軍初小捷而終無功，潰敗而還。文成帝崩，太子弘立，是為獻文帝。獻文帝在位時間甚短，相當於宋明帝泰始二年至泰始七年（西元四六六年至西元四七一年），在此期間，有一事值得注意，即文明皇后馮氏的擅政。

馮后漢人，為文成帝皇后，獻文帝嫡母，而獻文帝則為文成帝妃李氏所生，李妃亦漢人。獻文帝立時年十二，馮后以太后出而聽政。獻文帝即位第三年，李妃生孝文帝宏，時獻文帝年僅十四。孝文帝生後四年，獻文帝年十八，正當英年有為，而傳位於孝文帝，又五年而獻文帝暴崩。據魏書文明皇后傳，馮后行為不正，內寵李奕，孝文帝生，馮后躬親撫養，獻文帝因事誅奕，馮后不樂，而獻文帝暴崩，時人皆謂為馮后所鴆，遂構成北魏中葉宮廷的疑案。據魏書文明皇后傳的記載，孝文帝可能為馮后及李奕所生，時文成帝已崩，故託言為獻文帝之子。

孝文帝究為鮮卑血統抑漢族血統，可能影響其政治上或民族上的措施。設孝文帝自知為漢人，其民族意識必同情漢人，其政治措施自必傾向漢化；設孝文帝為鮮卑人，其傾向漢化的政治措施當係自幼親近馮后，濡染漢化的結果。若從純粹的政治觀點而論，孝文帝的漢化措施，其目的在便利對漢人的統治。

孝文帝太和十四年（齊武帝永明八年，西元四九〇年），文明馮后崩。在此之前，北魏政權在馮后之手。馮后性嚴明而多智略，猜忍能行大事，生殺賞罰，決之俄頃，雖有寵待，亦無所縱，又性不宿憾，雖有過必責，既而待之如初，故為群臣所擁戴，為一卓絕的政治家，無論其聽政時期的政治，抑對孝文帝的感化，於北魏政治均有重大影響。馮后崩，孝文帝始親政。太和十八年（齊明帝建武元年，西元四九四年），即孝文帝親政後的四年，遂遷都洛陽。

孝文帝遷都洛陽的動機，可從軍事、政治、經濟及文化四方面言之。

軍事方面：北魏功業最盛者為太武帝時代，然其疆域大致限於黃河以北，此後逐漸南向擴展，至馮后聽政時代，已南抵淮水流域，孝文帝的南遷，與北魏疆

域的南向擴展有關。太武帝以前，柔然強盛，北魏兵力著重於征討柔然以鞏固北疆，及太武帝擊潰柔然主力，始注意疆域的南向擴展，兵力亦逐漸南移以鎮壓新征服地區。孝文帝以前，非不欲南遷，如明元帝時，一部分朝臣及華陰公主即主張遷鄴，但當時北魏疆域尚偏於北方，南遷則遠離根本而逼近敵境，殊無必要，故崔浩力主仍都平城。及馮后時代，南略地至青、徐一帶，為鞏固南疆的統治，乃不得不南遷以鎮之。此外，孝文帝素有併吞南朝，統一中國之志，軍事重心自北南移，政治重心亦不得不隨之而南移。

政治方面：孝文帝既有統一中國之志，必須對為數眾多的漢族作有效的統治始能成功，鮮卑人數甚少，若不仰賴漢人為輔，勢難收長治久安之效，故孝文帝力求漢化，以消弭胡漢畛域，以利帝國的統治。漢人的經濟、文化、政治重心均在黃河以南，欲求徹底漢化，勢非南遷不可。

經濟方面：北魏至孝文帝時代，國勢昌盛，費用隨之而廣，而平城貧瘠，餉在河洛，故須南遷以就漕運。

文化方面：從上舉軍事、政治、經濟諸方面而言，孝文帝南遷，勢屬必然，但南遷地點，除洛陽外，鄴都亦為上選。自東漢末葉以來，鄴都即為中原重地，袁紹、曹操、司馬穎、石勒及前燕，皆以鄴為根據地，苻秦亦以鄴為東方重鎮。故以形勢而論，洛陽似不如鄴，設孝文帝遷鄴，仍能適應當時軍事、政治、經濟各方面的新需要，然以教化而論，則洛陽遠勝於鄴，此因自周以來，洛陽即為我國文化古都，亂世誠以都鄴為宜，昇平則以都洛為上，孝文帝捨鄴都而都洛陽，則其南遷，除軍事、政治、經濟諸因素外，另有文化的因素在，其目的在利用洛陽的文化環境，以從事鮮卑的漢化。孝文帝嘗謂任城王澄，平城用武之地，非可文治，移風易俗，信為甚難，崤函帝宅，河洛王里，宜以為都。可知孝文帝遷洛實以文化因素為重。

孝文帝恐鮮卑戀土，不樂南遷，獨與任城王澄謀之，託以伐齊，集步騎三十餘萬，發自平城，至洛陽而止。將士多憚南征，故雖不樂南遷，不敢有異議。及遷洛，鮮卑果戀北土，太子詢密謀奔代，為孝文帝所覺，廢為庶人，遷之於河陽（河南省孟縣），既而復謀北歸，遂賜死。

孝文帝遷都洛陽以後，作如下各項重要改制。一、改姓氏，二、改衣冠，三、定官制，四、修刑法，五、更語言，六、別氏族，七、改變度量，八、預禁歸葬。

　　鮮卑姓氏係以部族為主，如僕闌部民皆姓僕闌氏，賀蘭部民皆姓賀蘭氏，及下改姓之令，孝文帝自改拓跋氏為元氏，改僕闌氏為僕氏，賀蘭氏為賀氏，其餘各部，皆從漢姓。魏書有官氏志，詳載北魏官制及諸部所改姓氏。自是數世之後，胡漢即無分別。鮮卑本服短服，戴帽，至是改服漢族冠帶。孝文帝又仿漢官為官制，以漢刑法為刑法，以適應對漢族的統治。孝文帝又廢鮮卑語，改用漢語，又仿漢世族制度，釐定鮮卑世族門第❷，獎勵胡漢通婚，消弭鮮卑世族與漢世族的畛域。依照周禮制度，改變度量，詔南遷鮮卑皆隸籍洛陽，死葬河南，不得還葬代北。孝文帝此舉目的在融洽胡漢，謀藉漢世族之助以鞏固其政權，然而此舉卻使洛陽方面經過漢化的鮮卑世族與留守北方邊境未漢化的鮮卑世族發生隔閡，而引起六鎮之亂，實非孝文帝始料所及。總而言之，孝文帝的改制，在當時確收安定社會及鞏固政權之效。

◆ 魏政的式微

　　太和二十三年（齊東昏侯永元元年，西元四九九年），齊軍北伐，孝文帝自將禦之，還至穀塘原（河南省淅川縣北）而崩❸。太子恪立，是為宣武帝。宣武帝

---

❷　孝文雅重閥閱，尊崇門品，可自下引二例見之。魏書韓顯宗傳：「高祖曾詔諸官曰：『近代以來，高卑出身，恆有常分，朕意一以為可，復以為不可，宜相與量之。』李沖對曰：『未審上古以來，置官列位，為欲為膏粱兒地，為欲益治贊時？』高祖曰：『俱欲為治。』沖曰：『若欲為治，陛下今日何為專崇門品，不有拔才之詔。』高祖曰：『苟有殊人之伎，不患不知，然君子之門，假使無當世之用者，要自德行純篤，朕是以用之。』沖曰：『傅巖、呂望，豈可以門見舉？』高祖曰：『如此濟世者稀，曠代有一二人耳！』」魏書劉昶傳，高祖謂昶曰：「或言唯能是寄，不必拘門，朕以為不爾，何者，當今之世，仰祖質樸，清濁同流，混濟一等，君子小人，名品無別，此殊為不可。……若苟有其人，可起家為三公，正恐賢才難得，不可止為一人，渾我典制。」

❸　魏書高祖紀：「帝幼有至性，年四歲，顯祖曾患癰，帝親自吮膿。五歲受禪，悲泣不能自勝。顯祖問帝，帝曰：『代親之感，內切於心。』顯祖甚歎異之。……撫念諸弟，始終曾無纖介，惇睦九族，禮敬俱深，雖於大臣持法不縱，然性寬慈，每重矜捨。……宦者先有譖帝於太后，太后大怒，杖帝數十，帝默然而受，不自申明，太后崩後，亦不以介意。聽覽政事，莫不從善如流，哀矜百姓，恆思所以濟益。……常從容謂史官曰：『直書時事，無諱國惡。人君威福自己，史復不書，將何所懼？』……雅好讀書，手不釋卷，五經之義，覽之便講，……史傳百家，無不該涉，喜談老莊，尤精釋義。才藻富贍，好為文章，詩

以後，魏政開始式微。宣武帝無才略，即位後，委任母后高氏兄肇，肇謀專權，頗搆陷宗室諸王，援引朋黨，於是忠臣去位，群小立朝，政治漸亂。宣武帝立太尉于烈弟勁女為皇后，而以肇弟偃女為貴嬪。高貴嬪有寵而性妒，于后及于后所生子昌皆暴卒，時言為貴嬪所鴆。于后既崩，高貴嬪繼立為后，肇益專擅，魏政益衰。宣武帝延昌三年（梁武帝天監十三年，西元五一四年），魏以肇為大將軍，將步騎十五萬攻梁益州。延昌四年（梁武帝天監十四年，西元五一五年），宣武帝崩，太子詡立，是為孝明帝，召南征軍還，肇至洛陽，入臨宣武帝喪，為獻文帝子高陽王雍及于烈子于忠所殺。

孝明帝既立，母后胡氏殺高后而專朝政，是為宣武靈皇后。鮮卑舊俗，凡妃嬪生太子者皆賜死，故諸妃嬪皆願生諸王而不願生太子，由是宣武帝妃嬪生皇子者多夭折，惟胡后不以死為意。胡后初為宣武帝嬪御，及懷孕，常幽夜默禱，設所懷是男，子生身死，在所不辭。及孝明帝生，宣武帝以皇子愈折，而己年已長，深加愛護，為擇乳母撫養，后妃皆不得撫視，胡后亦未賜死。孝明帝立，尊為皇太后，臨朝稱制。

胡后生平所為頗似馮后，性好奢侈，多權略，恣為淫亂。胡后性又喜佛，作永寧寺於宮側，又作石窟寺於伊闕口（河南省洛陽縣南），皆極土木之美。永寧寺規模尤大，有金像高丈八，玉像二，寺中為九層浮圖，掘地為基，下及黃泉，浮圖高九十丈，上剎又高十丈，每夜靜，鈴鐸聲聞十里，僧房千間，飾以珠玉錦繡，

賦銘頌，任興而作。……自太和十年以後，詔冊皆帝之文也，自餘文章，百有餘篇。愛奇好士，情如飢渴，待納朝賢，隨才輕重，常寄以布素之意，悠然玄邁，不以世務嬰心。……性儉素，常服澣濯之衣，鞍勒鐵木而已，帝之雅志皆此類也。」又彭城王勰傳：「高祖……宴侍臣於清徽堂，日晏，移於流化池芳林之下。高祖曰：『向宴之始，君臣肅然，及將末也，觴情始暢，而流景將頹，竟不盡適，戀戀餘光，故重引卿等。』因仰觀桐葉之茂，曰：『其桐其椅，其實離離，愷悌君子，莫不令儀。今林下諸賢，足敷歌詠。』遂令黃門侍郎崔光讀暮春群臣應詔詩，至勰詩，高祖乃為之改一字，曰：『昔祁奚舉子，天子謂之至公，今見勰詩，始知中令之舉非私也。』……後幸代都，次于上黨之銅鞮山，路旁有大松樹十數根。時高祖進繖，遂行而賦詩，令人示勰曰：『吾始作此詩，雖不七步，亦不言遠，汝可作之，比至吾所，令就之也。』時勰去帝十餘步，遂且行且作，未至帝所而就。詩曰：『問松林，松林經幾冬，山川何如昔，風雲與古同。』高祖大笑曰：『汝此詩亦調責吾耳！』」孝文之才學雅趣多此類。

華麗冠絕當代，費用不可勝數❹。胡后又令諸州各建五級浮屠，諸王、貴人、宦者各建寺於洛陽，以壯麗相尚。胡后數設齋會，施僧動以萬計，又賞賜無節，國用由是虛竭，而魏諸王亦以奢侈相尚。高陽王雍富貴冠於當世，宮室園囿擬於天子，有僮僕六千人，妓女五百人；河間王琛亦有歌姬三百人。雍一食直錢數萬，文成帝后李氏兄子崇富傾天下而性儉嗇，嘗謂高陽一食，敵我千日。琛每欲與雍爭富，琛畜駿馬十餘匹，皆以銀為槽。所居窗戶之上，飾以玉鳳金龍。又嘗會諸王飲宴，以水晶為酒鍾，以瑪瑙為椀，以赤玉為巵，製作精巧，府庫盈溢，金錢繒布，不可勝計。章武王融亦素以豪富自負，驚琛之富，惋嘆生疾，云始謂富於我者獨高陽爾，不意復有河間❺。

❹　楊衒之雒陽伽藍記卷一：「永寧寺，熙平元年靈太后胡氏所立也，在宮前閶闔門南一里。……中有九層浮屠一所，架木為之，舉高九十丈，有剎復高十丈，合去地一千尺，去京師百里遙已見之。初掘地至黃泉下，得金像三十軀，太后以為信法之徵，是以營建過度也。剎上有金寶瓶，容二十五石，寶瓶下有承露金盤三十重，周帀皆垂金鐸，復有鐵鎖四道，引剎向浮屠四角，鎖上亦有金鐸，鐸大小如一石甕子。浮屠有九級，角角皆懸金鐸，合上下有一百二十鐸。浮屠有四面，面有三戶六窗，戶皆朱漆，扉上有五行金鈴，合有五千四百枚，復有金環鋪首。殫土木之功，窮造化之巧，佛事精妙，不可思議，繡柱金鋪，駭人心目。至於高風永夜，寶鐸和鳴，鏗鏘之音，聞及十餘里。浮屠北有佛殿一所，形如太極殿，中有丈八金像一軀，人中長金像十軀，繡珠像三軀，織成五軀，作功奇巧，冠於當世。僧房樓觀一千餘間，雕梁粉壁，青瑣綺疏，難得而言。栝椿松柏，扶疏拂簷，翠竹香草，布護階墀。……寺院牆皆施短椽，以瓦覆之，若今宮牆也。四面各開一門，南門樓三重，通三道，去地二十丈，形製似今端門。圖以雲氣，畫彩仙靈，綺錢青鎖，赫麗華拱。夾門有四力士、四獅子，飾以金銀，加之珠玉，莊嚴煥炳，世所未聞。」

❺　雒陽伽藍記卷三：「高陽王寺，高陽王雍之宅也。……正光中，雍為丞相，……貴極人臣，富兼山海，居止第宅，匹於帝宮。白殿丹檻，窈窕連互，飛簷峻宇，轇轕周通，僮僕六千，妓女五百，隨珠照日，羅衣從風，自漢晉以來，諸王豪奢未有也。……其竹林魚池，侔於禁苑，芳草加積，珍木連陰。雍嗜口味，厚自奉養，一食必以數萬錢為限，海陸珍羞，方丈於前。陳留侯李崇謂人曰：『高陽一食，敵我千日。』崇為尚書令、儀同三司，亦富傾天下，僮僕千人，而性多儉悋，惡衣麤食，常無肉味，止有韭茹。崇客李元祐語人云：『李令公一食十八種。』人問其故，元祐曰：『二韭一十八。』聞者大笑。」又卷四：「當時四海晏清，……百姓殷阜，……鰥寡不聞犬豕之食，煢獨不見牛羊之衣，於是帝族王侯、外戚公主，擅山海之富，居川林之饒，爭修園宅，互相誇競。崇門豐室，洞戶

　　洛陽漢化的貴族勳戚豪侈如此，屯守邊境的鮮卑則生活清苦，屈居下僚，為洛陽世族所輕視，因而激起六鎮之叛。所謂六鎮係指北魏北方沿邊懷朔、武川、懷荒、柔玄、撫冥、禦夷六兵鎮而言，此六鎮原為防備突厥、柔然而設，為北魏重兵所在，其後又於西方增設薄骨律、沃野二鎮，實為八鎮，然習慣上仍以六鎮稱之，其防地起自今寧夏省東部，橫亘綏遠省至察哈爾省。北魏初起，以兵立國，對六鎮鎮戍向極重視，鎮戍戍兵以鮮卑為主，雜以漢人、柔然及諸胡。北魏盛世，六鎮鎮戍屬於邊防軍，主力軍則集中於平城，其後平城駐軍隨孝文帝南遷，徹底漢化，而北方鎮戍諸軍無論胡漢皆胡化，於是朝廷主力軍的戰鬥力漸不若北邊諸鎮駐防軍的強盛。平城時代，鎮將多有入為朝官者，朝官亦時調往戍邊，融洽一體，略無猜隙，及遷都洛陽，鎮將不復入都，朝官亦不復調邊，洛陽世族生活豪侈，視邊鎮將士為夷狄，邊鎮將士亦視洛陽世族如讎敵，造成朝廷與邊鎮在文化上極端不調和的現象。

　　六鎮問題在宣武帝時已甚嚴重，至胡后稱制，洛陽世族奢侈腐化達於極點。孝明帝正光五年（梁武帝普通五年，西元五二四年），沃野鎮民破六韓拔陵聚眾叛魏，於是六鎮盡叛，其中勢力尤大者為拔陵、莫折念生及葛榮。念生自稱天子，署置百官。但此三次叛亂並未斲傷北魏的根本，對北魏政治局勢影響仍不甚大，其為害最烈而促成北魏的衰亡者為爾朱榮之亂。

　　連房，飛館生風，重樓起霧。高臺芳榭，家家而築，花林曲池，園圃而有，桃李夏綠，竹柏冬青，而河間王琛最為豪首，常與高陽爭行。造文柏堂，形如徽音殿，置玉井金罐，以金五色績為繩。妓女三百人，盡皆國色。……琛為秦州刺史，……遣使向西域求名馬，遠至波斯國，得千里馬，號曰追風赤，其次有七百里馬十餘匹，皆有名字。以銀為槽，金為鎖環，諸王服其豪富。琛常語人云：『石崇乃是庶姓，猶能雉頭狐掖，畫卵雕薪，況我大魏天王，不為華侈。』造迎風館於後園，窗戶之上，列青錢鎖，玉鳳銜鈴，金龍吐珮。……琛常會宗室，陳諸寶器，……有水晶鉢、瑪瑙碗、赤玉巵數十枚，作工奇妙，中土所無，皆自西域而來，又陳女樂及諸名馬，復引諸王按行府庫，錦罽珠璣、冰羅霧縠，充積其內，繡纈紬綾絲綵葛越錢絹布等不可勝計。琛忽謂章武王融曰：『不恨我不見石崇，恨石崇不見我。』融性貪暴，志欲無限，見之惋歎，不覺生疾，還家，臥三日不起。江陽王繼來省疾，謂曰：『卿之財產，應得抗衡，何為歎羨以至於此？』融曰：『常謂高陽一人實貨多於融，誰知河間瞻之在前。』繼笑曰：『卿欲作袁術之在淮南，不知世間復有劉備也。』」

胡后既專權，恣為淫亂，正光元年（梁武帝普通元年，西元五二〇年），領軍元乂奉孝明帝廢胡后，幽之於北宮，隔絕孝明帝與胡后，專總朝政。孝昌元年（梁武帝普通六年，西元五二五年），胡后與高陽王雍及孝明帝合謀，廢乂，復臨朝，寵鄭儼、徐紇，與為淫亂。胡后自以行為不檢，恐為孝明帝所知，凡孝明帝親信群臣，多為胡后所殺，母子嫌隙屢起，鄭儼、徐紇恐禍及己，勸胡后弒孝明帝。武泰元年（梁武帝大通二年，西元五二八年），孝明帝妃潘氏生女，胡后詐為生男，謀立為帝，既而孝明帝暴崩，時人多謂為胡后所弒。爾朱榮自晉陽舉兵入洛，以討鄭、徐為名，責孝明帝暴崩之狀。榮所統屬皆六鎮兵將，故榮之叛，實即六鎮之叛，其意不惟在胡后，主要在洛陽世族。及榮入洛，執胡后及幼主，沈之於河，殺高陽王雍以下王公二千餘人，皆沈其尸於河，北魏世族於是乎幾盡。

當爾朱榮起兵渡河時，獻文帝孫彭城王子攸起兵應之，及榮破洛陽，立子攸為帝，是為孝莊帝。榮歸鎮晉陽，遙制朝政，專權跋扈。永安三年（梁武帝中大通二年，西元五三〇年），榮入朝，為孝莊帝所殺。榮從子兆復舉兵入洛陽，弒孝莊帝而立長廣王曄為帝，改元建明。兆使榮部將高歡統攝六鎮，既而榮從弟世隆與兆失和，起兵討之，兆敗死，世隆廢曄而立節閔帝恭，改建明二年為普泰元年（梁武帝中大通三年，西元五三一年），歡復起兵討世隆，立安定王朗為帝，改元中興，於是北魏政治大亂。節閔帝普泰二年，即安定王中興二年（梁武帝中大通四年，西元五三二年），歡入洛陽，廢節閔帝及安定王而立孝武帝修，改元太昌，尋改元永興，又改永熙。永熙三年（梁武帝中大通六年，西元五三四年），孝武帝見逼於歡，出奔長安，依關西大行臺宇文泰，歡別立孝靜帝善見，徙都鄴，而泰亦弒孝武帝而立文帝寶炬，於是北魏分為東西二魏，東魏政權在高氏之手，西魏政權在宇文氏之手。歡、泰皆起自六鎮鎮將。

二、南朝的迭興

◆ 南朝世系

陳自武帝建國至後主國滅，凡三世五君，歷三十三年（西元五五七年至西元五八九年）。

宋
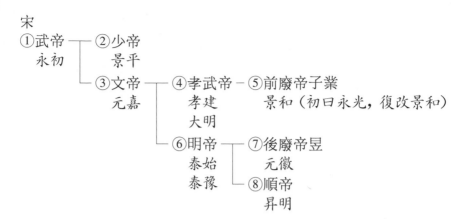

宋自武帝建國至順帝，凡四世八君，歷五十九年（西元四二〇年至西元四七八年）。

齊
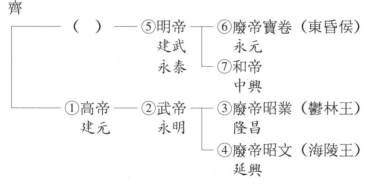

齊自高帝建國至和帝，凡三世七君，歷二十三年（西元四七九年至西元五〇一年）。

梁
①武帝 ── ②簡文帝
　天監　　　大寶
　普通
　大通
　中大通
　大同
　中大同
　太清
　　└── ③元帝 ── ④敬帝
　　　　　承聖　　　紹泰
　　　　　　　　　　太平

梁自武帝建國至敬帝，凡三世四君，歷五十五年（西元五〇二年至西元五五六年）。

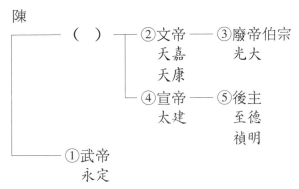

自北魏太武帝太延五年，即宋文帝元嘉十六年（西元四三九年），魏統一北方，至隋文帝開皇九年，即陳後主禎明三年（西元五八九年），隋滅陳，其間凡一百五十年，為南北朝時代。

◆ 宋朝興亡

宋武帝號稱南朝令主，其為政可稱述者有二：其一，對當時世族強宗，無所寬貸；其二，力行儉約，矯正自晉以來奢靡的政風。於是豪強肅然，遠近知禁，綱紀整飭，奢靡頹廢的政風為之一變。永初三年（魏明元帝泰常七年，西元四二二年），武帝崩，子義符立，是為少帝，以司空徐羨之錄尚書事，與中書監傅亮、領軍將軍謝晦同輔政。少帝性頑劣，居喪無戚容，日與群小遊戲宮中，為羨之、亮、晦所廢，既而為羨之所弒，羨之等立武帝三子義隆為帝，是為文帝。

羨之等初密謀廢立，武帝次子義真以次當立，義真聰敏有文采，然輕脫無行，不為羨之等所喜，乃廢義真為庶人，徙新安（浙江省淳安縣西），使人殺之於徙所，乃廢少帝而立文帝。

文帝既立，羨之進位司徒，亮進位尚書令，居中秉政，以晦為都督荊湘等七州諸軍事、荊州刺史，據上流，握強兵以制朝廷。羨之廢少帝時，嘗遣南兗州刺史檀道濟將兵為前驅，故羨之又以道濟都督青徐諸軍事，鎮廣陵，委以心腹之任。羨之為政專擅，文帝謀誅之，引用王華、王弘、王曇首等以奪羨之之權。元嘉三年（魏太武帝始光三年，西元四二六年），文帝召道濟於廣陵，藉其兵殺羨之、亮，

謝晦在荊州，乃起兵反，為道濟所平。晦、道濟皆武帝時名將，武帝伐後秦，軍謀兵略，一出於晦，晦雖長於謀略而未嘗獨將，無行陣經驗，故終為道濟所克。

　　武帝臨崩，嘗囑少帝重用道濟，及文帝立，遂委以疆場之任。然文帝性猜忌，於時武帝世宿將惟道濟在，威名甚重，其左右心腹並經百戰，諸子亦皆有才氣。元嘉十三年（魏太武帝太延二年，西元四三六年），文帝有疾，召道濟入朝，道濟至，遂為文帝所殺，其子七人同時並誅。道濟臨死，憤曰：「乃復壞汝萬里之長城。」（宋書檀道濟傳）自道濟死後，宋遂不復有良將以恢復中原。

　　宋文帝時，當北魏太武帝之世，魏國勢極盛，文帝嘗數度北伐而無功，然對南方則曾遠揚國威於異域。時在今中南半島南部有林邑國，國勢甚強，其勢力遠達今南洋群島，數遣兵侵暴交州諸郡。文帝命交州刺史檀和之遣兵伐之，攻陷其都，林邑王范陽邁遁走。宋軍雖克林邑，終以其國僻遠，未幾撤兵，然林邑從此式微。

　　文帝凡十九子，袁皇后生太子劭，潘淑妃生始興王濬，路淑妃生武陵王駿。劭好學而有文采，兼有武略，閑習弓馬，而濬武勇有力。潘淑妃有寵於文帝，袁后性妒，懷恨而崩，由是劭惡淑妃及濬，濬懼禍，曲意事劭，劭遂轉與濬親善。劭姊東陽公主家有女巫嚴道育，自云能通靈，役使鬼物。劭與濬行為多過失，懼為文帝所知，乃信惑道育，令道育祈請，使過不上聞；其後劭、濬復與道育及公主婢王鸚鵡、奴陳天興等為巫蠱以咀咒文帝。及公主死，鸚鵡出嫁，巫蠱事發，文帝命有司窮治其事。元嘉三十年（魏文成帝興安二年，西元四五三年），劭、濬合謀弒文帝，劭自立為帝，尋為武陵王駿所平。駿殺劭自立，是為孝武帝。宋自孝武帝以後，國勢漸微。

　　宋以武帝、文帝二朝為可稱，武帝生長民間，知民疾苦；文帝精明聰敏，良吏輩出，吏治清明❻。但武帝出身寒門，對子弟教育未加注意，除文帝外，大都為奢淫昏暴之君。孝武帝小事精明而昧於大義，即位後奢淫自恣，多所興建，又抑黜諸弟，科禁嚴密。孝武帝數狎侮群臣，黃門侍郎宗靈秀體肥，拜起不便，每至集會，常多所賜與，欲令其拜起傾仆以為歡笑。又寵一崑崙奴，令以杖擊群臣，

❻　宋書文帝紀：「太祖（文帝廟諡）……歷年長久，綱維備舉，條禁明密，罰有恆科，爵無濫品，故能內清外晏，四海謐如也。昔漢氏東京常稱建武、永平故事，自茲厥後，亦每以元嘉為言，斯固盛矣。」

自尚書令柳元景以下，皆不能免。孝武帝所寵殷貴妃卒，常與群臣至貴妃墓哭弔，嘗謂秦郡太守劉德願，能哭貴妃悲，當厚賞。德願應聲慟哭，孝武帝甚悅，遂用為豫州刺史。孝武帝末年，尤貪財利，刺史、郡守罷還，必令貢獻，復與賭博，取其餘財，罄其所蓄而止，故刺史、郡守多貪黷，否則無以為獻。自武帝、文帝以來所建立儉樸清明的政風至是盡廢。

大明八年（魏文成帝和平五年，西元四六四年），孝武帝崩，子子業立，是為前廢帝。廢帝無道，其母王太后疾篤，遣使呼廢帝，廢帝謂病人間多鬼，那可往❼。及太后崩，益驕恣自用，殺太宰義恭，並其四子，支解義恭，裂腸抉眼，以蜜漬之；又殺尚書令柳元景，並其八子六弟及諸姪；又虐待諸父，以禽獸畜之，湘東王彧體肥，謂之豬王，嘗以木槽盛雜食，掘地為阬，灌以泥水，裸彧於阬中，令以口就槽而食。廢帝姊山陰公主尤荒淫，嘗謂廢帝曰：「妾與陛下雖男女有殊，俱托體先帝，陛下六宮萬數，而妾唯駙馬一人，事不均平，一何至此。」（宋書前廢帝紀）廢帝乃為山陰公主置面首左右三十人，宋室子弟荒淫多此類。

廢帝景和元年（魏文成帝和平六年，西元四六五年），孝武帝弟湘東王彧廢廢帝而自立，改元泰始，是為明帝。明帝雖諡為明，實昏暴無章。明帝信任阮佃夫、王道隆等，使預政事。佃夫、道隆皆驕橫，人有順迕，則禍福立至，其僕隸皆不次除官，朝士無貴賤，莫不自結，大納貨賂，由是政事大亂。明帝荒淫無倫次，常於宮中集姑嫂姊妹大宴，裸婦人而觀之，王皇后以扇障面，明帝輒怒曰：「外舍家寒乞，今共為笑樂，何獨不視？」（宋書明恭王皇后傳）及至晚年，益猜忌殘忍，好鬼神，多忌諱，左右少有忤意，則剖其體而取其臟腑，兄弟多為所殺。

明帝初即位，孝武帝子晉安王子勛鎮尋陽，起兵討之，外州刺史多響應，朝廷所保僅丹陽及其附近數郡而已，既而子勛為輔國將軍沈攸之所破。徐州刺史薛安都亦響應子勛，及子勛敗，遣使乞降。明帝欲乘勝示威於淮北，泰始二年（魏

❼　宋書前廢帝紀：「初，太后疾篤，遣呼帝，帝曰：『病人間多鬼可畏，那可往。』太后怒，語侍者將刀來破吾腹，那得生如此寧馨兒。」按寧馨義即如此，紀作如此寧馨，蓋重文，通鑑去如此二字，作「那得生寧馨兒」是也。晉書王衍傳：「衍……神情明秀，風姿詳雅，總角嘗造山濤，濤嗟嘆良久。既去，目而送之，曰：『何物老嫗生寧馨兒。』」世說容止篇注引語林：「王仲祖有好儀形，每覽鏡自照，曰：『王文開那生如馨兒。』」寧馨、如馨義同，蓋晉、宋時俚語。

獻文帝天安元年，西元四六六年），遣鎮軍將軍張永將兵五萬往迎安都，安都懼而降魏，永進逼彭城，魏軍救之，宋軍大敗，於是徐州淪為魏有。泰始三年（魏獻文帝皇興元年，西元四六七年），明帝復遣攸之出師以爭彭城，宋軍復敗，退屯淮陰。泰始五年（魏獻文帝皇興三年，西元四六九年），魏軍復攻取宋之青州，於是淮北青、冀、徐、兗之地皆為魏有。

大抵宋的疆場，武帝時以滑臺、虎牢、洛陽為重鎮，文帝時三鎮淪於魏，而以彭城為北方邊防重地，至是彭城亦失，而以淮陰為重鎮，國勢漸蹙。

泰豫元年（魏孝文帝延興二年，西元四七二年），明帝崩，子昱立，是為後廢帝。廢帝荒唐絕倫，即位後，常微服出遊。廢帝母陳太妃本明帝嬪御，明帝嘗以賜嬖人李道兒，已復迎還而生廢帝，故廢帝自以為道兒子，每微行，自稱李將軍。常著小衫褲，街衢巷陌，無不貫穿，或夜宿客舍，或晝臥道旁，與市井小人嬉遊，或遭侮辱，悅而受之。後廢帝殘忍好殺，左右小有忤意，輒加屠戮，一日不殺，則鬱鬱不樂，阮佃夫謀因廢帝出遊而廢之，為廢帝所殺。領軍將軍蕭道成體胖，嘗於盛暑裸袒晝臥，廢帝直入領軍府，畫道成腹為箭的，引滿欲射，左右王天恩謂領軍腹大，誠為佳箭珊，但一射便死，後無可復射，不如以骲箭射之，廢帝乃更以骲箭射中其臍。後廢帝元徽五年（魏孝文帝太和元年，西元四七七年），道成遣驍騎校尉王敬則弒廢帝而立順帝準，改元昇明，以道成為司空，專國政。時沈攸之為荊州刺史，都督荊湘等八州，鎮江陵，起兵討之，中書令袁粲、尚書令劉秉亦密謀矯太后令，於朝堂誅道成，以其謀告將軍褚淵，淵洩其謀於道成，粲、秉皆為道成所殺。攸之兵至郢城（湖北省武昌縣），本擬捨郢城順流而下，而郢城長史行州事柳世隆故意挑戰以遏其兵，攸之怒而攻之，郢城小而堅，攻之不克，軍遂自潰，攸之逃歸江陵，江陵亦為雍州刺史張敬兒所據，攸之進退無據，自縊而死。

順帝昇明三年（魏孝文帝太和三年，西元四七七年），道成篡宋自立，改元建元，國號齊，是為齊高帝。

◆ 齊朝興亡

齊高帝為漢御史大夫蕭望之之後，世為蘭陵（晉分東海為蘭陵郡，治今山東省嶧縣）望族，四世祖整渡江，僑置蘭陵於晉陵郡武進縣（江蘇省武進縣）東城

里，是為南蘭陵，為南朝四大僑姓之一。

　　高帝學問甚佳，性復清儉❽，然頗猜刻，即位後殺宋順帝，復屠戮宋宗室，幾無孑遺。高帝以褚淵為司徒、侍中、中書監、尚書令，以王儉為尚書右僕射，加侍中，並委以政事。淵儀貌豐美，容止進退，咸有風則，宋明帝嘗嘆曰：「褚淵能遲行緩步，便持此得宰相矣！」（南齊書褚淵傳）儉清儉寡欲，惟以經國為務，車服塵素，家無遺財，二人俱名重一時。建元四年（魏孝文帝太和六年，西元四八二年），高帝崩，太子賾即位，是為武帝。遺詔以淵為錄尚書事，儉為尚書令，同輔政。自東漢以來，錄尚書事皆別有本官，以錄尚書事為官稱自淵始。

　　是歲（建元四年），淵薨。永明元年（魏孝文帝太和七年，西元四八三年），儉進號衛將軍，參掌選事。儉閑於禮學，諳究朝儀，每博議引證，群僚無能異者。令史諮事，賓客滿席，儉應接銓序，傍無留滯。每臨學監試，作解散髻，斜插幘簪，朝野慕之，相與倣效，武帝深委仗之，奏無不可。

　　武帝性奢侈，後宮萬餘人，然其為政務總大體，嚴明有斷，勤於政事，郡縣守令皆得久於其任，若有犯法則不稍寬貸，故其在位十一年（西元四八三年至西元四九三年），吏治清明，百姓豐樂，盜賊屏息。武帝年號永明，史稱永明之治，與宋文帝元嘉之治並為南朝盛世，為史所稱。

　　武帝有子二十三人，長文惠太子長懋，次竟陵王子良。太子與子良相友善，太子子昭業寄養於子良妃袁氏。太子性豪侈，治宮室園囿，壯麗逾於宮禁，恐為武帝所見，於外列脩竹，內築高鄣以為掩蔽，武帝晚年，委政於太子，故群臣皆不敢言。太子先武帝而卒，太子既卒而武帝幸東宮，見其宮室服玩逾制，大怒，責子良知而不以啟聞。永明十年（魏孝文帝太和十七年，西元四九三年），武帝崩，立文惠太子之子昭業為嗣而託孤於子良及高帝兄子西昌侯鸞。群臣謀擁立子良，鸞急馳入宮，奉昭業嗣位，是為廢帝。

---

❽　南齊書高帝紀：「上少沈深有大量，寬嚴清儉，喜怒無色。博涉經史，善屬文，工草隸書，奕棋第二品。雖經綸夷險，不廢素業，從諫察謀，以威重得眾。即位後身不御精細之物，敕中書舍人桓景真曰：『主衣中似有玉介導，此制始自大明末，後泰始尤增其麗。留此置主衣，政是興長疾源，可即時打碎，凡復有可異物，皆宜隨例也。』後宮器物，欄檻以銅為飾者皆改用鐵，內殿施黃紗帳，宮人著紫皮履，華蓋除金花瓜，用鐵迴釘。……欲以身率天下，移變風俗。」

　　鸞性儉素而深沈忌刻，有高帝之風，為高帝、武帝所倚重。武帝臨崩，遺詔以子良輔政，以鸞知尚書事，子良不樂世務，悉以政事委鸞。廢帝以鸞為驃騎將軍，錄尚書事，權勢益重。廢帝性慧黠，矯情飾詐，所為多無道。武帝方葬，即呼武帝諸妓奏樂，於宮中鬥雞走馬，又與文惠太子幸姬霍氏恣為淫亂，立未數月，為鸞所弒而另立廢帝弟昭文為帝，不數月又弒之而自立，是為明帝。

　　明帝為高帝兄道生子，少孤，高帝撫視恩過諸子。明帝自以得位不正，諸子幼小，而高帝、武帝子孫皆長大，遂盡滅之無遺種。明帝好學有文采，文惠太子未卒時，心常惡之，然亦不解其故，竟陵王子良愛其才，常為之解救，及明帝篡立，子良及其子孫皆為明帝所殺。

　　明帝建武二年（魏孝文帝太和十九年，西元四九五年），北魏乘齊內亂，大舉南侵，孝文帝自將大軍至壽陽，號稱三十萬，循淮而東，圍攻鍾離（安徽省鳳陽縣），齊遣大將崔慧景救之，魏軍無功而退。建武四年（魏孝文帝太和二十一年，西元四九七年），魏孝文帝復率大軍號百萬南下攻宛，敗齊軍於沔北。明年（齊明帝永泰元年，魏孝文帝太和二十二年，西元四九八年），魏軍拔宛城，敗齊軍於鄧，進圍樊城，而別軍又敗齊將裴叔業於渦陽（渦水之陽，今安徽省蒙城縣），齊軍大潰。是歲，明帝崩，魏孝文帝聚兵於懸瓠，謀欲南伐，會魏北邊高車叛魏，魏軍乃退。

　　明帝崩，子寶卷立，是為廢帝。永元元年（魏孝文帝太和二十三年，西元四九九年），遣太尉陳顯達督將軍崔慧景等將兵四萬伐魏，魏孝文帝復自將禦之，大敗齊軍於馬圈（河南省鄧縣東北），齊軍死者三萬人，軍資喪失殆盡，而魏孝文帝亦病歿於軍中，魏軍始退。

　　明帝臨崩，囑廢帝做事不可在人後，故廢帝即位後，委任群小，誅戮大臣，內外震恐。尚書僕射江祏與弟侍中祀謀廢之而立明帝弟始安王遙光，謀洩，祏、祀及遙光皆為廢帝所殺。太尉陳顯達時為都督江州軍事、江州刺史，舉兵於尋陽，敗臺軍（晉宋以來，稱朝廷禁省為臺，宮城為臺城）於采石（安徽省和縣東北），逕襲建康，為平南將軍崔慧景所平。豫州刺史裴叔業復據壽春叛，遣使奉表降魏，叔業尋卒，廢帝復命慧景為平西將軍，蕭懿為豫州刺史，將兵討之，慧景見東昏侯無道，謀廢之，自廣陵還軍以圍臺城，東昏侯遣使召懿入援，為懿所平，懿以功為尚書令。

廢帝淫虐無道，寵潘貴妃，潘妃貪賄，貨賂公行，吏治由是大壞。廢帝又大起殿閣，以麝香塗壁，刻畫裝飾，窮極綺麗。鑿金為蓮花以貼地，令潘妃行於其上，謂之步步生蓮花。廢帝又與諸姊妹淫亂，近侍朱光尚詐云見明帝發怒，廢帝乃縛菰草作明帝形而斬之，懸首於苑門。

尚書令蕭懿有威望，廢帝嬖臣茹法珍等勸廢帝殺之。懿弟衍為雍州刺史，鎮襄陽，遂起兵叛齊，荊州行事蕭穎冑亦起兵於荊州以應之，奉立荊州刺史南康王寶融為帝，是為和帝。穎冑軍逼建康，城未克而卒，於是衍併將江陵之兵以攻建康，廢帝為其將王珍國所弒，衍遂入建康，追廢為東昏侯，殺潘淑妃及嬖臣茹法珍等。齊和帝中興二年（魏宣武帝景明三年，西元五〇二年），衍廢和帝自立，改元天監，國號梁，是為梁武帝。

◆ 梁朝興亡

梁武帝亦南蘭陵人，與齊同宗，然宗屬甚疏。梁武帝初期，當北魏宣武帝及孝明帝之世，梁魏之間仍時有兵爭，其中戰事較烈者為鍾離及壽春之役。

武帝天監四年（魏宣武帝正始二年，西元五〇五年），梁軍北伐魏，明年，進軍至洛口（河南省鞏縣東北），值暴風雨，軍中夜驚，不戰自潰。天監六年（魏宣武帝正始四年，西元五〇七年），魏軍數十萬大舉南下圍鍾離，以報洛口之役。鍾離城堅，北阻淮水，魏軍不能克，武帝遣平西將軍曹景宗率軍救之，魏軍大潰，墜死淮水者十餘萬，戰死及被俘者又數萬。

自裴叔業以壽春降魏，魏以任城王澄守之。梁興，無時不在思奪回壽春。天監十三年（魏宣武帝延昌三年，西元五一四年），梁逼壽春築淮堰，役民夫及戰士凡三十萬，欲堰淮水以灌壽春，魏軍屢出爭堰，戰事輒起，由是堰久不能成。天監十五年（魏孝明帝熙平元年，西元五一六年），淮堰成，魏大懼，命任城王澄將兵十萬出徐州以爭淮堰，軍未出而堰崩，沿淮村落十餘萬口皆漂入海，而梁終不能得壽春。

武帝在位四十八年（西元五〇二年至西元五四九年），其即位之初，信任周捨、徐勉，二人皆慎密有器度，熟諳前朝掌故，預機密二十餘年，未嘗漏洩機事，梁朝禮儀典章，多出其手，故四境昇平，民生豐足。其晚年用人漸濫，政治由是衰敗。

　　武帝學問操行之佳，於我國歷代帝王之中，無出其右。梁書武帝紀謂其「少而篤學，洞達儒玄，雖萬機多務，猶卷不輟手，燃燭側光，常至戊夜，造制旨、孝經義、周易講疏、……毛詩答問、春秋答問、尚書大義、中庸講疏、孔子正言、老子講疏凡二百餘卷，……涅槃大品淨名三慧諸經義記復數百卷，……詔銘贊誄箴頌牋奏……又百二十卷。六藝備閑，棊登逸品，陰陽緯候，卜筮占決，並悉稱善，又撰金策三十卷，草隸尺牘，騎射弓馬，莫不奇妙。勤於政務，孜孜無怠，每至冬月，四更竟，即敕把燭看事，執筆觸寒，手為皴裂。糾姦擿伏，洞盡物情，常哀矜涕泣，然後可奏。日止一食，膳無鮮腴，惟豆羹糲食而已，庶事繁擁，日儻移中，便漱口以過。身衣布衣，木綿皁帳，一冠三載，一被二年，常克儉於身，凡皆此類。五十外便斷房室，……不飲酒，不聽音聲，非宗廟祭祀、大會饗及諸法事，未嘗作樂。性方正，雖居小殿暗室，恆理衣冠，……不正容止，不與人相見，雖覿內豎小臣，亦如遇大賓也。歷觀古昔人君，恭儉莊敬，藝能博學，罕或有焉。」可知武帝不惟博學多識，且恭儉勤政而愛民，實為一典型的儒家。然武帝缺乏法家綜核之才，故雖勵精圖治，朝政紀綱仍未能整肅。武帝儒家習氣甚重，加以出身於世族，助長世族政治的發展，故未能採用法家治術以治國。

　　梁政的衰微，見於賀琛陳政事疏。賀琛綜納梁政衰微之因為四端。一、逃戶太多；二、官吏貪污；三、吏治深刻；四、民力困弊。

　　此四因實互為因果。逃戶多則戶稅少，而當時稅源大部分得自戶稅。逃稅的方法有二，其一依附世族為部曲，其二避入僻壤。賀琛謂逃戶原於逋賦，故梁武帝嘗詔凡逃戶重報版籍者得免稅五年，民懼官吏騷擾，故收效不宏。官吏貪污由於官吏生活奢靡，我國歷代官俸大抵皆甚菲薄，若官吏生活奢侈，自必由貪污取得，則其擾民可知。官吏以奢侈相尚，始自魏文帝、明帝之世，歷兩晉南朝，無論王室或世族，生活皆甚奢靡，又歷經喪亂，人心消沈，奢侈之風與日俱增❾。

---

❾　梁書賀琛傳琛疏：「今天下宰守所以皆尚貪殘，罕有廉白者，良由風俗侈靡使之然也。淫奢之弊，其事多端，粗舉二條，言其尤者。夫食於方丈之前，所甘一味，今之燕喜，相競誇豪，積果如山岳，列肴同綺繡。露臺之產，不周一燕之資，而賓主之間，裁取滿腹，未及下堂，已成臭腐。又歌姬儛女，本有品制，……今畜妓之夫，無有等秩，雖復庶賤微人，皆盛姬姜，務在貪汙，爭飾羅綺，故為吏牧民者，競為剝削，雖致資巨億，罷歸之日，不支數年，便已消散。蓋由宴醑所費，既破數家之產，歌謠之具，必俟千金之資，

吏治深刻為南朝通病，非惟梁朝如此。南朝受魏晉玄風的影響，世族以清職為貴，以釐政為俚俗，政權因而淪於寒門之手，寒門雖精練政理，勤於治事，終以器量狹小，為政每流入深刻❿。兼以武帝晚年，謀欲恢復中原，屢興北伐之師，役民不息而民力益困。

此外，梁朝的衰亂，尚有二因，即武帝的佞佛及帝位繼承的爭奪。

佛教的輸入雖由來甚久，其流行民間則在魏晉以後，至南北朝而大盛。我國固有的宗教為道教，其初信仰者甚眾。道教之術不外求仙煉丹以得長生，但其術歷久而無徵，於是信仰者漸少，佛教則寄望於來生，較能羈縻世人的信念，故民間信仰者漸眾，遂代道教而興起。前秦、後秦盛世，佛教已流行於中原，及北魏胡后佞佛，佛教因而大盛。梁武帝晚年佞佛，大通元年（魏孝明帝孝昌三年，西元五二七年），建同泰寺於建康，晨夕禮拜，佛風遂盛，梁人多捨身為僧尼。武帝時，僧尼及善男信女幾占全國人口之半⓫，武帝且曾四次捨身，贖金無算，於是社會產生大批無業遊民，不事生產，國家財力，亦多耗於佛事，梁朝財用，為之虛耗。佛教哲理屬於出世思想，與實際政治殊不配合，梁武帝晚期政綱不振，與其佞佛有密切關係。

帝位繼承爭奪為梁政衰敗另一因素。武帝太子統即昭明太子，仁孝而多才，不幸早卒，武帝未立太孫而立統母弟綱為太子，於是諸子覬覦，陰謀奪嫡，武帝乃盡出諸子於外州，各據方面，握重兵，隱然形成割據之勢，故侯景一叛，諸王坐觀成敗，無有勤王者。梁朝之敗，實由於此，亦即武帝於昭明太子卒後，未能

所費事等丘山，為歡止在俄頃，乃更追恨向所取之少，今所費之多，如復傅翼，增其搏噬，一何悖哉！其餘淫侈，著之凡百，習以成俗，日見滋甚，欲使人守廉隅，吏尚清白，安可得邪！」

❿ 梁書賀琛傳琛疏：「斗筲之人，藻棁之子，既得伏奏帷扆，便欲詭競求進，……不知當一官，處一職，貴使理其紊亂，匡其不及。心在明恕，事乃平章。但務吹毛求疵，擘肌分理，運穿瓶之智，徼分外之求，以深刻為能，以繩逐為務，迹雖似於奉公，事更成其威福。犯罪者多，巧遇滋甚，曠官費職，長弊增姦，實由於此。」

⓫ 南史郭祖深傳，深疏：「都下佛寺五百餘所，窮極宏麗。僧尼十餘萬，資產豐沃，所在郡縣，不可勝言。道人又有白徒，尼則皆畜養女，皆不貫人籍，天下戶口，幾亡其半。……請精加檢括，若無道行，四十以下，皆使還俗附農，罷白徒、養女，聽畜奴婢。……不然，恐方來處處成寺，家家剃落，尺土一人，非復國有。」

作適當的善後。

　　大通二年（魏孝莊帝永安元年，西元五二八年），魏獻文帝孫北海王顥避爾朱榮亂，自魏奔梁，武帝立顥為魏王，欲以恢復中原，遣將軍陳慶之將兵助之，攻拔睢陽（河南省商邱縣南），立顥為帝，黃河以南，多為梁有。慶之兵鋒甚銳，進陷洛陽，魏孝莊帝北走長子依爾朱榮，顥遂入洛，驕怠不恤國事。武帝本擬續遣大軍援顥，顥以為天下已定，且懼為梁所制，力止之，梁大軍乃停留梁魏邊境，爾朱榮乘機反攻，梁軍大潰。顥走死臨潁（河南省偃城縣東），慶之削髮易服間行還建康，梁所得河南諸郡，復盡為魏所有。慶之敗後，武帝又思恢復，乃招致侯景之亂。

　　侯景本漢人，惟胡化甚深，驍勇善騎射，初為北魏六鎮戍兵，受知於爾朱榮，拔以為將，與高歡俱為榮所倚重。榮為魏孝莊帝所殺，爾朱氏內亂，自相殘滅，兵權歸於歡，景亦轉隸歡麾下。歡既立魏孝靜帝，徙都鄴，以景為河南大行臺，鎮長社（東魏改潁陰為長社，即今河南省許昌縣），委以河洛以南之任。歡知景之能，恐其子澄不能制，梁武帝太清元年（東魏孝靜帝武定五年，西元五四七年），歡卒，臨終遺命召景返鄴，景遂叛魏，以所統河南十三州降梁。東魏以兵圍之，武帝用朱异謀，納景之降，命司州刺史羊鴉仁率兵入懸瓠，南豫州刺史貞陽侯淵明為大都督，入據壽春，復將兵北攻彭城以援景。東魏命慕容紹宗為將，率兵禦之，與梁軍大戰於寒山（江蘇省銅山縣東南），淵明兵敗被俘。太清二年（東魏孝靜帝武定六年，西元五四八年），景食盡，眾稍降散，紹宗縱精騎擊之，景眾大潰，景率餘眾南走，奪據壽春以自守，武帝以景為南豫州牧，鎮壽春。

　　梁軍既敗，武帝自感國力空虛，欲與東魏連和，朱异復促成之，景內不自安，乃偽造高澄書，欲以貞陽侯淵明易景，武帝報書許之。景因以誅朱异為名，發兵叛梁。景兵甚精，梁軍望風而潰。景軍至朱雀航（建康正南門外大航，跨秦淮河），太子綱遣臨賀王正德守航，正德謀為天子，密遣使降於景。景軍至，太子令開航以阻景軍，而正德閉航以渡之。景引軍圍武帝於臺城，太清三年（東魏孝靜帝武定七年，西元五四九年），臺城陷，武帝憂恚而崩。景迎立太子綱，是為簡文帝，景自為丞相，臨賀王以不得立怨望，為景所殺。

　　當景叛梁時，湘東王繹為荊州刺史，移檄諸鎮討景。繹名為討景，實擁兵自重，坐觀成敗。及簡文帝即位，繹自稱大都督，承制，仍奉太清年號，出兵擊昭

明太子統子湘州刺史河東王譽，譽求救於弟雍州刺史岳陽王詧，詧自襄陽出兵襲江陵，不克而還。詧恐為繹所攻，遣使求援於西魏，請為附庸，於是繹與詧構兵不已。簡文帝大寶元年（西魏文帝大統十六年，北齊文宣帝天保元年，西元五五〇年），西魏立詧為梁王，即位於襄陽，於是雍州不復為梁有。

　　大寶二年（西魏文帝大統十七年，北齊文宣帝天保二年，西元五五一年），景率軍西上攻繹，與繹所署大都督王僧辯戰於巴陵（湖南省岳陽縣），景戰敗，遁回建康，弒簡文帝而立武帝曾孫豫章王棟為帝，復廢之自立，國號漢。次年，僧辯會東揚州刺史陳霸先於溢口（江西省九江縣西），東伐景，大破之於姑孰，直逼建康。景拒戰復敗，欲遁入海，途間為人所殺。繹即帝位，都於江陵，改元承聖，是為元帝，以僧辯鎮建康，霸先鎮京口。

　　元帝文才甚佳，博綜群書，下筆成章，不好聲色，五歲能誦曲禮。然生性猜忌，無治才，故政績不佳。承聖三年（西魏恭帝元年，北齊文宣帝天保五年，西元五五四年），梁王詧引西魏為援，攻陷江陵，元帝被殺。次年，詧即帝位於江陵，史稱後梁。

　　當詧陷江陵，元帝於被俘前，將梁所藏古籍字畫七萬餘卷盡付一炬，南朝藏書，至是幾盡。隋牛弘謂書有五厄：秦之焚書、王莽之亡、董卓之亂、永嘉之亂及梁元帝江陵之傾覆**❷**，五厄之中，以梁元帝焚書損失最鉅。

---

❷　隋書牛弘傳，弘表云：「孔子……制禮刊詩，正五始而修春秋，闡十翼而弘易道，……及秦皇馭宇，……下焚書之令，……先王墳籍，掃地皆盡，……此則書之一厄也。漢興，……敦尚儒術，建藏書之筴，置校書之官，……至孝成之世，……遣謁者陳農求遺書於天下，……漢之典文，於斯為盛，及王莽之末，長安兵起，宮室圖書，並從焚爐，此則書之二厄也。光武嗣興，尤重經誥，……鴻生鉅儒，繼踵而集，懷經負帙，不遠斯至，……祕牒填委，更倍於前，及孝獻移都，吏民擾亂，圖書縑帛，皆取為帷囊，所收而西，裁七十餘乘，屬西京大亂，一時燔蕩，此則書之三厄也。魏文代興，更集經典，……晉氏承之，文籍尤廣，……屬劉石憑陵，京華覆滅，朝章國典，從而失墜，此則書之四厄也。永嘉之後，寇竊競興，……衣冠軌物，圖書記注，播遷之餘，皆歸江左，晉宋之際，學藝為多，齊梁之間，經史彌盛，……及侯景渡江，破滅梁室，祕省經籍，雖從兵火，其文德殿內書史，宛然猶存，蕭繹據有江陵，……收文德之書及公私典籍重本七萬餘卷，悉送荊州，故江表圖書，因斯盡萃於繹矣！及周師入郢，繹悉焚之於外城，所收十纔一二，此則書之五厄也。」

當梁王督稱帝於江陵時，北齊亦立貞陽侯淵明為帝，遣兵送入建康，王僧辯納之。陳霸先數諫僧辯，僧辯不從。霸先乃起兵襲殺僧辯，廢淵明而立元帝少子晉安王方智為帝，改元紹泰，是為梁敬帝。梁敬帝太平二年（北齊文宣帝天保八年，北周愍帝元年，西元五五七年），霸先廢梁敬帝自立，改元永定，國號陳，是為陳武帝。

◆ 陳朝興亡

陳武帝吳興長城（浙江省長興縣東）人，家世寒微，仕梁為始興太守，屬侯景之亂，起兵討景，累遷東揚州刺史、征虜將軍，鎮京口，篡梁自立。南朝之中，陳疆域最小，淮北之地入於齊，四川之地入於周，江陵一帶則為後梁所有。時北齊國勢甚盛，然文宣帝晚年，昏憒不能用兵，陳由是得偏安江左。

武帝有子昌，從元帝在江陵，因陷於周。永定三年（北齊廢帝殷乾明元年，北周明帝武成元年，西元五五九年），武帝崩，兄子蒨立，是為文帝。文帝崇尚儒學，恭儉勤政，愛悅文義，陳朝政治，以文帝之世為清明。天康元年（北齊後主天統二年，北周武帝天和元年，西元五六六年），文帝崩，子伯宗立，是為廢帝。廢帝懦弱庸愚，無人君之器，文帝弟頊廢之而自立，是為宣帝。宣帝既以宗室而行廢立，即位後頗防閑同姓而集大權於一身。

宣帝時，值北齊後主及北周武帝在位，北齊後主無道，內政不修，北周攻滅之，陳亦乘機攻取淮北諸郡。宣帝太建十年（北周宣帝宣政元年，西元五七八年），陳軍進圍彭城。時周已盡得齊地，國勢極盛，遣兵救之，陳軍大敗，北周遂乘勝伐陳。太建十一年（北周靜帝大象元年，西元五七九年），北周盡取陳江北之地，與陳隔江而守。太建十三年（隋文帝開皇元年，西元五八一年），隋文帝篡周，翌年而宣帝崩，子後主叔寶立。

大要而言，陳武帝、文帝、宣帝皆為英主，後主雖仁弱，亦非昏暴之君。後主長於文學，好詩文，有人君之度。宣帝有四十二子，長太子叔寶，即後主，次叔陵，次叔英，又次叔堅。叔陵陰有奪嫡之志，宣帝病危，後主及諸王皆侍疾，宣帝崩，叔陵取藥刀斫後主，叔堅以手搤叔陵，奪去其刀，後主負傷，及即位，不能視事，委政於叔堅，叔堅由是勢傾朝野，多為不法，漸為後主所忌，叔堅怨望而為巫蠱，事發，後主赦其罪，待之如初。

　　後主寵愛貴妃張麗華而皇后沈氏無寵。麗華本兵家女，家世貧賤，後主為太子時，以選入宮，後主即位，冊為貴妃。麗華聰慧有文才，後主築臨春、結綺、望仙三閣，複道相連。後主自居臨春，以麗華居結綺，以龔貴嬪、孔貴嬪居望仙，時引學士文臣唱酬其間，無復尊卑之別。麗華髮長七尺，黝黑如漆，其光鑒人，兼有風致，舉止閑雅，容貌端麗，每於閣上理妝，憑欄臨軒，宮中遙望若神仙。兼以才華辯捷，善伺人主顏色，故於諸妃嬪之中，最得寵幸。時宰相江總亦長於詩文，君臣日夜以賦詩宴樂為事。後主晚年，怠於政事，常置麗華於膝上使決大政，所言無不聽，權勢薰灼，大臣執政從風而靡，賄賂公行，賞罰無章。

　　當後主恣為宴樂，委政婦人之際，隋則經文整武，準備南伐。時隋占地極廣，國力殷盛。隋文帝開皇八年（陳後主禎明二年，西元五八八年），隋以晉王廣為統帥，與廬州總管韓擒虎、吳州總管賀若弼等率軍分道南伐，陳軍無法抵抗。開皇九年（西元五八九年）春，若弼自廣陵（江蘇省江都縣）渡江，攻占江口，擒虎自采石渡江，與若弼會軍圍建康，陳大將蕭摩訶與隋軍戰於白土岡（江蘇省江寧縣鍾山南麓），陳軍大潰，隋軍遂破建康。後主與麗華投景陽殿宮井中，為隋軍所俘，送於長安，行至青溪（江蘇省江寧縣東北），麗華為隋軍所殺。

三、北齊、北周

◆ 北齊世系

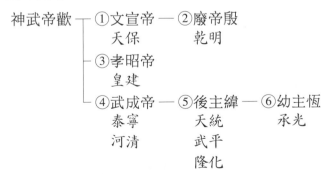

　　北齊自文宣帝建國至幼主恆，凡三世六君，歷二十八年（西元五五〇年至西元五七七年）。

◆ 北周世系

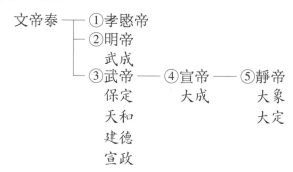

北周自孝愍帝建國至靜帝為隋所廢，凡三世五君，歷二十四年（西元五五七年至西元五八一年）。

◆ 齊、周立國形勢

北齊、北周立國，有若干不同之點：一、北齊君主本為漢族，然胡化極深，其立國以胡人為本；北周君主為胡人，然其軍隊主力太半為關隴漢人，故其立國以漢人為本。二、北齊君主漢人而胡化，北周君主胡人而漢化，因而影響其政風。三、北齊據中原富庶之區，自魏晉以來即為經濟、文化中心，民力稠眾，國力殷富。北周立國關隴，自東漢以來即為荒殘僻陋之區，無論經濟、文化等條件皆不如北齊，民力寡弱，然因關中形勝，尚足自守。

以上為北齊、北周立國初期形勢，其後，因北齊君主荒淫殘暴，北周君主奮發圖強，遂使強弱易勢，北齊終為北周所滅。

◆ 北齊興亡

高歡既平爾朱氏之亂，封齊王，自為丞相，專制朝政。歡以世子澄為尚書令，鎮京畿，自還晉陽，屢與西魏交兵。東魏孝靜帝天平四年（梁武帝大同三年，西魏文帝大統三年，西元五三七年），歡將大軍西征，與宇文泰戰於渭曲（陝西省大荔縣東南），歡大敗，泰乘勝略取東魏河南諸郡。孝靜帝武定元年（梁武帝大同九年，西魏文帝大統九年，西元五四三年），東魏北豫州刺史高仲密以虎牢降西魏，泰率軍應援，歡聞變，急引軍南渡河，與泰戰於邙山（河南省洛陽縣東北），泰大

敗，死者三萬餘人，東魏復取虎牢。武定四年（梁武帝中大同元年，西魏文帝大統十二年，西元五四六年），歡復將兵攻西魏玉壁（山西省稷山縣），不克，東魏軍死者七萬人，歡亦發疾，解圍而去。

　　歡性深密有權略，終日儼然，人不能測，軍令嚴肅，聽斷明察，其用人重實學而惡虛聲，崇尚儉素，仁恕愛人，故遠近歸心，皆思效力。

　　歡凡十五子，長子齊文襄王澄，次子齊文宣帝洋，六子齊孝昭帝演，九子齊武成帝湛，皆妻后所出。歡以澄為世子，歡居晉陽，常以澄鎮鄴。東魏孝靜帝武定五年（梁武帝太清元年，西魏文帝大統十三年，西元五四七年），歡薨，澄嗣齊王位，以大將軍居晉陽，遙執朝政，而以洋鎮鄴。武定七年（梁武帝太清三年，西魏文帝大統十五年，西元五四九年），澄自晉陽至鄴，謀受魏禪，為其膳奴蘭京所弒。京本梁徐州刺史蘭欽子，為東魏所擄，澄以為膳奴，欽請贖之，澄不許，京復自訴於澄，為澄所杖，京懷恨，遂置刀盤下，因進食而弒之。洋聞變，將兵平亂，繼澄為齊王，翌年篡魏自立，建元天保（梁簡文帝大寶元年，西魏文帝大統十六年，西元五五〇年），國號齊，是為北齊文宣帝。

　　文宣帝貌不揚而性深沈英發，有果斷，且善能韜晦避禍。歡嘗令諸子理亂絲以觀其能，文宣帝獨抽刀斬之，歡問故，文宣帝曰：「亂者須斬。」（北齊書文宣帝紀）為歡所稱。及澄執政，澄諸子皆幼，以文宣帝於兄弟輩居己之次，甚忌之。文宣帝或為其夫人營服玩，小佳，澄輒取以辱之，文宣帝即授之，未嘗有忤色，每退朝還第，常閉閣靜坐，竟日不言，歡舊臣宿將皆輕之。及澄遇弒，內外震恐，文宣帝獨神色安閑，從容指揮，及嗣齊王位，移居晉陽，大會文武，神采英發，眾始嘆服。

　　文宣帝即位之初，頗能留心國事，政簡賦寬，人民樂業，北降突厥，平庫莫奚，國勢隆盛，然晚年驕逸荒暴，無與倫比。嘗問魏宗室彭城公元韶云：「漢光武何故中興？」韶云：「為誅諸劉不盡。」（北齊書元韶傳）於是盡誅元魏宗屬，死者七百餘人，悉棄屍於漳水。文宣帝常袒衣露體，粉黛散髮，拔刀張弓行於市肆，或街坐巷宿，處處遊行，或集諸淫婦，分付從官為淫戲，臨視以為娛。稍不如意，則手刃群臣，支解軀體，或投之於火，或投之於河。日夜酗酒，嘗乘醉幸李后家，以鳴鏑射李后母崔氏，斥之為老婢。文宣帝素寵薛貴嬪，疑其與歡從弟清河王岳私通，斬其首而藏於懷，宴於鄴都東山，於席間出薛嬪首，又令就席間支解其屍，

以髀骨為琵琶，一座皆驚，文宣帝始流淚云：「佳人難再得。」載屍出，被髮痛哭，其昏暴皆此類 ❸。然文宣帝頗知信任漢世族，委政於楊愔。愔為弘農望族，父津仕魏至司空。愔一門四世同居，家世隆盛，愔神采秀峻，望實俱美，少為歡所賞識，尚歡女太原長公主，故文宣帝委以政事，歷吏部尚書、尚書右僕射至尚書令。愔既輔政，以獎拔賢才為己任，吏治修飭，故時人皆言主昏於上，政清於下。

---

❸ 北史齊顯祖文宣皇帝紀：「帝……留心政術，簡靖寬和，坦於任使，……朝政粲然。……征伐四克，威振戎夏。六七年後，以功業自矜，遂留情耽湎，肆行淫暴。或躬自鼓舞，歌謳不息，從旦通宵，以夜繼晝。或袒露形體，塗敷粉黛，散髮胡服，雜衣錦綵，拔刀張弓，遊行市肆，勳戚之第，朝夕臨幸。……或盛暑炎赫，日中暴身，隆冬酷寒，去衣馳走，……街坐巷宿，處處遊行。……徵集淫嫗，悉去衣裳，分付從官，朝夕臨視。或聚棘為馬，紐草為索，逼遣乘騎，牽引來去，流血灑地，以為娛樂。凡諸殺害，多令支解，或焚之於火，或投之於河。沈酗既久，彌以狂惑，每至將醉，輒拔劍挂手，或張弓傅矢，或執矟矛槊，遊行市鄽。……太后嘗在北宮，坐一小榻，帝時已醉，手自舉牀，后便墜落，頗有傷損。醒悟之後，大懷慚恨，遂令多聚柴火，將入其中，太后驚懼，親自持挽。又設地席，令平秦王高歸彥執杖，口自責疏，脫背就罰。……太后涕泣，前自抱之，帝流涕苦請，……太后聽許，方捨背杖，笞腳五十，衣冠拜謝，悲不自勝，因此戒酒一旬，還復如初。自是沈湎轉劇，遂幸李后家，以鳴鏑射后母崔，正中其頰，因罵曰：『吾醉時尚不識太后，老婢何事！』……沈酗既久，轉虧本性。怒大司農穆子容，使之脫衣而伏，親射之，不中，以橛貫其下竅入腸。……又至故僕射崔遹第，謂遹妻李曰：『頗憶遹不？』李曰：『結髮義深，實懷追憶。』帝曰：『若憶時，自往看也。』親自斬之，棄頭牆外。嘗在晉陽，以矟戲刺都督尉子耀，應手而死。在三臺（魏築金鳳、聖應、崇光三臺於鄴）太光殿上鋸殺都督穆嵩，又幸開府暴顯家，有都督韓哲無罪，忽於眾中召斬數段。魏安樂王元昂，后之姊壻，其妻有色，帝數幸之，欲納為昭儀，召昂令伏，以鳴鏑射一百餘下，凝血重將一石，竟至於死。後帝自往弔哭，於喪次逼擁其妻。……后啼不食，乞讓位於姊，太后又為言，帝意乃釋。所幸薛嬪尤被寵愛，忽意其經與高岳私通，無故斬首，藏之於懷，於東山宴，勸酬始合，忽探出頭，投於柈上，支解其屍，弄其髀為琵琶，一座驚怖，莫不喪膽。帝方收取，對之流淚云：『佳人難再得，甚可惜也。』載屍以出，被髮步哭而隨之。至有閭巷庸猥，人無識知者，忽令召斬。鄴下繫徒，罪至大辟，簡取隨駕，號曰供御囚，手自刃殺，恃以為戲。……曾有典御丞李集面諫，比帝有甚於桀紂，帝令縛置流中，沈沒久之，復令引出，謂曰：『吾何如桀紂？』集曰：『回來彌不及矣！』帝又令沈之，引出更問，如此數四，集對如初。帝大笑曰：『天下有如此癡漢，方知龍逢、比干非是俊物。』遂解放之，又被引入見，似有所諫，帝令將出要斬。其或斬或赦，莫能測焉。」

　　天保十年（陳武帝永定三年，北周明帝武成元年，西元五五九年），文宣帝以酗酒而崩，年僅三十一。愔受遺詔立太子殷為帝，是為廢帝。廢帝性溫和，好學下士，通達時政，然文而無武。文宣帝常欲廢之，每言百年之後，終當傳位於常山王演，愔維護之得以不廢。及文宣帝崩，婁太后謀立常山王演而未果。

　　廢帝既立，愔獨綰大政，自文宣帝晚期以來，爵賞多濫，愔欲加澄汰，凡以恩倖得爵者皆罷之，於是嬖倖失職，皆歸心常山王演及長廣王湛，二王亦陰有篡奪之志。愔欲徐出二王於外州以紓朝廷之患，廢帝乾明二年（陳文帝天嘉元年，北周明帝武成二年，西元五六○年），愔奏以湛鎮晉陽，又奏以演錄尚書事以安之。命既下，會於尚書省，演、湛與諸勳臣合謀於座中執愔殺之，演乃廢廢帝自立，改元皇建，是為北齊孝昭帝。

　　孝昭帝性至孝，婁太后嘗有疾，帝憂心憔悴，侍太后衣不解帶者四旬，太后飲食藥物，帝皆躬親調配。太后常患心痛，痛苦難忍，帝侍立帷前，爪陷掌心，血流出袖。帝廢廢帝時，約不相害，帝雖都鄴而常居晉陽，以長廣王湛鎮鄴。時望氣者謂鄴有天子氣，帝恐廢帝復起，遣使扼殺之。皇建二年（陳文帝天嘉二年，北周武帝保定元年，西元五六一年），孝昭帝崩，遺詔長廣王湛入繼大統，是為北齊武成帝。武成帝在位五年而禪位於太子緯，是為北齊後主，又三年而武成帝崩。

　　武成帝及後主性皆奢尚，興築無已。後主於嬪嬙諸宮中起鏡殿、寶殿、玳瑁殿，丹青彫刻，妙極當時，又於晉陽起十二院，壯麗逾於鄴下，所愛不恆，數毀而又復，夜則以火照作，寒則以湯為泥，百工窮困，無時休息；又築大寶林寺，窮極工巧，運石填泉，勞費億計，人牛死者不可勝數，帑藏以竭。武成帝及後主寵信佞臣和士開，朝士諂附者無不拔擢。士開每見人將受刑戮，輒為營救，既免罪則諷其輸納珍寶，謂之贖命物，後為武成帝子琅邪王儼所殺。士開死後，後主寵信侍中祖珽，說後主殺琅邪王儼，勢傾朝野。後主娶丞相斛律光女為后，無寵，珽讒光於後主，後主殺光，並廢斛律后。後主又信任佞臣穆提婆、韓長鸞及高阿那肱，時號三貴，賣官鬻爵，競為貪縱，齊政大亂，國勢由是削弱。而北周創府兵，改官制，澄清吏治，國勢日強。當北齊文宣帝時，周常以齊兵為懼，至是齊常戒兵以備周。後主隆化元年（陳宣帝太建八年，北周武帝建德五年，西元五七六年），周兵攻陷晉陽，次年正月，後主禪位於幼主恆，改元承光。是月，周師入鄴，後主攜幼子走青州，至南鄧村（山東省臨朐縣西南），為周將尉遲綱所獲，北

齊遂亡，時為北周武帝建德六年（陳宣帝太建九年，西元五七七年），翌年，誣以謀反，賜死。

◆ 北周興亡

　　宇文泰原為賀拔岳部將，出身武川，故亦屬六鎮餘孽。北魏末，岳鎮關中，孝武帝欲除高歡，與岳相結，待機而動。歡恐岳為患，於孝武帝永熙三年（梁武帝中大通六年，西元五三四年），命泰州刺史侯莫陳悅伺間殺岳，岳部眾奉宇文泰為主，孝武帝乃命泰討平悅，代岳鎮關中，恃以為援。是年，孝武帝下詔討歡，歡自晉陽率兵南下，孝武帝乃西奔長安依泰。孝武帝宮闈不肅，從妹不嫁者三人，尤寵愛南陽王寶炬之妹平原公主明月，泰使元氏諸王收明月殺之，孝武帝因與泰有隙，未逾年而為泰所弒，泰別立寶炬為帝，是為西魏文帝，而歡立孝靜帝於鄴，是為東魏，於是北魏分裂為東西二魏。

　　泰雖為鮮卑，然漢化甚深，其諸婿如李基、李暉、于翼皆漢人，其所部兵亦大半為關中漢人，故宇文氏雖名為鮮卑，實賴漢人勢力以立國。

　　西魏政權實操於宇文泰之手。魏孝武帝西奔長安，以泰為丞相，封安定公。魏文帝立，復以泰為柱國大將軍，都督中外諸軍事。其後勳臣有重望者亦授以柱國大將軍，凡八人，即泰及廣陵王欣、李弼、李虎、獨孤信、趙貴、于謹、侯莫陳崇，謂之八柱國。泰頗能治國，且屢立戰功。西魏文帝大統十六年（梁簡文帝大寶元年，北齊文宣帝天保元年，西元五五〇年），泰聞齊文宣帝篡魏，出師伐齊，齊文宣帝自將往禦，泰聞齊軍勢盛，不戰而退，於是自洛陽、平陽以東之地皆入於齊。次年，西魏文帝崩，子欽立，是為廢帝。廢帝在位，泰益驕橫，尚書元烈謀殺泰，事洩，為泰所殺。廢帝密謀殺泰，事覺，泰廢之而立其弟廓，是為恭帝。泰以西魏國力不如齊，兵力寡弱，冀以兵精取勝，用蘇綽議創為府兵，分民戶為九等，籍六等以上戶民之有才力者為兵，三丁取一，蠲其租庸調，器械糧糒，悉由官給，合為百府，每府一郎將主之，分屬二十四軍，每軍開府一人主之，每二開府隸一大將軍，每二大將軍屬一柱國。以上八柱國，泰總督中外諸軍，廣陵王欣以宗室不統軍旅，餘六柱國各督二大將軍，合百府兵不滿五萬人，是為唐代府兵制的由來。

　　泰復令蘇綽依周禮釐定官制，未幾而綽卒，乃令盧辯續成之。辯參酌周禮，

建六官：天官府以大冢宰為其長，地官府以大司徒為其長，春官府以大宗伯為其長，夏官府以大司馬為其長，秋官府以大司寇為其長，冬官府以大司空為其長，其上復置太師、太傅、太保各一人，是為三孤。西魏恭帝三年（梁敬帝太平元年，北齊文宣帝天保七年，西元五五六年），正式頒行，以泰為太師大冢宰，李弼為太傅大司徒，趙貴為太保大宗伯，獨孤信為大司馬，于謹為大司寇，侯莫陳崇為大司空，其餘百官皆仿周禮設置。凡此皆可見宇文氏的立國，實深受漢文化的薰染。

是歲，宇文泰薨，世子覺嗣，晉爵周公。覺為泰之嫡子，時年十五，泰遺命以兄子護輔政。西魏恭帝四年（陳武帝永定元年，北齊文宣帝天保八年，西元五五七年），覺廢魏恭帝，自立為周天王，是為北周孝愍帝。孝愍帝仍委政於護，趙貴不悅，謀殺護，為護所殺。孝愍帝憤護專權，欲殺護而未果，反為護所廢，既而護弒孝愍帝而立泰庶長子寧都公毓為天王，自為太師。毓立二年而稱帝，建元武成（陳武帝永定三年，北齊廢帝乾明元年，西元五五九年），是為北周明帝。明年，護復鴆殺明帝。明帝以諸子幼弱，恐為護所害，故臨崩遺詔傳位於弟邕，是為武帝。武帝保定二年（陳文帝天嘉三年，北齊武成帝河清元年，西元五六二年），後梁主蕭詧殂，子巋立，仍依周以立國。其後巋殂，子琮立，至隋文帝開皇七年（陳後主禎明元年，西元五八七年），始為隋所滅。

武帝性沈毅有智謀，宇文護既殺趙貴，弒孝愍帝而酖明帝，政由己出，威震其主，怨之者甚眾。武帝天和七年（陳宣帝太建四年，北齊後主武平三年，西元五七二年），武帝與母弟衛國公直乘護入朝太后，殺之，改元建德，自是武帝始親政。

武帝時，數與北齊發生戰事。保定四年（陳文帝天嘉五年，北齊武成帝河清三年，西元五六四年），周與突厥連兵伐齊，命柱國楊忠總督諸軍，與突厥會師。北齊武成帝與戰於晉陽，突厥臨陣而退，周軍大敗。既而突厥復遣使約周同伐齊，宇文護復發兵攻齊，與齊軍戰於洛陽，周軍又敗，柱國王雄戰死，自是周、齊相持於宜陽（河南省宜陽縣）、汾北一帶。時齊政雖亂，國力猶強，故周軍與戰輒不能克。及周殺護，武帝親政，而齊後主無道日甚，三貴用事，國政益亂，周乃積極謀伐齊。

建德四年（陳宣帝太建七年，北齊後主武平六年，西元五七五年），周武帝自將伐齊，攻拔河陰（河南省孟縣東）而還。建德五年（陳宣帝太建八年，北齊後

主隆化元年，西元五七六年），武帝復自將東伐，攻拔平陽，北齊後主方獵於天池（山西省靜樂縣西南），聞平陽陷，率師趨平陽以擊周軍，軍容甚盛，周武帝還軍長安以避之，既而復自長安出軍伐齊，與齊軍戰於平陽，齊軍大潰，齊後主自平陽奔鄴。周軍進圍晉陽，齊人立高澄子安德王延宗以禦周軍，為周軍所敗，延宗被殺，周軍遂拔晉陽，進圍鄴都。建德六年（陳宣帝太建九年，北齊幼主承光元年，西元五七七年）正月，周軍入鄴，齊後主禪位於幼主，走青州，為周軍所追獲。宣政元年（陳宣帝太建十年，西元五七八年），周武帝崩，子贇立，是為宣帝。

武帝儉樸勤政，嚴明愛士❶，宣帝則驕狂無道。宣帝為太子時，嘗為武帝所杖，及武帝崩，宣帝無戚容，初即位，即檢視武帝宮人，逼與為淫欲，群臣稍有忤意，輒加誅戮，黜免者不可勝計。每笞人，皆百二十杖，名曰天杖。至於后妃嬪御，雖被寵幸，亦多被杖背，故內外恐懼，人不自安，皆附於后父隋國公楊堅。宣帝立一年而傳位於子闡，是為周靜帝，越一年而宣帝崩，堅受遺詔輔政，自為相國，晉爵隋王。後一年（周靜帝大定元年，陳宣帝太建十三年，隋文帝開皇元年，西元五八一年），為堅所篡，北周遂亡。

❶　周書武帝紀：「帝沈毅有智謀，初以晉公護專權，常自晦迹，人莫測其深淺。及誅護之後，始親萬機，克己勵精，聽覽不怠。用法嚴整，多所罪殺，號令懇惻，唯屬意於政，群下畏服，莫不肅然。……身衣布袍，寢布被，無金寶之飾，諸宮殿華綺者皆撤毀之，……其雕文刻鏤，錦繡纂組，一皆禁斷。後宮嬪御不過十餘人，勞謙接下，自強不息。以海內未康，銳情教習，至於校兵閱武，步行山谷，履涉勤苦，皆人所不堪。平齊之役，見軍士有跣行者，帝親脫靴以賜之。每宴會將士，必自執杯勸酒，或手付賜物。至於征伐之處，躬在行陣，性又果決，能斷大事，故能得士卒死力，以弱制強。」

第十三章　魏晉南北朝制度

一、中央政制

◆ 相權的轉移

魏晉南北朝政治制度，係承襲秦漢制度演變而成，中央方面，名義上仍以三公為相職，實際相權則轉入尚書、中書、門下三省。尚書、侍中（門下長官）本皆漢官，中書則曹魏始置。以掌握相權先後而言，尚書最早，中書次之，門下又次之。尚書於西漢本屬內朝官，至東漢取代三公而掌握實際相權。曹魏時，尚書脫離內朝而出，於是復立中書以分尚書之權，晉復委任侍中以分尚書、中書之權。侍中雖為漢官，門下省的建立則始於晉代，自此至於南朝，尚書、中書、侍中皆宰相之任。按晉書職官志及宋書、南齊書、梁書百官志所載，尚書任總機衡，無所不統，中書掌出納王命，侍中掌盡規獻納，拾遺補闕。實則自晉至南朝，尚書、中書、侍中職權並無明確劃分，凡天子與議論政事，委以機密，則握朝權而為宰相。北朝自北魏道武、明元以來，即因襲中原制度，亦以尚書、中書、侍中為相職。然北朝有一明顯趨勢，三者之中，以尚書、侍中權責較重，中書委任較輕。此可能因尚書自漢以來即為顯職，而侍中為內朝心腹近職之故。北齊制度，大抵沿襲北魏之舊。以官秩資序而言，尚書自漢以來即握重權，品秩最高，中書次之，侍中又次之。梁武帝命徐勉制百官為十八班，尚書令為十六班，以次尚書僕射、中書監為十五班，吏部尚書為十四班，中書令、列曹尚書為十三班，侍中為十二班。北魏分百官為九品，各有正從，仍為十八品。尚書令二品，以次尚書僕射、中書監從二品，吏部尚書、中書令、侍中、列曹尚書三品，其品秩高低資序略如南朝。

◆ 尚書

尚書權重，自東漢始。後漢書仲長統傳昌言法誡篇曰：「光武皇帝慍數世之失

權，忿強臣之竊命，矯枉過直，政不任下，雖置三公，事歸臺閣。」李賢注：「臺閣謂尚書也。」又後漢書陳忠傳安帝時忠上疏云：「今之三公，雖當其名而無其實，選舉誅賞，一由尚書。尚書見任，重於三公，陵遲以來，其漸久矣！」

尚書置令、僕射，下設諸曹，分主眾事。自漢魏以來，尚書常止於五曹，並一令二僕射，謂之八座。南朝以來，尚書分六曹，其中祠部常與右僕射通職，不並置，以右僕射攝祠部，右僕射闕，則以祠部尚書兼知右僕射事，仍為八座。

錄尚書事之權最重。錄為總攝之義，本非官名，凡錄尚書者另有本官，如東漢和帝以太傅鄧彪錄尚書事，其本官為太傅。漢魏之世，常以大司馬、大將軍或三公錄尚書輔政，而晉以來，又常以二人以上參錄。如晉惠帝時，汝南王亮與太保衛瓘共錄尚書事，東晉成帝時，王導、荀崧、陸曄共錄尚書事，時人謂之三錄。

錄尚書事之權既重，至齊遂為專官，齊書百官志於尚書令前特標錄尚書事一目。此後凡錄尚書事者罕有參錄，權任益重。如陳宣帝以驃騎大將軍錄尚書事都督中外諸軍事，廢廢帝而自立，北魏宣武帝時，北海王詳以侍中大將軍錄尚書事總決軍國大事，北齊廢帝時，孝昭帝以太傅錄尚書事總攝朝政，皆其顯例。

北魏孝文帝嘗謂尚書曰：「尚書之任，樞機是司，豈惟總括百揆，緝和人務而已。」（魏書廣陵王羽傳）則尚書之權重可知。尚書權重，又可於下列諸例見之。魏齊王芳時，大將軍曹爽以何晏、鄧颺、丁謐為尚書以奪司馬懿之權；蜀漢丞相諸葛亮卒，以蔣琬為尚書令秉政；晉荀勖謂尚書令賈充為國之宰輔；宋武帝崩，尚書令徐羨之、中書令傅亮、領軍將軍謝晦等同被顧命；齊明帝崩，尚書令徐孝嗣、右僕射江祏、侍中江祀、領軍蕭坦之等同受遺詔輔政；梁武帝以范雲為尚書右僕射，委以國政；陳後主時，江總為尚書令，陳書江總傳謂總當權宰；魏書高肇傳謂肇為尚書令，既當衡軸，每事任己；北齊書楊愔傳謂愔為尚書令，權綜機衡，朝章國命，皆歸於愔。

尚書諸曹，以吏部為尤貴。晉自南渡，僑姓高門，惟作吏部，不為餘曹。宋吏部尚書江湛與尚書僕射徐湛之並居權要，謂之江徐。北魏吏部尚書郭祚每銓授，輒徘徊久之，然後下筆，下筆即云：「此人便已貴矣！」（魏書郭祚傳）

◆ 中書

中書置監、令為其長官，下設侍郎及舍人，掌出納詔命。中書始置於魏文帝

之世，以劉放為中書監，孫資為中書令，明帝時，尤見寵任，專制朝政，權力極重。魏置中書目的在分尚書之權以加重帝室權力，被任為中書者皆天子近臣，故中書在曹魏時實為內朝官，與外朝的尚書對立。晉以中書權重，又委任侍中以分其權，然中書猶專典詔命，與門下共掌機密。晉荀勗為中書監，專管機事，及遷尚書令，或有賀之者，荀勗曰：「奪我鳳凰池，諸君賀我邪！」（晉書荀勗傳）

　　南朝以後，中書監令及舍人資望極高，與尚書同綰大政。宋武帝以傅亮為中書令，專典詔命，任總國權；陳武帝以劉師知為中書舍人，掌詔誥，雖為官不遷而委任甚重。北魏太武帝以穆壽為中書監，總錄內外機要；孝明帝以鄭儼、徐紇為中書舍人，當時政令，歸於儼、紇。

◆ 侍中

　　侍中自秦漢以來即為天子親近之職，大駕出則次直侍中護駕，正直侍中負璽陪乘，天子登殿則與散騎常侍對扶，備切問近對，拾遺補闕。曹魏時，侍中位任甚重，多為親密重臣加官，至晉乃脫穎而出，為天子委任以分中書之權，與尚書、中書俱為宰輔。

　　侍中權任，可於下列諸例見之。晉任愷為侍中，有經國之幹，武帝器之，政事多諮焉。賈后豫政，欲委任親黨，以賈模為侍中，與張華、裴頠同輔政；宋文帝以江湛、王僧綽為侍中，任以機密，參預政事；齊明帝崩，侍中江祀與尚書令徐孝嗣等同受遺詔輔政；梁軍北伐，武帝以侍中徐勉參掌軍書，勉劬勞夙夜，動經數旬，乃一還宅；陳文帝以到仲舉為侍中，參掌選事；北魏太武帝以崔浩為侍中，軍國大計之不能決者，皆以諮之；北齊文宣帝崩，侍中燕子獻與尚書令楊愔等同受遺詔輔政。

◆ 北周的官制

　　北周於宇文泰輔魏時，命蘇綽、盧辯參酌周禮，訂立新制，故北周無論政治或軍事制度，於北朝另成系統。周書盧辯傳：「自魏末離亂，孝武西遷，朝章制度，湮墜咸盡，辯因時制宜，皆合軌度。」「初，太祖欲行周官，命蘇綽專掌其事，未幾而綽卒，乃令辯成之。於是依周禮，建六官，置公卿大夫士。」「天官府管冢宰等眾職，地官府領司徒等眾職，春官府領宗伯等眾職，夏官府領司馬等眾職，秋

官府領司寇等眾職，冬官府領司空等眾職。史雖具載，文多不錄。辯所述六官，太祖以魏恭帝三年始命行之，自茲厥後，世有損益。宣帝嗣位，事不師古，官員班品，隨意變革，……朝出夕改，莫能詳錄。於時雖行周禮，其內外眾職，又兼用秦漢等官。」

　　故北周政治制度，於南北朝最為紊亂，隋代政治制度，實上承南朝及北魏制度而成，與北周政治制度並無多大關連，惟府兵制度則係直接承襲北周稍加改革而成。

　　北周的改制，主要在於軍事制度，亦即欲恢復鮮卑初起時期的部族軍制度，以增強其作戰力，而以周禮為掩飾。北周政治制度的改革雖無可取，軍事制度的改革則收效極大。

二、地方政制

◆ 行政區域

　　魏晉南北朝地方政治制度亦異於漢代。最顯著者為地方行政區域的不斷分割。

　　盛漢時，分全國為十三監察區，一百零三郡。漢代地方政治為郡縣二級制，郡上承君相，下統屬縣，地不廣而權重，地不廣故其勢不足背叛朝廷，權重故能徹底推行政令。縣則上承郡府，下理民事，制度極佳。東漢末年，監察區演變為行政區，郡縣二級制變為州郡縣三級制，地方政府權力大增，而造成漢末的割據。

　　三國時代，或因軍事需要，或因邊疆的開發，州郡頗有增，至晉統一，合新舊州郡凡十九州，一百七十三郡。至東晉南渡，南方歷宋、齊、梁、陳，北方歷北魏、北齊、北周，地方行政區域不斷分割，形成地方行政制度的紊亂時代。以陳宣帝時代為例，當北周武帝、北齊後主時代，合南北凡二百八十餘州，六百七十餘郡，其分割之繁可見。

　　促成州郡不斷分割的主要原因有二，即僑置與酬功。僑置盛行於南方，南渡衣冠之士，所至僑立郡邑，冠以北土名號，及庚戌土斷，斷僑置為實邑，於是百里之間，數郡並置。北朝雖少僑置，仍不斷分割，虛增州郡以酬功。文宣帝天保七年詔曰：「丁口減於疇日，守令倍於昔辰」「百室之邑，便立州名，三戶之民，

空張郡目。」(北齊書文宣帝紀)可知北朝地方行政區域分割的繁碎，亦無異於南朝。故南北朝之世，州常僅轄一二郡，郡轄一二縣，且有虛立州郡名目而不轄縣者，而每縣領戶常僅數十❶。名雖為州，無論轄區或職權，皆遠不如漢代的郡，至唐乃廢郡存州。即使如此，唐代州刺史的職權仍遠較漢代郡守為小，而魏晉南北朝實為從漢代郡縣制進入唐代州縣制的演變時代。

◆ 都督軍區

　　魏晉南北朝地方政治制度另一異於漢代者為都督軍區的建立。都督制度起源於漢末魏武帝輔漢，至晉而成定制。晉制，都督諸軍為上，監諸軍次之，督諸軍為下。使持節為上，持節次之，假節為下。使持節得殺二千石以下，持節殺無官位人，若軍事則得與使持節同，假節唯軍事得殺犯軍令者。

　　刺史、郡守皆二千石，使持節得專殺，則都督之權重可知。都督之例甚多，如魏王淩為征東將軍，假節，都督揚州諸軍事；毌丘儉為左將軍，假節，監豫州諸軍事，領豫州刺史；諸葛誕為征東大將軍，假節，都督揚州諸軍事。晉時，諸王多加征鎮安平將軍號，都督一方，終造成八王之亂。

　　漢制以郡守典郡兵，漢末復以州牧、刺史總本州諸郡兵，三國兵爭，兵權乃自刺史牧守轉移於都督，至晉遂成定制，自是刺史牧守不加都督者但有治民權而無兵權，此制歷兩晉南朝而不變。是為魏晉以來地方政治制度之異於漢代者。

　　晉雖奪州郡兵權而集於都督，而都督常兼領刺史，於是復成一州最高軍政長官,實際上漢末刺史州牧兼掌一州軍政大權之勢仍然未變(制度變更而形勢不變)。東晉時，都督常領一州刺史而都督數州，如王敦為都督江、揚、荊、湘、交、廣六州諸軍事，江州刺史；陶侃為都督荊、江、雍、梁、交、廣、益、寧八州諸軍

---

❶ 如南齊時，北兗州領陽平、東平、高平、濟北、泰山、新平、魯七郡，自高平以下五郡皆虛立郡目，無屬邑治所，陽平郡寄治山陽，亦無實邑，惟東平郡轄壽張、淮安二縣，壽張係割山陽官瀆以西三百戶而置，淮安係割淮陰鎮一百戶而置(見南齊書州郡志)，是北兗州所領僅四百戶。北朝情形略如南朝，如北魏南吐京郡僅領一縣，凡三十三戶，西定陽郡領一縣，凡四十二戶，定陽郡領一縣，凡五十四戶，泰寧、澠池、恆農、宜陽、東恆農等郡屬縣亦皆僅領數十，新蔡、南陳留二郡合領一縣二百五十七戶，而仁州及西淮州皆各領一郡二縣，沙州領二郡，郡各領一縣，寧州、財州且無實邑，餘州領一郡二郡者甚多(見魏書地形志)。

事，荊州刺史。於是都督常兼統數州，較漢末刺史州牧之權尤大，而地方行政區域亦成為府、州、郡、縣四級制。

自東晉以後，全國劃分為若干都督區，其轄區視軍事需要而定，其都督區之大者常統轄若干小都督區。其中以荊州及揚州二督區權勢最重，轄區最廣。揚州為京師所在，常兼督徐、兗、豫、江等州，徐州、豫州、江州等督區皆在其督中。荊州為長江上游重鎮，東晉中葉以前，兵權常集於此，常兼督荊、雍、梁、益、交、廣、江、湘諸州，交廣、雍梁、江州等督區常在其督中，督區最大，勢亦最強，東晉及南朝歷次政變，常起於此（嚴耕望：魏晉南北朝地方行政制度約論）。

北魏初期的地方行政組織有二系統，以軍鎮統治胡漢雜處區域，下轄軍戍，鎮稱鎮將，戍稱戍主；另以州郡統治漢人區，而於諸州之上設軍鎮，以鎮都大將都督諸州。故以漢人區而言，仍形成督府、州、郡、縣四級制。但此制與南朝略有不同，南朝都督常兼領一州刺史，而北魏都督不兼領刺史，成為州以上的高級統治機構。孝文帝改制，廢除東南漢人區的軍鎮，仿漢制以都督領一大州刺史，兼督數州。

北魏末葉，復置行臺，所轄範圍尤廣。行臺即朝廷派駐機構，得承制便宜行事，權力甚大，督府亦在其轄中。如侯景為河南大行臺，幾盡委以大河以南之任；宇文泰為關中大行臺，悉委以關中之任。行臺本為軍事需要而設，漸而兼領民政。北齊以行臺代都督，行臺轄區亦因此縮小，與都督名異而實同。北周改都督為總管，凡置四十九總管府，管區遠較北魏之督區為小，惟總管府之上復置大總管府，兼轄數總管府，然其轄區仍不及北魏之督區為大（嚴耕望：魏晉南北朝地方行政制度約論）。

由於魏晉南北朝地方行政制度與漢代不同，僚屬系統亦異。漢代牧守兼統兵民之政；故其僚佐為單軌制。如以郡而言，守下置丞、尉，丞佐守掌民事，尉佐守典兵權。魏晉以來，刺史掌民政，都督典兵權，然都督常領一州刺史，故其僚佐亦分二系統，屬督府者佐都督掌兵權，稱為府佐，屬州者佐刺史治民，稱為州佐（嚴耕望：魏晉南北朝地方行政制度約論）。

三、兵　制

◆ 魏晉及南朝兵制

　　魏晉南朝兵制與漢代不同，漢為徵兵，魏晉南朝變為募兵，再變而為世兵。

　　徵兵及募兵各有其社會背景，徵兵制適用於政權統一，社會安定的時代，人民皆致力於農事而不願從軍，故不得不以徵兵制強迫人民從軍。募兵制適用於社會變動的時代，一因版籍散失，徵兵失去依據，二因百姓流亡，形成社會上過剩的勞動力，不得不投身軍隊以求生存。漢末以來，歷經戰亂，既無版籍可以徵兵，又形成社會上過剩的勞動力，州郡牧守乃收編以為軍隊，而建立魏晉南朝的募兵制度。

　　此時期募兵主要來源有三，即招募流亡、強迫應募、收編盜匪及異族為兵。

　　漢末之亂，民多流亡。當時人民流亡的路線，黃巾之亂，中原之民，北走幽州，南入益州，董卓之亂，河洛居民，多東入徐州，其後曹操征徐州，徐州之民復南流入揚州，曹操征關中，關中之民復南流入荊州及漢中❷。諸此流民，大部分淪為豪強部曲，或應募為兵，曹操、劉備、孫權皆由募兵而起。

　　袁譚在青州，使其將募兵屬縣，富戶以賂得免，貧者應募，萬戶之邑，著籍不盈數百，是為強迫應募之例。曹操破黃巾於壽張，受降卒三十萬，悉收其精銳者為兵，號青州兵，是為收編盜匪為兵之例。

　　三國時代，收編異族為兵亦為主要兵源之一。曹操征烏桓，烏桓降者萬餘落，悉徙其族居中國，率其種眾以從征伐，遂為天下名騎。吳則收編山越為兵，張昭、陸遜、賀齊、諸葛恪、全綜皆為經營山越有功的名臣，前後收編山越兵無慮十餘

---

❷　後漢書劉虞傳：「拜幽州牧。……虞務存寬政，勸督農植，……民悅年登，穀石三十，青、徐士庶避黃巾之難歸虞者百餘萬口。」又劉焉傳：「南陽、三輔民數萬戶流入益州。」三國志陶謙傳：「董卓之亂，州郡起兵，……是時徐州百姓殷盛，穀米豐贍，流民多歸之。」又荀彧傳注引曹瞞傳：「自京師遭董卓之亂，人民流移東出，多移彭城。」又張昭傳：「漢末大亂，徐方士民，多避難揚土。」又衛覬傳覬與荀彧書曰：「關中膏腴之地，頃遭荒亂，人民流入荊州者十餘萬家。」張魯傳：「韓遂、馬超之亂，關西民從子午谷奔之者數萬家。」

萬。蜀漢亦以賨叟、青羌為兵，皆為收編異族為兵之例。

總之，魏晉南北朝初期募兵制度實受漢末離亂的影響。在此時期，募兵方法雖不一致，有一共同現象，即所募軍隊皆為職業兵。由職業兵而變為世襲，是為世兵。

由職業兵變為世兵的原因有二。其一，職業兵不能退役，其子孫自然與兵役發生關係。其二，亂世亟需兵源，在強迫應募之下，強者為兵，羸者補戶，兵民分開。兵役既苦，應募為兵者率多逃亡，於是質其家屬集中於一地，兵士若逃亡或叛變，則沒其家屬為官奴。此輩作為人質的軍眷，即所謂兵戶，由國家供養，使隸兵籍，於是世代以兵為職業。

拘質兵戶之例甚多，略舉數例以見之。

關羽圍樊城，將士家屬皆質於江陵，呂蒙襲破江陵，獲其家屬，關羽由是潰敗。魏鎮東將軍毌丘儉舉兵於揚州以討司馬師，其將士家屬皆質於內州，軍心沮散，由是而敗。晉王濬為巴郡太守，兵士苦役，生男多不養，濬乃寬其徭課，產育者皆為休復，所全活者數千人。及晉武帝伐吳，以濬統梁、益之軍自巴蜀順流而下，濬先在巴郡所全育者皆堪徭役供軍。宋孝武帝孝建元年，雍州刺史朱脩之免軍戶為永興、安寧二縣立建昌郡，而陳後主貴妃張麗華亦兵家女。凡此皆世兵之例，蓋自魏晉以至南朝，世兵制度一直未曾廢除。

在世兵制度之下，不但兵士世業，即軍主督將亦世襲其兵權。此現象於吳尤為顯見，如朱然都督樂鄉，朱然卒，子績襲業為樂鄉督；步隲都督西陵，步隲卒，子協嗣，統隲所領，協卒，弟闡繼業為西陵督；諸葛瑾督公安，瑾卒，少子融襲爵，攝兵業，駐公安；鍾離牧為濡須督，牧卒，子褘嗣，代領兵；皆軍主督將世襲兵權之例。此制至東晉未變，如豫州刺史祖逖卒，弟約代為豫州刺史，繼領逖眾。

世兵就其本質而言為兵家或軍戶，對軍主督將而言則為部曲，故部曲、兵家名異而實同。世兵自魏晉歷南朝而不廢，部曲制度亦與魏晉南朝相終始。三國志鄧艾傳云：「吳名宗大族，皆有部曲。」東晉之初，祖逖將部曲百餘家屯江陰；晉徵蘇峻為大司農，以峻弟逸代領部曲；南齊書李安民傳云：「宋泰始以來，內外頻有賊寇，將帥以下，各募部曲，屯聚京師。」齊晉安王子懋鎮雍州，多募雍人為部曲；梁侯景反，擒陳慶之子昕，令收集部曲，皆為其例。

世兵地位極低，形同奴隸，為士族及庶民所不齒，兼以士卒苦役，生男多不養，由是戰鬥力日弱，兵戶日減。東晉以後，世兵雖未廢而兵力已感不足，於是復以發兵及募兵以救其弊。

發兵兵源有二，其一為平民，另一為奴隸。晉元帝以戴淵為征西將軍，屯合肥，調揚州百姓家奴萬人為兵以配之；晉康帝時，庾翼欲率眾北伐，發所督江、荊、司、雍、梁、益六州奴為兵；鄧琬為宋晉安王子勛長史，行江州事，遣使發諸郡民為兵，得甲士五千人，皆發民、奴為兵之例，然究不常見，而募兵之例則甚多，如祖逖即以募兵北伐，而謝玄練兵於京口，亦出之於募兵，自是北府兵成為東晉京畿軍隊的主力，謝玄即以北府兵擊敗苻秦於肥水，劉裕亦以北府兵滅蜀、滅燕、滅秦，終成帝業。侯景之反，亦得力於募兵，陳武帝亦賴募兵而成帝業。

綜而言之，自魏晉至南朝，兵源的取得，漢末離亂以後，以募兵為主，至魏晉漸變為世兵，東晉以後，復雜用發兵及招募，而世兵之制，終南朝之世未廢。

◆ 北朝兵制

北魏初起尚保持部族軍制度，凡成年男子，皆為軍人。部族軍與世兵不同者有二：一、部族軍兵民合一，世兵則兵民分離；二、部族軍屬於貴族軍制，當兵者皆統治階級，地位高而戰鬥力強，世兵則為社會士庶所不齒，地位低而戰鬥力弱。但在北魏初期，除部族軍外，仍有一種類似南朝兵戶的組織，稱為營戶，多由俘掠異族而置，如魏孝文帝延興年間，徙配敕勒降眾於冀、定、相、青、徐、齊、兗諸州為營戶。營戶地位極為低賤，其性質類似南朝的部曲。魏孝文帝遷洛漢化，在制度上起了重大的變化。孝文帝模仿漢制，在洛京的世族不復當兵，留守邊鎮的部族軍仍世代為兵，淪為府戶，不得比於洛京的世族，於是府戶地位日低，其性質猶如南朝的兵戶，為洛京世族所不齒。此外，在中原地區，受魏晉以來的影響，仍盛行部曲制度。此類部曲，皆屬強宗豪民及將領武吏的私人軍隊，如魏孝文帝命王肅南伐齊，許其招募壯勇以為部曲；魏末高昂率鄉人部曲三千人從高歡討爾朱兆於韓陵，皆為其例。

◆ 軍隊統率權

魏晉南北朝軍隊的統率權，朝廷禁衛軍統於領軍、護軍，地方駐軍則統於都

督，出征時由朝廷遣一大將或重臣節制諸軍。北朝自北魏孝文帝改制，制度略如南朝，然北朝惟領軍權重而護軍的記載則少見。

領軍將軍始置於曹魏，主五校（屯騎、步兵、越騎、長水、射聲）、中壘、武衛等營，晉初省領軍，以中軍將軍代其任，統二衛（左衛、右衛）、四軍（左軍、右軍、前軍、後軍）、驍騎等營，懷帝永嘉中，改中軍為中領軍。護軍將軍亦始置於曹魏，主武官選，隸領軍，晉以後不隸，與領軍並典禁衛。惟護軍所統僅其直屬營兵，其目的似在制衡領軍的兵權。領軍自東晉以後雖無直屬營兵，但總統二衛、驍騎、材官等營，權任遠較護軍為大。

領軍、護軍以掌禁旅兵權，南朝以後，漸居宰輔地位，權任與尚書、中書、侍中略等，宋、齊之世，謝晦、蕭坦之皆以領軍將軍受遺詔輔政。宋文帝嘗曰：「侍中、領衛，望實優顯，此蓋宰相便坐。」（宋書沈演之傳）自魏晉以來至於南朝，重臣之握朝權者常加領軍、護軍，如魏陳群為尚書令領中護軍錄尚書事，晉何充以護軍將軍與中書監庾冰參錄尚書事，宋徐湛之為尚書僕射，位居權要，領護軍將軍。

北朝亦以領軍掌兵權。北魏元乂遷侍中，加領軍將軍，既在門下，兼總禁兵，專綜機要，威振內外；于忠遷侍中、領軍將軍，既居門下，又總禁衛，遂秉朝政，權傾一時；北齊平秦王歸彥除領軍大將軍，兼尚書令，地居將相；韓鳳累遷侍中、領軍，與高阿那肱、穆提婆共處衡軸，號曰三貴。

◆ 北周兵制

北周兵制在魏晉南北朝中亦獨成系統。西魏自宇文泰輔政，自以國力不如東魏，乃致力於軍政的改革，以提高軍人地位及戰鬥力，西魏文帝大統九年（西元五四三年），廣募關隴豪右以充軍旅。

募豪右以充軍旅為當時兵制的一大改革。無論南朝或北朝，在當時皆盛行世兵部曲制度，軍隊素質低落，故戰鬥力不強。宇文泰募豪右當兵，旨在提高軍人地位以增強其戰鬥力。至西魏文帝大統十六年（西元五五〇年），乃創立府兵制度。

按唐李泌鄴侯家傳，府兵初置不滿百府，每府有郎將主之，分屬二十四軍，每軍開府一人將焉，每二開府屬一大將軍，二大將軍屬一柱國大將軍，仍加號持節大都督以統之。李弼、李虎、獨孤信、趙貴、于謹、侯莫陳崇各督二大將軍，

是為六柱國。其有眾不滿五萬，於中等以上家有三丁者選有材力一人充之，免其身租庸調，郡守以農隙教試，六家共備撫養訓導，有如子弟，故能以寡克眾。

六家即六柱國家。兵府的統屬系統如下：

可知北周初置府兵，府甚少，至唐擴充至六百三十四府，改郎將為折衝都尉，以果毅都尉為之副，號其府曰折衝府。北周府兵制度有一特點，即恢復鮮卑初起時期的部族軍制度，合一軍為一部，每一部為一姓，部屬皆從主將之姓為姓，於是兵將合一，猶如一家。

北周府兵統於六柱國，每柱國分統若干姓，猶一姓的分宗。在此一制度之下，凡漢人為主將者，皆改姓胡姓。如李虎為六柱國之一，即賜姓大野，李虎統屬諸府，皆其分宗。

北周鮮卑人數本甚少，故大量徵募漢戶為兵，改軍士為侍官，提高其地位❸。北周兵額遠較北齊為少，終能以寡克眾，攻滅北齊，其主要原因係北齊輕視軍人，而鮮卑軍與漢軍之待遇亦有懸殊，鮮卑數少而漢人數多，故士氣低沈而戰鬥力弱，北周提高漢籍軍人地位，蕃漢合一，無種族之分，故士氣高昂而戰鬥力強。

府兵制的另一特色為設置兵府所在的人民始有服兵役的義務，未設兵府縣邑，人民但務農而不服兵役，兵無身家之慮，民亦無兵役之擾。然府兵制亦有弊端，即兵役負擔不平均，遇戰亂長期征伐，則兵役繁重，民多逃亡，此弊至唐高宗時而大著。

四、北魏均田

◆ 三長

北朝另一良制而為隋唐所取法者為北魏的均田制度。魏孝文帝太和九年（西

❸ 隋書食貨志：「周建德二年，改軍士為侍官，募百姓充之，除其縣籍，是後夏人半為兵矣！」

元四八五年）十月，詔遣使者循行州郡，與牧守均給天下之田。太和十年（西元四八六年），用李沖議，立三長制，定民戶籍，作為實施均田制的基礎。

實行均田與三長有密切關係。三長者，五家一鄰，鄰有鄰長，五鄰一里，里有里長，五里一黨，黨有黨長。時大亂之後，民多蔭附，皆無戶籍，三長制目的即在清理戶籍，俾按口授田。故均田制雖頒行於太和九年，而實際授田當在三長制建立以後。

太和年間主張均田最積極者為李安世及韓麒麟。魏書李安世傳云：「安世乃上疏曰：『臣聞……田萊之數，制之以限，蓋欲使士不曠功，民岡游力，雄擅之家，不獨膏腴之美，單陋之夫，亦有頃畝之分，所以恤彼貧微，抑茲貪欲。……竊見州郡之民，或因年儉流移，棄賣田宅，漂居異鄉，事涉數世。三長既立，始返舊墟，盧井荒毀，桑榆改植，事已歷遠，易生假冒。彊宗豪族，肆其侵凌，……爭訟遷延，連紀不判，良疇委而不開，柔桑枯而不採。……愚謂今雖桑井難復，宜應均量，令分藝有準，力業相稱，資生之細民獲利，豪右靡餘地之盈。……所爭之田，宜限年斷，事久難明，悉屬今主，然後虛妄之民絕望於覬覦，守分之士永免於凌奪矣！』高祖深納之。後均田之制，起於此矣！」

又魏書韓麒麟傳，太和十一年（西元四八七年），京都大饑，麒麟表陳時務曰：「今秋京都遇旱，穀價踊貴，實由農人不勸，素無儲積故也。自承平日久，豐穰積年，競相矜夸，遂成侈俗。愚謂凡珍玩之物，皆宜禁斷，……令貴賤有別，民歸朴素，天下男女，計口授田，宰司四時巡行，臺使歲一按檢，勤相勸課，嚴加賞罰，數年之中，必有盈贍。」

李安世傳謂均田制係首議於安世，殆史傳歸美之辭。安世疏云「三長既立，始返舊墟」，則安世上此疏當在三長制創立之後。而韓麒麟此疏上於太和十一年，是時猶未實行均田，故均田制的實行，最早當在太和十一年以後。

◆ 均田

均田制詳見魏書食貨志，為明瞭起見，節錄其文於下：

一、太和九年，下詔均給天下民田。諸男夫十五以上受露田四十畝，婦人二十畝，奴婢依良丁。牛一頭受田三十畝，限四牛。所授之田悉倍之，三易之田再倍之。諸民年及課則受田，老免及身沒則還田，奴婢、牛隨有

無還受。

二、諸桑田不在還受之限。初受田者男夫一人給田二十畝，課蒔餘種桑五十
　　樹、棗五株、榆三根。非桑之土，夫給一畝，依法課蒔榆棗，奴各依良。
　　限三年種畢，不畢奪其不畢之地。於桑榆地分，雜蒔餘果及多種桑榆者
　　不禁。諸應還之田不得種桑榆棗果，種者以違令論，地入還分。諸桑田
　　皆為世業，身終不還，恆從見口，有盈者無受無還，不足者受種如法，
　　盈者得賣其盈。

三、諸麻布之土，男夫及課，別給麻田十畝，婦人五畝，奴婢依良，皆從還
　　受之法。

四、諸還受民田，恆以正月。若始受田而身亡及賣買奴婢、牛者，皆至明年
　　正月乃得還受。

五、諸土廣民稀之處，有土居者依法還授，諸地狹之處，有進丁受田而不樂
　　遷者則以其家桑田為正田分，又不足，不給倍田。無桑之鄉，準此為法。
　　樂遷者聽逐空荒，不限異州他郡。諸民有新居者三口給地一畝以為居室，
　　奴婢五口給一畝。

六、進丁受田者恆從所近，若同時俱受，先貧後富，再倍之田，放此為法。
　　諸遠流配謫無子孫及戶絕者，墟宅桑榆，盡為公田，以供授受。

按此，可將北魏均田制度歸納為下列數點：

其一，授田對象不限於男丁，凡有生產能力者，不論貧富，包括男丁、婦女、
奴婢、牛畜，皆按其生產力的高低授田，以增加農產。

其二，露田有授有還，桑田則但授而不還。桑田非普遍皆有，凡宜蠶桑之鄉
始授以桑田，否則但給地一畝以種榆、棗。宜於種麻之鄉則另授麻田，其目的仍
在增加生產。桑田以種桑榆，桑榆為多年生，故許為永業；麻田種麻，麻一年生，
與穀麥同，故有授有還。桑田、麻田皆非置房產之地，此制與唐代每戶皆有永業
田以置住宅房產者不同。

其三，所授露田雖僅四十畝，但皆倍計，且婦女、奴婢、牛畜亦授田，故所
授田畝之數實遠較唐代為多。

其四，狹鄉民稠，田地不敷分配，則不授桑田或麻田，甚者不給倍田。可知
桑田在北魏並非用以建屋，蓋土著居民皆自有第宅，若新遷居民或無屋者，則另

授建屋之地，良民三口一畝，奴婢五口一畝。

其五，狹鄉授田土地不足時，先貧後富。

由此可知北魏孝文帝實行均田的主要目的有二。其一，利用廣大荒地獎勵墾荒，以增加國家稅收。此種制度雖名為均田，實則分配並不公允。故就其性質而言，僅可稱為授田而不得稱為均田。因其目的在增加稅收，故僅注意生產力的如何充分利用，而不注意公允問題。其二，使流民重歸田土，免受豪強剝削，以安定社會秩序。但北魏的授田制度，並不沒收豪強的田產，反之，豪強不但可保存原有的田產，且可向國家取得新田地。

此外，北魏均田另有一政治上的目的，即與豪族爭民。當時豪族強宗皆有部曲與佃客，利用佃客勞力從事生產。此輩佃客為豪強私民，不著國家戶籍。自均田制度實行，大量佃客皆向政府自占戶籍以授田，豪強勢力由是大削，國家稅收及著籍人口因此大增。

南北朝強宗大姓皆蓄養大量私民，北朝能奪豪強私民以實行均田而南朝未能，此因北朝以異族入主中原，中原世族處於被征服者地位，其力量不足以與政治勢力抗衡；南朝世族本身即為統治階級，而非政治勢力所能控御。

北魏均田的基礎有二，即荒地與三長。無荒地則無法授田，無三長制則無法清理戶口。

◆ 賦調

在均田制度之下，有授田則有納稅義務。其制：一夫一婦輸帛一匹，粟二石，民年十五以上未娶者四人出一夫一婦之調，奴任耕婢任織者八口當未娶者四，耕牛二十頭當奴婢八。其麻布之鄉，一夫一婦輸布一匹，下至牛以此為降。大率十匹為公調，二匹為調外費，二匹為內外百官俸。以上見魏書食貨志。

按上所載戶調之數，除一夫一婦有明確數目外，其餘皆須折算。在此有一顯見事實，即未婚男女戶調較已婚者為低，約為已婚者之半，奴婢為未婚男女之半，耕牛為奴婢之半。耕牛、奴婢及未婚男女係附於已婚男女之中，所授田地自然皆屬於戶主。故北魏戶調係以戶主為主，屬於戶主而有生產力者皆計口授田，所征賦調則甚輕微，其目的仍在鼓勵生產，以藏富於民。

第十四章　魏晉南北朝社會

一、門　閥

◆ 世族階級的形成

　　魏晉南北朝社會有明顯的階級存在，最高者為世族，其次為寒門，以下依序為百工技巧、部曲兵家及奴隸。世族居社會最上層，其本身又分若干等級，層次分明，不容混淆。世族地位為社會所公認，雖貴為天子，亦不能任意加以改變，此即所謂門閥。寒門即平民，寒門士大夫亦有參政機會，然其社會地位不能與世族相比，亦永遠不能升為世族。百工技巧地位較寒門為低；部曲兵家地位更低，類若奴隸。至於奴隸，尤無自由可言，他們幾等於主人財產的一部分，生命亦可由主人任意處置。

　　魏晉南北朝社會階級係從東漢以來經過長期演變而成。漢代以郡國察舉及公府徵辟為取才主要途徑，東漢以來，崇儒成風，因而產生若干累世經學之家。漢代察舉及徵辟，大都以通達經學為上選，故累世經學之家常能產生累世公卿，在社會上長久受到尊敬而有特殊地位，此即所謂世族。東漢中期以後，察舉及徵辟漸漸注重門第而不注重真才實學，仕途漸為少數巨族子弟所壟斷。

　　漢代察舉及徵辟常以鄉評里選為標準，漢末大亂，衣冠士族多離開本土，集於京師，魏文帝乃用吏部尚書陳群議，創立九品中正品定人品的方法，於每州置大中正，每郡置小中正，以各州郡在朝廷任職的貴宦達官充任。如某公卿為冀州籍，則兼任冀州大中正，負責品評本州在京師的人物，作為儲才任官的標準。中正官品評人物，分為九等，即上上、上中、上下、中上、中中、中下、下上、下中、下下，故稱九品中正。自晉以來，沿襲未改。此種制度本在慎選人才，然實行結果，至晉而流弊漸著。晉武帝時，尚書左僕射劉毅上疏極論其弊曰：「今之中正，不精才實，務依黨利，不均稱尺，務隨愛憎。所欲與者獲虛以成譽，所欲下者吹毛以求疵。高下逐強弱，是非由愛憎，隨世興衰，不顧才實。衰則削下，興

則扶上，一人之身，旬日異狀。或以貨賂自通，或以計協登進，附託者必達，守道者困悴。無報於身，必見割奪，有私於己，必得其欲。是以上品無寒門，下品無世族。」（晉書劉毅傳）可知中正官所舉皆權門子弟，寒門子弟雖有高才異行，亦難獲高品，成為寒門出身最大的障礙，世族、寒門界限漸著，而形成兩晉南北朝時代的門閥。

◆ 南北世族大姓

　　東晉以來至於南朝，世族有僑姓、吳姓之分。僑姓與政治勢力有關，乃自中原南渡的統治者，以王、謝、袁、蕭為大。王指琅邪王姓，本中原巨室，至王導、王敦而門第益顯；謝指陳郡謝姓，至謝尚、謝安而門第始著；袁指陳郡袁姓，自宋袁淑以後，累世公卿，遂為江南望族；蕭指蘭陵蕭姓，亦中原世族，然門閥本不甚高，至蕭道成、蕭衍為帝而門第始顯。吳姓為三國時代吳國舊世族，吳為晉所滅，故其社會地位不如僑姓。吳姓門第最高者為朱、張、顧、陸，皆吳國時代把持吳政的權門。

　　北朝世族有國姓、郡姓之別。國姓即鮮卑世族，漢人稱之為虜姓，以元、長孫、宇文、于陸、源、竇等姓為首，郡姓為晉末未及南渡而留居北方的漢世族，最初為區別胡、漢，於姓氏之上冠以郡名，進而講究郡望。如崔氏以清河郡崔氏為貴，故稱郡姓。北朝郡姓，山東以崔、盧、鄭、李為高，關中以韋、裴、柳、薛、楊、杜為首。

　　從世族的發展而言，吳姓為吳土著，歷史悠遠，社會勢力亦最深厚，僑姓自東晉以後始建立其勢力，北朝則自魏孝文帝遷洛後，始仿南朝制度，釐定世族。其郡姓依家世貴顯為差等，凡三世有三公者為膏粱，有令僕者曰華腴，尚書、領軍、護軍以上為甲姓，九卿及方伯為乙姓，散騎常侍、太中大夫為丙姓，吏部正員外郎為丁姓，謂之四姓，州郡主簿以上官，非四姓不在選。

◆ 世族的特權

　　世族在政治上、社會上、經濟上皆有特殊權利，非寒門所能企及。以政治而言，世族壟斷清流之職，位高而事不煩，門第愈高，所任官職亦愈高。梁書王筠傳謂王氏過江以來，未有居郎署者，蓋王、謝門高，尚書郎職任繁劇故不為。宋

書吳逵傳云逵本郡太守擢逵補功曹史，逵以門寒，固辭不受。以社會言，世族地位崇高而寒門卑微，世族本身亦因門第高低不同而有分別。

寒門雖居高位，握重權，社會地位永不能與世族相比。宋文帝時，中書舍人狄當詣王曇首，不敢坐；又中書舍人王弘為文帝所親愛，求為士人，文帝令詣王球，稱旨就坐，球不奉詔；孝武帝時，路太后姪瓊之詣王僧達，僧達不為之禮；明帝時，右軍將軍王道隆參掌機要，權重一時，往見蔡興宗，躡履到前，不敢就席。當、弘、瓊之、道隆皆寒門，故位任雖重，仍不得與世族比肩，雖帝王亦無如之何。以經濟而言，世族皆擁有大量土地，經濟力量雄厚，尤其南朝僑姓，憑藉其政治勢力，任意封山占澤，據有廣漠的莊園，蓄養大量莊客為其經營各種產業。

在世族社會中，婚姻亦有限制。南朝寒門，雖致位通顯，貲產豐積，世族例不與之通婚，王源嫁女滿氏，滿氏寒門，沈約劾曰：「王滿聯婚，實駭物聽。」（文選沈約奏彈王源）王羲之子凝之生而癡愚，謝安兄奕女道韞嫁為凝之妻，道韞嘗嘆曰：「不意天壤之中，乃有王郎。」（晉書列女傳）然以凝之門高，仍以為婿。

◆ 南朝莊園

南朝世族莊園的景況，可從謝靈運山居賦見之。茲引山居賦其中的一段以見其概：「夾渠二田，周嶺三苑，九泉別澗，五谷異巘，群峰參差出其間，建岫複陸成其坂。眾流灌溉以環近，諸堤擁抑以接遠，遠隄兼陌，近流開端，淩阜泛波，水往步還。」「北山二園，南山三苑，百果備列，乍近乍遠，羅行布株，迎早候晚。猗蔚溪澗，森疏崖巘，杏壇㮈園，橘林栗圃，桃李多品，梨棗殊所，枇杷林檎，帶谷映渚。」

靈運莊園為現存史料中南朝莊園之最大者。靈運為謝玄之孫，江南巨族。然謝氏子孫不止靈運一人，而琅邪王氏世族的社會地位亦在謝氏之上，故實際上謝靈運的莊園未必為南朝最大者，以山居賦的流傳而使後人得窺南朝世族莊園的大概。史記貨殖列傳謂橘千株相當千金之家，富擬王侯，若以之與靈運莊園相比，實微不足道。又宋書孔季恭傳附弟靈符傳云：「靈符家本豐，產業甚廣，又於永興（會稽屬縣）立墅，周回三十三里，水陸地二百六十五頃，含帶二山，又有果園九處。」餘如宋書沈慶之傳、羊玄保傳皆有莊園的記載，可知南朝世族普遍擁有莊

園。

南朝大莊園多在會稽，因南朝名族巨室多居於此。南朝世族以特殊的政治地位配合雄厚的經濟勢力，故其莊園範圍之廣，遠非北朝世族的農莊所可比擬。南朝世族常環遶若干無主山澤，廣置莊園，使其中山澤成為私產，此即所謂封山占澤，故靈運莊園能包括南北二山，靈符莊園亦含帶二山，此種現象，蓋以政治力量為之，純賴一己財力實不足以辦此。梁書顧憲之傳云：「司徒竟陵王於宣城、臨成、定陵三縣界立屯，封山澤數百里，禁民樵採。憲之固陳不可，言甚切直。王答之曰：『非君無以聞此德音。』即命無禁。」此為政治力量封山占澤的顯例。此種經濟勢力的壟斷，與漢代兼併不同。漢代兼併係出於純粹的經濟力量，故雖兼併而力量有限，南朝的封山占澤係以政治力量為之，故能培養其雄厚無比的經濟勢力。

◆ 南北世族異趣所在

南朝世族與北朝世族因政治環境的不同而有若干差別，最顯著者有下列三點：

第一、南朝實行九品中正制度由來甚久，世族與寒門對立的界限較嚴，北朝自北魏孝文帝遷洛推行漢化以後，始仿行九品中正制度，歷史較短，寒門仕途較南朝為廣，世族與寒門間階級的分別亦不如南朝嚴格。

第二、南朝僑姓世族以統治者自居，不願使自己門第與他姓混亂，嚴格標榜門第界限，北朝郡姓世族淪於異族統治之下，為增強自己社會地位，博取異族重視，而致力於團結民眾，故門第界限的觀念不如南朝僑姓嚴格。影響所及，北朝郡姓的家族組織趨向大家族制度，此輩強宗大姓在北朝有深厚的社會勢力，異族對之亦不免存有戒心，不敢輕侮。

第三、南朝世族本身即為統治者，故講究閑雅，注重精神生活❶，北朝世族在異族統治之下，較有勉立功業的心理，注重實際政治生活以提高自己的政治勢力。

---

❶　顏氏家訓勉學篇：「梁朝全盛之時，貴遊子弟，……無不燻衣剃面，傅粉施朱，駕長簷車，跟高齒屐，坐棊子方褥，憑班絲隱囊，列器玩於左右，從容出入，望若神仙。」

二、宗教信仰與社會風氣

◆ 道教

　　道教思想的來源有二，其一源於古代的宗教信仰，其二源於戰國以來方士的宗教思想。我國古代信仰的對象可歸納為上帝、山川、社稷、祖先等。從詩經及楚詞的描寫，可知我國古代有天堂的觀念。古代自天子下至庶民，祭祀儀典，各有等級，如天子祭上帝而庶民祭社，故在宗教思想方面，其統屬系統一如陽世，社有社神，集合若干社而統於城隍，集全國城隍而統於陰府。此一宗教思想滲入道教思想之中而促成道教的發展。

　　古代方士的宗教思想頗受海外宗教思想的影響，此與海上交通的發達有關。我國海上交通起源甚早，漢書藝文志著錄戰國以前有關天文學與氣象學書籍有六，即海中星占驗、海中五星經雜事、海中五星順逆、海中二十八宿國分、海中二十八宿臣分、海中日月彗虹雜占。以上諸書可分三類，一為行星類，二為恆星類，三為氣象類。天文學與氣象學的發展基於三種需要，即卜吉凶、辨方向與占氣象。以上諸書皆以海中為名，則為適應航海需要而作，可知我國古代航海事業發達必然甚早，至遲在戰國時代已具規模。

　　關於古代中國航海的記載甚多。如孟子梁惠王篇，齊景公問於晏子曰：「吾欲觀於轉附、朝儛，遵海南放於琅邪。」又吳越春秋句踐伐吳外傳：「（越王句踐二十五年）東徙琅邪，起觀臺周七里以望東海。」則琅邪似為春秋戰國時代航海的中心。又史記封禪書：「自齊威、宣、燕昭使人入海求蓬萊、方丈、瀛洲，此三神山者，其傳在勃海中，去人不遠，患且至則船風引而去。」神仙的觀念實起於方士，而方士此類求神仙與長生不老的觀念可能受海外宗教思想的影響。神仙雖未求到，航海事業則因此急速發展。

　　秦始皇時，方士徐福似曾至日本。關於徐福東航，或以為可能至朝鮮或臺灣，然仍以至日本的可能性較大，因朝鮮與中國交通甚早，若到朝鮮，必有明確的記載，不可能有至日本或臺灣的傳說；而臺灣與中國發生交通關係的時代較遲，若至臺灣，則臺灣的漢化必甚早，故可能至日本。至漢代，航海事業更發達。漢文

帝時，王仲自琅邪航海至樂浪，因家焉。漢武帝時，橫海將軍韓說率舟師自浙東浮海以攻閩越，樓船將軍楊僕率舟師自齊浮海以攻朝鮮。由航海發展而為海軍，則航海技術已有高度發展。漢武帝以後，中國對南方交通利用航海者更多，如後漢書鄭弘傳謂舊交趾七郡貢獻轉輸，皆從東冶泛海而至。海外交通的頻繁，海外宗教思想與我國古代宗教信仰的混合而促成道教哲學思想的興起。

道教的真正創始者為東漢時代的張陵。陵習煉丹符呪之術，傳道於蜀，自號天師，信徒入教須出米五斗，故稱五斗米道。稍後張角別創太平道，釀成黃巾之亂。陵傳子衡，衡傳子魯，魯據漢中，以鬼道教民，自號師君，而漢末三國之交，宮崇、于吉亦皆以符籙惑眾。陵沛人，角鉅鹿人，崇、吉皆琅邪人。沛、鉅鹿、琅邪皆在東方近海處，可證道教的創立，實深受燕、齊方士的影響，而燕、齊人士對道教的信仰亦特具熱忱。

東晉時，葛洪好神仙及養生之術，著抱朴子，發揮道教理論，世稱天師道，士大夫信奉者甚多。當時道教可分丹鼎、符籙二派，丹鼎派注重煉丹服食，符籙派講究經咒醮禱，天師道即屬於丹鼎派，東晉末年，孫恩、盧循即假天師道招收徒眾以倡亂，故在南朝初期，士大夫多諱言天師道，道教在南方勢力一度沈寂。至齊、梁時代，陶宏景出，宏景與齊高帝、梁武帝友善，南方道教經宏景的宣揚而復盛。

北朝道教盛於北魏太武帝時代。北魏道武帝、明元帝本奉佛法，至太武帝，從崔浩之請，以道教為國教，奉道士寇謙之為天師，毀佛經、佛像、寺塔，沙門大受其害，佛法由是式微。太武帝且親至道壇受符籙，其後魏主即位，必受符籙，成為故事。東魏末年，高澄崇信道教，曾為道士置館於鄴，北周武帝且令國中遍立道觀，毀滅佛法。

◆ 佛教

道教為我國固有文化，佛教則為外來文化。佛教教義輸入中國始於何時，今已不易確定。按魏書釋老志，漢明帝遣郎中蔡愔、博士弟子秦景使天竺寫釋迦牟尼佛像，並以白馬馱載佛經四十二章歸洛陽，建白馬寺，則至遲在東漢明帝時，佛教已流行於中國。當時社會安定，儒學興盛，故佛教無大發展，直到東漢末年及魏晉時代，中國大亂，儒學衰替，佛教乃乘虛而入，盛行於南北。大致而言，

魏晉南北朝時代，道教雖然流行，終不若佛教的昌盛。

　　漢時西僧來華者多以譯經為務，最初譯經大師為桓靈時代安息僧安清及月氏僧支婁迦讖。西晉時，月氏籍僧竺法護譯梵經一百六十五部為漢文，佛法由是大宏。西晉末年，西域僧佛圖澄來華，精通圖讖先知之說，為後趙主石勒、石虎所崇信，至其弟子釋道安，廣傳佛法❷。自後南北思想界莫不深受佛教教義的影響，中原如前燕主慕容皝、前秦主苻堅、後秦主姚興皆深信佛法。佛教教義有大乘、小乘之分，大乘深淨，明有法皆空；小乘侷局，多滯名相。最初傳譯至中國的佛經多屬小乘，姚興始聘天竺僧鳩摩羅什至長安傳譯大乘經典，一時譯經之風大盛，佛教亦因此而流行。東晉僧侶如竺法深、支道林、釋慧遠等皆兼通周易老莊之學，每與名士談論玄理❸，而慧遠尤為士大夫所推崇❹。東晉士大夫談玄，亦深受佛

❷　釋道安對佛教貢獻尤大者有二，即整理經典與確立戒規。高僧傳釋道安傳曰：「初，經出已久而舊譯時謬，致使深義隱沒未通，每至講說，唯敘大意轉讀而已。安窮覽經典，鉤深致遠，其所注般若、道行、密迹、安般諸經，並尋文比句為起盡之義及析疑甄解凡二十二卷，序致淵富，妙盡深旨，條貫既序，文理會通，經義克明，自安始也。自漢魏迄晉，經來稍多，而傳經之人，名字弗說，後人追尋，莫測年代。安乃總集名目，表其時人，詮品新舊，撰為經錄，眾經有據，實由其功。」又曰：「安既德為物宗，學兼三藏，所制僧尼軌範、佛法憲章，條為三例。一曰行香定座上經上講之法，二曰常日六時行道飲食唱時法，三曰布薩差使悔過等法，天下寺舍遂則而從之。」

❸　高僧傳竺道潛傳：「竺道潛字法深，……優遊講席三十餘載，或暢方等，或釋老莊，投身北面者莫不內外兼洽。」又支遁傳：「支遁字道林，……常在白馬寺與劉系之等談莊子逍遙篇，云各適性以為逍遙。遁曰：『不然，夫桀、跖以殘害為性，若適性為得者，彼亦逍遙矣！』於是退而注逍遙篇，群僧舊學莫不歎伏。」世說文學篇：「莊子逍遙篇，舊是難處，諸名賢所可鑽味而不能拔理於郭、向之外，支道林在白馬寺中，將馮太常共語，因及逍遙，支卓然標新理於二家之表，立異議於眾賢之外，皆是諸名賢尋味之所不得，後遂用支理。」又高僧傳釋慧遠傳：「年二十四，便就講說。嘗有客聽講，難實相義，往復移時，彌增疑昧，遠乃引莊子義為連類，於是惑者曉然。」廣弘明集釋慧遠與隱士劉遺民等書：「每尋疇昔，遊心世典，以為當年之華苑也，及見老莊，便悟名教是應變之虛談耳！以今而觀，則知沈冥之趣，豈得不以佛理為先。」

❹　高僧傳釋慧遠傳：「殷仲堪之荊州，過山展敬，與遠共臨北澗，論易體要，移景不倦，既而歎曰：『識信深明，實難庶幾。』司徒王謐、護軍王默等並欽慕風德，遙致師敬。謐修書曰：『年始四十而衰同耳順。』遠答曰：『古人不愛尺璧而重寸陰，觀其所存似不在長年耳！檀越既履順而遊性，乘佛理以御心，因此而推，復何羨於遐齡耶！』……後桓玄征殷

教哲理的影響❺。

南北朝時代，佛教益盛。當時君主，不少為佛門弟子。南朝如宋明帝、齊明帝、梁武帝、陳武帝皆篤信佛教，梁武帝尤佞佛，嘗四度捨身為僧，贖金無算；陳武帝亦曾親臨佛寺講經。北朝自北魏道武帝入主中原，即開始奉佛，至太武帝改奉道教而佛法被廢棄者達七年之久，文成帝恢復佛法，其後諸帝，莫不奉佛。宣武帝皇后胡氏奉佛尤篤，修建廟宇，開龍門石窟，所費不貲，國用由是耗竭。至孝明帝末年，北魏寺院多達三萬餘所，僧尼二百餘萬人。北齊歷朝君主亦皆奉佛，惟北周武帝毀滅佛法，然民間信仰並未稍衰。

南北朝佛教宗派主要可分五宗，即成實宗、淨土宗、三論宗、禪宗、天台宗。成實宗為小乘，其餘皆為大乘。成實宗以訶梨跋摩著成實論而得名，實者實義，謂能成立真實之義。此論明我法俱空，極似大乘，然偏於空之一端，不知空即不空之理，故未能躋於大乘。鳩摩羅什譯之，遂行於世，南朝崇奉此宗之風甚盛，梁武帝即皈依此宗。淨土宗以念佛往生阿彌陀佛淨土為宗旨，其教義以無量壽經、觀無量壽經、阿彌陀經為依歸，稱淨土三經。此宗於漢桓帝時已行於中國，至東晉經釋慧遠之闡揚而大著。北魏中期，曇鸞為此宗大師，與釋慧遠分成南北二派。三論宗係依龍樹所創的中論、十二門論及提婆所創的百論而立宗，故稱三論宗。

仲堪，軍經廬山，要遠出虎溪，遠稱疾不堪。玄自入山，左右謂玄曰：『昔殷仲堪入山禮遠，願公勿敬之。』玄答：『何有此理，仲堪本死人耳！』及至見遠，不覺致敬。玄問：『不敢毀傷，何以翦削？』遠答云：『立身行道。』玄稱善，所懷問難不敢復言，乃說征討之意，遠不答。玄又問：『何以見願？』遠云：『願檀越安穩，使彼亦無復他。』玄出山，謂左右曰：『實乃生所未見。』……陳郡謝靈運負才傲俗，少所推崇，及一相見，肅然心服。遠內通佛理，外善群書，夫預學徒，莫不依擬。」

❺ 東晉清談名士多諳佛理，而王坦之、殷浩尤精。世說文學篇：「支道林造即色論，論成，示王中郎，中郎都無言。支曰：『默而識之乎！』王曰：『既無文殊，誰能見賞？』」王中郎謂王坦之。劉孝標注引維摩詰經云：「文殊師利問維摩詰云：『何者是菩薩入不二法門時？』維摩詰默然無言，文殊師利歎曰：『是真入不二法門者也。』」故坦之以為言。又世說文學篇：「殷中軍讀小品，下二百籤，皆是精微，世之幽滯，嘗欲與支道林辯之，竟不得。」注引語林云：「浩於佛經有所不了，故遣人迎林公，林乃虛懷欲往，王右軍駐之曰：『淵源思致淵富，既未易為敵，且己所不解，上人未必能通，縱復服從，亦名不益高，若佻脫不合，便喪十年所保，可不須往。』林公亦以為然，遂止。」是浩精諳佛理，直比蹤於道林。

鳩摩羅什來華，盡譯三論，遂成中國三論宗始祖。此宗旨在點破一切法相，顯示真性空寂之理，故又稱法性宗或空宗。禪宗始祖為菩提達摩，於梁武帝時自天竺來梁，嘗與梁武帝論佛法不合，去梁北入魏，於嵩山少林寺面壁九年。此宗特點在於頓悟而不立言教，直指本心，見性成佛，故又名佛心宗或心宗。天台宗以天台智者大師為宗師，此宗首創觀法，專習止觀（止者心止，心止則明朗貫通，是為觀），其教義以法華經為依歸，故又稱法華宗。

◆ 清談之風

　　清談為魏晉以至南朝流行於士大夫階級的一種風氣，專尚談論玄理。此種風氣始於東漢末年而成於曹魏時代，促成此種風氣最主要的原因，係自東漢末年以來，政治紊亂，刑法苛峻，士大夫動輒觸禁，因此產生消極避世的思想，主張率情任性歸本於老莊。

　　魏齊王正始年間，王弼、何晏為士林所宗，二人著書立說均祖述老莊，並參以周易，以天下萬象歸本於無，主張清心寡欲，以達到虛無本旨，一時士大夫群起仿效，相率以談論哲理為務，清談之風因而大盛，史稱正始玄風。老、莊、周易，號為三玄。魏晉之際，山濤、阮籍、嵇康、向秀、劉伶、阮咸、王戎相與為竹林之遊，肆意酣暢，放誕浮虛，不與世事，世稱竹林七賢，蓋亦受正始玄風的影響。

　　兩晉時代，清談之風益盛，當時世族巨室，一面手握重權，一面縱談玄理。自是以至南朝，清談遂成為世族生活的一部分，於談吐之間，力求典雅玄奧，以簡短的語言，含蘊深邃的哲理。清談講究態度優閑、文雅與雍容華貴，故南朝世族，大都擦粉塗朱以求美觀，又服食寒食散，神明開朗，容光煥發，使人望之如神仙。北朝世族因淪於異族統治之下，比較注重實際政治，於精神生活方面，不如南朝世族之多彩多姿。

　　魏晉時代的清談，以老莊為主，南渡以後，佛學昌盛，清談範圍乃擴及佛家哲理，與老莊互相發明，以求對人生的理解。當時若干僧伽，每借清談與世族周旋，而為風流所宗。此種談玄風氣，直至隋朝統一始漸趨衰替，然其流風餘韻則一直繼續至唐代中期。

第十五章　魏晉南北朝文學與史學

一、文　學

◆ 詩

　　兩漢古詩發展至建安而極盛，因而有建安體詩的出現。建安為漢獻帝年號，然無論在政權抑文學發展史上，皆應劃歸曹魏時代。

　　魏武父子操、丕、植為當代文壇巨擘，故一時文風大盛。劉勰謂「魏武以相王之尊，雅愛詩章，文帝以副君之重，妙善詞賦，陳思（陳思王曹植）以公子之豪，下筆琳琅，並體貌英逸，故俊才雲蒸。仲宣（王粲）委質於漢南，孔璋（陳琳）歸命於河北，偉長（徐幹）從宦於青土，公幹（劉楨）徇質於海隅，德璉（應瑒）綜其斐然之思，元瑜（阮瑀）展其翩翩之樂。……傲雅觴豆之前，雍容袵席之上，灑筆以成酣歌，和墨以藉談笑。」（文心雕龍時序）鍾嶸亦謂「曹公父子篤好斯文，平原（平原侯曹植）兄弟鬱為文棟，劉楨、王粲為其羽翼。次有攀龍託鳳，自致于屬車者，蓋將百計。彬彬之盛，大備于時矣。」（詩品總論）而造成建安文學的極盛時代。

　　建安體詩的代表人物，除魏武父子外，應推建安七子，即孔融、陳琳、王粲、徐幹、阮瑀、應瑒、劉楨，曹丕謂「斯七子者，於學無所遺，於辭無所假，咸以自騁驥騄於千里，仰齊足而並馳。」（典論論文）無論在詩、賦方面，皆有極高成就。

　　建安體詩以五言為主，四言、七言亦有不少佳作。魏武為四言詩巨匠，七言詩至魏文燕歌行出，始正式創立其詩體。大致而言，魏武詩蒼古而悲涼，魏文詩溫馨而婉約，陳思王詩雅怨而多愁❶。

---

❶　魏武短歌行：「對酒當歌，人生幾何，譬如朝露，去日苦多。慨當以慷，憂思難忘，何以解憂，惟有杜康。青青子衿，悠悠我心，但為君故，沈吟至今。呦呦鹿鳴，食野之苹，我有嘉賓，鼓瑟吹笙。明明如月，何時可掇，憂從中來，不可斷絕。越陌度阡，枉用相

　　自魏正始至兩晉，受正始玄風的影響，詩風亦為之一變。此時期詩大致可分為三期，前期自正始至魏末，中期自晉初至永嘉，後期為東晉，其詩風皆俊逸而清脫。前期詩人以嵇康、阮籍為代表，劉勰謂「嵇志清峻，阮旨遙深」（文心雕龍明詩），嵇康贈秀才入軍詩、阮籍詠懷詩為其代表作品❷。中期詩人尤盛，以張載、張協、張華、陸機、陸雲、潘岳、潘尼、左思為宗師。此期正值西晉盛世，故其詩亦一反漢魏樸實遺風，趨向浮艷華美，而開南朝唯美文學的先聲❸。後期詩人當首推陶潛，潛字淵明，其詩以平實淡泊見稱，世謂之田園詩體❹，鍾嶸評其詩「篤意真古，辭興婉愜，每觀其文，想其人德，世嘆其質直。至如『歡言酌春酒』『日暮天無雲』，風華清靡，豈直為田家語邪！古今隱逸詩人之宗也。」（詩品卷中）

存，契闊談讌，心念舊恩。月明星稀，烏鵲南飛，繞樹三匝，無枝可依。山不厭高，水不厭深，周公吐哺，天下歸心。」魏文燕歌行：「秋風蕭索天氣涼，草木搖落露為霜，群燕辭歸雁南翔。念君客遊多斷腸，慊慊思歸戀故鄉，君何淹留寄他方？賤妾煢煢守空房，憂來思君不敢忘，不覺淚下霑衣裳。援琴鳴弦發清商，短歌微吟不能長，明月皎皎照我牀。星漢西流夜未央，牽牛織女遙相望，爾獨何辜限河梁？」陳思王七哀詩：「明月照高樓，流光正徘徊，上有愁思婦，悲歎有餘哀。借問歎者誰，言是客子妻，君行踰十年，孤妾常獨棲。君若清路塵，妾若濁水泥，浮沈各異勢，會合何時諧？願為西南風，長逝入君懷，君懷良不開，賤妾當何依？」

❷　鍾嶸詩品亦云嵇詩「頗似魏文，過為峻切，訐直露才，傷淵雅之致，然託諭清遠，良有鑒裁，亦未失高流矣。」（卷中）其贈秀才入軍詩云：「浩浩洪流，帶我邦畿，萋萋綠林，奮榮揚暉。魚龍瀺灂，山鳥群飛，駕言出遊，日夕忘歸。思我良朋，如渴如饑，願言不獲，愴矣其悲。」又阮籍詠懷詩：「夜中不能寐，起坐彈鳴琴，薄帷鑑明月，清風吹我衿。孤鴻號外野，朔鳥鳴北林，徘徊將何見，憂思獨傷心。」顏延之注云：「嗣宗身仕亂朝，常恐罹謗遇禍，因茲發詠，故每有憂生之嗟。雖志在刺譏，而文多隱避，百代以下，難以情測，故粗明大意，略其幽旨也。」故劉勰謂其詩旨遙深。

❸　張華情詩：「遊目四野外，逍遙獨延佇，蘭蕙緣清渠，繁華蔭陰渚。佳人不在茲，取此欲誰與？巢居知風寒，穴處識陰雨。不曾遠別離，安知慕儔侶？」又潘岳悼亡詩：「荏苒冬春謝，寒暑忽流易，之子歸窮泉，重壤永幽隔。私懷誰克從？淹留亦何益？僶俛恭朝命，迴心反初役。望廬思其人，入室想所歷，帷屏無髣髴，翰墨有餘跡。流芳未及歇，遺挂猶在壁，悵怳如或存，周遑忡驚惕。如彼翰林鳥，雙棲一朝隻，如彼遊川魚，比目中路析。春風緣隙來，晨霤承簷滴，寢息何時忘？沈憂日盈積。庶幾有時衰，莊缶猶可擊。」

❹　陶潛雜詩云：「結廬在人境，而無車馬喧。問君何能爾？心遠地自偏。采菊東籬下，悠然望南山。山氣日夕佳，飛鳥相與還。此還有真意，欲辯已忘言。」

　　南朝為唯美文學的全盛時代。南史文學傳序:「自中原沸騰,五馬南渡,綴文之士,無乏於時,降及梁朝,其流彌盛,蓋由時主儒雅,篤好文章,故才秀之士,煥乎俱集。」文風之盛可知,此時期文學有一重要改革,即聲律應用於詩文,而有永明體詩的出現。永明體詩的特色有三:用四聲,分平仄,講對仗❺。四聲自古已有,惟辨四聲而用之於詩文則創始自沈約。自是永明以前詩稱為古詩,永明以後詩稱為近體詩或律詩。律詩創於齊武帝永明間,故號為永明體。

　　南朝詩人輩出,宋如文帝、孝武帝、臨川王義慶、江夏王義恭及何承天、顏延之、謝靈運、謝晦、鮑照皆以詩名,而延之、靈運尤為元嘉詩壇所宗。延之詩以雕琢為工,靈運詩以寫意為尚❻。齊永明間,王融、謝朓、沈約、范雲、蕭琛諸人俱有詩名。朓詩格清綺俊秀,為同輩詩人之冠❼。梁則武帝、昭明太子、簡文帝、元帝及江淹、吳均、徐摛、庾肩吾諸人皆負詩名。武帝父子作品以細膩香艷見長,淹善於擬古,均詩風雋永,摛、肩吾則為宮體詩的翹楚。陳則以後主、江總、陳瑄、孔範、徐陵為詩宗,其詩皆綺靡香艷,宮體詩至是發展至於極峰❽。

---

❺　沈約曰:「夫五色相宣,八音協暢,由乎玄黃律呂,各適物宜,欲使宮羽相變,低昂互節,若前有浮聲,則後須切響。一簡之內,音韻盡殊,兩句之中,輕重悉異,妙達此旨,始可言文。」(宋書謝靈運傳論)

❻　宋書顏延之傳云:「延之與陳郡謝靈運俱以辭彩齊名,自潘岳、陸機之後,文士莫及也,江左稱顏謝焉。」又謝靈運傳論:「爰逮宋氏,顏謝騰聲。靈運之興會標舉,延年之體裁明密,並方軌前秀,垂範後昆。」延年,延之字。延之詩工於雕琢,其北使洛云:「改服飭徒旅,首途跼險難。振楫發吳州,秣馬陵楚山。塗出梁宋郊,道由周鄭間。前登陽城路,日夕望三川。在昔輟期運,經始闊聖賢。伊穀絕津濟,臺館無尺椽。宮陛多巢穴,城闕生雲煙。王猷升八表,嗟行方暮年。陰風振涼野,飛雪瞀窮天。臨塗未及引,置酒慘無言。隱憫徒御悲,威遲良馬煩。遊役去芳時,歸來屢徂譽。蓬心既已矣,飛薄殊亦然。」靈運詩長於寫意,其登池上樓云:「潛虯媚幽姿,飛鴻響遠音,薄霄愧雲浮,棲川怍淵沈。進德智所拙,退耕力不任,徇祿反窮海,臥痾對空林。傾耳聆波瀾,舉目眺嶇嶔,初景革緒風,新陽改故陰。池塘生春草,園柳變鳴禽,祁祁傷豳歌,萋萋感楚吟。索居易永久,離群難處心,持操豈獨古?無悶徵在今。」

❼　謝朓之宣城出新林浦向板橋云:「江路西南永,歸流東北鶩,天際識歸舟,雲中辨江樹。旅思倦搖搖,孤遊昔已屢,既懽懷祿情,復協滄州趣。囂塵自茲隔,賞心於此遇,雖無玄豹姿,終隱南山霧。」

❽　梁武帝子夜歌:「恃愛如欲進,含羞未肯前,朱口發艷歌,玉指弄嬌弦。」簡文帝詠內人

　　北朝詩頗受南朝宮體詩的影響。北魏最傑出的宮體詩當推胡后的白楊花，極盡旖旎悽惋。北齊以邢邵、魏收最負詩名，然仍不脫南朝宮體詩的風格。北周則以王襃、庾信為代表。襃、信本皆梁人，信使周被留不遣，襃於梁亡後入周，背離鄉井，故其詩悽切悲愴，南朝綺靡香艷詩格，至是為之一變❾。

◆ 賦

　　漢賦發展至魏晉，風格亦起變化。魏晉賦體與漢賦最顯著的不同有三：一、字句精鍊簡麗，不復以堆砌鋪陳為事；二、篇幅縮小，除陳思感甄賦、陸機文賦、潘岳西征賦、左思三都賦、郭璞江賦等少數長賦外，多為短篇作品；三、內容趨向抒情，不復專以宮殿、遊獵、山川為描述主體。

　　曹魏時期的賦家以陳思王、王粲為代表，其賦清麗幽婉，對仗工整，下開兩晉以來駢儷之風。陳思王代表作有感甄賦、幽思賦、慰子賦諸篇，王粲有登樓賦、思友賦、寡婦賦諸篇❿。兩晉如傅玄、張華、陸機、陸雲、潘岳、潘尼、左思、孫綽、陶潛皆以賦名，而以陸機、潘岳、孫綽、陶潛為著，各代表當時賦風。陸賦以駢儷稱，文賦、豪士賦、浮雲賦為其代表作；潘賦以情韻勝，閑居賦、秋興賦、悼亡賦為其代表作；孫賦以意境見長，天台山賦為其代表作品；陶賦以淡逸名世，歸去來辭為其代表作品⓫。

畫眠：「北窗聊就枕，南簷日未斜。攀鉤落綺幛，插捩舉琵琶。夢笑開嬌臉，眠鬟壓落花。簟文生玉腕，香汗浸紅紗。夫壻恆相伴，莫誤是倡家。」陳後主玉樹後庭花：「麗宇芳林對高閣，新妝艷質本傾城。映戶凝嬌乍不進，出帷含態笑相迎。妖姬臉似花含露，玉樹流光照後庭。」皆以香艷細膩為詩人所宗。

❾　王襃關山月：「關山夜月明，秋色照孤城；影虧同漢陣，輪滿逐胡兵。天寒光轉白，風多暈欲生；寄言亭上吏，送客解雞鳴。」庾信詠懷：「蕭條亭障遠，悽慘風塵多；關門臨白狄，城影入黃河。秋風別蘇武，寒水送荊軻；誰言氣蓋世，晨起悵中歌。」

❿　陳思王慰子賦：「彼凡人之相親，小別離而懷戀，況中殤之愛子，乃千秋而不見。入空室而獨倚，對床幬而切歎。人雖亡而物在，心何忍而復觀？日晼晚而既沒，月代照而舒光。仰列星以至晨，衣霑露而含霜。惟逝者之日遠，愴傷心而斷腸。」王粲登樓賦：「遭紛濁而遷逝兮，漫逾紀以迄今；情眷眷而懷歸兮，孰憂思之可任？憑軒檻以遙望兮，向北風而開襟，平原遠而極目兮，蔽荊山之高岑。路逶迤而脩迴兮，川既漾而濟深；悲舊鄉之壅隔兮，涕橫墜而弗禁。」幽婉清麗，對仗工整，下開兩晉駢儷之文風。

⓫　孫綽天台山賦：「仍羽人於丹丘，尋不死之福庭，苟台嶺之可攀，亦何羨乎層城？釋域中

　　南北朝賦體仍以短篇為主，長賦如謝靈運山居賦、沈約郊居賦、梁元帝玄覽賦、庾信哀江南賦諸篇，寥寥可數。此時期作品受永明體的影響，一反東晉平實淡逸的賦風，而流於纖巧香艷，如沈約麗人賦、梁元帝蕩婦秋思賦、謝莊月賦、江淹別賦、庾信春賦皆為此時期代表作品❷。

二、史　學

◆ 諸家後漢書

　　魏晉南北朝為我國史學昌盛時期，諸家史書著作甚豐。自三國至梁，著後漢書者凡十有二家，即謝承後漢書、薛瑩後漢記、司馬彪續漢書、華嶠後漢書、謝沈後漢書、張瑩後漢南記、袁山松後漢書、劉義慶後漢書、范曄後漢書、蕭子顯後漢書、袁宏後漢紀及張璠後漢紀。後二種為編年體，餘皆紀傳體，今存者惟范曄後漢書、袁宏後漢紀及司馬彪續漢書諸志，餘皆亡佚。

　　以上諸家，除范曄後漢書外，以司馬彪續漢書及華嶠後漢書為最佳。彪書為紀、志、傳凡八十篇，嶠書為紀、典、傳及三譜序傳目錄凡九十七卷，曄後漢書蓋刊削東觀漢記及彪、嶠等諸家後漢書而成，志、表未竟而曄被誅。今本范書凡一百三十卷，其中八志三十卷為劉昭取彪續漢志所補，續漢志亦賴此得以不亡。

之常戀，暢超然之高情。被毛褐之森森，振金策之鈴鈴。披荒榛之蒙籠，陟峭崿之峥嶸，濟楢溪而直進，落五界而迅征。跨穹隆之懸磴，臨萬丈之絕冥。踐莓苔之滑石，搏壁立之翠屏。攬樛木之長蘿，援葛藟之飛莖。雖一冒於垂堂，乃永存乎長生。必契誠於幽昧，履重崝而逾平。既克躋於九折，路威夷而脩通。恣心目之寥朗，任緩步之從容。藉萋萋之纖草，蔭落落之長松。覿翔鸞之裔裔，聽鳴鳳之嗈嗈。過靈溪而一濯，疏煩想於心胸。」

❷ 沈約麗人賦：「響羅衣而不進，隱明燈而未前。中步檐而一息，順長廊而迴歸。池翻荷而納影，風動竹而吹衣。薄暮延佇，宵分乃至。出闈入光，含羞隱媚。垂羅曳錦，鳴瑤動翠。來脫薄妝，去留餘膩。霑粉委露，理鬢清渠，落花入領，微風動裾。」江淹別賦：「風蕭蕭而異響，雲漫漫而奇色。舟凝滯於水濱，車逶遲於山側。櫂容與而詎前，馬寒鳴而不息。掩金觴而誰御，橫玉柱而霑軾。居人愁臥，怳若有亡。日下壁而沈彩，月上軒而飛光。見紅蘭之受露，望青楸之離霜。巡曾楹而空掩，撫錦幕而虛涼。知離夢之躑躅，意別魂之飛揚。」

袁宏後漢紀三十卷，亦刊削東觀漢記及彪、嶠諸家後漢書而成，故所記頗與范書相同。

◆ 三國史書

晉初陳壽撰魏、蜀、吳三國志，魏志三十卷，蜀志十五卷，吳志二十卷，凡六十五卷。前此魏、吳皆有國史，魏有王沈魏書，吳有韋昭吳書，餘如魚豢魏略、孫盛魏氏春秋、孔衍漢魏春秋、陰澹魏紀，皆著述魏、吳時事，壽即據以撰魏、吳二國志。蜀無國史，故壽於蜀志費時特多，其後裴松之注三國志，於蜀志亦最略。壽本蜀人，蜀亡歸晉，不欲以正統予魏，故改變史法，不作本紀，獨成一家。此書撰敘明簡，多所審正，時人推為良史，然失在於略，時有脫漏。宋文帝元嘉中，裴松之博引諸書，為之作注。松之作注大意，綜之可得六端：其一，引諸家之論以辨是非；其二，參考諸書之說以核異同；其三，傳所有之事詳其委曲；其四，傳所無之事補其闕佚；其五，傳所有之人詳其生平；其六，傳所無之人附以同類（四庫全書總目）。其所引書凡一百五十餘種。自史記以後，諸史所注，其詳贍無過於裴氏。

◆ 諸家晉史

唐太宗貞觀二十年閏三月修晉書詔：「十有八家，雖存記注，才非良史，書非實錄。」世因有十八家晉書之說。實則自兩晉下至齊梁，修晉史者凡二十四家，即王隱晉書、虞預晉書、朱鳳晉書、謝沈晉書、何法盛晉中興書、謝靈運晉書、臧榮緒晉書、蕭子顯晉書、蕭子顯晉史草、鄭忠晉書、沈約晉書、庾銑東晉新書、陸機晉紀、干寶晉紀、曹嘉之晉紀、習鑿齒漢晉春秋、鄧粲晉紀、孫盛晉陽秋、劉謙之晉紀、王韶之晉紀、徐廣晉紀、檀道鸞續晉陽秋、郭季產續晉紀、裴松之晉紀。以上諸家晉史，自庾銑東晉新書以上十二家為紀傳體，陸機晉紀以下十二家為編年體。

貞觀修史詔云晉書十有八家，然其所舉僅臧榮緒、謝沈、虞預、蕭子雲、王隱、何法盛、干寶、陸機、曹嘉之、鄧粲、檀道鸞、孫盛、徐廣、裴松之等十四家。據四庫全書總目提要，唐時所存晉書除上舉十四家外，尚有沈約、謝靈運、王韶之、習鑿齒、劉謙之五家，凡十九家，而貞觀修史詔稱十八家晉書，所遺一

家，未知所指。

以上諸家晉書，紀傳體最完備者為臧榮緒晉書，其書記事包括兩晉，凡為紀、錄、志、傳百一十卷；編年體以干寶晉紀、孫盛晉陽秋、徐廣晉紀為佳，干寶書凡二十卷，孫盛書凡三十二卷，徐廣書凡四十六卷。臧榮緒晉書為唐修晉書所本，惟臧書無載記，晉書載記係據崔鴻十六國春秋刊削而成。

◆ 十六國春秋

崔鴻著十六國春秋前，列國各有史記，隋書所著錄者有田融趙書、王度二石傳、王度二石偽治時事、和苞漢趙紀，以上記前後趙時事；范亨燕書、張詮南燕錄、王景暉南燕錄、高閭燕志，以上記前後燕、南燕及北燕時事；何仲熙秦書、裴景仁秦記、姚和秦紀，以上記前後秦事；張諮涼記、劉昞涼書、喻歸西河記、段龜龍西涼記、高道讓涼書、托跋涼錄、劉景敦煌實錄，以上記諸涼時事；常璩漢之書、常璩華陽國志、蜀平記、蜀漢偽官故事，以上記李蜀時事；赫連夏時，趙思群、張淵並受命作夏書，夏亡，焚毀不存。

崔鴻為北魏時人，弱冠而有著述之志，見魏晉前史，皆成一家，無所措意。以劉淵、石勒等國並因世故，跨僭一方，各有國書，未有統一，乃撰為十六國春秋，凡百二卷。鴻書有表，劉知幾史通表曆篇云：「當晉氏播遷，南據揚越，魏宗勃起，北雄燕代，其間諸偽十有六家，不附正朔，自相君長。崔鴻著表，頗有甄明，比於史漢群篇，其要為切者矣！」則崔鴻書紀年似以晉為主（李玄伯先生：中國史學史第四章第四節）。唐修晉書，載記部分多取材於此。此書至北宋已佚，今本十六國春秋為明屠喬孫等所偽作，清湯球另有十六國春秋輯本，係採自宋以前各書所引諸條而成。

◆ 南北朝史

南北朝史方面，宋史有徐爰宋書、文明中宋書、孫嚴宋書、沈約宋書、王智深宋書、裴子野宋略、王智深宋紀、王琰宋春秋及鮑衡宋春秋等，後四書為編年體，餘皆紀傳體。齊史有劉陟齊紀、江淹齊史、蕭子顯齊書、沈約齊紀、熊襄齊典、吳均齊春秋、王逸齊典及蕭萬齊典等。前三書為紀傳體，餘皆編年體。梁史有謝昊梁書、許亨梁史、姚察梁書帝紀、劉璠梁典、何之元梁典、謝昊梁典、陰

僧仁梁撮要、姚最梁後錄及蕭韶梁太清紀等，梁書帝紀以上三書為紀傳體，劉璠梁典以下為編年體。陳史有顧野王陳書、傅縡陳書及陸瓊陳書等，皆紀傳體。北朝史有魏收魏書、魏澹魏書、崔子發齊紀及姚最齊紀，皆紀傳體。以上諸史，惟沈約宋書、蕭子顯齊書及魏收魏書今存。

　　沈約宋書凡百卷，有紀、志、列傳而無表，其書係取徐爰舊本增刪而成。蕭子顯齊書原為六十卷，今存五十九卷，且多闕佚。魏收魏書凡十一紀、九十二列傳、十志，合為百十三卷。先是北魏初葉，鄧淵撰代記十餘卷，太武帝時，崔浩典史，游允、程駿、李彪、崔光、李琰諸人繼之，浩為編年體，彪始為紀傳體，宣武帝復命邢巒追撰孝文起居注，迄於太和十四年，其後崔鴻、王遵業補續，下至孝明，事甚詳備，而濟陰王暉業撰辨宗室錄三十卷，收據之以成魏書。收本魏末人，於北齊文宣帝天保間始修魏書，黨齊毀魏，褒貶肆情，時論以為不平，號為穢史。然北魏諸史至今存者惟魏收書，此書至北宋時已殘缺不全，宋劉恕、范祖禹摭採魏澹後魏書及李延壽北史之文以補其闕❸。

---

❸　魏晉南北朝史學，請參閱李玄伯先生：中國史學史第四章。

中國通史（下）　　　　　　　　　林瑞翰／著

歷史為人事之紀錄，治史之目的在研究人類社會沿革，而求其變遷進化之因果。中國史學發達，歷代史家輩出，定為正史者迄今有二十五部之多。惟其所記一朝大事不過數端，紀傳互涉，表志牽連，易生雜亂，本書將其爬梳整理，條分縷析，使您完整認識中國歷史之真跡。

中國史　　　　　　　　　　　　　林瑞翰／著

歷史的演進並非單純的因果關係可以解釋，必須從錯綜複雜的互動去探索，始能得到較深的認識。本書由史前史開始，循序漸進介紹中國的歷史，並鑑於中外接觸日漸頻繁，社會關係日趨複雜，國人對近代史的認識也日益迫切，而將近代史的篇幅大量增加，尤其對民初以後，有極詳細的記述。

中國通史（修訂四版）　　　　　　甘懷真／著

本書著重從宏觀的角度，做歷史趨勢之說明，不對個別的歷史事件、人物作過多之枝節敘述；並將近年來學界之最新研究成果包含在內，對社會經濟史及文化史的歷史演進有較詳盡之說明。書中也加重了臺灣史的比重，以及反映時代之新精神，兼顧可讀性及學習需求，允宜作為大專之「中國通史」課程教學之用。

中國文化史（修訂三版）　　　　　杜正勝／主編
　　　　　王健文 陳弱水 劉靜貞 邱仲麟 李孝悌／著

它不是堂皇嚴正的傳統形式教科書，而是以一個嶄新的形式出現，平易近人，活潑有趣，正確地說，不限於教學參考用書而已。它有時代性，希望激發讀者的歷史醒悟，解答讀者的時代困惑。當然，它還有知識性，告訴你中國人的種種經驗，也許和你過去吸收的歷史知識不一樣。什麼才是真實的歷史？讀什麼樣的歷史對你才有意義？請打開這本《中國文化史》。

中國近代史（增訂二版）　　　　　　　　　　　李雲漢／著

本書為提供讀者完整的知識基礎，使之清楚了解近代中國劇變的始末，以明末中外歷史情事展演為起點，同時著眼當前情勢，乃是1949年後兩岸不斷磨合下的產物，跳脫「中國」的框架與迷思，將敘事長度延伸至定稿的前一刻。是一部層次分明的中國近三百五十年史。

中國現代史（修訂三版）　薛化元、潘光哲、李福鐘／編著

現代中國歷經了長久的戰亂紛擾，最終演變為兩岸分治的局面，對於這段歷史的發展，其中的合縱連橫、談判妥協及民生的疾苦、社會的演變等，身處現代的我們，實應有深刻的體認與瞭解。本書詳盡論列中國現代歷史的發展，除以國民黨的發展為主軸，在國共關係的演變及後來中國大陸的政經演變，也有詳細的說明。

臺灣開發史（修訂四版）　　　　　　　　　　　薛化元／編著

臺灣有文字記載的歷史時代大約從十七世紀開始，距今不過四百年左右。但是若以臺灣島作為歷史研究的對象，單單原住民諸族群社會文化的傳承，臺灣歷史就非短短四百年所能涵蓋。本書以考古與原住民社會作為開端，迄於戰後臺灣的歷史發展，除討論臺灣政治歷史發展之外，對於人民生活及社經文化的演變亦多著墨。透過本書，對於臺灣整體的歷史圖像當有較全面性的認識。